汉武帝评传

庄春波 著

不变更制度，后世无法
不出师征伐，天下不安

山西出版传媒集团
山西人民出版社

图书在版编目（CIP）数据

汉武帝评传 / 庄春波著. — 太原：山西人民出版
社，2025.7. — ISBN 978-7-203-13850-1

Ⅰ. K827=341

中国国家版本馆 CIP 数据核字第 2025YA7217 号

汉武帝评传

著　　者：庄春波
策划编辑：崔人杰　张志杰
责任编辑：孙　琳
复　　审：魏美荣
终　　审：梁晋华
装帧设计：陈　婷

出 版 者：山西出版传媒集团·山西人民出版社
地　　址：太原市建设南路21号
邮　　编：030012
发行营销：0351-4922220　4955996　4956039　4922127（传真）
天猫官网：https://sxrmcbs.tmall.com　电话：0351-4922159
E - mail：sxskcb@163.com　发行部
　　　　　sxskcb@126.com　总编室
网　　址：www.sxskcb.com

经 销 者：山西出版传媒集团·山西人民出版社
承 印 厂：山西出版传媒集团·山西人民印刷有限责任公司

开　　本：890mm×1240mm　1/32
印　　张：18.625
字　　数：433千字
版　　次：2025年7月　第1版
印　　次：2025年7月　第1次印刷
书　　号：ISBN 978-7-203-13850-1
定　　价：98.00元

如有印装质量问题请与本社联系调换

前　言

　　古埃及高耸的金字塔为全人类留下了永恒的辉煌，但它的精神生命之流中绝已久。本书要介绍的是一个徘徊于东方大地的幽灵，它注入皇权金字塔中，使之有了生命。黑格尔说："人的本质是自由"，东方"只有一个人的自由"，东方观念的光荣在于"唯一的个人"，它是最高的精神实体，"一切皆隶属于它，以致任何其他个人都没有单独的存在"。①他把中国称为"世界精神"的历史起点。他凭着独特深邃的思辨力和历史洞察力领悟了西方人视为迷津的"东方精神"。"余一人现象"②在中国农业文明传统精神文化中长久遗存，影响深远。汉武帝刘彻无疑是"余一人现象"的典型范例之一。马克思为黑格尔的东方精神找到了基础——"亚细亚生产方式"。古代中国的"余一人"既是一种主体精神，也是一种政治体制，在精神现象方面存在着与之相应的

---

　　①　黑格尔：《历史哲学·绪论》，生活·读书·新知三联书店，1956年版，第55—56页。

　　②　"余一人"与"予一人"相同，是先秦"天子"的第一人称。殷商甲骨卜辞有"余一人"刻辞；《尚书·盘庚中》："非予自荒兹德。惟汝含德，不惕予一人"；帛书《十大经·立命》黄帝曰："吾受命于天，定位于地，成名于人。惟余一人，德乃配天。"

所谓"亚细亚思维方式"①。"余一人"观念应属于此一范畴。中国早期原始的社会公共权力演变为"家天下",政体形式由分权演变到集权,权力形态由原始民主演变为专制,形成了中国特色的"权力私有化"国家政治体制。春秋战国时代开始了王权向皇权的转化,秦始皇时把皇权帝国定型,而汉武帝刘彻则以"国"与"家"二者合一的形式最后完成了这一过程,成为古代王权向中央集权的皇权过渡的终结者。与此同时,中国思想史上"子学时代"向"经学时代"的转化也于汉武帝时代完成。

《剑桥中国秦汉史》认为武帝朝重大政策设计都出自臣下谋划,言外之意,刘彻本人的思想无足轻重。②这种评价显然是严重贬低了刘彻对中国古代王权向中央集权的皇权过渡的历史作用。西汉王朝 214 年(前 206—8)中,刘彻在世 70 年(前 156—前 86),约占 1/3,在位 54 年(前 140—前 86),占 1/4 强。这一时期的欧洲,只有古罗马帝国可与汉帝国相匹敌。刘彻打通了"丝绸之路",最初还是由他统一了中华民族的意志,驾驭着强大的而且是当时世界上最完善的国家机器,文官政府(欧洲人中世纪末才领略到这种国家机器的先进性)组织千百万个体农民,凭借长城障塞屯田戍守,派遣远征军对匈奴人进行大规模防御和征伐战争。中华民族因此而终于避免沦入"黑暗时代"的深渊;相反,地跨欧亚非的西罗马帝国却被匈奴人溃败所驱动的"民族大迁徙"浪潮淹没了。毫无疑问,"汉武帝时代"是中华民

---

① 详刘蔚华主编:《中国儒家学术思想史·前言》,山东教育出版社,1996 年版。

② [英]崔德瑞、鲁惟一编:《剑桥中国秦汉史》,中国社会科学出版社,1992 年版,第 168—169 页。

族精神高涨的时期。

民族精神是以民族为载体，以文化信息形式存在、传承和演变，具有相对稳定要素和内在结构的"精神实体"。它是各民族共同体长期生存活动的文化积淀和升华，是各民族文化不断创造、选择、优化的结晶，它为各民族全体成员所认同，成为该民族特有的群体人格。民族精神体现为各民族在各种生存环境和历史条件下呈现出来的全部心理状态，是各民族群体无意识层面与显意识层面相互影响、相互渗透的精神统一体，并体现在该民族全体成员的认知、价值、审美、道德、情感、愿望、理想、信仰、意志支配下的全部物质和精神活动之中。民族精神的状态由多种因素决定，包括其物质和精神生活以及创造它的技能、能量、潜力、模式、规范等等。一个民族的精神力量体现在该民族全体成员在共同利益基础上，在谋求生存与发展目标的共识指引下，可能具备的张力及其限度，由各民族全体成员精神的"合力"构成。在不同时代、不同历史条件下，民族精神的"合力"可能呈现出盈缩消长（如统一与分裂、高昂与消沉、升华与沉沦、断裂与延续）等等不同状态，表现出不同时代的精神。民族精神在其起源、形成、发展、变迁中，有如生命机体探索生存道路时必须不断地作出新的调整和选择；人类精神、民族精神、时代精神是一般、特殊、个别的关系。一个民族拥有生养哺育它的环境，也有孕育其民族精神的独特文化土壤和生态环境，二者孕育出精神文化的独特传统。伟大历史人物在各民族历史中的作用不容低估。伟大历史人物是各民族的历史传统与所面临的"历史情景"的产物。他们在其民族精神的发展和演变过程中的地位不容低估。汉武帝刘彻在中华民族精神形成发展过程中的作用是相当大的。

在承认历史和传统造就了刘彻的同时，不能不承认他是一位影响了中国和世界历史的伟大历史人物。设若没有刘彻，中国乃至世界历史可能会呈现出另外一种面貌。毫无疑问，在中国乃至世界历史上有如此巨大影响的人物并不多见。1918年，在长沙求学的青年毛泽东曾经写道：

> 大凡英雄豪杰之行其自己也，发其动力，奋发踔厉，摧陷廓清，一往无前，其强如大风之发于长谷，如好色者之性欲发动而寻其情人，决无有能阻回之者，亦决不可有阻回者。①

毛泽东在写到这些感想的时候，所联想到的那些伟大历史人物中，就包括本书的传主汉武帝刘彻在内。唯物主义者决不菲薄英雄人物对历史发展的重要作用，普列汉诺夫在论述伟大人物对历史的影响时说：

> 伟大人物确实是创始人，因为他的见识要比别人的远些，他的愿望要比别人的强烈些。他把先前的社会智慧发展进程所提出的科学任务拿来加以解决；他把先前的社会关系

---

① 毛泽东：《〈伦理学原理〉批注》，引自李锐《毛泽东的早年与晚年》，贵州人民出版社，1992年版，第62页。毛泽东在同书批语中写道："吾人揽史，恒赞叹……汉武与匈奴竞争之时……事态百变，人才辈出，令人喜读。"见同书，第61页。

发展过程所造成的新的社会需要指明出来；他担负起满足这些社会需要的发起责任。他是个英雄。其所以是个英雄，并不是说他能阻止或改变事物的自然进程，而是说他的活动是这个必然和不自觉进程的自觉的和自由的表现。他的全部力量就在于此。但这是一种莫大的作用，是一种极大的力量。①

这段话，对我们评价刘彻这样的人物来说，是非常贴切的。

《中国思想家评传》丛书把汉武帝刘彻作为政治实践家和政治思想家来研究，无疑为思想史开辟了一个新的认识领域，提出了新的课题：怎样从思想史角度写政治家？以往，人们往往习惯于把写出著作，能为自己"立言"的人物称之为思想家，反之，则不算思想家。这种分类方法似乎不太周延。毫无疑问，刘彻为中国思想史选定了"轴心"。试想，在中国历史上究竟有几个人能比刘彻对中国思想史的影响更大、更深远、更持久？仅仅这一事实本身，已经值得从事中国思想史研究的人们反思了。刘彻通过政治行为影响思想界——他没有理论著作，但不等于他没有自己的思想体系或他的思想体系没有创新，否则他对中国思想史的巨大影响岂不成了无法解释的咄咄怪事了？这无疑是刘彻理应跻身中国政治思想家之林的基本理由。由此反思中国思想史的理论、模式、方法，是否可以从刘彻这一个案中得到某种开拓式的启发呢？

---

① ［俄］普列汉诺夫：《论个人在历史上的作用问题》，生活·读书·新知三联书店，1961年版，第38页。

每个人都有思想，但绝非每个人都是思想家。思想家必须具备几方面的条件：追求某种"形而上"价值，形成独到的思想体系；其思想能从某一方面反映所在时代的精神，并对思想界产生某种独特影响；对历史进程、民族精神、思想史形成和发展产生某种影响。至于是否写出过专门理论著作，则并非问题的本质所在。按照这个标准，刘彻无疑可以称得上思想家。

思想家有不同类型：刘彻是帝王型的政治思想家。把刘彻作为思想家来研究，在方法上应有其独特性。思想家的"价值"创造过程是"内隐"的，而其表现形式却是"外显"的；政治家的创造活动是"外显"的政治活动、政策、法令、制度，而其思想则是"内隐"的。研究政治家的思想，要注意其与学者、理论家的不同的特点。把自己的思想倾注到著书立说中，构建自己的理论体系，求其"道"、其"常"，这属于学者或理论家类型，如董仲舒、司马迁；主要从事政治活动又有自己独特思想的人是政治家，没有思想又从政的人充其量不过是政客；理论家型的政治家不仅用自己的著作形式影响政治，还直接参与政治操作，商鞅、晁错都属此类。刘彻与他们都不同：皇帝的身份使他无暇也无须去著书立说，置身于政治斗争旋涡的中心，使他习惯于按照政治家的方式，即主要以"权—变"方式表达理念中的"恒—常"，他非常关注思想文化领域的动向，介入并亲自从事文学创作和领导、指导思想理论界的潮流。他的理论抉择不仅改变了他的时代，还极大地影响了包括思想史在内的整个中国历史。试问，就对中国思想史的影响而言，究竟有几人能与刘彻相比？毫无疑问，刘彻有其独特的思想体系。刘彻的思想来源无疑是中国传统的思想文化土壤、刘汉王朝的政治经验、自己在应对时代挑战过程中的政治实践。重要的是他的思想和实践对中国思想史产生的深远影响，这是刘彻被列为《中国思想家评传》传主之一的根本原因。

研究没有著作的政治思想家，显然是思想史的新课题。这是一个独特的认识领域，对中国思想史研究而言，是一个新的认知对象。刘彻作为大政治家，他择取以往价值体系中具有生命力，足以解决所面临的实际历史性挑战的那些价值综合起来，创造、整合为政治工具——体制和政策。其中，有"经—权"之分，"常—变"之别。只讲"经—常"的是理论家。所谓"百分之百"的理论家，必定是教条主义的政治家；一味只讲"权—变"，处处应付眼前的事变，必定是政客和机会主义者。刘彻能够明经立常，通权达变，开创风气之先。刘彻的确是一个具有自己独特思想体系的伟大政治家。

由于上述原因，在研究政治家的方法方面要有新的考虑。譬如，研究传主思想体系的"来源和组成部分"的方法是可取的。这种方法与现代系统论中的结构功能主义、行为主义、控制论是相通的。结构—功能主义理论认为结构是"历时性的"[①]。换言之，历史与传主思想的内在结构具有某种统一性，历史是结构的展开，或者结构是历史的凝聚；行为主义"就是检验客体的输出，检验这种输出对输入的种种关系"[②]，即所谓"黑箱方法"：在不了解对象内部结构的情况下，根据其输入和输出的信息对内

[①] 详皮亚杰：《结构主义》，商务印书馆，1986年版。

[②] A.罗森勃吕特、N.维纳、J.毕格罗：《行为目的和目的论》，《控制论哲学问题译文集》第一辑，商务印书馆，1965年版，第1页。

在结构作出分析和判断。在心理学领域，则根据对象的行为方式对其心理结构作出判断。譬如，刘彻是帝王型政治思想家，刘彻思想的基本特点是要求实现高效率的社会控制，以凝聚—释放汉帝国的"张力"。问题在于，他用怎样的方式实现社会控制？由于刘彻在很大程度上把自己的主体结构"外化"为西汉帝国的政体结构，所以他的政治思想可以通过政治实践活动及其效果检验。脱离他的实践而谈论他的思想的方法是行不通的。因此，刘彻的政治思想体系是可知的，其思维方式也是可知的。逻辑的结构框架本身并没有什么具体内容，它只是人们进行思维运算的工具、公式。思维的运动是将具体内容代入逻辑运算公式各项之中。西汉武帝时代的哲学、思维方式是可知的，刘彻思维方式的哲学框架也是能够图示的。如果我们了解了刘彻运算程式的"内存"，便可以"代入"已知内容，如信息输入（思想来源）和输出（政策法令），进而求其思想的内在结构。正如已故本丛书主编匡亚明先生所说：

> 历史上各个时代富有思想因而能在有关方面取得成就的人，直接阐述自己思想观点的论著虽亦不少，但大量的则是其思想既来自实践（包括对前人、他人实践经验的吸取），又渗透在自己创造性实践之中，集中凝聚在他自己的业绩和事功上，而没有留下论著……如果只讲一个人的具体业绩而不结合他的思想活动，又必将成为现象的罗列。①

---

① 《中国思想家评传丛书·序》。

任何人的行为与思想都是密切关联的两方面，只讲一面不行，至少不全面。中国的传统是把内隐的"知"与外显的"行"作为对立统一的两个侧面来看待。王阳明说："知之真切笃实处即是行，行之明觉精察处即是知。"①"知"是行为主体内隐的主体结构；"行"是行为主体外显的行为方式。这说明，思想本身就有"理念形态""制度形态""实践形态"三个层面、三种形态。广义的"行"也包括言、论、著书立说在内，这与中国传统理解的"立言""立行"之说是相吻合的。由知其"行"而求其"知"，由知其"知—行"，求其何以"行"何以"知"，求其"知行"的内在联系。从其暂时、局部、表象的，有意识或无意识的行为去考察其动机、欲望、意志、目的，从中剥离出深层的知识的、价值的、思维方式的主体结构，由"实践形态"的解析上升到对"理念形态"的综合。本书就是试图从"知"与"行"这两个方面的相互联系之中寻绎打开传主心灵之门的钥匙，从而发现、发掘出传主丰富的内心世界并揭示出他的思想体系来。

"评传"要求把传主作为一个"人"来写，当然应该写出他的"人性"来。对"人性"问题，古今中外人们有许多议论。人性是人的共性与个性的统一。马斯洛认为人的基本需要是一切行为的基础。它们依次是生理需要→安全需要→爱的需要→尊重的需要→自我实现的需要……人的行为是相互关联的多种动机驱动的结果，尽管"文化"有特殊性，但人的"需要"有一般性和普

---

① 《传习录中·答顾东桥书》。

遍性。①传主刘彻的个性无疑也包括了这种一般性，只是在其特殊历史条件、人生经历和文化背景下，实现这些需要的自我意识和行为动机有所不同而已。历史唯物主义认为，人是"一切社会关系的总和"。皇帝的身份使刘彻的全部社会关系更复杂，矛盾更集中，在这种复杂的矛盾关系之中，展示和解释传主刘彻既是一个人，也是一个皇帝，他的行为动机受到多重复杂因素影响。弄清楚刘彻重大历史性举措的复杂原因，以及从中折射出传主的主体思想及其演变，这显然是"评传"必须解决的重要课题。作为一个思想者的主体，刘彻的思想大体经历过三个阶段：少年至青年时代、中年时代、晚年时代。刘彻在不同的时代所面临的问题是不同的，其人生经历和政治生涯在这三个时期也各有不同特点，所以他的思想在这三个发展阶段是各有不同的，而绝不是一个平面。如果不能把刘彻的人生经历和政治活动不同时期的不同特点写清楚，恐怕很难把他思想的真实演变弄清楚。

政治家与思想家有显著区别，他必须应付眼前事变，必须有谋略、有城府、有权变、有决断，有些真话不能讲，有时要做违心的事，其真实思想往往成为未发之覆。处理好思想、传、评之间的关系很重要。"传"要求以传主的经历、事件为线索，突出时间向度的变化；"思想"突出传主的主体结构；"评"体现作者本人的史识，是传主与读者间的媒体。评传须确立以史实为依据，诠释历史、文化、思想。政治家，特别是皇帝的史实、史料，易被时人或后人怀着不同动机篡改，须对有明显疑点的重大

---

① 详［美］马斯洛：《人的动机理论》，马斯洛等著：《人的价值与潜能》，华夏出版社，1987年版。

问题所涉及的史料、史实考证辨析，才能依据史实作出合理结论。"评"与作者本人的价值尺度有关。任何价值尺度都有相对性，而任何单一尺度都难以保证评价的准确和全面，所以评价应当是多维的。刘彻既是雄才大略的皇帝，也是"人"，他的思想和行为既有"圣坛效应"，也有难以免"俗"之处，刘彻是他那个时代的时代精神和民族精神的最高代表。只有避免把传主写成"单面人"，才能为读者多向度思考留下足够的想象和思维空间，通过阅读和思考"再创作"。现在，西方某些历史学派对历史—思想史的研究已转向对人的思维方式及理论方法的反思；[1]还应从人、物质、精神"三种生产"对历史现象作系统研究，揭示历史表象下的文化心理结构。[2]"文化"有物化载体、制度规范、观念意识三个层面，观念意识层面有语言符码、价值观念、思维方式三个子系统，[3]还有一个"非理性层面"的问题常常被人们所忽略，而实际上政治家的思想充满了非理性因素。[4]魏晋玄学有"言意之辨"，说"书不尽言，言不尽意"，实际上是说文字、语言、思想及潜意识、个体无意识、集体无意识间存在差别。本书借鉴现代诠释学方法，对传主作不同层次的理解、解释和评论：一、传主实际上写了、说了些什么？从原典文字符号的意义

---

① ［英］杰弗里·巴勒克拉夫：《当代史学主要趋势·心理学和历史学》，上海译文出版社，1987版，第104页。

② 详拙文《论精神生产与广义历史唯物主义》，载《天津社会科学》1989年第5期。

③ 详拙文《文化哲学论纲》，载《管子学刊》1996年第1期。

④ 详［英］G·沃拉斯：《政治中的人性》，商务印书馆，1995年版。

层面理解，相当于训诂学意义上的解读；二、传主的本意究竟想要表达什么？三、传主有可能想要说什么？或虽未直接说出，却在特殊环境条件下蕴含了什么内容？类似语言学中称为"高语境"的语言，只有在特殊语言环境下才能理解其特定内涵；四、从思想演进的角度上理解思想家应当说出什么，这只有了解当时思想文化发展达到的水平，知其源流，才能理解；五、从历史和思想文化发展史角度理解传主必然想什么，用"长时段"对思想材料作出认识、解读、评价。①

伟大的政治家对历史和文化的影响主要是积极和推动性的。至于大到什么程度，哪些积极，哪些消极，什么时期有推动性，什么时期丧失了推动性，在多大范围内有价值……却实在不易得出划一不变的结论。这往往要在作者和读者交流中才有可能达到某种相对的统一。所谓"一切历史都是当代史"的命题正是以主体的相对性和历史与现实的统一这个意义立论的。

因水平所限，难免会有错误、不足之处，望师友同好指证之。

作者 2001 年 6 月杀青

于泉城望岳楼

---

① ［法］布罗代尔：《历史著作》，巴黎，1969 年版。布氏认为以不同"时段"为参照系观察、评论历史，结论不同。

目录

第一章 "文景之治"与刘彻精神的孕育期

一个人衰老死亡，一个人构精化生，是为"终始"。一个时代终结，一个时代开始，亦为"终始"。每一个人都是自己民族的儿子，同时也是自己时代的儿子。刘彻就是他所在的那个时代的儿子。汉文帝后元七年（前157）六月，享年46岁的西汉孝文皇帝刘恒去世。同月，刘恒的长子，29岁的汉孝景帝刘启即位。次年，汉景帝元年（前156）七月，刘彻出生。前后一年中间发生的这一系列事情，意味着一种时代精神在消亡，另一种时代精神在孕育。

一、"汉武帝时代"的预言者和见证人

每个大时代必有大智慧者最先感悟到它的临近，呼唤它的到来；必有大智慧者成为这一时代精神的一面镜子，照耀它的程途。西汉的贾谊和司马迁都属于这样的智者。公元前2世纪中叶的中国，正准备迎接一个大时代的到来——"子学时代"精神之花结出的果实——西汉大帝国即将崛起在中国大地上。

公元前3世纪后期，世界政治版图迅速改变，一些民族和文化在死亡，另一些民族和文化在生长，与秦汉帝国处于同一发展水平的古代大帝国正在或已臻形成，罗马正由共和国向帝国过

渡，东西方文明在相互渗透。罗马军团正改变着希腊化时代以来西亚地区的文化面貌和地缘政治版图。有人把西汉与西罗马比作带动古代世界历史前进的两只车轮，此一时期欧亚非大陆巨大变化的"导向源于中国，尽管当时汉帝国的统治者们是在无意之中作出影响世界全局的种种决策。换言之，中国对古代世界历史进程起到极为重要的作用"[①]。大变动前夕的中国，正在为内部分裂、皇权孱弱、匈奴人的入侵所困扰。西汉帝国怎样才能振兴起来，成为驱动世界历史车轮前进的发动机呢？它迫切需要具有极大张力的时代精神引导，以改变目前困顿的境况。它在等待、期盼和呼唤着一个新时代的到来。

贾谊是新时代的先知和预言者。他全面总结亡秦之历史教训，洞察汉初黄老道家无为政策的弊端，意识到文帝朝在表面的平静之下，潜伏着深刻的社会危机。他在上文帝的《治安策》中精辟地指出：此时的天下正如"抱火厝之积薪之下而寝其上，火未及燃，因谓之安，方今之势，何以异此！本末舛逆，首尾衡决，国制抢攘，非甚有纪，胡可谓治！"针对文帝朝的社会状况，他尖锐地揭示出汉帝国面临的九大矛盾："臣窃惟事势，可为痛哭者一，可为流涕者二，可为长太息者六"，概言之：

1.中央集权与诸侯封国割据问题；

2.匈奴侵扰和亲无益的民族问题；

3.贫富分化与世风侈靡无度问题；

4.世风败坏与兴教化易风俗问题；

---

① ［美］弗雷德里克.J.梯加特：《罗马与中国》，人民交通出版社，1994年版，第2页。

5.加强太子教育与皇权继承问题；

6.提倡礼治德政与礼法兼用问题；

7.整顿朝政纲纪与礼遇大臣问题；

8.重农恤民与增加国家积贮问题；

9.中央财政收入与私铸钱币问题。

这九大矛盾都是长期困扰西汉帝国的重大问题。贾谊一一论列，指出问题的严重性，提出相应对策。他是具有现实主义精神的儒家思想家。他对汉初的"无为"政治不满，认为"黄老之学"已不足以应付变化了的时势，应当采用儒家学说作为治理国家的理论基础。贾谊以其深刻的历史洞察力把握了当时社会矛盾及其发展趋势，半个世纪后的历史充分证明了他的预见的正确。两千多年后的毛泽东，曾经在1958年4月27日的一封信中写道：

> 《治安策》一文是西汉一代最好的政论，贾谊于南放归来著此，除论太子一节近于迂腐以外，全文切中当时事理，有一种颇好的气氛，值得一看。[1]

毛泽东对《治安策》这一评价，除论太子一项（即培养接班人问题，并不迂腐，至今仍有意义）之外，所论大体不错。但是，贾谊上疏的内容除少数（如太子教育等）被接受外，并未得到应有的重视，他本人则因既得利益集团——军功老臣们的排挤过早地去世了。贾谊听到了一个大时代即将到来的脚步声，一种

---

[1] 张贻玖：《毛泽东读史》，中国友谊出版公司，1991年版，第45页。

博大的精神在激励着他。但他不是政治家，而实践这些思想，需要一种足以代表民族精神的伟大意志。贾谊没有掌握政治权力，但他的思想却远远超前于时代，这正是他的悲剧命运之所在。作为思想家，贾谊没有实践自己思想的自由，然而伟大的精神毕竟会超越个体生命的局限。贾谊的精神并未泯灭、死亡，他开出的治国良方就要付诸实施，他所呼唤的那大时代的精神就要诞生了！①

司马迁与贾谊的精神是相通的，他是"汉武帝时代"的历史见证人。

刘彻及其时代的精神面貌究竟是怎样的？真正可供研究刘彻思想的直接记录不多，其中最重要的就是与刘彻同时代的史学家司马迁的不朽著作《史记》了。《史记》的史料价值是不言而喻的，重要的是，通过《史记》能照观刘彻。李长之先生说：

> 汉武帝在许多点上，似乎是司马迁的敌人，抑且是司马迁所瞧不起，而玩弄于狡猾的笔墨之上的人；然而在另一方面，他们有许多相似处，而且太相似了！汉武帝之征服天下的雄心，司马迁表现在学术上。"天人之际"，"古今之变"，"一家之言"，这同样是囊括一切的，征服一切的力量。武帝是亚历山大，司马迁就是亚里斯多德（当为希罗多德）。这同是一种时代精神的表现而已。汉武帝之求才若渴，欣赏奇

---

① 刘彻对贾谊的事迹、思想非常熟悉。《史记》卷八十四《屈原贾生列传》载："孝武皇帝立，举贾生之孙二人至郡守，而贾嘉最好学，世其家，与余通书。至孝昭时，列为九卿。"此为褚先生补。

才，司马迁便发挥在文字上。汉武帝之有时而幼稚，可笑，天真，不实际，好奇，好玩，好幻想，司马迁也以同样的内心生活而组织成了他的书。汉武帝的人格是相当复杂的，而司马迁的内心宝藏也是无穷无尽！①

这不啻是说，司马迁和《史记》是汉武帝时代和刘彻精神世界的一面镜子！

人们常以班马并称。班固《汉书》补充了不少《史记》未刊史料，很有价值，但就历史观和精神境界而言，班马相差不可以道里计。《史记》写刘彻是当代人写当代史，具有第一位的史料价值；司马迁崇儒，但不排斥百家，他是"子学时代"具有独立人格、学风和文风的最后一位代表人物，与被关进经学和皇权主义笼子的班固大不相同；《史记》未被皇权主义同化，司马迁与刘彻有过思想碰撞和交锋，《史记》具有鲜明的批判现实主义精神。这正是用"正统"观念看司马迁和《史记》的班氏父子所反对的"异端"。

班彪论司马迁：

其论学术，则崇黄老而薄《五经》；序货殖，则轻仁义而羞贫穷；道游侠，则贱守节而贵俗功：此其大敝伤道，所以遇极刑之咎也。然善述序事理，辩而不华，质而不野，文质相称，盖良史之才也。诚令迁依《五经》之法言，同圣人

---

① 李长之：《司马迁之人格与风格》(1946)，生活·读书·新知三联书店，1984年再版，第18—19页。

之是非，意亦庶几矣。①

班固论司马迁：

> 其是非颇缪于圣人，论大道则先黄老而后六经，序游侠
> 则退处士而进奸雄，述货殖则崇势利而羞贱贫，此其所蔽
> 也。然自刘向、扬雄博极群书，皆称迁有良史之材，服其善
> 序事理，辨而不华，质而不俚，其文直，其事核，不虚美，
> 不隐恶，故谓之实录。②

学术的"醇—杂"是御用文士们裁量文章的正统标准。"大
敝伤道""谤书"，是历代醇儒贬抑《史记》诛心史迁的主要罪
状。"谤"最初不过是原始民主主义的一种民众议政形式。王权
异化，暴君专政，佞臣"弭谤"。故所谓"谤书"说实不必为史
公讳，反而是他反对精神专制和坚持独立人格的重要资证。刘彻
乃一代伟人，司马迁亦一代伟人。对他们两人不能用非此即彼、
厚此薄彼，冰炭不同器、水火不相容的简单化二值判断。这是历
史人物评价之悖论的典型案例。刘彻本人有才，也爱奇才。但
是，他的人格又相当复杂，有其阴暗的一面。面对司马迁，他有
一种潜意识的自卑和忌妒。刘彻雅好"文学"，为之倾注了不少
心血。中国素有唐诗、宋词、汉文章之说，汉文章中又有"文章
两司马"之说。刘彻欲让自己的精神笼罩天下，侍臣司马相如已

---

① 《后汉书》卷四十上《班彪传》。
② 《汉书》卷六十二《司马迁传》。

在刘彻精神笼罩之下，但刘彻深知自己的精神远不足以笼罩另一个司马，充其量他只能把司马迁的肉躯关进精神"大一统"的铁笼。汉魏之际王肃说：

> 汉武帝闻其述《史记》，取孝景及己本纪览之，于是大怒，削而投之。于今此两纪有录无书。后遭李陵事，遂下迁蚕室。此为隐切在孝武，而不在于史迁也。①

司马迁公然揭橥汉家秘不示人的"南面之术"，实为皇家之大忌。刘彻既加司马迁以腐刑，还想继续用他。这种办法只有刘彻才使得出来：他既爱司马迁之旷世奇才，又要断其"灵根"，使之无望继"统"——现代人对这种心态恐怕很难理解。司马迁之足以为刘彻置鉴以耀后世者，正是他身可阉而史不可阉的精神。刘彻之删削景、武《本纪》，使这面历史之镜蒙上了一层薄薄的面纱。班固修《汉书》，补写大量资料，不乏整齐修订之功，但他讥讽司马迁"是非颇缪于圣人"，足见已失《史记》之精神；②司马光撰《资治通鉴》，以己意取舍褒贬，使刘彻的面目更

---

① 《三国志·王肃传》。

② 司马迁死于汉武帝身后。《史记》有被删改夺误疏漏错简之处；褚少孙补《史记》文虽不雅驯，史料颇有可取者；《孝武本纪》被删，以《封禅书》补之，然《本纪》部分内容仍有遗存于《汉武故事》《汉武帝内传》《汉官仪》等野史佚文者，其中既存颇富史料价值者，也有后人附会、增饰、歪曲、伪造成分，须慎重辨析和选择。

加朦胧了。①尽管如此，司马迁和他的《史记》毕竟仍是刘彻及其时代的一面镜子。

二、皇帝家族与皇权结构

按传统礼仪，贵族死后，族人至宗庙，议谥号；帝王死后，大臣至京师南郊立庙，行葬礼，定谥号，告上天。②人生惟"德—行"难于亦贵于始终如一，所谓"据其终始，人可知也"，盖棺才能论定墓主的"德行"。"德"指内隐之德、才、识的修养和造诣；"行"指外显的平生事迹和功业。所谓"谥号"，代表同时代人对死者的基本评价，也是后人评论墓主的参照系。③文景两朝的社会风貌、时代精神与其之前和之后的时代有着显著的差异。④刘彻祖父刘恒谥"文"，文初义"饰"；父亲刘启谥"景"，景本义"影"。文帝刘恒安定刘汉天下，把问题留给儿子；景帝刘启平定"七国之乱"，避免了大分裂、大动乱，恪守了刘氏的汉家帝业，施政大体延续文帝朝，犹如父辈的影子。经文景两代汉朝得以恢复。这是人们习惯把"文景之治"称为同一时代的主要原因。如果说，文帝朝因统治集团内部矛盾制约了皇帝的权威

---

① 此说详见拙作《汉武帝"罢黜百家，独尊儒术"说考辨》，载《孔子研究》2000年第4期。

② 《礼记》："天子崩，臣下之南郊告谥之。"

③ 《说文》："谥，行之迹也"；《五经通义》："谥者，死后之称，累生时之行而谥之。善行有善谥，恶行有恶谥，所以为劝善戒恶也。"

④ 张守节《史记正义·谥法解》：经纬天地、道德博闻、学勤好问、慈惠爱民、愍民惠礼、赐民爵位皆谓"文"；由义而济、耆意大虑、布义行刚皆谓"景"。

的话，那么，汉朝初年的经济和财政状况则从外部限制了汉帝国的张力："天下初定，故大城名都散亡，户口可得而数者十二三"；"汉兴，接秦之弊，丈夫从军旅，老弱转粮饷，作业剧而财匮，自天子不能具钧驷，而将相或乘牛车，齐民无藏盖"。刘汉立国后战事未息，对内平定异姓诸侯王、对外与匈奴战争频仍。高祖"平城之役"对匈奴求和，岁致金帛，财政拮据。"郡国诸侯各务自拊循其民"，各自为政，"吴有豫章郡铜山，即招致天下亡命者盗铸钱，东煮海水为盐，以故无赋，国用饶足……它郡国吏欲来捕亡人者，颂共禁不与"[①]；淮南"收聚汉诸侯人及有罪亡者，匿与居，为治家室，赐与财物爵禄田宅，爵或至关内侯，奉以二千石所当得"[②]。吴王之属并未把汉文帝刘恒放在眼里，经常称病不朝。文帝"无为而治"，与民休息，紧缩财政，恢复经济，是势所必然，迫不得已的。

刘恒本未想到皇帝的旒冠会加冕到自己头上。他既非惠帝之子，亦非刘邦长孙，其母薄氏更非刘邦宠姬，他是刘邦诸子中看似最孱弱的一个。实际上，刘恒是被各种政治势力的妥协推上皇帝宝座的：陈平、周勃、诸宗室大臣共诛诸吕，皇权暂呈真空，谁继位才既不致危害刘汉稳定，又能保障宗室和大臣们的既得利益呢？大臣们"相与阴谋"曰："吕氏以外家恶而几危宗庙，乱功臣。今齐王母家驷，驷钧，恶人也，即立齐王，则复为吕氏。"淮南王刘长也因"母家恶"被否决。他们深知凡"长君"必用自己的臣下，"即长用事，吾属无类矣！不如视诸王最贤者立之"。

① 《汉书》卷三十五《荆燕吴传》。
② 《汉书》卷四十四《淮南衡山济北王传》。

众人尚能接受的唯一方案是选择代王刘恒，诸大臣认为，"'代王方今高帝见子，最长，仁孝宽厚。太后家薄氏谨良。且立长故顺，以仁孝闻于天下，便。'乃相与共阴使人召代王。"[①]可见，刘恒继位实乃宗室、大臣集团间相互妥协、精心谋划的结果。这一事件倒是证明了皇权政体的一条规律：皇权更迭交替之际是政治矛盾最易集中爆发的时刻。最高统治集团利益重新分配，一批新贵跻身进来，与新君关系疏远者，则势必被新权力结构的排列组合排挤出去，失宠、失势、失权、失位，乃至失掉身家性命。这类矛盾的爆发往往与君主生命周期重合，体现为周期性政治危机，故称皇权体制的"政治周期律"。可见，皇权并不只是天子个人的权力，而是皇权体制整体的结构和功能。它反复地表现为个人→体制→个人对皇权的交替支配。皇帝个人意志对国家机器的绝对操纵只是一种表象。皇权绝非铁板一块，它是控制社会秩序的内稳定器和政治权力的制衡系统。皇权政体的核心部分有其内在的结构，在汉初，主要由宗室、大臣、外戚三种势力构成。这里且以惠、文之际的皇位继承权之争为例说明之：

宗室集团：如朱虚侯刘章、东牟侯刘兴居及刘氏诸王之属；

大臣集团：如丞相周勃、陈平及将军灌婴之属；

外戚集团：吕产、吕禄、吕通之属。

三大集团既有共同利益，又各有特殊利益；而每一集团中又有亚集团势力和潜在结构，每种势力的消长都可能引起皇权结构的变动，故其成员对这类变动极其敏感，任一集团过度偾张都将受到制约。三大势力的制衡机制决定着皇权体制的内稳定性：宗

---

① 《史记》卷九《吕太后本纪》。

室用刘邦"白马之盟"的"非刘氏不王""非有功者不侯",从而保证天下姓刘;外戚根据具体情况,或用"子以母贵",或用"母以子贵"的机制制约天子这个多妻多子群体的权力再分配,以达到"安少主"的目的;大臣集团对天下的修齐治平有不可替代的作用。任何势力过度追逐自身利益,都会打破均衡,导致冲突。这就是"皇权周期律"一再起作用的原因。皇权这种结构关系,使文帝不可能推行积极有为的政策。刘恒之"势"先天不足,必须掩饰自己的权欲,以免因此而刺激宗室大臣集团引起过敏反应,诱发不测事件。文帝朝政策的妥协性,从刘恒集团自代国赴京师之初的小心谨慎,即足以发见其端了。[①]

处理"家—国"关系是皇权政体的一大难题。汉"以孝治天下"[②]。夏商周以来,以家为国,以国为家。汉代于父系方面似无问题,但于母系方面则不完善,总是出现所谓"外戚之祸"。盖因汉代外戚干政在历代中最典型:

> 两汉以外戚辅政,国家既受其祸,而外戚之受祸,亦莫如两汉者。崔骃疏言,汉兴以后,至于哀平,外家二十余,保全者四家而已……推原祸本,总由于柄用辅政,故权重而祸亦随之。西汉武、宣诸帝,东汉光武、明、章诸帝,皆无

①《汉书》卷四《文帝纪》。

②《孝经·开宗明义》:"夫孝,德之本也,教之所由生也";"夫孝始于事亲,中于事君,终于立身"。

外戚之祸，由于不假以权也。[①]

母后外戚集团是支持新君即位的主要因素，后党依傍新君权以张佽威；新君成年后欲摆脱母后外戚支配，又有新外戚出来竞争；新外戚地位在三大集团中最不稳定，常因君主好恶而沉浮不定。外戚深涉宫廷政治，手段隐秘，宫廷阴谋难为人知。刘彻的老祖母窦太后就是宫廷斗争的专家。窦氏出身普通农家，高祖时选入宫服侍吕后，适逢出宫人赐诸王，窦氏欲归赵，宦者以为她祖籍代地，误编入代王刘恒籍。刘恒独幸窦氏，代后备受冷落。窦氏生女刘嫖，子刘启、刘武。原代王后先后育四子，皆死得不明不白，"先，代王未入立为帝而王后卒（！）。及代王立为帝，而王后所生四男更病死（！）。孝文帝立数月，公卿请立太子，而窦姬长男（启）最长，立为太子（！）。立窦姬为皇后，女嫖为长公主。其明年，立少子武为代王，已而又徙梁，是为梁孝王"[②]。窦姬侍候过吕雉，谙熟"人彘"之类媚主争宠、喋血内帷的宫廷秘史。代后及诸子先后死于刘恒入主汉廷前夕，断非自然死亡。代后显然是"人彘"第二。否则，代后倘有一个儿子能侥幸活下来，论名分，嗣君之位未必就能落到刘启名下。这个事件使人嗅到宫廷政治不择手段、毫无人性、充满阴谋和残忍的血腥气味。刘彻从中接受了深刻教训。

---

① 赵翼《廿二史札记》卷三《两汉外戚之祸》；洪迈《容斋随笔·汉母后》："汉母后预政，不必临朝及少主，虽长君亦然。"

② 《史记》卷四十九《外戚世家》代后四子，《史记》卷十一《孝景本纪》言代后三子。

窦氏立为皇后，首先想到加强窦氏外戚势力。窦氏父母早亡，只有兄窦长君、弟窦广国流落在民间。窦皇后寻到二人下落，为他们立家长安城内。此事引起绛侯周勃、将军灌婴等人的警觉，相互提醒曰："吾属不死，命乃且县此两人。两人所出微，不可不为择师傅宾客，又复效吕氏大事也。"①大臣们担心诸窦微贱，恐其揽权不择手段，要选长者有节行之士教诲之。二窦遂"不敢以尊贵骄人"。后窦皇后失明，文帝宠幸慎夫人、尹姬。按高祖刘邦"无功者不得封侯"之约，文帝去世诸窦无人封侯，窦后愤愤不平。景帝立，窦太后一再说"人主各以时行"，不必拘守高祖成约，封广国为章武侯、长君子彭祖为南皮侯。宗室大臣集团严加防范，诸窦未及酿成大祸。

统治集团内部的各个家族，无不欲在皇权政体下尽量谋求利益的最大化，同时对其他家族的利益膨胀又极其敏感，汉初的所谓"汉家制度"，就是要求在保持刘氏的宗主地位的前提下，维持某种相对均衡的调节机制。

三、景帝朝的嗣君之争

景帝的朝政颇受窦太后掣肘。刘启健康状况不佳，只活到四十六岁，身罹疾患，心情长期抑郁，精神张力不足。他寄希望于身后，精选储嗣，悉心栽培。刘启有14个儿子："王皇后生孝武皇帝；栗姬生临江闵王荣、河间献王德、临江哀王阏；程姬生鲁共王余、江都易王非、胶西于王端；贾夫人生赵敬肃王彭祖、中山靖王胜；唐姬生长沙定王发；王夫人生广川惠王越、胶东康王

————
① 《史记》卷四十九《外戚世家》。

寄、清河哀王乘、常山宪王舜。"①刘彻并非嫡长子,排行第九。②他之能被立为太子,颇经历了一番曲折。

生母王氏是对刘彻的命运产生重大影响的人。王氏是扶风槐里王仲之女,名王姝。母臧氏是汉初功臣燕王臧荼孙女,初嫁王仲,生一男两女,长子王信、长女姝、次女姁。王仲早亡。臧氏改嫁长陵田氏,又生二子田蚡、田胜。王姝嫁金王孙,生一子。相士姚少翁说王姝天下贵人,当生天子。田氏夺回王姝,设法把她姐妹送进太子宫。王姝告诉刘启,自己有"日入其怀"之梦,暗喻胎儿不凡。刘启即位,王姝封"美人"。景帝前元元年(前156)七月七日,刘彻生于猗兰殿。野史载王姝"大期"而生,可见她言梦之日并未怀孕。刘启说,若生子,取名"彘"。在后来的讹传中却变为高祖托梦景帝说:"王美人得子,可名为彘。"占梦的姚翁预言王姝生子当为"刘宗盛主"。这个姚翁正是曾为王氏占卜的那个姚少翁。为圆王氏的皇帝梦,他编造了刘彘生而神异的神话。

如果说刘彻的精神素质继承了曾祖刘邦的大度、祖父刘恒的沉潜、父亲刘启的果决的话,那么,他也秉承了母系工于心计的特点。幼年刘彘深得景帝欢心,少不了王氏的调教之功。景帝发现阿彘的过人之处,甚为器重:

> 至三岁,景帝抱于膝上,抚念之,知其心藏洞彻。试问

---

① 《汉书》卷五十三《景十三王传》。

② 《汉书》卷六《武帝纪》刘彻"景帝中子"。王先谦《汉书补注》引司马贞《史记索隐》:"《景十三王传》广川王已上皆是武帝兄……则帝第九也。"

儿:"乐为天子否?"对曰:"由天不由儿。愿每日居宫垣,在陛下前戏弄。亦不敢逸豫以失子道。"景帝闻而愕然,加敬而训之。①

年四岁,立为胶东王。少而聪明,有智术。与宫人诸兄弟戏,善征其意而后应之。大小皆得其欢心。及在上前,恭敬应对,有若成人。太后下及侍卫咸异之。②

小刘彘信口而应的回答,使刘启不得不对这个儿子另眼看待。他发现阿彘似乎有一种天纵聪明,能洞察他人内心活动,选择最为得体的进退应对,处处慧悟灵通,稚气未脱却事事洞达,精明得出人意料。刘彘有惊人的记忆力,求知欲特别强,尤爱读书中古代圣贤帝王伟人事迹,过目不忘。景帝深感诧异。一日,刘启问刘彘近来读什么书。于是刘彘"诵伏羲以来群圣,所录阴阳诊候及龙图龟册数万言,无一字遗落。至七岁,圣彻过人"。景帝遂改刘彘名"彻"。③"彻"的意思是聪明洞彻。刘启遂萌生了易太子的念头。

太子的废立将导致统治集团权力的重新分配,各种矛盾可能

---

① 《说郛三种》一百二十卷本卷一百一十一《汉武帝内传》,上海古籍出版社,1988年版。

② 《说郛三种》一百卷本卷五十二《汉孝武故事》,上海古籍出版社,1988年版。

③ 《说郛三种》一百二十卷本卷一百一十一《汉武帝内传》,上海古籍出版社,1988年版。

于此时突然爆发，故为君主政体最薄弱、最危险的时期。[①]嗣君原则不易确定，《尚书·皋陶谟》说此事"惟帝其难之"，儒家经今、古文学说法就不同：今文家说："立嫡以长不以贤，立子以贵不以长。"[②]古文家说："王后无嫡，则择立长，年钧以德，德钧以卜。"[③]孰是孰非，直到东汉亦未分辨清楚。

景帝朝嗣君之争之所以难以避免，盖因皇后薄氏无子，梁孝王刘武是景帝同母弟，深得窦太后疼爱，欲使立为太子。一日，梁孝王朝觐宴饮，景帝酒醉后承诺"千秋之后传梁王"，窦太后大喜。窦婴谏曰："汉法之约，传子適孙。今帝何以得传弟？擅乱高帝约乎？"[④]景帝酒醒后惊悟失言。景帝三年（前154），"七国之乱"平定，立嗣矛盾更加突出。窦太后再度暗示景帝："吾闻殷道亲亲，周道尊尊，其意一也。安车大驾，用梁孝王为寄。"景帝故意装糊涂，召集"通经术之臣"咨询其事。袁盎等人解释说："殷道亲亲者，立弟；周道尊尊者，立子……周道，太子死，立適孙。殷道，太子死，立其弟。"[⑤]"亲亲"注重母系家族方面的亲情关系，是殷商旧制，楚地尚有此遗俗；"尊尊"注重父系家族方面的宗法等级关系，周代改变殷商制度沿用此礼，即"殷

---

① 《白虎通义·封公侯》："国在立太子者，防篡煞，压臣子之乱也。"

② 《公羊春秋·隐公元年》。

③ 何休："不以贤者，人状难别，嫌有所私，故绝其怨望，防其觊觎。今如《左氏》所言，'年钧以德，德钧以卜'，君之所贤，人必从之，岂复有卜？隐、桓之祸皆由是兴，乃曰古制，不亦谬哉？"

④ 《史记》卷五十八《梁孝王世家》。

⑤ 《史记》卷五十八《梁孝王世家》。

尚质,周尚文"①。大臣们说:"方今汉家法周。周道不得立弟,当立子。"袁盎等以"宋宣公不立正,生祸,祸乱后五世不绝"的历史教训劝诫太后。窦太后自知理屈,只得放弃按"亲亲"原则立嗣,遣梁孝王归国。儒学总结父系宗法制度积累的历史经验,是已臻成熟的君主政治理论体系,适于维系皇室家族内部的长久稳定,符合刘氏家天下的根本利益。

景帝四年(前153),宠妃栗姬子刘荣立为太子,称"栗太子",刘彘封胶东王。不久,刘彘取栗太子而代之的契机出现:景帝姊馆陶长公主刘嫖欲将自己的女儿阿娇嫁给栗太子。王夫人故意激栗姬说刘嫖因常献美女,故深得景帝欢心,假意劝她结好刘嫖。栗姬因忌妒不许婚事。刘嫖因此与之结怨。王夫人乘机结好刘嫖。一日,刘嫖将阿彘抱在膝上,指着左右百余侍女问:"儿欲得妇否?"刘彘遍视侍女,表示皆不喜欢。刘嫖又指着自己的女儿问:"阿娇好不?"阿彘笑道:"好!若得阿娇作妇,当作金屋贮之。"遂定婚。时景帝前元六年(前151),刘彘才六岁。刘彘说这话,未始与王夫人教诲无关。

是年九月,皇后薄氏因无嗣被废。刘嫖对景帝说,栗姬因忌妒,与景帝诸宠姬会,常使侍者用"媚道",唾其背;又常在景帝左右称许刘彘。王夫人欲翕故张,暗中唆使大行奏请立栗姬为皇后。景帝赫然震怒,案诛大行,遂废栗太子为临江王。栗姬忧恚而死。王夫人如愿以偿地立为皇后,刘彻立为太子。王皇后兄王信封为盖侯。②

---

① 详李衡眉《"夷俗仁"发微》,《文史哲》1992年第1期。
② 《说郛三种》一百卷本卷五十二《汉孝武故事》。

改立太子后，景帝对太尉周亚夫最不放心。景帝废太子刘荣，周亚夫曾犯颜直谏。周亚夫平定"七国之乱"，有定社稷之功。景帝对他的处理是婉转的，先右迁为丞相，免其太尉之职。因兵事暂告一段落，故同时"罢太尉官"，取消最高军事行政机构，实际上是夺其兵权。为安排周亚夫，免丞相陶青，任宗室刘舍为御史大夫，任"酷吏"郅都为中尉。京师一带多王公外戚、功臣、豪族及其子弟，多行不法，郅都是铁腕人物，行法不避贵戚，号为"苍鹰"，京师为之肃然。总之，高层人事皆为稳固太子地位而变动。景帝中元二年（前148），太子刘彻八岁。三月，废为临江王的刘荣，因侵占文帝庙之地获罪。景帝派郅都征刘荣至中尉府对簿，刘荣自杀。此事实景帝为防止身后有人借故太子滋事生乱所为。窦太后深恨郅都，借故杀了他。

刘彻立为太子，梁孝王刘武不甘就此罢手。时梁孝王筑东苑，方三百余里，扩睢阳城七十里。大治宫室，修复道，宫城连平台三十余里。用所赐天子旌旗，出入从骑千万，出言"跸"，入言"警"，东西驰猎，拟于天子：

> 梁孝王好营宫室苑囿之乐，作曜华之宫，筑兔园，园中有百灵山，山有肤寸石、落猿岩、栖龙岫，又有雁池，池间有鹤洲凫渚，其宫观相连，延亘数十里，奇果异树、瑰禽怪兽毕备，王日与宫人宾客弋钓其中。①

他还广延四方豪杰之士，自山以东四方游说之士齐人羊胜、

---

① 《西京杂记》卷上，《龙溪精舍丛书》本。

公孙诡、邹阳之属莫不毕至。"梁多作兵器弩弓矛数十万，而府库金钱且百巨万，珠玉宝器多于京师。"①显然，梁孝王刘武与太子刘彻已经形成了"并嫡"之势，梁国的政治军事经济实力几可与汉朝分庭抗礼。无望入继大统的梁孝王，积怨于袁盎等妨碍他继位的大臣，与羊胜、公孙诡等密谋，暗中派人刺杀袁盎等十余名大臣。景帝怀疑此事是刘武指使，"逐贼，果梁使之……上由此怨望于梁王"。阴谋败露的梁孝王大为恐慌，买通韩安国走长公主的后门，疏通窦太后，稍得宽释。但"景帝益疏王，不同车辇矣"②。梁孝王连沮丧带惊恐，不久便身罹恶疾而亡。

景帝处理梁国后事的方式，采用了贾谊"众建诸侯而少其力"的办法，将梁地一分为五，建立五个小国，在不知不觉中自然而然地削弱了他们的势力。

少年刘彻从自己亲身经历中逐渐弄懂了一条道理：血族亲缘关系并不足以构成西汉帝国长治久安的基石。相反，高祖刘邦当年——剪平异姓封国，大封同姓，以为从此便可保刘汉江山。但从"七国之乱"，到梁孝王并嫡事件都说明，尽管同姓封国，其经济实力一旦膨胀起来，就可能形成"末大不掉"之势，就会要求相应的政治地位——封国与宗主之间对价值资源的攘夺会积渐而著，长此以往必将酿成政治上的变乱。政治斗争的极端残酷性在少年刘彻心灵深处投下阴暗的影子。他已经朦胧地意识到，全部利害之争就在于皇权这个巨大的政治旋涡中心，刘氏天下和自己的命运全都维系于此，这就是所谓"统一系"关系。若不注意

①《史记》卷五十八《梁孝王世家》。
②《史记》卷五十八《梁孝王世家》。

维系自己的这个"统"的主导地位，稍有不慎，或心慈手软，就会被异姓或同姓的敌对势力毫不留情地吞噬掉。惧怕毫无用处，想躲是躲不过去的，只有先发制人，置对手于死地，无论对手是姓窦、姓刘，还是其他皇亲国戚都一样，皇权绝对不能容忍他人染指！

四、太子傅育制度和教育内容

秦朝忽视太子问题，扶苏被谗杀，胡亥不学无术，傅相赵高奸佞，是秦速亡原因之一。刘邦引以为鉴，用叔孙通为太傅，张良为少傅，秩二千石，太子师事之。刘邦不读书，字写得丑，他有意让太子练字，写文章，特别叮嘱千万不能让别人代笔。[①]他嫌太子"不类我"，非常不满刘盈的劣弱，欲易太子。吕后用张良计，请"商山四皓"保住太子地位。贾谊《治安疏》曾经专门论述太子的傅育："天下之命，县于太子；太子之善，在于早谕教与选左右。"文帝纳其议，刘启因之受过良好教育。西汉接受历史教训，预立太子保障、优选、教育、培养措施。

阿彘自幼由侯母哺育，称"大乳母"。侯母奶好，又尽心，阿彘长得硕壮。汉制，二傅多随太子立君迁转外朝大臣。太傅卫绾是窦太后亲信，少傅王臧从申培学《诗》；太子洗马汲黯素"以严见惮"，刘彻不敢放肆。刘彻还有一伙小伴当，如长于算学的洛阳贾人之子桑弘羊、好兵法战阵的少年韩嫣等。

---

① 《全汉文》卷一引《古文苑》刘邦敕太子："吾生不学书，但读书问字而遂知耳，以此故不大工，然亦足自辞解。今视汝书，犹不如吾。汝可勤学习，每上疏宜自书，勿使人也。"

汉初注意培养太子的尚武精神。太傅卫绾善驭车。时马车短而灵活，站立驭乘，危而易堕。西汉用京畿大片山林建"上林苑"，为皇室狩猎场以确保皇族体质和尚武精神不至于消靡殆尽。刘彻的祖父文帝常"代（胡）服鷩衣，袭毡帽，骑骏马，从侍中、近臣、常侍、期门武骑猎渐台下，驰射狐兔，毕雉刺彘"[1]；父亲景帝亦"驭射伎艺过人绝远"[2]，驾驭轻车，驰射上林。刘彻酷爱骏马，好驾车突驰。后来司马相如曾进谏："今陛下好陵阻险，射猛兽。卒然遇逸材之兽，骇不存之地，犯属车之清尘，舆不及还辕，人不暇施巧，虽有乌获、逢蒙之伎不能用。"[3]史言刘彻"欲事伐胡，而媪先习兵"[4]。孙、吴兵书"世多有之"[5]，更是刘彻爱不释手的书。

刘彻从王臧学《诗》。与"景帝不好词赋"不同，刘彻诗才更像"不读书"而能赋《大风歌》的高祖刘邦。刘彻酷爱楚辞的浪漫飘逸，屈辞的慷慨悲凉，宋赋的文采华丽。对北方诗歌精品《诗经》，刘彻更爱其典雅。他喜欢有灵性文采的文字。"《诗》言志"，能培养审美情趣，"发乎情，止乎礼"，使人的情欲由学《诗》升华为更高的人格和理想。刘彻雅好"文辞"，写过不少辞赋。他即位后曾与司马相如开玩笑："以吾之速易子之迟，可乎？"足见其行文及才思之速。刘彻倾慕"好文学"的人。他深羡"好读书，多材艺"的楚元王刘交家族，"好读《诗》，能属

①《风俗通义·正失》，代地有胡服骑射之风。
②《汉书》卷四十九《袁盎晁错传》。
③《汉书》卷五十七下《司马相如传》。
④《汉书》卷九十三《佞幸传》。
⑤《史记》卷六十五《孙子吴起列传》。

文"的刘辟强、"修黄老术，有智略"被刘彻称为"千里驹"的
刘德、"好读书"而招集众人撰写《淮南鸿烈》和为《离骚》作
传的淮南王刘安。此外，李斯再传弟子贾谊、传伏生《尚书》学
的晁错等，也都是刘彻恨"独不与此人同时"的人物。

刘彻十岁以后，景帝让他学习临朝施政的技巧，以备肩负大
任。刘彻天资聪敏，但若欲学识超常，逻辑严密，明辨是非，敢
于决断，精通汉家法律……还要经过锻炼，景帝打算通过实践予
以考察指导。景帝中元五年（前145），刘彻十一周岁。一日，景
帝带太子上朝，适逢廷尉奏上一案："因防年，继母陈氏杀年父，
因杀陈氏。依律，杀母大逆论。帝疑之，诏问太子。对曰：'夫
继母如母，明其不及也，缘父之爱，故谓之母尔。今继母无状，
手杀其父，则下手之日，母恩绝矣。宜与杀人者同，不宜大逆
论。'帝从之，弃市。议者称善。"①此案廷臣未必不能解决，景
帝是有意廷试太子。刘彻从容回答：既然陈防年"母恩"已绝，
就不能以杀母定罪；既非杀母，仍属普通杀人案，依律判决，定
为"弃市"也就可以了。景帝认定刘彻思维逻辑性强，明于刑名
法术之学，日后处事能有决断。刘彻判案用了"礼"的尺度，这
说明他于儒学已经有了相当深的理解。景帝朝，思想界道、法并
重，刑名法术是世之"显学"；"申子、韩子皆著书，传于后世，
学者多有"②。刘彻毕生明于法律，严于法律，有时不免滥用法
律，与他少年时代的读书经历有关。

另外，关于君道霸业治国理财之书，《管子》水平最高。司

---

① 《说郛三种》一百卷本卷五十二《汉孝武故事》。
② 《史记》卷六十三《老子韩非列传》。

马迁说:"吾读管氏《牧民》、《山高》(《形势》)、《乘马》、《轻重》、《九府》及《晏子春秋》……至其书,世多有之。"①这些刘彻口耳能详。桑弘羊"以计算用事",为刘彻近侍。②后来,桑弘羊当了理财大臣,所恃之学即《管子》的"轻重之术"。这些书籍中秘书皆有藏本,好读书的刘彻当然全都能够读到。少年刘彻读书内容广博,诸子百家无所不窥,涉猎广泛,理解领悟能力极高,知识结构比较完整。这为他将来的发展打下了深厚的文化知识基础。

五、儒道互黜,两度交锋

刘彻被立为太子不久,朝中发生了一件大事——儒家大师辕固生同黄老道家著名学者黄生当朝辩论政治上极其敏感的"汤武革命"论。这事大大刺激了少年刘彻,使他如梦方醒,眼界大开。

嬴政专任法家,"举措暴众,用刑太极"。汉初"黄老政治"是为矫嬴政之枉。黄老之学是汉初"显学",主要有老子的《道德经》和战国田齐"稷下先生"创造的"黄帝"之学。刘邦龙兴的楚地本有老子之学传统,黄帝之学在齐燕一带广为流传,"乐臣公学黄帝、老子,其本师号曰'河上丈人',不知其所出。'河上丈人'教安期生,安期生教毛翕公,毛翕公教乐瑕公,乐瑕公教乐臣公,乐臣公教盖公。盖公教于齐高密、胶西,为曹相国

---

① 《史记》卷六十二《管晏列传》。
② 《史记》卷三十《平准书》。

师"①。黄老之学以老子道论融入"黄帝"之学，吸收法家成分，"道表法里"，比较适合汉初经济状况的皇权体制。

汉初萧何为政简易。曹参曾用黄老术，"相齐九年，齐国安集，大称贤相"。②惠帝二年萧何卒，曹参为汉相，"举事无所变更，一遵萧何约束"，为政清静无为，百姓颂曰："萧何为法，颟若画一，曹参代之，守而勿失，载其清净，民以宁一。"③史称"萧规曹随"。

惠帝朝除秦《挟书律》④，但并未鼓励解放思想，开展新一轮"百家争鸣"。"清静无为"，不鼓励思想理论界再交锋。民欲就学，以吏为师，学习法律文书。诸子百家都以"私学"形式授受，未入官学，虽设"博士"之职，备员而已，博士弟子私学传授，不吃皇粮。

刘汉开国以来，军功老臣多不读书。文帝虽一度萌发过用儒术的打算，终因政局原因放弃了，儒臣贾谊受官僚集团排挤，无以实施其治国方略。除黄老道家外，其他学派在官方没有多少市场："汉初，黄老之学极盛。君如文、景，宫闱如窦太后，宗室如刘德，将相如曹参、陈平，名臣如张良、汲黯、郑当时、直不疑、班嗣，处士如盖公、邓章、王生、黄子、杨王孙、安丘望之等皆宗之。"⑤如黄生治黄老之学，太史公司马谈就曾向他学过"道论"。窦太后一再干预朝政，《史记·儒林列传》载："窦太后

---

① 《史记》卷八十《乐毅列传》。
② 《史记》卷五十四《曹相国世家》。
③ 《史记》卷五十四《曹相国世家》。
④ 《汉书》卷二《惠帝纪》。
⑤ 王鸣盛《十七史商榷·司马氏父子异尚》。

好黄帝、老子言，帝及太子、诸窦不得不读《黄帝》《老子》，尊其术。"从"不得不读"句看，大约景帝读黄、老不甚由衷。

景帝的精神向导晁错初学申商刑名，后从济南伏生学儒家经典《尚书》，懂儒学。有人私下议论太子刘启太"愚"，不甚谙世事，容易上当受骗。晁错上书文帝，陈说太子读书，最要紧的是要弄懂弄通"术数"，要会用"心术"——玩弄权术，运用灵活的政治手腕处理政务：

> 人臣之议或曰皇太子亡以知事为（不懂事务）也。臣之愚，诚以为不然。窃观上世之君，不能奉其宗庙而劫杀于其臣者，皆不知术数者也。皇太子所读书多矣，而未深知术数者，不问书说也。夫多诵而不知其说，所谓劳苦而不为功。臣窃观皇太子材智高奇，驭射伎艺过人绝远，然于术数未有所守者，以陛下为心也。窃愿陛下幸择圣人之术可用今世者，以赐皇太子，因时使太子陈明于前。惟陛下裁察。①

晁错学兼儒道名法，精研"数术"。"数术"是融《易》"数"与道"术"为一体的内学功夫。伏生讲授《尚书》时必有精解，称为解经的"传说"。晁错得伏生真传，用以说文帝。文帝深以为然，于是拜晁错为太子家令，号为"智囊"。刘启不仅懂儒经，还能深入到"术数"层次，得《尚书》"书说"的精髓。刘启只是迫于母亲窦氏的压力，才要太子精读黄老道家之学。刘彻虽在

---

① 《汉书》卷四十九《袁盎晁错传》。

老祖母督促下"不得不"下功夫熟读，内心仍旁有所骛。不过，"儒术"与"道术"都是统治术，有相通之处。不能说刘启、刘彻父子反对道家，他们只是不满窦太后的专权跋扈，对刘汉政权形成威胁。景帝用晁错之策，削平"七国之乱"；为太子设"少傅"，任用儒者王臧；召集辕固生、董仲舒等儒学大师为博士，开课授业，说明景帝朝儒学已出现复苏迹象：

> 伏生者，济南人也。故为秦博士。孝文帝时，欲求能治《尚书》者，天下无有，乃闻伏生能治……教于齐鲁之间。学者由是颇能言《尚书》，诸山东大师无不涉《尚书》以教矣。
>
> 韩生者，燕人也。孝文帝时为博士，景帝时为常山王太傅。韩生推《诗》之意而为《内外传》数万言，其语颇与齐鲁间殊，然其归一也……自是之后，而燕赵间言《诗》者由韩生。
>
> 清河王太傅辕固生者，齐人也。以治《诗》，孝景时为博士。
>
> 董仲舒，广川人也。以治《春秋》，孝景时为博士。下帷讲诵，弟子传以久次相受业……学士皆师尊之。[①]

景帝朝虽用黄老之学，但未排斥儒学。此时黄老之学已不适应西汉帝国发展的需要。"七国之乱"后，景帝更迫切地感到了

---

① 《史记》卷一百二十一《儒林列传》。

这一点。景帝让儒—道两派辩论"君道",这并非纯学术的清谈,而是出于加强中央集权的需要,欲打破万马齐喑的沉闷。辩题是"汤武革命",一个极敏感的题目。黄生说汤武夺天下是篡弑。辕固反驳说:桀纣虐乱,民心归汤武,民心即天命,故汤武之立本身已经就是受命了。黄生反驳说:"冠虽敝,必加于首;履虽新,必关于足……桀纣虽失道,然君上也;汤武虽圣,臣下也。夫主有失行,臣下不能正言匡过以尊天子,反因过而诛之,代立践南面,非弑而何也?"辕固生驳其说:"必若所云,是高帝代秦即天子之位,非邪?"话题涉及君主权力更替问题,不便再说了。景帝只好以"食肉不食马肝,不为不知味。言学者无言汤武受命,不为愚"[①],调解两家的争论,终于不了了之,史称"是后学者莫敢明受命放杀者"[②]。总之,有关儒家学说的"汤武革命"理论与刘汉皇朝兴起的实际间的关系问题并未能充分展开,亦未讲述清楚。

"汤武革命"论在刘氏夺得天下之前可以用来唤起民众,反抗嬴政的暴政。但是,夺取政权以后的道理该怎么讲?这显然是儒学理论面临的一大难题。汉初以来,儒道几度交锋:高祖朝叔孙通、陆贾,文帝朝贾谊,景帝朝晁错、袁盎等,代表了儒家对政治的渗透。但一则汉帝国中央政权虚弱,二则儒学本身尚不能完全适应皇权政治需要,所以,在理论界不可能占据统治地位。如果说汉初黄老政治中最初偏重老子之道的话,那么景武之际则

①《史记》卷一百二十一《儒林列传》。

② 此"革命"专指夺取政权,并非社会革命。《易·象传·革卦》:"汤武革命,顺乎天而应乎人,革之时大矣哉!"《郑玄集·周易注》:"革,改也……犹王者受命,改正朔易服色,故谓之革也。"

更注重讲论霸道集权的黄帝之学。黄生的辩术犀利老辣，抛出尊君抑臣的"破帽新鞋"论，有意问难辕固，引诱他犯"政治错误"。辕固用"天命"→"受命"→"革命"逻辑构造儒家历史观的主轴。这种观点包含了原始民主主义遗存、孟子主张反抗"暴君污吏"、扫除独夫民贼，墨家"尚同""尚贤"回归为《礼运》"大同"说、君主选举制的"禅让"说、"选贤与能"说等等，具有强烈的理想主义、古代空想社会主义色彩。孔子裔孙孔鲋携带礼器，投身陈胜、吴广起义，正是这类思想起了主导作用。刘氏夺天下能利用"革命"论，但天下已归自己时"革命"还有什么用呢？辕固未能讲清楚革命与改革的关系，所以尚不能为景帝认同。这暴露出儒学理论体系作为统治思想还有不周延之处。幸亏辕固机智地举出高祖代秦为"革命"论辩护，双方才算打了个平手，景帝不得不用"马肝"说把这场争论含混过去，使其仅限于学术范围之内，不复深究政治责任。这场辩论成了儒学发展史中思想和理论上的分水岭：至少有三个人已经注意到这次"儒道互黜"的严重性。他们是：太子刘彻、儒学博士董仲舒和窦太后。

刘氏家族没有高贵的谱牒，甚至连高祖之父太上皇的名讳都未传下来。那么刘氏凭什么道理掌权呢？刘彻领悟出"天命"→"受命"→"革命"论关系到刘汉天下是否具有天授地位的意义。自己如何做皇帝？怎样迎接历史的挑战？汉朝是发展为强大的帝国，还是放任自流，由涣散走向崩溃？他把自己沉溺浸湮于这一巨大的"问题情景"之中，终日玄思而难以自拔。

一代儒宗董仲舒意识到汉帝国的精神支柱要重新建立起来。儒学面临危机，儒学不为统治者重视就难以传播发展，若不审时度势改造重构，夫子庙的香火就要断了。"天降大任于是人"，圣学的复兴要在自己手中完成。从此，他不再亲自讲学，而由弟子按辈分以次代讲，自己"三年不窥园"，无人见其面，抓紧时间著书立说，完成新儒学的改造。

窦太后虽已失明，政治嗅觉却格外敏锐，朝廷内外风吹草动立即会触动她敏感的末梢神经。她侍奉过吕后，宫廷内的刀光剑影早已司空见惯，她特别留意对景帝的羁縻和对皇权的控驭。在她看来，儒者们"文多质少"①，华而不实。什么学术辩论，不过是掩盖王氏家族争夺权力的表面文章。辕固生居然敢宣传"汤武革命"，胆子不小，她要亲自过问。她召辕固生入宫，问《老子》。辕固说《老子》不过是"家人言"罢了。太后盛怒，反问："安得司空城旦书乎（难道还不如罪隶之书吗）？"②辕固所谓"家人言"，是一语双关——不仅在评论《道德经》，更是讥讽呕呕欲染指最高权力的窦氏外戚集团。窦太后当即还以颜色，称儒学为"司空城旦书"。"家人言""司空城旦书"都是当时市井俗语。"家人言"乃相对"国人言""天下人言"而发。辕固此形容道家学说眼界过于狭窄，自私自利，小家子气，不足以治国平天下。窦氏则用"司空城旦书"来讥讽儒士只不过是隶属于司空的国家刑徒奴隶，用秦代的《挟书律》威胁辕固。这已经不是学术争论，而是儒者被皇权压抑多年的积怨与窦氏欲置思想异端于死地的政治迫害了。窦太后让辕固进猪圈与野猪搏斗，景帝不忍，递

① 古人有"殷尚质，周尚文"之说。殷人尊母系，故君权继嗣以兄终弟及为制度。周人尊父系，故用以父系为宗主的宗法统系制度。

② 《史记》卷一百二十一《儒林列传》。

给辕固利剑，刺死野猪。太后没有理由再加罪名，只得罢手。辕固当然熟悉《道德经》，但这次对手不是学者，而是握有生杀予夺之权的窦太后，是无可回避的政治迫害。在生死面前，辕固表现了真正儒者的独立人格。窦太后恼羞成怒，欲使辕固畏惧钳口，若非景帝及时保护，辕固早已葬身野猪圈了。窦太后刚愎自用、尖刻残忍的个性和人格，以及景帝在母亲面前试图依违两全的谨慎由此可见一斑。窦太后一贯把国家大事当"家事"办，凡事关宗室外戚，她都有一言九鼎之威。这种"家人"眼界对大政决策具有明显消极作用。司马迁说："世之学老子者则绌儒学，儒学亦绌老子。"①这正是西汉前期思想界学术斗争的重要特点。

"儒道互黜"对刘彻有很大影响。刘彻看到黄老学说对汉帝国发展有明显阻碍作用，道家学说明于心黜于行，表面装糊涂，暗中弄权术，君主不可不懂，不能不用，但不能用来统一天下。一旦民智大开，人们都用"道术"谋私利，天下就难统治了。儒家学说虽有迂阔的一面，但胸怀博大，鼓励人们尊祖忠君，立天下之志、树天下之德、行天下之道、做天下之事，有理想抱负，能够成就大事业。儒、道两家各有各的用处。不过，儒学的若干重要问题自己尚未弄懂弄通。因此，他对儒学的理论难点产生了强烈的求知欲。

总之，景帝朝两次"儒道互黜"事件，使刘彻不仅从书本上，也从血写的历史中明白了，要做一个名副其实的君主，就必须懂得"人君南面之术"，懂得怎样当一个好皇帝。这个"君道"是刘氏祖孙几代人血泪教训的结晶，也隐含着祖先秘不示人的

---

① 《史记》卷六十三《老子韩非列传》。

"汉家制度"。

六、"文景之治"的遗产

景帝为使刘彻能顺利接班，人事上作了精心安排。周亚夫为廷臣之首，时相权尊重，不易动摇。景帝调整执政大臣，涉及丞相周亚夫去留问题。决定周亚夫悲剧命运的有以下几点因素：

一是"七国之乱"，周亚夫以"楚兵剽轻，难与争锋。愿以梁委之，绝其粮道"之计，牺牲梁孝王保全汉家。"由此梁孝王与太尉有隙"，于是"梁孝王每朝，常与太后言条侯之短"。窦氏外戚集团与周亚夫有矛盾。二是王氏外戚因太子已成势，而窦氏外戚除窦婴以军功封魏其侯外尚无封侯者。窦太后请为王皇后兄王信封侯，意在为诸窦请封开先例，景帝推说与丞相商议，欲转移矛盾。周亚夫质史无文，依其父周勃反对王诸吕之例，说："高皇帝约'非刘氏不得王，非有功不得侯。不如约，天下共击之！'今信虽皇后兄，无功。侯之，非约也。"[①]同时开罪于窦、王两大集团。三是周亚夫平"七国之乱"后，"归，复置太尉官。五岁，迁为丞相，景帝甚重之。景帝废栗太子，丞相固争之，不得。景帝由此疏之"[②]。遂与太子集团有矛盾。四是随着西汉政权日渐巩固，军人的政治影响力减弱了，政权向文官化过渡，武人政治向文人政治转化。因此，不独周亚夫的地位将发生变动，而且军功集团地位也行将下降，汉帝国的权力结构将要发生重大调整。

---

① 《史记》卷五十七《绛侯周勃世家》。
② 《史记》卷五十七《绛侯周勃世家》。

一次，景帝宴请周亚夫，"独置大胾，无切肉，又不置箸。条侯心不平，顾谓尚席取箸。景帝视而笑曰：'此不足君所乎？'条侯免冠谢。上起，条侯因趋出。景帝以目送之，曰：'此怏怏者，非少主臣也！'"①这实为一次心理测验：景帝试周亚夫以"术"，置肉无箸（如问是否知足）。周亚夫是武人，不学无"术"，不善于掩饰心理活动，微露怨色。野史记载，席间太子视之（亚夫）不辍。亚夫于是起。帝曰："尔何故视此人也？"〔太子〕对曰："此人可畏，必能作贼。"帝笑，因曰："此怏怏非少主臣也。"②刘彻善于察言观色，能从行为举止揣测对方心理。景帝说周亚夫"非少主臣"，要贬抑相权，更换辅臣，树立太子的权威。景帝后元元年（前143），周亚夫被人诬告谋反，下狱冤死。窦太后认为窦氏外戚组阁的时机成熟了，遂推举魏其侯窦婴出任丞相。③景帝以窦婴政治上不够稳重为理由，擢升太子刘彻的太傅卫绾为相、尊道家无为而治的卫尉直不疑为御史大夫。卫、直二人为人谨慎持重，从不多事。他们是窦太后能够认可的人选。《史记·万石张叔列传》附卫、直传记载：

> 建陵侯卫绾者，代大陵人也。绾以戏车为郎，事文帝，功次迁为中郎将，醇谨无他……三岁，以军功，孝景前六年中封绾为建陵侯。其明年，上废太子，诛栗卿（栗姬兄弟）之属。上以为绾长者，不忍，乃赐绾告归，而使郅都治捕栗

① 《史记》卷五十七《绛侯周勃世家》。
② 《汉武故事》。
③ 《史记》卷一百七《魏其武安侯列传》。

氏。既已，上立胶东王为太子，召绾，拜为太子太傅。久之，迁为御史大夫。五岁，代桃侯舍为丞相，朝奏事如职所奏。然自初官以至丞相，终无可言。天子以为敦厚，可相少主……

塞侯直不疑者，南阳人也。为郎，事文帝。其同舍有告归，误持同舍郎金去，已而金主觉，妄意不疑，不疑谢有之，买金偿。而告归者来而归金，而前郎亡金者大惭，以此称为长者。文帝称举，稍迁至太中大夫。朝廷见，人或毁曰："不疑状貌甚美，然独无奈其善盗嫂，何也?"不疑闻，曰："我乃无兄。"然终不自明也……不疑学《老子》言。其所临，为官如故，唯恐人知其为吏迹也。不好立名称，称为长者……

景帝后元元年（前143）八月，卫绾任丞相，直不疑任御史大夫，并超迁王皇后异母弟田蚡为太中大夫，以便出入内廷。封田蚡武安侯，田胜为周阳侯。景帝临终之前，将田氏兄弟擢为列侯，准备刘彻即位时出将入相之大用。这总算是维持了辅命核心成员之间的短暂平衡。景帝为刘彻的即位竭尽心力地做好了人事方面的最后铺垫。一切安排妥帖，诸般心事了结之后，年仅四十六岁的汉景帝刘启终于撒手归去了。

景帝后元三年（前141）正月甲子日，史官写下"帝崩于未央宫"几个字。当日，太子刘彻即皇帝位，时年十六岁。尊皇太后窦氏为太皇太后，母亲王皇后为皇太后，妻子馆陶长公主刘嫖之女陈氏阿娇为皇后。二月癸酉，葬孝景皇帝于阳陵。至此，西汉皇权的政治史又完成了一个周期的往复。

文景时代初步恢复了经济，巩固了刘汉政权，史家习称"文景之治"。其实，文、景两朝还是有所不同的。史称文帝"尚俭"，恐多事扰民，侈靡伤农，"常畏过行"。文帝能虚己待下，"从代来，每朝，郎官上书疏，未尝不辇受其言，言不可用置之，言可受采之，未尝不称善"，故能"日闻所不闻，明所不知"①；文帝遗诏嘱咐后代节俭，反对"厚葬以破业，重服以伤生"，"约法省禁"，"什伍税一"，乃至"三十税一"，清静无为，放权让利。但是，文帝朝的无为而治，反而纵容了宗室、公卿、外戚、豪强们无所不为。如近臣邓通吮痈得宠，垄断蜀山铸钱业。时"山东奸猾咸聚吴国，秦、雍、汉、蜀因邓氏，吴〔王刘濞〕、邓〔通〕钱布天下"②；匈奴内侵，文帝不能用魏尚、季布，遂致"候骑至甘泉，烽火通长安，京师震动，无不忧懑……兵连不解，转输络绎，费损虚耗。因以年岁谷不登，百姓饥乏"的恶果；贾谊称其政"阘茸尊显，佞谀得意"。刘向对成帝说，文帝能礼待言者，"含咽臣子之短"，故"言事多褒之"。老实说，文帝朝只不过是"苟温饱完给，所谓治安之国"，问题不少，"政颇遗失"，不如中宗（宣帝）。③景帝承文帝朝尚俭之风，但对割据势力已开始转向强硬政策。

"文景之治"是社会大动乱后"让步政策"的结果。"让步政

---

① 《史记》卷一百一《袁盎晁错列传》。

② 《盐铁论·错币》。

③ 《风俗通义·正失》。

策"包括对匈奴"和亲",对宗室诸侯王、外戚、豪强势力的放纵。物极必反,无为政策已经走到了尽头,景帝遂有"削藩"、平定"七国之乱"、贬抑军功集团、制约相权、任用"酷吏"、严饬法律等一系列措施。当然,前提还是基于中央财政状况有所好转。史载,自文帝朝至武帝初,"国家亡事,非遇水旱,则民人给家足,都鄙廪庾尽满,而府库余财,京师之钱累百巨万,贯朽而不可校。太仓之粟陈陈相因,充溢露积于外,腐败不可食。众庶街巷有马,仟伯之间成群,乘牸牝者摈而不得会聚。守闾阎者食粱肉;为吏者长子孙;居官者以为姓号。人人自爱而重犯法,先行谊而黜愧辱焉。"但物极必反,"网疏而民富,役财骄溢,或至并兼豪党之徒以武断于乡曲。宗室有土,公卿大夫以下争于奢侈,室庐车服僭上亡限。物盛而衰,固其变也"①。文武之道,一张一弛。尺蠖之屈,以求其伸。这就是道术所说的"上无为而万物作"的智慧。从大势上看,"文景之治"经济上的积富之势,行将转化为政治、军事上的积强,以刘彻为主角的历史舞台已经由祖辈和父辈为他预备好了。

刘彻既继承了祖辈如刘邦的大略、刘恒的城府、刘启的果断,同时,残酷的宫廷生活和政治斗争也使他的心里潜伏着阴暗的一面,这种潜在的东西随着刘彻年龄的增长和各种矛盾渐次展开,将在未来朝代中慢慢显示出某种消极作用。景帝似乎察觉了刘彻身上有一种不安分的因素。他临终前说:"人不患其不知,患其为诈也;不患其不勇,患其为暴也。"②他告诫说,不但要知

---

① 《汉书》卷二十四《食货志》。
② 《汉书》卷五《景帝纪》。

人、知己，还要知机、知止。知子莫若父，刘启说这些话的时候，或者已经感觉到儿子身上似乎有某种异于自己而又难以把握的东西。或许，这仅是出于自己的政治"本能"的嗅觉罢了。好在后事已经做了安排，汉家天下交付给了刘彻，身后的事多管亦属无益。道路，还是由他自己走吧。

第二章　崇论闳议　复兴儒学

建元元年至元光五年（前140—前130），经过十年探索，刘彻选择了兼综诸子、融汇百家为"一统"的"新儒学"，为西汉帝国奠定了正统思想的理论基础。这是武帝朝前期刘彻思想发展的主要线索。随后，司马相如作于元光六年（前129）的《难蜀父老》对刘彻产生了显著的影响：

> 且夫贤君之践位也，岂特委琐握龊，拘文牵俗，循诵习传，当世取说云尔哉！必将崇论闳议，创业垂统，为万世规。故驰骛乎兼容并包，而勤思乎参天贰地。①

他告诫刘彻不必受古人成见、书本教条、世俗观念的束缚，要兼融百家，创业垂统，开拓前无古人的事业，为后代子孙建立恢宏的楷模。刘彻毕生以"文胆"司马相如这段话自勉。

一、初登大宝，神道设教，新政蒙受挫折

建元元年（前140），刘彻已经是十六岁的少年天子。岁首十

---

① 《史记》卷一百一十七《司马相如列传》。

月，刘彻登基的第一件事是铸造"建元鼎"，以纪念自己登基即位。新鼎铭文曰："定天下，万物伏。"①刘彻试图推行"新政"。孔子说，为政之本在"君君臣臣父父子子"，从正确处理"家—国"关系开始着手，才能长治久安。②西汉《孝经》立博士，建立了"以孝治天下"的传统。③一个人在家能孝于父母，在朝则必然忠于君主。忠于君主的人，为政治民就会是爱民的廉吏，推己及人，进而兼济天下，天下必定臻于至治。建元元年二月，大赦天下，赐民爵一级，年八十复二算（口赋，人年二十三钱），九十复甲卒（免除兵役）。刘彻抱着对儒家学说的虔诚和崇敬，于四月颁布《尊老诏》：

> 古之立教，乡里以齿，朝廷以爵，扶世导民，莫善于德。然则于乡里先者（六十曰者）艾（五十曰艾），奉高年，古之道也。今天下孝子顺孙愿自竭尽以承其亲，外迫公事，内乏资财，是以孝心阙焉。朕甚哀之。民年九十以上，已有受鬻法，为复子若孙（复子，无子复孙），令得身帅妻妾遂

① 《全汉文》引《鼎录》，《汉书》卷六《武帝纪》载："建元元年冬十月，诏丞相、御史、列侯、中二千石、二千石、诸侯相举贤良方正直言极谏之士。丞相绾奏：'所举贤良，或治申、商、韩非、苏秦、张仪之言，乱国政，请皆罢。'奏可。"误，详拙作《汉武帝"罢黜百家，独尊儒术"说考辨》，《孔子研究》2000 年第 4 期。

② 《论语·学而》："其为人也孝弟，而好犯上者鲜矣。不好犯上，而好作乱者，未之有也。君子务本，本立而道生。孝弟也者，其为仁之本与？"

③ 《孝经·广扬名章》："君子之事亲孝，故忠可移于君……居家理，故治可移于官。"

其供养之事。①

尊老虽是列朝故事，刘彻的诏书毕竟表达了新天子对百姓的仁爱之心。

至于推行"新政"，前朝旧臣不足与论。"萧规曹随"，清静无为，执一守要，已经成了老人政治以其昏昏使人昭昭的盾牌。丞相卫绾、御史大夫直不疑是旧派官僚的代表人物。他们执政与黄老政治一脉相承。卫绾的"如职所奏"、直不疑的"不好立名称，惟恐人知其吏迹"，都是毫无创见、毫无作为的遁辞。刘彻对这种因循守旧、碌碌无为的陈腐风气十分不满。舅氏田蚡亟欲参政，可以利用。景帝故去，新老外戚王、窦集团明争暗斗："孝景崩，即日太子立，称制，所镇抚多有田蚡宾客计筴（策）。"②田蚡的背后有王太后撑腰。刘彻新即位，朝内外缺少有力的支持者，只得借助王氏外戚。田蚡其人，"辩有口，学《盘盂》诸书"。《盘盂》杂黄帝之学，属于"杂家"③。此时大事多出自田蚡与门下宾客策划，通过"微讽"王太后变成刘彻的决策。这年六月，刘彻以景帝生病时"诸官因多坐不辜"和"君不任职"为由，罢免丞相卫绾、御史大夫直不疑。所谓"过免"，不过是为父亲景帝的人事安排留点面子。《史记·万石张叔列传》附《卫绾传》载：

①《汉书》卷六《武帝纪》。
②《史记》卷一百七《魏其武安侯列传》。
③王应麟《汉书·艺文志考证》引《文选注》："《盘盂》书者，其传言孔甲为之。孔甲，黄帝之史也。书盘、盂中为诫法，或于鼎，名曰《铭》。"已佚，当为杂黄帝、霸术之书。

　　〔卫绾〕为丞相三岁，景帝崩，武帝立。建元年中，丞
相以景帝疾时诸官囚多坐不辜者，而君不任职，免之。①

　　清人梁玉绳认为卫绾免职在建元元年，可从。卫绾免职绝非
因病，而是政治原因。丞相、御史大夫出缺，使对此垂涎三尺的
田蚡大喜过望。为防止窦太后干预，精于取予之道的田蚡听从宾
客建议，让出丞相，由窦氏集团的魏其侯窦婴担任，自己任掌兵
事的太尉。刘彻恢复了汉初推行过的察举制度。据《汉旧仪》记
载："武帝元年，令郡国举孝、廉各一人。"②此后不久，刘彻决
定建明堂，改制度、易服色、正律历、兴礼乐，准备举行封禅大

---

　　① ［日］泷川资言《史记会注考证附校补》卷一百三《万石张叔列
传》考证："梁玉绳曰：武帝当作今上，后人改之也。考《将相》《百
官》二表，绾以建元元年免，即在武帝立年。则'建元年中'四字是羡
文。中井积德曰：景帝疾至君不任职，举天子谴责之语也。"近年在景
帝阳陵旁发现了万余殉葬者，应即景帝晚年营造阳陵的中都官徒奴。

　　②《汉书》卷六《武帝纪》建元元年有敬老之诏。《汉旧仪》（清孙
星衍等辑《汉官六种》，中华书局，1990年版）所载必旧档原文。又载，
孝廉科指"试之以事，非试之以诵"。建元元年尚无诵儒经察举入仕之
科。《汉书》卷六《武帝纪》"丞相绾奏：'所举贤良，或治申、商、韩
非、苏秦、张仪之言，乱国政，请皆罢'"句，误甚；《资治通鉴》将
董仲舒"天人三策"移置该年，造成历史悬案。按，卫绾乃代邸故人，
积功跻身相位，为政清静无为。《史记》本传明明说他"自初官以至丞
相，终无可言"。董仲舒"天人三策"指责汉初吏制，批判汉初累年积
功的用人路线。从既得利益论，卫绾也不可能奏上此章。且《汉书·武
帝纪》"丞相绾"前并无"卫"字，儒者赵绾只是直不疑死后才接任的
御史大夫，并非丞相。此节文字断非原文。详本章五。

典。于是，诏举郡国方正贤良文学之士。据《史记》记载：

　　元年，汉兴已六十余岁矣，天下乂安，荐绅之属皆望天子封禅改正度也。而上乡儒术，招贤良，赵绾、王臧等以文学为公卿，欲议古立明堂城南，以朝诸侯。①

　　及今上即位，赵绾、王臧之属明儒学，而上亦乡之，于是招方正贤良文学之士。②

　　魏其、武安俱好儒术，推毂赵绾为御史大夫，王臧为郎中令。迎鲁申公，欲设明堂，令列侯就国，除关，以礼为服制，以兴太平。③

　　冯唐者……以孝著，为中郎署长，事文帝……武帝立，求贤良，举冯唐。唐时年九十余，不能复为官，乃以唐子冯遂为郎。④

　　建元元年，天子初即位，招贤良文学之士。是时弘年六

①《史记》卷十二《孝武本纪》（《封禅书》同）。
②《史记》卷一百二十一《儒林列传》。
③《史记》卷一百七《魏其武安侯列传》。
④《史记》卷一百二《张释之冯唐列传》。《索隐》应劭曰："此云孝子郎也"，或曰以至孝闻。

十，征以贤良为博士。①

会稽吴人严助也被刘彻选用。

> 严助，会稽吴人，严夫子子也，或言族家子也。郡举贤
> 良，对策百余人，武帝善助对，繇是独擢助为中大夫。后得
> 朱买臣、吾丘寿王……等，并在左右……唯助与寿王见任
> 用，而助最先进。②

由"武帝善助对，繇是独擢""最先进"之语看，严助似乎
是建元元年察举方正贤良文学之士的"举首"，不久就担任中大
夫职。建元三年，刘彻派中大夫严助持节发会稽兵，浮海救东
瓯。③

当时，儒学"大旨未明"，到处弥漫着宗教神秘主义气氛。
为强化皇权，刘彻积极筹备举行"封禅"大典。《史记·封禅书》
说，"今天子即位，尤敬鬼神之祀"；《史记·五帝本纪》也说：
"学者多称五帝，尚矣。然《尚书》独载尧以来；而百家言黄帝，
其文不雅驯，荐绅先生难言之。"封禅的目的是神道设教，神化
皇权。御史大夫赵绾、郎中令王臧都是儒者，他们在田蚡鼓动下
奏请立"明堂"以朝诸侯，筹备"封禅"大典。

"封禅"古已有之。"明堂"是春秋战国齐地学者按阴阳五

---

① 《史记》卷一百一十二《平津侯主父列传》。
② 《汉书》卷六十四上《严朱吾丘主父徐严终王贾传》。
③ 《汉书》卷六《武帝纪》。

行、四时五方观念设计的举行封禅祭祀活动的建筑，与之相配套，还有天子起居、巡行、礼乐、祭祀等制度，表示天子承"天命"，继"大统"。与之相应，还要改订历法、更易服色、制礼作乐等等。赵绾、王臧不详其制，刘彻特诏派蒲轮（防震）专车召其师——鲁《诗》学大师申培晋京咨询。申培已经八十多岁，其学风质而少文。他告诫刘彻："为治者不在多言，顾力行何如耳。"不言近乎道家，力行近于墨家。此时的刘彻，一心欲"神道设教"，热衷制礼作乐，对申培的话不甚满意。既然请来了，只好让他当个随时备咨询的太中大夫。

当时"天下乂安，荐绅之属皆望天子封禅改正度"。"荐绅（儒服，宽衣博带）先生"大多是地方中小土地私有者中读过书的文士，他们备受贵族压抑和社会动荡侵扰，迫切要求"天下太平"的社会秩序，寻找晋身仕途的阶梯，极力呼唤神化皇权，鼓动造神运动。刘彻"神道设教"强化皇权，迎合了这批人汲汲入仕的需要。为了强化皇权，刘彻下令惩治"诸窦、宗室毋节行者"。外戚各家多封侯，功臣列侯也多娶公主，长期住在京师长安，不欲就国归邑。诟毁新政的消息天天传入后宫。窦太后"好黄老之言，而魏其、武安、赵绾、王臧等务隆推儒术，贬道家言。是以窦太后滋不说魏其等"①。建元二年（前139）冬十月，御史大夫赵绾奏请"无奏事东宫"，实为"欲夺其政也"②。窦太后得知这一消息，立即作出强烈反应：

---

① 《史记》卷一百七《魏其武安侯列传》。
② 《史记》卷一百七《魏其武安侯列传》集解引韦昭曰。

> 窦太后大怒，乃罢逐赵绾、王臧等，而免丞相、太尉。以柏至侯许昌为丞相、武强侯庄青翟为御史大夫。魏其、武安由此以侯家居。[1]

> 建元二年，郎中令王臧以文学获罪。皇太后以为儒者文多质少，今万石君家不言而躬行，乃以长子建为郎中令，少子庆为内史。[2]

又一次"儒道互黜"的斗争展开了。

在思想学派斗争烟幕掩盖下的是政治权力的争夺。窦太后认为，尊儒是王氏外戚向窦氏家族的挑战。她决心罢黜新政：一是将立"明堂"比作文帝时方士新垣平利用"玉杯"诈骗案，予以彻底否定；[3]二是用严刑峻法打击政治反对派。建元二年，她派人伺得赵绾等"奸利事"。赵绾、王臧被迫自杀，新政诸事罢废，被召至京师的儒者一一罢黜遣返乡里。建元元年喧嚣一时的尊儒封禅活动，很快就烟消云散了。

失意的少年天子刘彻，把胸中积郁的不平之气转向声色犬马之乐。皇后阿娇自幼宠出一身坏脾气，而且多年无子（最使刘彻不满）。刘彻生性"多欲"，天下美女见得多了，能让他动情的没有几个。一日，刘彻在姐姐平阳公主家见"讴者"（歌伎）卫子

---

[1] 《史记》卷一百七《魏其武安侯列传》。
[2] 《史记》卷一百三《万石张叔列传》。
[3] 《史记》卷二十八《封禅书》载文帝十七年，新垣平诈刻玉杯行骗被杀。

夫。卫氏人漂亮，歌喉甜美，一曲未尽，已拨动风流天子的心弦。遂罢酒更衣，在尚衣轩里"幸"了她，当下收入宫中。刘彻对阿娇已经失去兴趣，加之长公主刘嫖贪得无厌，刘彻对她母女渐生许多厌恶，把政治受压抑的烦恼转向阿娇，一心欲休了她。母亲王太后凭多年宫廷政治经验阻止说："汝新即位，先为明堂，太皇太后已怒。今又忤长主，必重得罪。妇人性易悦，其深慎之。"于是刘彻"复与长公主和，皇后宠幸如初"①。王太后诫刘彻以隐忍韬晦，帮助他渡过政治和婚姻危机。

建元三年（前138）十月，代王刘登、长沙王刘发、中山王刘胜、济川王刘明等人朝觐。刘彻设宴款待，诸王席间涕泣，列举备受有司及地方官吏欺压之事，请求刘彻念及同宗"亲亲"之情，放宽对诸侯王国的限制。此时，刘彻面对的主要矛盾是窦氏外戚集团，宗室是可与之相抗衡的势力。刘彻乐得顺水推舟，厚诸侯之礼，罢有司所奏诸侯枉法诸事。刘彻发现"亲亲之恩"也可以利用来强化皇权。因时权变，左右政局平衡，这正不失为一种"南面之术"。这年，窦太后的健康状况急剧恶化。刘彻并没有真正地放纵自己于娱乐之中。他开始化装微行，表面上看起来像是狩猎打围，其实，是暗中调度部署组织"期门"——皇家骑兵扈从卫队，在长安周围群山中设立据点，以便应付可能随时发生的不测事件，作好防患于未然的准备：

　　与侍中常侍武骑及待诏陇西北地良家子能骑射者期诸殿门，故有"期门"之号自此始。微行以夜漏下十刻乃出，常

---

① 《说郛三种》一百卷本卷五十二《汉孝武故事》。

称平阳侯。旦明，入山下，驰射鹿豕狐兔，手格熊罴，驰骛
禾稼稻秔之地，民皆号呼骂詈……时夜出夕还，后赍五日
粮，会朝长信宫，上大欢乐之……然尚迫于太后，未敢远出
……后乃私置更衣，从宣曲以南十二所，中休更衣，投宿诸
宫，长杨、五柞、倍阳、宣曲尤幸。[1]

刘彻不露玄机，作乐此不疲状，扩大上林苑，扩建扈从卫
队，使之常随微行，以备不测，西汉始有"期门"[2]之设。"期门
郎"是禁军精锐武装。刘彻以削减南军卫士万人（原二万人）为
条件，建立"期门"卫队，创造了一种在自己周围储备人才的新
型体制，并以此避开窦太后的监视和控制。此后，他相继恢复太
尉官，以便整顿、控制北军；置博士官，重新组织文士、安排武
士，为即将来临的变革[3]作着思想、理论、组织、政治、军事上
最保险、最充分的准备。恢复新政的调整已在不知不觉中悄然萌
动了。

刘彻已经懂得"尺蠖之屈，以求伸也"的道理。他隐忍不
发，运筹帷幄，蓄势待机，为将来走出外戚政治的阴影，施展自

---

[1]《汉书》卷六十五《东方朔传》。《资治通鉴》系此事于建元三
年。

[2]《汉旧仪》："期门骑者，陇西工射猎人及能用五兵材力三百人，
行出会期门下，从射猎，无员，秩比郎从官，名曰'期门骑'。"见《汉
官六种》，中华书局，1990年版，第66页。

[3]《汉孝武故事》："建元六年，太皇太后崩，上始亲政事，好祀鬼
神，谋议征伐"云，据《说郛三种》一百卷本卷五十二引。此"始"有
重新之意。

己远大的抱负埋下了伏笔。

二、察举士子，穷微阐奥，悉延百端之学

刘彻意识到，干大事业必须广延人才。强化皇权不是空话，单凭"神道设教"远远不够。他要把天下的"士"拉到皇权周围，为己所用。士人有广泛的社会活动能力和影响力，但政治上不稳定，对百姓颇有煽动力。刘彻懂得，得民心者得天下，得士者得民心，所谓"得士者强，失士者亡"就是这个意思。如何正确对待士，是秦迄汉初一直未妥善解决的问题。《史记·游侠列传》论西汉初的社会风气："'儒以文乱法，侠以武犯禁'。二者皆讥，而学士多称于世。"秦虽统一天下，但国祚短暂，汉初崇尚黄老道家，"无为"而治，禁网疏阔，民间尚有战国余风。荀悦称此时世有"三游"：

> 立气势，作威福，结私交以立强于世者，谓之"游侠"；饰辨辞，设诈谋，驰逐于天下以要时势者，谓之"游说"；色取仁以合时好，连党类，立虚誉以为权利者，谓之"游行"。此"三游"者，乱之所由生也。伤道害德，败法惑世，失先王之所慎也。国有四民，各修其业。不由四民之业者，谓之奸民。奸民不生，王道乃成。①

"三游"是游离于皇权秩序之外的社会成分。怎样才能让热

---

① 荀悦《前汉纪》卷十。

衷于"三游"的士阶层为皇权所用，而不至于让敌对势力利用呢？刘彻的确动了一番脑筋。

建元五年（前136），窦太后病笃，顾不上外朝的事情了。于是，刘彻恢复博士官[1]，招回建元初被罢黜的学者，包括儒学大师。刘彻在《置博士官诏》中提出"兼宗载籍，穷微阐奥"的号召。据东汉应劭《汉官仪》记载：

> 孝武建元五年，初置五经博士……后增至十四人。太常差次有聪明威重者一人为祭酒，总领纲纪。其举状曰："生事爱敬，丧殁如礼。通《易》《尚书》《孝经》《论语》，兼宗载籍，穷微阐奥。隐居乐道，不求闻达。身无金痍痼疾，世六属不与妖恶交通、王侯赏赐。行应四科，经任博士。"[2]

这一记载与《史记》有所不同。据《史记·儒林列传》记载：

> 及今上即位，赵绾、王臧之属明儒学，而上亦乡之，于是招方正贤良文学之士。自是之后，言《诗》于鲁则申培公，于齐则辕固生，于燕则韩太傅。言《尚书》自济南伏生。言《礼》自鲁高堂生。言《易》自菑川田生。言《春

---

[1]《汉书》卷六《武帝纪》建元五年"置五经博士"，当时尚没有"五经"名称。

[2] 孙星衍等辑《汉官仪》二卷，引自《后汉书·朱浮传》注、《艺文类聚·职官部》《太平御览·职官部》。中华书局，1990年版。

秋》于齐鲁自胡毋生，于赵自董仲舒。及窦太后崩，武安侯田蚡为丞相，绌黄老、刑名百家之言，延文学儒者数百人，而公孙弘以《春秋》白衣为天子三公，封以平津侯。天下之学士靡然乡风矣。

从《汉官仪》所列几种著作看，其史料来源似较《史记·儒林列传》更原始。时刘彻雅好"文学"。文学包括儒学，但不一定就是儒学。①

祭酒、博士制度始见于战国田齐稷下学宫，不限学术流派，提倡百家争鸣。秦朝仿效齐国稷下，设博士七十余人，最初也不禁限学派，后因秦始皇"焚书坑儒"，禁止儒学传播，罢黜了儒、墨学派。秦博士叔孙通降汉，刘邦拜为博士，号"稷嗣君"，博士制度人数无定制。

及高皇帝诛项籍，引兵围鲁，鲁中诸儒……始得修其经学，讲习大射乡饮之礼。叔孙通作汉礼仪，因为奉常，诸弟子共定者，咸为选首，然后喟然兴于学。然尚有干戈，平定四海，亦未皇庠序之事也。孝惠、高后时，公卿皆武力功臣。孝文时颇登用，然孝文本好刑名之言。及至孝景，不任儒，窦太后又好黄老术，故诸博士具官待问，未有进者。②

---

① 如齐宣王喜文学游说之士，叔孙通秦时以文学征待诏博士，张苍以文学律历为名相，晁错以文学为太常掌故，王臧以文学获罪等。

② 《汉书》卷八十八《儒林传》。

高祖时叔孙通定礼仪，担任奉常一职。从"诸弟子共定者，咸为选首"看，跟随叔孙通治学的若干弟子，先后由太常察举为"选首"，入仕。武帝建元元年征召诸儒，改制度、作明堂、议封禅失败，博士诸儒被罢黜遣返。建元五年，窦太后病笃，武帝朝得以恢复博士，仍属太常，故言"初置"。其间诸博士不限于儒经，还有诸子书及各种古代典籍。

> 武帝初置博士，取学通行修，博学多艺，晓古文《尔雅》，能属文章为高第。朝贺位次中郎官史，称先生，不得言君。其真弟子称门人。[1]

文景时《黄帝》《老子》《孟子》等书均设博士。刘彻不甚喜欢《孟子》一书，因其鼓吹"汤武革命"，煽动民众反对"暴君"，不利于皇权体制的稳定，故建元五年未再为《孟子》立博士。刘彻要求诸家博士要"兼宗载籍，穷微阐奥"，不分畛域，兼容并包地整理古代文献，总结自上古虞、夏、商、周，以及春秋战国、秦及汉初以来历代治理天下的经验教训：

> 至今上即位，博开艺能之路，悉延百端之学，通一伎之士咸得自效，绝伦超奇者为右，无所阿私。[2]

"博开艺能之路，悉延百端之学"，是刘彻欲完善"大道"的本

---

① 《汉旧仪》补遗。《汉官六种》，中华书局，1990年版，第89页。
② 《史记》卷一百二十八《龟策列传》。

意。所以，充满学派偏见的"阿私"态度，不符合刘彻之意。

建元六年（前135），身历四朝的政治老人太皇太后窦氏寿终正寝。至此，刘彻的政治"禁锢期"才告终结。有时，历史转折须以某个政治人物的生命为界限，这段社会的进步也将以这类人物的故去为前提。汉初文士深深感到了这种历史惰性的悲哀，其赋多"士不遇"题材，例如贾谊的《吊屈原赋》、董仲舒的《士不遇赋》、司马迁的《悲士不遇赋》、严忌的《哀时命》、淮南小山的《招隐士》、东方朔的《答客难》《非有先生》《怨世》《怨思》《自悲》《哀命》等篇，无不反映"荐绅先生"们因仕途壅塞、报效无门滋生的不满情绪。现在，刘彻向"荐绅先生"们敞开了通往仕途的大门。

元光元年（前134）十一月，刘彻诏举贤良文学直言极谏之士。《汉书》已说明董仲舒对"天人三策"不在建元元年。①《汉书·礼乐志》记载：

> 至武帝即位，进用英隽，议立明堂，制礼服，以兴太平。会窦太后好黄老言，不说儒术，其事又废。后董仲舒对策言："王者欲有所为，宜求其端于天……"（此段为天人三策之文，节略——引者注）是时，上方征讨四夷，锐志武功，不暇留意礼文之事。

---

① 《汉书》卷六《武帝纪》。司马光《资治通鉴》改《汉书·礼乐志》《武帝纪》，将董仲舒举贤良对"天人三策"移于建元元年，错误。详见拙作《汉武帝"罢黜百家，独尊儒术"说考辨》，《孔子研究》2000年第4期。

根据上述记载，董仲舒的"天人三策"的确在窦太后去世之后，而且至迟不能晚于"上方征讨四夷，锐志武功"之际！董仲舒对"天人三策"的年代是研究中国思想史的一大重要问题，歧议纷呈。由于《史记·今上本纪》被删，《汉书·武帝纪》系于元光元年，司马光《通鉴考异》曰："仲舒对策果不知在何年。"但司马光《资治通鉴·汉纪》却将此"不详何年"之事公然系于建元元年，造成千年历史的重大疑案。①

刘彻注意选拔起用能言善辩、文章华美之士为内朝官，用以控制外朝。汉初，士人投靠诸侯王虽是出路之一，但毕竟容量有限，而且容易形成对皇权的离心力。刘彻有鉴于此，设科射策，取士任仕。尽管竞争激烈，但士人有指望上升到较高的地位，有了吃皇粮的机会。刘彻好"文辞"，汉赋铺陈之风盛行，文景尚简无文之风大变。章学诚先生析论汉初之"赋家者流，原本

————————

① 清代以前不论，现代学者有：史念海：《董仲舒天人三策不作于元光元年》，载 1947 年 9 月 1 日天津《民国日报》，反驳天人三策作于元光元年说，赞成建元元年说；施丁：《董仲舒天人三策作于元光元年》，载《社会科学辑刊》1980 年第 4 期，反驳史念海先生文章的结论，肯定元光元年说；张大可：《董仲舒天人三策作于建元元年》，载《兰州大学学报》1987 年第 4 期，反驳施丁结论，再度肯定建元元年说，指出，汉武帝时代总共只有两次举贤良，第一次在建元元年、第二次在元光五年；戴君仁：《汉武帝罢黜百家非发自董仲舒考》，载《孔孟学报》1968 年第 16 卷；苏诚鉴：《董仲舒对策在元朔五年议》，载《中国史研究》1984 年第 3 期；岳庆平：《董仲舒对策年代辨》，载《北京大学学报》1986 年第 3 期。

《诗》《骚》……恢廓声势，苏、张纵横之体也"①，此诚至论。汉初上距战国不远，文士阶层"游行""游说"之风犹存。汉武帝刘彻调动各种办法，诱导天下文人士子展示自己的学问和本领，登堂入室，跻身仕途。

刘彻即位后，东南一带一直就不平静。南越、闽越、东瓯之间时常发生纷争。建元三年（前132），闽越围东瓯，东瓯赴汉求救。刘彻请教田蚡，田蚡表示越人反复无常，自秦末弃其地，不属中国，不足以相救；淮南王刘安担心汉控制诸越于己不利，也上书劝阻出兵。刘彻指使严助批驳他们的谬论："特患力不能救，德不能覆，诚能，何故弃之？且秦举咸阳而弃之，何但越也！今小国以穷困来告急，天子不振，尚安所诉，又何以子万国乎！"严助代天子立言，作《谕意淮南王》，表示汉廷对诸越动乱绝不可能坐视不顾。刘彻示意太中大夫严助：田蚡之言不足与论，自己新即位，不愿用兵。所以不能"出虎符发兵郡国"。派严助以"节"征发地近闽越、东瓯的会稽郡兵，乘船渡海赴援东瓯。闽越于是罢兵。

刘彻用秩卑权轻的内朝官制约外朝位尊权重的大臣，实收以轻驭重、以中御外、尊君抑臣之妙。刘彻由此更加留意选拔人才，招致为自己的秘书、智囊和喉舌。刘彻把内朝官参政议政体制建立起来，设官，立"给事中"名号，以文学之臣"给事禁中，以诎外臣"。除了严助"最先进"之外，刘彻还通过各种途径陆续得到了一批有真才实学的文士。"郡举贤良……后得朱买臣、吾丘寿王、司马相如、主父偃、徐乐、严安、东方朔、枚

①章学诚《校雠通义·汉诗志赋第十五》。

皋、胶仓、终军、严葱奇等，并在左右。是时征伐四夷，开置边郡，军旅数发，内改制度，朝廷多事，娄（屡）举贤良文学之士。"①刘彻开门延士，组织起了内朝班子，但是，外朝的用人大权暂时尚未集中在自己手中。

元光三年（前132），黄河决瓠子（今河南濮阳西南），夺淮入海。②丞相田蚡的食邑在黄河以北的俞邑（今山东夏津），河决向南，俞邑无水灾，收成丰厚。田蚡上言："江河之决皆天事，未易以人力为强塞，塞之未必应天"，阻止救灾。田蚡还大肆兼并土地，甚至欲强夺颍阴侯灌夫的封邑，事情闹到朝廷；田蚡试图索求"考工"地，暗中勾结淮南王刘安，预谋立嗣。田蚡"权移主上"，劣迹斑斑。对外朝用人，刘彻几无置喙余地。他终于按捺不住压抑已久的盛怒，愤然说："你还不如把武库拿去吧！"史载：

> 当是时，丞相入奏事，坐语移日，所言皆听。荐人或起家至二千石，权移主上。上乃曰："君除吏已尽未？吾亦欲除吏。"尝请考工地益宅，上怒曰："君何不遂取武库！"是后乃退。③

①《汉书》卷六十四上《严朱吾丘主父徐严终王贾传》。

②《汉书》卷六《武帝纪》系此事建元三年河决后。《史记》卷二十九《河渠书》载武帝朝最早的河决在文帝朝河决四十余年后，计其时间，应在"今天子元光之中"，即元光三年。

③《史记》卷一百七《魏其武安侯列传》。

刘彻由此深悟"为政不在多言"的道理。此后，丞相田蚡对刘彻日益敬畏，重大决策权和人事任免权逐渐收回到刘彻手中，王氏外戚的势力自此退潮。

刘彻否定了汉初至田蚡任丞相时期的用人策略，所选之人出于十家九流五湖四海，不分贫富贵贱和学派畛域。如会稽人严助以文辞进；吴人朱买臣家贫好读书，以《春秋》《楚辞》进；蜀成都人司马相如善赋，任为郎；赵人吾丘寿王善"格五"（棋类），从董仲舒学《春秋》，迁侍中中郎；齐平原人东方朔学百家言；汉中张骞自荐能招大月氏，断匈奴右臂，选为郎，遣使西域；临菑主父偃学纵横百家言，以对策进；其他如赵人徐乐、齐人严安、济南人终军、洛阳贾人子桑弘羊等，学不自一家，技不由一方，皆以才能召为郎官，由"待中"入仕。内臣东方朔曾对刘彻谈论人无完人，不能求全责备，用人不拘一格，各取所长，兼容并包，为己所用：

> 水至清则无鱼，人至察则无徒。冕而前旒，所以蔽明；黈纩充耳，所以塞聪。明有所不见，聪有所不闻，举大德，赦小过，无求备于一人之义也。枉而直之，使自得之；优而柔之，使自求之；揆而度之，使自索之。盖圣人之教化如此，欲自得之，自得之，则敏且广矣。①

蜀人司马相如是刘彻的"文胆"。他在元光六年（前129）写的《难蜀父老》中，劝谏刘彻大可不必"拘文牵俗，循诵习传"，

---

① 《汉魏六朝百三名家集·东方朔集·答客难》。

取悦于世俗见解。作为一代明君，应当高瞻远瞩，"崇论宏议，创业垂统，为万世规"。要干前无古人的事业，不能拘于成说，只有"驰骛乎兼容并包"，才能有所发明、有所发现、有所创新。这一思想为刘彻实施政治体制改革，推行新政，破除教条主义，解除思想禁锢开辟了思路，在刘彻毕生事业中起到了重要作用。

刘彻经常从周围的人才库、思想库中汲取精神营养。刘彻的内朝班子成为他推行新政的智慧源泉。

三、开科设策，讲论大道，卓然尊崇儒术

《汉书·武帝纪·赞》说刘彻"卓然尊崇儒术"；《儒林传·赞》称"武帝立五经博士，开弟子员，设科射策，劝以官禄"。汉武帝刘彻号召尊崇儒术与公孙弘、董仲舒等人的读经入仕在天下士人中引起了强烈的反响，转变了士阶层的价值取向，引发了社会思潮的改变。

菑川人公孙弘，早年作狱吏，精通刑名法术之学，[①]因罪免官，家贫，放猪为生。四十多岁改学胡毋生所传的《春秋》公羊说。建元元年应郡举，以贤良文学科入选，任为郎，奉命出使匈奴，不合上意，免；元光五年八月，"征吏民有明当世之务，习先圣之术者"。公孙弘再次以"贤良文学"科被菑川郡所推举。公孙弘对策，文字简约，概念明白，大旨清楚：

---

① 《西京杂记》卷下："公孙宏（弘）著《公孙子》，言刑名事，亦谓字直千金。"《汉书·艺文志》失载，其书久已失传。

　　仁者爱也，义者宜也，礼者所履也，智者术之原也。致利除害，兼爱无私，谓之仁；明是非，立可否，谓之义；进退有度，尊卑有分，谓之礼；擅杀生之柄，通壅塞之途，权轻重之数，论得失之道，使远近情伪必见于上，谓之术：凡此四者，治之本，道之用也，皆当设施，不可废也。得其要，则天下安乐，法设而不用；不得其术，则主蔽于上，官乱于下。此事之情，属统垂业之本也。①

　　对策之后，"太常奏弘第居下。策奏，天子（易董仲舒）擢弘对为第一"。公孙弘学《公羊》杂说（贬称，即胡毋生所传《春秋公羊传》），其说"兼儒墨，合名法"②，属齐儒学系统③。赵国人董仲舒，以治《春秋公羊传》成名，能通《五经》，景帝朝曾为博士，武帝朝于元光五年（前130）八月应举。最初，太常列为"选首"（刘彻称其"衰然为选首"，但对其对策有疑问，复策），对策再三，史称"天人三策"。刘彻采用了董仲舒对策的部分意见，任命他为江都相。

　　尽管刘彻对董仲舒的"天人三策"有所保留，不是很满意，但这个对策对武帝朝的制度、政策和对后世的影响却非常大。简述其思想特点如下：

　　董仲舒受建元五年《置博士官诏》"兼宗载籍，穷微阐奥"思路的启发，不仅用儒家注经方法引经互证，还用诸子百家学说

① 《汉书》卷五十八《公孙弘卜式兒宽传》。
② 王先谦补注引何焯注。
③ 以上论点详本书本章五。

解释儒家经典，创造了以纬解经、经纬交织、微言大义的新儒学思想体系。他"三年不窥于园"，作《春秋繁露》，诸子百家学说被董仲舒以儒学为纲作了综合性的改造。元光五年八月，董仲舒应察举对策。刘彻再三策问，董仲舒用"灾异之变""天人感应"解释"天命"说，创造了与"大一统"皇权统治相适应的儒家思想体系，主张天道一统、天下一统、治权一统、政令一统、帝位一统、王道一统、文化一统、华夷一统、四海为一家，确立了新儒学的神学君道观，为新儒学争取正统地位作了全面的阐述。①

董仲舒发挥《春秋公羊传》"微言大意"方法，以阴阳五行学说为逻辑框架，把黄帝学派的人体学、宇宙学理论与人类社会问题直接联系在一起，构建起儒学"大一统"理论体系。他的逻辑方法是：论证人是宇宙的中心，宇宙的一切都是为人而存在的，人与宇宙是一体的，宇宙成了统一的、有意志的精神实体。他借《春秋·隐公元年》"春，王正月"几个字大作文章。《春秋繁露·重政》论证"元者为万物之本"，而"人元在乎天地之前"。赋予儒家的"仁—礼"学说以本体论、天道观的神学基础。

秦代至汉初皇权统治最大的教训就是：夺取政权要用暴力手段，但只靠暴力手段并不足以稳定地维持皇权统治。国家权力，需要民众的信念支持，需要神圣化。西汉初"百家言黄帝"思想潮流充分证明了这一点。

董仲舒从景帝朝儒道互黜的斗争中察觉，假若只像孔子那样对"天命"和"鬼神"采取敬而远之的姿态，或者只像孟子那样

---

① 刘泽华主编：《中国传统政治学与社会整合》，中国社会科学出版社，2000年版。

对君主表示"正人心""格君心""养浩然之气"云云，不可能得到刘彻的赞许和支持。他注意吸收诸子的优点，集中能为汉帝国服务的思想，重新诠释、构造儒家理念，才能应对黄老道家思想挑战，得到刘彻的认可。董仲舒对讲论封禅的《管子》感兴趣。《管子·牧民》篇中"顺民之经，在明鬼神、祇山川、敬宗庙"是治民之术；强调，若"不明鬼神，则陋民不悟"，发挥了《墨子·明鬼》学说；况且，孔子也不绝对反对崇天敬神。《易·象传》认为，只有把政治偶像作为"神道设教"，把君权神秘化，才有权威，才能使"天下服"；《礼记·礼运》主张"圣人参于天地，并于鬼神，以治政也"；思、孟后学邹衍把神化君权的思想改造成"五德终始"说，作《德运》《大圣》，列国之君师尊之，大盛于秦朝。西汉初阴阳五行学说与黄老道家学说相互发明，道表法里，风靡一时。董仲舒运用这种思路将儒家学说作了重新包装。他在《春秋繁露·立元神》中指出："体国之道，在于尊神。尊者，所以奉其政也；神者，所以就其化也。故不尊不畏，不神不化。"君主只有神其政、化其民，统治才能稳固。他利用元光五年举贤良对策的机会，把皇权政治与天命信仰结合起来，集中体现于"天人三策"中。

董仲舒吸收了墨、道、法、名诸家中符合中央集权君主体制的思想要素。秦朝尊法家，汉初尊黄老，二者都以自然人为理论起点，反对人文主义和民本主义，不懂得人的本质在于其群体性、社会性，文明、伦理、道德是人之所以为人，区别于动物的根本属性，对庶民来说，要靠"教化"才能实现。董仲舒改造"名学"，提出名号论。《春秋繁露·深察名号》："名号异声而同本，皆鸣号而达天意者也"；孔子是"素王"，《诗》《书》《易》

《礼》《春秋》每个字都表达天意，是绝对真理。从此，儒家主要著作被神化，称之为"经"。董仲舒在《天人三策》第三策提出"罢黜百家，独尊儒术"建议："《春秋》大一统者，天地之常经，古今之通谊也。今师异道，人异论，百家殊方，指意不同，是以上亡以持一统，法制数变，下不知所守。臣愚以为诸不在六艺之科、孔子之术者，皆绝其道，勿使并进，邪辟之说灭息，然后统纪可一而法度可明，民知所从矣！"

从刘彻对公孙弘与董仲舒二人的不同态度中，可以了解他对"天人三策"的基本看法，了解刘彻对思想文化政策走向的态度，从而透过诏书的文字含义，真正接近隐藏在他内心深处的真实想法。

公孙弘"为人意忌，外宽内深，诸尝与弘有隙者，虽详与善，阴报其祸"[1]。辕固当朝批评他："公孙子，务正学以言，无曲学以阿世！""曲学"指不能坚持儒学原理，"阿世"指善于迎合权势。每逢朝会议，公孙弘往往引出议题，让刘彻自己选择决策，不肯面折廷争。刘彻对他"辩论有余，习文法吏事，缘饰以儒术"很赏识，一年中迁至左内史。公孙弘是政治上的现实主义者，理论上的机会主义者。他出身平民，背景简单，谨慎圆滑，明法善辩，其人格、学风、政风甚合刘彻心意。如，公孙弘与汲黯奏事，往往由汲黯发论，公孙弘合其议。凡与刘彻意见相左，不肯廷辩，曲意附和刘彻。他与公卿们相约奏议，往往望风背约，顺从刘彻旨意。汲黯指责公孙弘"齐人多诈而无实"，是"不忠"。公孙弘诡辩说："知臣者以臣为忠，不知臣者以臣为不

---

① 《史记》卷一百一十二《平津侯主父列传》。

忠。"他以只向天子个人负责为"忠"，故"左右幸臣每毁弘，上益厚遇之"①。刘彻即位后的历任丞相，如魏其侯窦婴、柏至侯许昌、武安侯田蚡、平棘侯薛泽等，或有政治背景掣肘，或为人自私平庸；臣下则往往如汲黯质而无文，辕固、董仲舒固执己见，书生气十足，都不如公孙弘称心。

元朔五年（前124），刘彻以御史大夫公孙弘代薛泽任丞相，诏封平津侯。西汉布衣封侯拜相自公孙弘始，一时风靡天下。董仲舒致书公孙弘：

> 愿君侯大开萧相国求贤之路，广选举之门，既得其人，接以周公下士之意……宜一考察天下领民之吏，留心署置，以明消灭邪枉之迹……谨奉《春秋署置术》，再拜君侯足下。②

《春秋署置术》是董仲舒总结《春秋》君主用人的经验教训之作。他常以帝王之师自诩，致书公孙弘仿效周公，行周政，开相府"召贤馆"荐士入仕，③亲自临朝主持政务。公孙弘遂上疏："陛下有先圣之位而无先圣之名，有先圣之名而无先圣之吏，是以势同而治异……臣闻周公旦治天下，期年而变，三年而化，五

---

① 《汉书》卷五十八《公孙弘卜式儿宽传》。
② 《全汉文》卷二十四引《古文苑》。
③ 《西京杂记》卷下："平津侯自以布衣为宰相，乃开东阁营客馆，以招天下之士。其一曰'钦贤馆'，以待大贤；次曰'翘材馆'，以待大才；次曰'接士馆'，以待国士。"

年而定，唯陛下之所志。"①刘彻对称周公、法先王、用周道之论极其敏感。他致书责问公孙弘："称周公之治，弘之材能，自视孰与周公贤？"公孙弘顿悟刘彻之意，遂罢召贤馆，回避政出私门之嫌。辩解曰："愚臣浅薄，安敢比材于周公……夫虎豹马牛，禽兽之不可制者也，及其教训服习之，至可牵持驾服，唯人之从。"公孙弘一改初衷，反而向刘彻建议，要用驯服虎豹马牛的办法驾驭人才，治理天下必须以法驭下。自己则告病上书，表示无意羁留相位。刘彻洞察个中缘由，挽留了他。史载：

> 上招延士大夫，常如不足；然性严峻，群臣虽素所爱信者，或小有犯法，或欺罔，辄按诛之，无所宽假。汲黯谏曰："陛下求贤甚劳，未尽其用，辄已杀之。以有限之士恣无已之诛，臣恐天下贤才将尽，陛下谁与共为治乎！"黯言之甚怒，上笑而谕之曰："何世无才，患人不能识之耳。苟能识之，何患无人！夫所谓才者，犹有用之器也，有才而不肯尽用，与无才同，不杀何施！"②

刘彻对自己的识人、用人非常自负，而把人才比作工具、器物，认为天下人才多得很，取之不尽，用之不竭，就看人主是否善于选用。这就是刘彻的"人才观"。但只过了不太长久的时间，刘彻就为这种自负付出了惨重的代价。

不过，元光五年刘彻对董仲舒的建议倒是作了认真的思考。

<hr/>

① 《汉书卷五十八·公孙弘卜式兒宽传》。
② 《资治通鉴·汉纪十一》元狩三年条。

立即在太学设置了"五经博士"，专用儒经。刘彻同意董仲舒对策的部分论点：董仲舒把早期儒家的"汤武革命"改为"改弦更张"论。刘彻接受了"大一统"论、"阳德阴刑"说和"圣人调阴阳""治乱兴废在己""兴太学"等论点；但对"天道不变""《春秋》变古则讥之"有疑虑，因此不同意"法先王""用周政""天谴"论等论点。

刘彻赞成统一思想，但对"诸不在六艺之科、孔子之术者，皆绝其道，勿使并进"说不完全认同。既然人心如"水之走下"，就不能用秦始皇、窦太后罢黜、禁断的方式处理学术问题，不能用鲧堵防洪水，倒要像大禹治水疏通引导：对文士用仕途俸禄、对武士用军功爵赏诱导，才能根本解决"儒以文乱法，侠以武犯禁"问题，把各种人才统一到自己的意志之下。董仲舒把民心置换成"天"来限制皇权；"天人合一"模式中，君主既然通天（神）、地（鬼）、人，调阴阳，行天道，就要对"天"负责：所谓"天无错舛之灾"，一旦阴阳不调，施政乖舛，天子要受"天谴"。把早期儒学民本主义、人本主义、人文主义改造成上天意志制约君权，要求君主"省天谴而畏天威，内动于心志，外见于事情，修身审己"①，限制皇权。

董仲舒用阴阳学说解释自然现象。他认为自然界"阴气协阳气"，降雨是由于"夏气多暖，阴气自下升……凉而上蒸成雨矣"所致。这本来是有道理的，董仲舒进而把它引申附会，说"天雨雹"是"和气之中自生灾沴之气"，是阴阳不调的"妖"气②；董

① 《春秋繁露·楚庄王》《奉本》《二端》。
② 《西京杂记》卷下，《龙溪精舍丛书》本，中国书店，1991年版。

仲舒著《灾异之记》，借建元六年辽东高庙火灾，议论朝政，颇涉"刺讥"。主父偃窃取其书稿上奏，刘彻以此书示董氏弟子吕步舒，吕步舒不知这部书为乃师所著，斥之为"下愚"。于是董仲舒下吏，罪当死，赖刘彻宽宥得免。此后，"仲舒遂不敢复言灾异"①。刘彻认为不能简单地"法先王"，因为"五帝不相复，三代不同法"。只有政令赏罚完全出自天子，皇权才可能享有至高无上权威。

公孙弘颇善于领悟刘彻对董仲舒对策的取舍，建议董仲舒出任胶西相，远离长安。他建议，为五经博士设弟子，凡能讲诵一经以上，可候补官吏。他大讲"君本臣末""君贵臣卑""尊君抑臣""曲己以伸君"的道理，称"人主病不广大，人臣病不节俭"。古人以"直"为德，汉初犹有此风。"直"不掩盖欲望。自此，"文—曲"之道大兴，人善曲饰，重虚誉，轻直道。②东汉民谚云："直如弦，死道边。曲如钩，反封侯。"③尽管是三个世纪后的事情，但这种腐朽的官僚主义作风正滥觞于刘彻时代。

① 《史记》卷一百二十《儒林列传》，《盐铁论·孝养》："吕步舒弄口而见戮。"

② 《西京杂记》卷下，有公孙弘故人高贺曰："公孙弘内服貂蝉，外衣麻枲，内厨五鼎，外膳一肴"云；朝廷疑其诈伪，弘叹曰："宁逢恶宾，无逢故人。"全祖望《鲒埼亭集外编》卷二八："《列传》言弘奉禄皆给宾客，家无所余。今以《杂记》之言观之，恐亦虚矣。汲黯廷诘，虽略得其大概，要之发露隐情，不若此之尽也。"

③ 《后汉书》卷七《桓帝纪》引《续汉志》。

四、移风易俗，尊经兴学，教化天下万民

自即位始，刘彻就着手察举孝廉，移风易俗；建元元光之际，他又延用文士；元光五年后，尊经兴学，立为常制。

1.察孝悌，举廉吏

高祖十一年令郡国荐贤能，"遣诣相国府，署行、义、年"。这是汉代察举制度的滥觞。惠帝曾察举孝弟力田，吕后元年初置孝弟力田二千石官，负责察举孝弟科，不过是敦厚风俗、鼓励农耕而已，并非常制。武帝建元元年察举"孝弟、廉吏"，纳入取士制度。元朔元年（前128）十一月，刘彻颁布《议不举孝廉者罪诏》，察举成为地方官考课治绩的重要内容之一：

> 公卿大夫，所使总方略，壹统类，广教化，美风俗也。夫本仁祖义，襃德禄贤，劝善刑暴，五帝三王所繇昌也……深诏执事，兴廉举孝，庶几成风，绍休圣绪。夫十室之邑，必有忠信；三人并行，厥有我师。今或至阖郡而不荐一人，是化不下究，而积行之君子雍于上闻也。二千石官长纪纲人伦，将何以佐朕烛幽隐，劝元元，厉蒸庶，崇乡党之训哉？且进贤受上赏，蔽贤蒙显戮，古之道也。其与中二千石、礼官、博士议不举者罪。①

孝廉察"行"，称"德行高洁，志节清白"，是"甲科"。如

①《汉书》卷六《武帝纪》。

"孝弟"石奋"无文学，恭谨无比"，其家"以孝谨闻乎郡国，虽齐鲁诸儒质行，皆自以为不及"。石奋与四子皆官至二千石，号"万石君"。石奋至太傅、子石建至郎中令、石庆至丞相①；卜式"田宅财物尽与弟"，是"悌"，牧羊致富后献家产于国是"忠"，由察举官至丞相②；"廉吏"如黄霸，"使领郡钱谷计。簿书正，以廉称，察补河东均输长"，宣帝时官至丞相。③自武帝朝开始，察孝、举廉入仕成为常制。此外，还有独行、治剧等。"独行"是不计名利富贵，注重道德修养之士。如元狩六年（前117）遣博士六人循行天下，"举独行之君子，征诣行所在"；"治剧"是察举能治理地方上社会秩序非常混乱、社会矛盾特别尖锐的官吏，是"廉吏"科察举范围的延伸。

由于刘彻的提倡，民间居家讲孝悌，为吏讲廉洁，注重德行名节蔚为风气。后世形成乡党品评人物的"月旦评"之风。④

2.征召贤良文学，设策取士

西汉初，用文吏有"试学童"制度。萧何草律曰："太史试学童，能讽书九千字以上，乃得为史。又以六体试之，课最者以为尚书、御史、史书、令史。吏民上书，字或不正，辄举劾。"⑤这只限于刀笔史的简选，与思想文辞无关。"贤良文学"原为特

---

① 《史记》卷一百三《万石张叔列传》。
② 《汉书》卷五十八《公孙弘卜式兒宽传》。
③ 《汉书》卷八十九《循吏传》。
④ 《后汉书》卷六十八《许劭传》："天下言拔士者，咸称许〔劭〕郭〔林宗〕"，"邵与靖俱有高名，好共核论乡党人物，每月辄更其品题，故汝南俗有'月旦评'焉。"
⑤ 《汉书》卷三十《艺文志》。

别征召。文帝二年、十五年皆因国家有事，临时征召，未形成定制。贤良也称"贤良方正"；文学或称"直言极谏"。所谓"缙绅先生"，主要指这些人。贤良文学是举文士，开言路，答策问，有时称"直言极谏之士"。"文学"包括但不限于儒学，兼有博古通识能写文章之义。如孔子说"文学子游、子夏"，"若文章博学"。①该项征召虽始于汉文帝朝，但因军功老臣们反对，未立为常制。建元初，为筹备祭明堂，特别征召名士，如鲁申培、枚乘；元臣、司马相如等先后入选，并不以儒学为限。《汉书·武帝纪》载元光元年《征贤良文学诏》曰："贤良明于古今王事之体，受策察问，咸以书对，著之于篇，朕亲览焉。"此后察举贤良文学制度发展起来，并且有所分化，出现专门化趋势。自武帝朝始，根据不同需要，先后设立射策②、明经、明法、明阴阳灾异、知兵法、异科等科目。另有"公车上书"和察选"茂材异等"。如，东方朔"以好古传书，爱经术，多所博观外家之语。朔初入长安，至公车上书，凡用三千奏牍"③。元封五年（前106），时名臣文武欲尽，刘彻暴殄人才受到惩罚。于是降诏曰：

令州郡察吏民有茂材异等，可为将相及使绝国者。④

---

①《论语·先进》及《正义》。

②《汉书》卷七十八《萧望之传》师古注："射策者，谓为难问疑义，书之于策，量其大小，署为甲乙之科，列而置之，不使彰显。有欲射者，随其所取得而释之，以知优劣。射之，言投射也。"

③《史记》卷一百二十六《滑稽列传》。

④《汉书》卷六《武帝纪》。

至元光、元朔之后，通过察举征召贤良文学诸科，逐步完成对汉初选官制度的改革，西汉的文官体制逐步建立、完善起来。

3.建立郡国县乡地方学校

高祖忙于平定四海，"未皇庠序之事"。汉初踵秦"试学童"之制，学文法吏事，以吏为师，能诵讽九千字以上可为史。武帝初，地方教育体制尚未健全，多私家传授，博士多出自齐鲁，边远地区无教育，以致察举无人。元朔元年，刘彻颁《议不举孝廉者罪诏》，郡国守相察举不力者论罪。郡国办学由蜀郡守文翁率先搞起来，刘彻总结了文翁的经验，把它推向全国：

> 文翁……通《春秋》，以郡县吏察举。景帝末，为蜀郡守，仁爱好教化。见蜀地辟陋有蛮夷风，文翁欲诱进之，乃选郡县小吏……遣诣京师，受业博士，或学律令……使传教令，出入闺阁。县邑吏民见而荣之。数年，争欲为学官弟子，富人至出钱以求之。繇是大化，蜀地学于京师者比齐鲁焉。至武帝时，乃令天下郡国皆立学校官，自文翁为之始云。[①]

《汉书·武帝纪》载，元朔五年（前124），刘彻颁布《劝学诏》：

> 今礼废乐崩，朕甚闵也。故详延天下方闻之士，咸荐诸

---

① 《汉书》卷八十九《循吏传》。

朝，其令礼官劝学，讲议洽闻，举遗兴礼，以为天下先。太
常其议予博士弟子，崇乡党之化，以厉贤材焉。

这项法令对普及教育到地方郡国，对"崇乡党之化"起到重要作
用。此事对刘彻很有启发，从中悟出了"文武之道"并举，用
"教化"，而不是一味崇尚武力、暴力，才能真正长治久安地统治
天下的道理。"蜀地辟陋有蛮夷风"，怎样才能使武力征服的"外
服"，成为凝而为一的"内服"？巴蜀地区的归化是一个很好的范
例。司马相如《难蜀父老》一文，摹拟巴蜀长老"缙绅先生"造
访汉使者，以"百姓力屈，恐不能卒业"，主张"仁者不以德来
（徕），强者不以力并"为由，反对开发西南夷。司马相如作答
曰："必若所云，则是蜀不变服，而巴不化俗也。""变服化俗"
是不以武力相威胁，而用"文以柔远"的方式，用华夏文明改变
偏远少数民族杂居地区落后风俗文化的方针，是为"教化"。当
然是以武力为后盾的。刘向说："凡武之兴，为不服也，文化不
改，然后加诛。"①晋朝束皙的"文化内辑，武功外悠"②略近其
意。

4.兴太学，立五经博士官，置博士弟子员

秦设博士，汉初博士无定制，博士弟子无定编。文帝朝始置
博士，隶属于太常，无太学。除贾谊能诵《诗》《书》，善属文，
"文帝召以为博士"③外，凡能通一经者，亦得立为博士。如韩婴

---

①《说苑·指武》。
②《文选》卷十九《补亡诗·由仪》。
③《汉书》卷四十八《贾谊传》。

为《诗》博士，《韩诗》得传；伏生弟子晁错、张生为《尚书》博士，《尚书》得传[1]；景帝时，辕固生为《诗》博士，胡毋生、董仲舒为《春秋》博士，《春秋》得传[2]。武帝朝以前的太常博士并非专治儒学，还有其他学派："武帝初置博士，取学通行修，博识多艺，晓古文《尔雅》，能属文章者为高第……其真弟子称门人。"[3]元光五年（前130），董仲舒对策建议改革太学的教学内容，专用儒经，"诸不在六艺之科孔子之术者，皆绝其道"，非儒经不得立为博士。太学特别立《诗》《书》《春秋》《易》《礼》为五经。为了深入研究儒经不同学派，太学增立《杨何易》《欧阳书》《后仓礼》三博士。[4]至此，儒学《五经》皆立博士。西汉新儒学在太学学科的设置中确立了统治地位。刘彻的"卓然尊崇儒术"在这个意义上得到真正的体现。

元朔五年（前124）六月，刘彻根据御史大夫公孙弘的奏议，向天下郡国颁布《劝学兴礼诏》，为五经博士招收弟子：

> "盖闻导民以礼，风之以乐，今礼废乐崩，朕甚闵（悯）焉。故详延天下方闻之士，咸荐诸朝。其令礼官劝学，讲议洽闻，举遗兴礼，以为天下先。太常其议予博士弟子，崇乡党之化，以厉（励）贤材焉。"丞相弘请为博士置弟子员，

---

① 《后汉书》卷四十八《翟酺传》。
② 《史记》卷一百二十一《儒林列传》。
③ 纪昀辑卫宏《汉官旧仪》补遗，中华书局《汉官六种》，1990年版。
④ 《汉书》卷六《武帝纪》元朔五年条。《儒林传》文字略详。

学者益广。①

　　此事是导致公孙弘由太常封侯而跻身相位的直接原因。从此，西汉确立从全国察选博士弟子的制度。最初，选博士弟子员的员额总共五十名，五经每经平均有弟子十人。这样，博士弟子终于有了吃皇粮的编制定额，并且特许免其赋役。由天下郡国察选年龄在十八岁以上，仪表端正者，送太常，得以从博士受业如弟子。补博士弟子者，从师读经一年后参加考试，凡能通一经以上，补"文学掌故"之缺，其"高第"者，可以直接至郎中。如有"秀才异等"，才能超群者，上报。凡不能通过考试，无才能者，罢遣归乡。凡是才质优异的博士弟子，按考试成绩的等次补官。新条例著为《功令》。②

　　5. 讲论经义之风兴起

　　太学将儒家经书列为博士，其他各家不得称经。儒学内部因经师传承不同，划分畛域。天子用某家师说与否，事关该学派仕途俸禄，故经师之间也要争高下。例如，兒宽讲《尚书》，能讲其大义，而不专注于训诂，因而为武帝所重；申培弟子孔安国传授孔氏家藏的《古文尚书》十余篇。古文学派属鲁学，专讲训诂，不善讲论"大义"，故不甚为刘彻所重。刘彻喜欢经今文学派。孔安国善投刘彻之所好，改"用今文读之"，故立为博士；元光五年初立五经博士，《春秋》只有公羊家为"显学"。元朔五年后，刘彻欲为太子刘据选择经师。刘彻让董仲舒与瑕丘江公辩论经义。江公讲《穀梁传》"讷于口";董仲舒"通五经，能持论，善属文"，讲《公羊传》。二传先秦无书，仅凭经师口耳相传，至立为博士官才用汉隶写定。《公羊传》善于从政治需要诠释《春秋》。如，讲隐公元年"春，王正月"，说："王者孰谓？谓文王也。曷谓先言王而后言正月？王正月也。何言乎王正月？大一统也。"董仲舒进一步大加发挥："谓一元者，大始也。知元年志者，大人之所重，小人之所轻。"①"王者无外"，"王者欲望一乎天下"，必须"内其国而外诸夏，内诸夏而外夷狄"。②并且"天地人，万物之本也。天生之，地养之，人成之"③；"天生之，地载之，圣人教之"④；"天道施，地道化，人道义"⑤；"天之道也，故常一而不灭"⑥。江公却讲不出这么多内容。

再如，"纪侯大去其国"，《穀梁传》只讲"大去者，不遗一人之辞也"；《公羊传》则说齐襄公九世祖受纪侯之谮，获罪被诛，故齐、纪"不可以并立于天下"，明"大复仇"之义。其实，纪国在齐国东邻，齐襄公灭纪只是为报父仇。襄公父僖公禄父于鲁桓公十三年（前699）率齐、宋、卫、燕与鲁、纪、莒战，败绩。于次年死去。《公羊传》根据刘彻欲复汉高祖刘邦"平城之役"败于匈奴之仇的需要，说齐襄公灭纪国是为"复九世之仇"，曰："九世犹可复仇乎？虽百世可也……先君之耻，犹今君之耻

---

① 《春秋繁露·玉英》。
② 《春秋公羊传·隐公元年》《春秋公羊传·成公十五年》。
③ 《春秋繁露·立元神》。
④ 《春秋繁露·为人者天》。
⑤ 《春秋繁露·天道施》。
⑥ 《春秋繁露·天道无二》。

也。"　"比辑其义"，公羊学更符合刘彻的需要，董仲舒能打通群经，融会诸子，文章口辩俱佳，遂选《公羊传》作太子的教材，"上因尊公羊家，诏太子受《公羊春秋》，由是《公羊》大兴"。

董仲舒与江公的公羊—榖梁之争，标志着中国思想史由"子学时代"进入"经学时代"。从此，思想界主要潮流，将以经学派别争论的形式展开。

6.建献书之策，广藏书之室，置写书之官

秦颁《焚书令》，"非博士所职，天下敢有藏《诗》、《书》、百家语者，悉诣守尉杂烧之"；颁《挟书律》，凡"有敢偶语《诗》《书》者弃市"。此后民间书籍奇缺。汉兴，萧何收集秦图书；楚元王学《诗》；惠帝时除《挟书律》；文帝时晁错受《尚书》；诸博士补《王制》；置《论语》《孝经》《尔雅》《孟子》诸博士。但总的说来，书籍奇缺的状况并未改变。

刘彻"乡学"，"好文学"，"好文辞"，爱读书。元光五年（前130）十月，刘彻异母兄河间献王刘德朝觐，进献不少先秦书籍。刘彻策问刘德三十余事，对策"文约旨明"。刘德自幼酷爱读书，曾经说到读书的作用："汤称学圣王之道者，譬如日焉；静居独思，譬如火焉。夫舍学圣王之道，若舍日之光，何乃独思若火之明也？可以见小耳，未可用大知。惟学问可以广明德慧也。"①他强调读书对增长知识、扩大视野、提高智力有不可替代的作用。刘德多年购求、收集先秦图书，其中学术价值较高者有《周官》《尚书》《礼》《礼记》《孟子》《老子》等，包括"经传说记，七十子之徒（师古注：孔子弟子）所论"。刘德"其学举六

①《说苑》卷三。

艺，立《毛氏诗》《左氏春秋》博士。修礼乐，被服儒术，造次必于儒者"①。刘彻受刘德献书立教于博士的启发，生出搜集天下图书的想法，颁布《献书令》，号召天下郡国百姓献书：

> 汉兴，改秦之败，大收篇籍，广开献书之路。迄孝武世，书缺简脱，礼坏乐崩。圣上喟然而称曰："朕甚闵焉。"于是建藏书之策，置写书之官，下及诸子传说，皆充秘府。②

刘彻收书之前，汉廷虽有"石室金匮"藏书，兰台令史管理，但规模有限，藏书无多，专供御用和史馆著作，且并无专职收书、藏书、校书、写书之官。元朔五年（前124），刘彻向天下颁布《藏书诏》。诏曰：

> 礼坏乐崩，书缺简脱，朕甚闵焉。③

成帝时主持校理古书的刘歆评论说，武帝敕丞相公孙弘，广开献书之路。百年之间，书积如山。建藏书之策，立写书之官，行之百年后成就斐然，不独官方建写书之官，民间读书成风，家有藏书，抄书成为一种职业，坊间"佣书"竟如"佣耕"之多。

---

① 《汉书》卷五十三《景十三王传》。
② 《汉书》卷三十《艺文志》。
③ 《汉书》卷三十《艺文志》王先谦《补注》引周寿昌《汉书注校补》："窃疑汉求遗书始自武帝，当时必有记录，班采其言入文中耶。"

中国先秦典籍，大多赖这次献书运动得以保存、整理、研究和传播。司马迁一再说先秦诸子之书"世多有之"。大约8个世纪后，萧梁庾信作《汉武帝聚书赞》盛称："献书路广，藏书柱开。秦儒出谷，汉简吹灰。芝泥印上，玉匣封来。坐观风俗，不出兰台。"这应当归于刘彻献书运动的成果，其意义深远。刘彻于中华民族文明的继承传播居功至伟！

在刘彻看来，"治"靠官府行政功能，"化"则要依赖官吏们的道德表率作用。刘彻用人注重"学"与"行"，选官有"学通行修"。德行高的人得到晋升，能"劝元元、厉蒸庶，崇乡党之训"，达到"广教化，美风俗"的目的。不过，民众不可能没有私欲。既然刘彻诱以利禄之途，则"曲饰矫伪"之风也就难免盛行起来。汉初选官多用功臣，武帝朝"元功宿将略尽"[1]，国家机构复杂化，用人体制改变不可避免，儒学复兴对汉代官制改革产生重要影响。元朔五年，丞相公孙弘建议刘彻加快选官制度改革：

> 请选择其秩比二百石以上及吏百石通一艺以上补左右内史、大行卒史，比百石以下补郡太守卒史，皆各二人，边郡一人。先用诵多者，不足，择掌故以补中二千石属，文学掌故补郡属，备员。[2]

其中读经的儒士占据相当数量，这就使西汉官吏向文儒化方

---

[1]《汉书》卷十八《外戚恩泽侯表》。
[2]《汉书》卷八十八《儒林传》。

向大大迈进了。儒学随着教育体制的普及，对官制的影响日益增加，形成"明经"入仕制度。自元光五年至元朔五年间，刘彻推行了一系列尊儒兴学政策：献书、写书、藏书、办教育，立五经博士，开科取士。由于仕途利禄的诱导作用，文士们纷纷改宗儒学，终于形成了"独尊儒术"的格局。如申培传鲁《诗》："弟子为博士十余人，孔安国至临淮太守，周霸胶西内史，夏宽城阳内史，砀鲁赐东海太守，兰陵缪生长沙内史，徐偃胶西中尉，邹人阙门庆忌胶东内史，其治官民皆有廉节称。其学官弟子行虽不备，而至于大夫、郎、掌故以百数。"汉宣帝朝儒学大师夏侯胜每授课辄教导弟子："士病不明经术，经术苟明，其取青紫如俯拾地芥耳。经学不明，不如归耕。"读经取仕之途一开，世人趋之若鹜：

> 武帝立五经博士，开弟子员，设科射策，劝以官禄，迄于元始，百有余年，传业者浸盛，支叶蕃滋，一经说至百余万言，大师众至千余人，盖禄利之路然也。[1]

"元始"是平帝年号（公元1—5）。上述虽是刘彻身后一个世纪左右西汉末年的现象，但始作俑者仍是刘彻。武帝朝开创教育经学化，教育体制国家化，国家机构文官化之先河，"自此以来，则公卿大夫士吏斌斌多文学之士矣"[2]。

西汉儒学出现了大讲阴阳谶纬怪力乱神的"宗教化"倾向；

---

[1] 《汉书》卷八十八《儒林传》。
[2] 《史记》卷一百二十一《儒林列传》。

早期儒学的古代民主主义、古代人本主义、古代民本主义理想化色彩削弱了；子思"爱亲故孝，尊贤故禅。孝之方，爱天下之民。禅之传，世无隐德。孝，仁之冕也；禅，义之至也"①的观点有违刘氏"家天下"利益，被抛弃了；思孟学派"为父绝君，不为君绝父；为昆弟绝妻，不为妻绝昆弟；为宗族杀朋友，不为朋友杀宗族"②的观点，认为家族高于国家和社会，不利于统治，不予采用；"不仁而在高位，是播其恶于众也"，"惟大人为能格君心之非"③；"恒称其君之恶"④；"君有大过则谏，反复之而不听，则易位"⑤。这类学说大有教唆犯上作乱之嫌。刘彻撷取《春秋公羊传》的"大一统""母以子贵，子以母贵""尊王攘夷""大复仇"等学说，为加强集权、抵御匈奴服务。新儒学完成了思想的融合、统一。

五、"罢黜百家，独尊儒术"说考辨

汉武帝"罢黜百家，独尊儒术"久为史家成说，影响深远。但有关问题史乘扞格抵牾，历代学者聚讼纷纭，近年虽有人著文考辨，然论据不充分，未足撼动成说。⑥笔者有考辨在先，对疑

---

① 《郭店楚墓竹简·唐虞之道》。
② 《郭店楚墓竹简·唐虞之道》之《六德》。
③ 《孟子·离娄上》。
④ 《郭店楚墓竹简·鲁穆公问子思》。
⑤ 《孟子·万章下》。
⑥ 孙景坛：《汉武帝"罢黜百家，独尊儒术"子虚乌有：中国近代儒学反思的一个基点性错误》，《南京社会科学》1993年第6期；管怀伦：《汉武帝"罢黜百家，独尊儒术"确有其事：与孙景坛同志商榷》，《南京社会科学》1994年第6期。

点曾作出辩驳。但拙文也有不甚精审准确之处，①拟对此问题再详加考辨。

1.史料记载抵牾与史学争论

汉武帝"罢黜百家，独尊儒术"实际上是《资治通鉴》独撰。司马光等人将《史记》《汉书》重新编排，并把董仲舒"天人三策"提前到建元元年，加上所谓丞相卫绾奏议，构成史学一大"要案"。在此，将有关自相抵牾的史料予以梳理复原，澄清事实真相，还历史本来面目。

(1)《史记·今上本纪》被删，《史记·儒林列传》记载：

> 及窦太后崩，武安侯田蚡为丞相，绌黄老、刑名百家之言，延文学儒者数百人，而公孙弘以《春秋》白衣为天子三公，封以平津侯。天下之学士靡然乡（向）风矣。

可见，"绌黄老、刑名百家之言"时，窦太后已崩，田蚡已经出任丞相，并未涉及建元初任丞相的魏其侯窦婴和对"天人三策"的董仲舒。这一记载是本文裁量所论问题的重要史料依据。

(2)《汉书》记载了元光元年（前134）五月与元光五年（前130）八月，刘彻两次举贤良文学对策，两次提到公孙弘和董仲舒，又未说明二人入选的次第关系。于是，问题就出现了。据《汉书·武帝纪》元光元年记载：

---

① 拙作《汉武帝"罢黜百家，独尊儒术"说考辨》，《孔子研究》2000年第4期。

五月，诏贤良曰："……贤良明于古今王事之体，受策察问，咸以书对，著之于篇，朕亲览焉。"于是，董仲舒、公孙弘等出焉。

此条给出的信息是董仲舒、公孙弘系同一次察举入选的儒家学者。但先董后公孙，时间定在元光元年。《汉书·儒林传》也包含这次对策的信息：

及窦太后崩，武安君田蚡为丞相，黜黄老、刑名百家之言，延文学儒者以百数，而公孙弘以治《春秋》为丞相，封侯，天下学士靡然乡（向）风矣。

此说不涉及魏其侯窦婴，只有公孙弘治《春秋》为丞相，封侯，也未涉及董仲舒。上述记载与《汉书·礼乐志》有关人物、内容、时间相吻合：

至武帝即位，进用英隽，议立明堂，制礼服，以兴太平。会窦太后好黄老言，不说儒术，其事又废。后，董仲舒对策言："王者欲有所为，宜求其端于天。天道大者，在于阴阳。阳为德，阴为刑。天使阳常居大夏而以生育长养为事，阴常居大冬而积于空虚不用之处，以此见天之任德不任刑也。阳出布施于上而主岁功，阴入伏藏于下而时出佐阳。阳不得阴之助，亦不能独成岁功。王者承天意以从事，故务德教而省刑罚。刑罚不可任以治世，犹阴之不可任以成岁也。今废先王之德教，独用执法之吏治民，而欲德化被四海，故难成也。是故古之王者莫不以教化为大务，立大学以教于国，设庠序以化于邑。教化已明，习俗已成，天下尝无一人之狱矣。至周末世，大为无道，以失天下。秦继其后，又益甚之。自古以来，未尝以乱济乱，大败天下如秦者也。习俗薄恶，民人抵冒。今汉继秦之后，虽欲治之，无可奈何。法出而奸生，令下而诈起，一岁之狱以万千数，如以汤止沸，沸俞甚而无益。辟之琴瑟不调，甚者必解而更张之，乃可鼓也。为政而不行，甚者必变而更化之，乃可理也。故汉得天下以来，常欲善治，而至今不能胜残去杀者，失之当更化而不能更化也。古人有言：'临渊羡鱼，不如归而结网。'今临政而愿治七十余岁矣，不如退而更化。更化则可善治，而灾害日去，福禄日来矣。"是时，上方征讨四夷，锐志武功，不暇留意礼文之事。

上引文字显然是董仲舒"天人三策"的隐括。从中至少可以得出以下几点认识：①董仲舒对"天人三策"不可能在建元元年，而是在建元六年窦太后崩，田蚡出任丞相，"黜黄老、刑名百家之言"之后。是对窦太后建元初尊道黜儒政策的反动；②公孙弘入选后不久就由御史大夫接任丞相、封侯（元朔五年），遂致"天下学士靡然乡风"；③"上方征讨四夷，锐志武功，不暇留意礼文之事"，董仲舒对"天人三策"未产生很大政治影响。在武帝朝前期，公孙弘政治地位和影响显然比董仲舒大得多。

《汉书》关于举贤良对策的记载自相矛盾。除元光元年之外，公孙弘察举对策于元光五年再次出现。

> 元光五年，复征贤良文学，菑川国复推上弘……上策诏
> 诸儒："……朕将亲览焉，靡有所隐。"
>
> 时对者百余人，太常奏弘第居下。策奏，天子擢弘对为
> 第一。①

那么，公孙弘、董仲舒二人察举入选究竟在元光元年，还是
元光五年？元光五年的确另有一次性质与元光元年举贤良相似的
察举。

> 〔元光五年〕八月，征吏民有明当时之务，习先圣之术
> 者，县次续食，令与计偕。②

那么，公孙弘、董仲舒到底是哪一年入选的呢？记载何以自
相矛盾？这一问题《汉书》并未说清楚。其原因是班固受"仲舒
对册，推明孔氏，抑黜百家。立学校之官，州郡举茂材孝廉，皆
自仲舒发之"③这一先入为主的意识影响太深，抑或班固欲抬高
董仲舒地位的结果。若"太常奏弘第居下。策奏，天子擢弘对为
第一"，那么，太常原奏的对策"第一"是谁呢？笔者推测，原
来的"第一"就是汉武帝刘彻策问中所称"哀然为举首"的董仲

---

① 《汉书》卷五十八《公孙弘卜式兒宽传》。
② 《汉书》卷六《武帝纪》。
③ 《汉书》卷五十六《董仲舒传》。

舒。这正是班固不愿说清楚的关键事实！因为，他确信"自武帝初立，魏其、武安侯为相而隆儒矣。及仲舒对册，推明孔氏，抑黜百家，立学校之官，州郡举茂材孝廉，皆自仲舒发之"①。笔者认为，所谓"皆自仲舒发之"一语，实际上是带有学术派性的宣传。刘彻并未因太常的推选而认可董仲舒。他急需可以"操持"的对策，而并非"文多质少"、难以付诸实施的空论。董仲舒讲《春秋》公羊学，鼓吹"大一统"，是刘彻所向往的理想社会。刘彻三次策问董仲舒，就是想要可以具体"操持"的方案。而董仲舒"天人三策"却提不出具体方案。所以刘彻将太常选拔的"选首"换成公孙弘。

董仲舒"天人三策"究竟对策于哪一年，是首先必须解决的问题。

司马光《通鉴考异》曰："然仲舒对策不知果在何时。元光元年以前，唯今年（即建元元年）举贤良见于《纪》。"不清楚董氏对策究竟在哪年，姑且暂系该年。这不是定论，却用于《通鉴》，不能令人满意，故致历代学者争论不休。王先谦《汉书补注》注，"〔元光元年〕五月，诏贤良曰……于是，董仲舒、公孙弘等出焉"句，引用沈钦韩、洪迈诸说，陈述异议如下：

> 沈钦韩曰：《通鉴考异》云，《仲舒传》仲舒对策推明孔氏，抑黜百家，立学校之官，州县举茂才、孝廉皆自仲舒发之。今举孝廉在元光元年十一月，若对策在下五月，不得云自仲舒发之。盖《纪》误也。然仲舒对策不知果在何时。惟

---

① 《汉书》卷五十六《董仲舒传》。

建元元年见于《纪》，故著之；洪迈《容斋随笔》云：案策问中云"朕亲耕籍、劝孝弟、崇有德，使者冠盖相望。"对策曰："阴阳错缪，氛气充塞，群生寡遂，黎民未济"，必非即位之始年也。愚按，《本传》仲舒于孝景时为博士，武帝即位，举贤良文学，则仲舒对策实在建元元年，无可疑者。又，建元六年，辽东高庙灾、高园便殿火；《五行志》仲舒对曰云云。《本传》在废为中大夫时，居家推说其意，是贤良对策，不得反在元光元年也。又按《公孙弘传》，武帝初即位，弘年六十，以贤良征；《严助传》，武帝善助对，擢助为中大夫。则三人皆同岁举也。弘后为博士，免归，元光元年复征贤良，俱非元光元年事。

司马光置董仲舒对策于建元元年，只是一种推测。《资治通鉴》建元元年条引述董仲舒"天人三策"，删除"今临政而愿治七十余岁"这句含有时间信息的话。他这样剪裁"天人三策"的文字，与史实不符，故引出异议纷纭：

（1）建元元年说：司马光、王楙、马端临、沈钦韩、王先谦、苏舆、史念海、张大可①；

---

① 王楙：《野客丛书》卷二十一《董仲舒公孙弘》；马端临：《文献通考》卷三十三《选举考》六《贤良方正》；沈钦韩：《汉书疏证》；王先谦《汉书补注》卷六；苏舆：《董子年表》后附言，《春秋繁露义证》；史念海：《董仲舒天人三策不作于武帝元光元年辨》，载天津《民国日报》1947年9月1日，第六版《史与地》；张大可：《董仲舒天人三策作于建元元年》，载《兰州大学学报》1987年第4期。

（2）建元五年说：齐召南①；

（3）元光元年初或二月说：荀悦、王益之②；

（4）元光元年五月说：洪迈、施之勉、施丁③；

（5）元光二年至四年说：戴君仁④；

（6）元朔五年说：苏诚鉴⑤；

（7）董仲舒于建元元年、元光元年两次对策。"天人三策"作于元光元年说：岳庆平⑥。

建元元年、元光元年五月说两种观点影响较大。其中，尤以建元元年说最为流行，若干影响较大的通史、专著、工具书多采用此说。其次，元光元年五月说也有比较大的影响。近年来有若干学者就此两种观点进行考证，而建元五年、元光元年二月、元光二年和元光四年、元朔五年说由于证据不足，或论证不周延，故不为史家所重。

2. 建元元年"丞相绾奏议"的来历

由于《汉书》存在的问题，司马光对元光元年二月"举孝

---

① 齐召南：《四库荟要》本《汉书·董仲舒传》附考证。

② 荀悦：《汉纪·孝武皇帝纪二》；王益之：《西汉纪年》卷十一。

③ 洪迈：《容斋续笔》卷六《汉举贤良》；施之勉：《董仲舒对策年岁考》，载《东方杂志》1944年7月，第40卷，第13期；施丁：《董仲舒天人三策作于元光元年辨》，载《社会科学辑刊》1980年第3期。

④ 戴君仁：《汉武帝罢黜百家非发自董仲舒考》，载《孔孟学报》，1968年第16卷。

⑤ 苏诚鉴：《董仲舒对策在元朔五年议》，载《中国史研究》1984年第3期。

⑥ 岳庆平：《董仲舒对策年代辨》，载《北京大学学报》1986年第3期。

廉"是否董仲舒"发之"心存疑惑，在《通鉴考异》中自问自
答：

> 今举孝廉在元光元年十一月，若对策在下五月，则不得
> 云自仲舒发之，盖《武纪》误也。然仲舒对策，不知果在何
> 时；元光元年以前，唯今年（按，建元元年）举贤良见于
> 《纪》。①

《资治通鉴》改《汉书》，将董仲舒"天人三策"移于建元元
年。司马光的逻辑是：若董仲舒对"天人三策"在元光元年五
月，则举孝廉已见于该年二月，就不能说"举孝廉"由董仲舒发
之。所以，董仲舒对"天人三策"的时间应当早于元光元年。武
帝朝元光元年之前，举贤良对策见于史乘者，只有建元元年，只
好暂且置董仲舒"天人三策"于建元元年了。《汉书·武帝纪》
并无董仲舒对策之事。《汉书·董仲舒传》载董仲舒第三策建议：

> 《春秋》大一统者，天地之常经，古今之通谊也。今师
> 异道，人异论，百家殊方，指意不同，是以上亡以持一统；
> 法制数变，下不知所守。臣愚以为诸不在六艺之科孔子之术
> 者，皆绝其道，勿使并进。邪辟之说灭息，然后统纪可一而
> 法度可明，民知所从矣。

---

① 《资治通鉴》卷十七《汉纪九》建元元年条，胡三省注引。

"罢黜百家"并非诏令，只是董仲舒一家之言。它若被采用，须变成诏令、法律。《汉书·武帝纪》虽有尊儒奏议、诏令，但与董仲舒对策无关：

> 建元元年冬十月，诏丞相、御史、列侯、中二千石、二千石、诸侯相举贤良方正直言极谏之士。丞相绾奏："所举贤良，或治申、商、韩非、苏秦、张仪之言，乱国政，请皆罢。"奏可。

《汉书·武帝纪·赞》曰："孝武初立，卓然罢黜百家，表章六经。""丞相绾"奏议罢黜法家、纵横家，并未言"百家"，时间在建元元年，也与《史记》记载不合。《资治通鉴》建元元年与《史记》《汉书》不同：

> 冬，十月，诏举贤良方正直言极谏之士，上亲策问以古今治道，对者百余人。广川董仲舒对曰……天子善其对……丞相卫绾奏："所举贤良或治申、韩、苏、张之言乱国政者，请皆罢。"奏可。

《通鉴》引《汉书》，增一"卫"字，为"丞相卫绾奏"①。

---

① 《资治通鉴》卷十七《汉纪九》武帝建元元年条。东汉荀悦《汉纪》卷十建元元年条，用《汉书》史料，擅增一"卫"字，《通鉴》当取材于此。然《汉纪》董氏对策在元光元年，亦同《汉书》。《通鉴》却未用其系年。

上述史料扞格抵牾：

《武纪》董氏对策在元光元年，与建元元年"丞相绾"奏议无涉；《资治通鉴》将时间、场合、人物、事件、言论、法令诸史料捏合到一起，言刘彻甫即位即纳董氏建议，立"罢黜百家，独尊儒术"为国策。与史、汉相左。《史记·龟策列传》载武帝即位之初并未"罢黜百家，独尊儒术"：

> 至今上即位，博开艺能之路，悉延百端之学，通一伎之士咸得自效，绝伦超奇者为右，无所阿私。

由此可知，由《史记》而《汉书》而《通鉴》，积渐至著，改铸了历史原貌。

宋人洪迈由《天人三策》内证揭出《通鉴》董仲舒对策时间明显有误：

> 汉武帝建元元年，诏举贤良方正直言极谏之士……对者百余人，帝独善庄助对，擢为中大夫。后六年，当元光元年，复诏举贤良，于是董仲舒等出焉。《资治通鉴》书仲舒所对为建元。按……对策曰："阴阳错缪，氛气充塞，群生寡遂，黎民未济。"必非即位之始年也。[1]

《史记·封禅书》载：孝武皇帝"初即位，尤敬鬼神之祀。

---

[1]《容斋续笔》卷六《汉举贤良》条。

元年，汉兴已六十余岁矣，天下艾安。"建元元年汉兴六十六年，董《策》言"今临政愿治七十余岁"；汉元年至建元五年汉兴始七十年；其时"天下艾安"，并非《策》言"阴阳错缪，氛气充塞，群生寡遂，黎民未济"。可知《举贤良诏》与董氏对策必不在建元元年，不可能早于建元五年。建元初"上乡儒术，招贤良，赵绾、王臧等以文学为公卿，欲议古立明堂城南，以朝诸侯"①。建元首倡尊儒者是御史大夫赵绾，并非丞相卫绾，董氏无缘其事益明。

建元元年"丞相绾"奏议于今本《史记》无据。从奏议内容看，断不可能出自丞相卫绾。卫绾其人《史记》有传，《史记·万石张叔列传》载：

> 建陵侯卫绾者，代大陵人也。绾以戏车为郎，事文帝，功次迁为中郎将，醇谨无他……文帝且崩时，属孝景曰："绾长者，善遇之。"……绾日以谨力。
>
> 郎官有谴，常蒙其罪，不与他将争；有功，常让他将。上以为廉，忠实无他肠……上立胶东王为太子，召绾，拜为太子太傅。久之，迁为御史大夫。五岁，代桃侯舍为丞相，朝奏事如职所奏。然自初官以至丞相，终无可言。天子以为敦厚，可相少主……为丞相三岁，景帝崩，武帝立。建元年中，丞相以景帝疾时诸官囚多坐不辜者，而君不任职，免之。②

---

① 《史记》卷二十八《封禅书》。
② "建元年中"以下为罢相诏书原文。

卫绾谨厚无学，"自初官以至丞相，终无可言"。御史大夫直不疑"学《老子》言。其所临，为官如故，唯恐人知其为吏迹也。不好立名称，称为长者"[①]。卫、直因"诸官囚多坐不辜"于建元元年同罪并免。二人执政循道法无为，绝无可能上尊儒黜法之议！再者，二人正是董仲舒对策批判的积年资而获提升的旧官僚。从既得利益计，他们也不可能为董仲舒代言！相反，二人因新政被罢黜。建元元年丞相绾奏议条的人物、时间、奏议内容均有明显疑点，并非史实。由此可见，所谓建元元年刘彻用董仲舒对策建议，"罢黜百家，独尊儒术"说，破绽百出，必是伪史无疑。

笔者认为，所谓"丞相绾奏议"作者是秦丞相王绾，不是汉丞相卫绾。

"罢黜法、纵横家"奏议始作俑者是秦丞相王绾。致误原因不外两种：（1）《史记》原无此节，后人见"丞相绾奏议"遂补入《汉书·武帝纪》；（2）《秦始皇本纪》丞相王绾原有此奏议，后人横截补入《武帝纪》建元元年。二丞相同名"绾"，误使人移录此二三简补《武帝纪》建元纪事。

秦始皇十年，吕不韦免相，宗室大臣议："诸侯人来仕者，皆为其主游间耳，请一切逐之"，欲法先王，搞分封，反对郡县制、军功赐爵制，议罢客卿，黜法家、纵横家。李斯上《谏逐客书》，论列历史上客卿、纵横家、法家对秦富国强兵的贡献。嬴政遂罢《逐客令》；二十六年初并天下。《秦始皇本纪》载丞相王

[①] 《史记》卷一百三《万石张叔列传》。

绾与廷尉李斯再度辩论用周礼[1]、建分封之事：

> 丞相〔王〕绾等言："诸侯初破，燕、齐、荆地远，不为置王，毋以填之。请立诸子，唯上幸许。"始皇下其议于群臣，群臣皆以为便。廷尉李斯议曰："周文武所封子弟同姓甚众，然后属疏远，相攻击如仇雠……今海内赖陛下神灵一统，皆为郡县，诸子功臣以公赋税重赏赐之，甚足易制。天下无异意，则安宁之术也。置诸侯不便。"始皇曰："天下共苦战斗不休，以有侯王。赖宗庙，天下初定，又复立国，是树兵也，而求其宁息，岂不难哉！廷尉议是。"

王绾欲用《周礼》，复分封，儒法互黜矛盾加深，嬴政再度支持李斯；三十四年，博士淳于越又提出兴《周礼》复分封问题。嬴政"下其议"，李斯上《焚书奏议》，力主罢黜百家，一断于法。嬴政既然欲"别黑白而定一尊"：

> 始皇下其议丞相。丞相谬其说，绌其辞。乃上书曰……[2]

此处未提丞相何人，其实是丞相王绾"谬其说"，李斯"绌"

---

[1]《周礼》成书年代有西周、春秋、战国、周秦之际、刘歆伪造诸说，以周秦之际为有力。持此论者有毛奇龄、梁启超、陈连庆、史景成等。不赘述。

[2]《史记》卷八十七《李斯列传》。

王绾"其辞"。王绾奏议欲秦始皇罢李斯之官，黜刑名法术纵横之学，即被《汉书》移作建元元年丞相卫绾罢黜法家、纵横家的那一段文字："丞相绾奏：'或治申、商、韩非、苏、张之言，乱国政，请皆罢。'"

自二十六年后，政事皆决于嬴政，"丞相大臣皆受成事"。王绾亟欲扳倒李斯，奏请罢黜法家和纵横家，未涉及其他学派。只有在此特定语言环境下，"丞相绾奏议"才能有合理的解释。秦始皇二十六年至三十四年间，王绾、隗状任左、右丞相。三十四年易李斯、冯去疾为左、右丞相。其间若无重大政策变化，不可能同时罢、擢左右相。这种变化除三十四年王绾与李斯廷议辩论的后果外，还会是什么？显然，三十四年第三次儒法互黜中，嬴政第三次支持李斯，导致王绾、隗状被罢免，颁布《焚书令》！①

《汉书》用秦丞相王绾奏议冒作汉丞相卫绾奏议于先；司马光移《天人三策》置之建元元年于后。两度史料"掉包"改铸了历史的面貌，为武帝甫即位即接受董仲舒建议，"罢黜百家，独尊儒术"说伪造了史料根据。

3. 刘彻何以疏远董仲舒

汉武帝刘彻认为董仲舒的对策华而不实，大而无当，将其"选首"的位置转予同年入选的公孙弘，故对董仲舒敬而远之。

先说易"选首"的原因。南宋人刘宰对刘彻在举贤良对策之后，因二人意向不同而疏远董仲舒，作了比较客观的解释：

---

① 《史记》秦丞相可考者：秦始皇二十六年有丞相王绾，二十八年有左丞相王绾、右丞相隗状，三十四年为丞相李斯，三十七年是左丞相李斯、右丞相冯去疾。易左、右相正在三十四年廷议之际。

武帝策仲舒至于再三，何也？帝，喜纷更主也。仲舒首篇乃以更化为说。武帝得其辞而不得其意，疑舒之所谓更化则己之所谓变法易令也。故易其对而复策之。制册所言，谆乎古帝王沿革之异，意欲仲舒极其所言，大其所更张，故篇末欲明其指略，切磋究之，以称其意。泊仲舒复对，不过谆谆乎礼乐教化之事，其他本末度数，事制曲防，皆略而不及。帝始知意向殊异；而中篇犹有改正朔、易服色等语，故复策之，而制册所言犹深切，致意于三王同异等语。且谓仲舒之对为条贯靡竟，统纪未终，篇末戒其悉之究之，熟之复之，意欲仲舒条陈世务，使纪纲文章，铿鏓炳辉，一改当时之旧。而舒之所志，乃在损文用忠等语，则其去帝意远矣。此帝所以绝意仲舒，不复再策，且出之为诸侯相也。①

公孙弘明白了刘彻的意思，建议董仲舒去当胶西相。董仲舒常用自然现象解释社会问题。例如，他用阴阳解释"雨雹"，说自然界充满"阴气协阳气"，雨是"夏气多暖，阴气自下升"，"凉而上蒸成雨矣"所致。引申说，"天雨雹"是"和气之中自生灾沴"，"灾沴之气"是阴阳不调的"妖"气。②董仲舒曾著《灾异之变》。建元六年辽东高庙火灾，董仲舒书稿颇涉"刺讥"，主父偃取其书稿上奏。刘彻以其书示董氏弟子，吕步舒不知其书为

①《漫堂文集》卷十八。
②《西京杂记》卷下。

乃师所著，斥为"下愚"。董仲舒下吏，当死。刘彻特诏赦之。
此后，"仲舒遂不敢复言灾异"。公孙弘、董仲舒二人有矛盾。
"董仲舒以弘为从谀"，公孙弘自知治《春秋公羊传》不如董仲
舒，建议他出任胶西相。①

　　刘彻疏远董仲舒固然有公孙弘拨乱其间，但主要原因还是
《灾异之变》语涉"刺讥"：

　　　　武帝建元六年六月丁酉，辽东高庙灾。四月壬子，高园
　　便殿火。董仲舒对曰："《春秋》之道举往以明来，是故天
　　下有物，视《春秋》所举与同比者，精微眇以存其意，通伦
　　类以贯其理，天地之变，国家之事，粲然皆见，亡所疑矣
　　……今高庙不当居辽东，高园殿不当居陵旁，于礼亦不当
　　立，与鲁所灾同。其不当立久矣，至于陛下时天乃灾之者，
　　殆亦其时可也。昔秦受亡周之敝，而亡以化之；汉受亡秦之
　　敝，又亡以化之。夫继二敝之后，承其下流，兼受其猥，难
　　治甚矣。又多兄弟亲戚骨肉之连，骄扬奢侈，恣睢者众，所
　　谓重难之时者也。陛下正当大敝之后，又遭重难之时，甚可
　　忧也。故天灾若语陛下：'当今之世，虽敝而重难，非以太
　　平至公，不能治也。视亲戚贵属在诸侯远正最甚者，忍而诛
　　之，如吾燔辽东高庙乃可；视近臣在国中处旁仄及贵而不正
　　者，忍而诛之，如吾燔高园殿乃可。'"②

----

　①《史记》卷一百二十一《儒林列传·董仲舒》。
　②《汉书》卷二十七上《五行志》。

董仲舒的这种学说，竟如代天立言，品评政治、干预朝政、诛杀大臣等都可以信口妄说，视政治形同儿戏——这是武帝所不能容忍的。难怪刘彻听信公孙弘之言，将董仲舒远远地打发到胶西国去。

4.武帝"尊儒"而未"罢黜百家"

对勘史籍，不难发现武帝尽管"卓然尊儒"，却并未"罢黜百家"。史载（建元元年）武帝初即位，招贤良文学士。是时公孙弘年六十，征以贤良为博士。①建元初尊儒有力者是武安侯田蚡：

> 建元元年，丞相绾病免，上议置丞相、太尉……乃微言〔王〕太后风上，于是乃以魏其侯为丞相，武安侯为太尉。
>
> 魏其、武安俱好儒术，推毂赵绾为御史大夫，王臧为郎中令。迎鲁申公，欲设明堂……举適诸窦宗室毋节行者，除其属籍……以故毁日至窦太后。太后好黄老之言，而魏其、武安、赵绾、王臧等务隆推儒术，贬道家言，是以窦太后滋不说魏其等。及建元二年，御史大夫赵绾请无奏事东宫，窦太后大怒，乃罢逐赵绾、王臧等，而免丞相、太尉。②

田蚡所学《盘盂》诸书号"黄帝史孔甲所作"，实黄帝之学。

---

① 《汉书》卷五十八《公孙弘卜式兒宽传》。
② 《史记》卷一百七《魏其武安侯列传》。

《汉书·艺文志》列于"杂家类"，并非儒经。建元"尊儒"惟设明堂、易服色，准备封禅，神道设教而已。幕后掩盖着田蚡欲夺卫绾、直不疑之权，以及王、窦两家外戚集团之间的权力之争。赵绾既非丞相，"丞相绾"奏议不可能出自赵绾，公孙弘、董仲舒更无缘置喙了。建元初"罢黜百家"是田蚡与宾客计议，微讽王太后，变成罢免卫绾、直不疑官的政令罢了。

《武帝纪》建元五年置五经博士，误。"博士秦官。博者，通于古今；士者，辩于然否"①，未必儒士。汉初已有博士制度，此特指窦太后罢诸儒后"初置"，有《道德经》《易》《尚书》《孝经》《论语》等，暂无《诗》《礼》《春秋》。时窦太后尚在，不可能专设儒学博士，其他天学如唐都、道论如黄子等皆为博士。博士之职"兼综载籍，穷微阐奥"，对诸子百家是兼容并包的政策。

汉武尊儒而未"罢黜百家"。《史记·儒林列传》对董仲舒容有贬词。《汉书·董仲舒传》则有意拔高其地位："武帝初立，魏其、武安侯为相而隆儒矣。及仲舒对册，推明孔氏，抑黜百家，立学校之官，州郡举茂材孝廉，皆自仲舒发之。"武帝初立易使人误解，但先有魏其、武安为相，后"及仲舒对册"，董氏之出显然在田蚡为相之后。刘彻虽尊儒，却不用嬴政焚书坑儒"一断于法"的办法。尊儒诸项措施并非"皆自仲舒发之"：献书藏书出自河间献王刘德，由刘彻本人发起；国立太学早已有之，州郡立学校推广文翁治蜀经验；察举文帝时就有先例；儒经立博士官始自文景；重用"文学"之士始自严助、司马相如等，且多非

---

① 《汉旧仪》补遗，《北堂书钞·设官部》引。

"醇儒"；儒者为卿相自公孙弘始，其学"兼儒墨，合名法"①。汉武用人并非"诸不在六艺之科孔子之术者，皆绝其道，勿使并进"。如元鼎二年水灾，诏"吏民有赈饥民免其厄者，具举以闻"；元封五年"名臣文武欲尽"，颁《求贤诏》：

> 盖有非常之功，必待非常之人，故马或奔踶而致千里，士或有负俗之累而立功名。夫泛驾之马，跅弛之士，亦在御之而已。其令州郡察吏民有茂材异等可为将相及使绝国者。②

刘彻用人思想颇受司马相如影响："贤君之践位也，岂特委琐握齪，拘文牵俗，循诵习传，当世取说云尔哉！必将崇论闳议，创业垂统，为万世规。故驰骛乎兼容并包，而勤思乎参天贰地。"③这不是"罢黜百家，独尊儒术"，而是放开眼界，不拘一格选拔人才。《汉书·公孙弘卜式兒宽传·赞》载：

> 上方欲用文武，求之如弗及，始以蒲轮迎枚生，见主父而叹息。群士慕向，异人并出。卜式拔于刍牧，弘羊擢于贾竖，卫青奋于奴仆，日磾出于降虏，斯亦曩时版筑饭牛之朋已。汉之得人，于兹为盛：儒雅则公孙弘、董仲舒、兒宽，笃行则石建、石庆，质直则汲黯、卜式，推贤则韩安国、郑

---

① 《汉书·公孙弘卜式兒宽传》王先谦补注引何焯语。
② 《汉书》卷六《武帝纪》。
③ 《汉书》卷五十七下《司马相如传》。

当时，定令则赵禹、张汤，文章则司马迁、相如，滑稽则东方朔、枚皋，应对则严助、朱买臣，历数则唐都、洛下闳，协律则李延年，运筹则桑弘羊，奉使则张骞、苏武，将率则卫青、霍去病，受遗则霍光、金日䃅，其余不可胜纪。是以兴造功业，制度遗文，后世莫及。

武帝用"醇儒"不多。汲黯批评他"内实多欲"，"援饰以儒术"，多少揭示了他思想真实的一面。刘彻用人不拘学派，各用所长，不用空言无实者。他曾试用侈言仁义、反对抗击匈奴的腐儒狄山，才不足守一障，月余即被匈奴斩首而去。[1]武帝朝得人"后世莫及"的评价是不错的。

5.《天人三策》作于元光五年后

董仲舒对《天人三策》年代详其内证。《天人三策》用"天人感应"解释刘彻策问"灾异之变"的成因是"河决"：

> 废德教而任刑罚，刑罚不中，则生邪气；邪气积于下，怨恶畜于上。上下不和……此灾异所缘而起也……天道之大者在阴阳。阳为德，阴为刑……今废先王德教之官，而独任执法之吏治民，毋乃任刑之意与！……夫万民之从利也，如水之走下，不以教化堤防之，不能止也。是故教化立而奸邪皆止者，其堤防完也；教化废而奸邪并出，刑罚不能胜者，其堤防坏也……今汉继秦之后……譬之琴瑟不调，甚者必解

---

① 《史记》卷一百二十《汲郑列传》。

而更张之，乃可鼓也；为政而不行，甚者必变而更化之，乃
可理也……今临政而愿治七十余岁矣，不如退而更化。[1]

所谓"临政而愿治七十余岁"云，《董仲舒传》和《礼乐志》
相同。董仲舒说的"灾异"即"天命"，"民心"如洪水，"教化"
是堤防，必须罢黜刑名法术以兴儒学，反映了特殊的背景：前此
必有特大洪灾。刘彻策问中有"今阴阳错缪，氛气充塞，群生寡
遂，黎民未济，廉耻贸乱"之句。董氏用"三统说"推衍夏、
商、周"三王之道"，主张宜用土德取代秦及汉初所崇尚的水德：
"今汉继大乱之后，若宜少损周之文致，用夏之忠者。"仿效大禹
治水之术确立思想统治，从五行终始说推论兴土德……都证明此
前发生过特大水灾。"汉兴三十九年，孝文时河决酸枣，东溃金
堤，于是东郡大兴卒塞之。其后四十有余年，今天子元光之中，
而河决于瓠子，东南注钜野，通于淮、泗。"[2]齐召南注："《沟
洫志》四十有余年作三十六年。自孝文十二年（前168）河决东
郡，至元光三年（前132）河决濮阳实三十六年，无四十余年
也。"[3]汉兴（前207）至河决七十五年，此后内外政策改变，四
年田蚡死；五年，设博士弟子员五十人；灌夫族，魏其侯窦婴弃
市；六年卫青等首次击匈奴；元朔元年卫子夫立为皇后……皆与
河决——"更化"有关。董仲舒一再利用河决做天命文章，可知

① 《汉书》卷五十六《董仲舒传》。
② 《史记》卷二十九《河渠书》。
③ 泷川资言《史记会注考证·河渠书》引。

《天人三策》必作于元光三年河决之后。①再举《天人三策》的内证论证此点："今陛下……至德昭然，施于方外。夜郎、康居，殊方万里，说德归谊"云。汉通夜郎不在建元，司马相如略定西南夷，始通夜郎，作《难蜀父老》言"汉兴七十有八载"。《集解》引徐广曰："元光六年也"（前129）。自元朔初始有"更化"之举。董仲舒上《天人三策》必定在元光五年（前130）察举之时。

《太史公书·今上本纪》被删，汉武史事顺序混乱，建元迄元朔尤甚。汉初无年号，景帝朝以六为纪，以初元、中元、后元为号；武帝朝用元年、其明年、其后三年、后六年记事，用一元、二元、三元为号。至四元（元鼎）第四年，"有司言元宜以天瑞名，不宜以一二数。一元曰'建'，二元以长星曰'光'，三元以郊得一角兽曰'狩'云"，②太初改历"更以〔元封〕七年为太初元年"，③年号由尚六改为四年一纪。④原《太史公书》无年号，简牍易错乱。续修《史记》者整齐史料，考订系年之功固不可没，但又易因之而造成新的错误。本文所揭橥之史料、史实矛盾抵牾之处，或与此类技术因素不无关系。

总之，可称信的史实是：元光三年河决瓠子。⑤元光五年"征吏民有明当时之务，习先圣之术者，县次续食，令与计

①《史记》卷二十九《河渠书》建元间无河决，《汉书·武帝纪》改为建元三年河决，年代显然错误。

②《史记》卷二十八《封禅书》。

③《史记》卷二十六《历书》。

④赵翼：《廿二史考异·武帝年号系元狩以后追加》。

⑤《史记》卷二十九《河渠书》。

偕"。①董仲舒遂上《天人三策》，言"今临政愿治七十余岁"。自刘邦称王（前206）至此七十六年、自称帝（前202）至此七十二年。从以上年代计算，"公孙弘、董仲舒出焉"必当在元光五年《举贤良诏》颁行之后。

元光五年公孙弘第二次察举，太常初列下第，刘彻以其对策"文约旨明"擢为选首；董仲舒对策原为太常推举"选首"，刘彻并未认可。元朔三年公孙弘任御史大夫，五年迁丞相，封平津侯。董仲舒于元朔四年拜为胶西相。"天下靡然乡风"自此始。

6."汉家自有制度，本以霸王道杂之"

汉武虽尊儒，却并未如董仲舒期待的"罢黜百家，独尊儒术"。刘彻不赞成天道不变、法先王论，而采用其"更化"说。

> 今上即位，招致儒术之士，令共定仪，十余年不就……盖受命而王，各有所由兴，殊路而同归，谓因民而作，追俗为制也。议者咸称太古，百姓何望？汉亦一家之事，典法不传，谓子孙何？化隆者闳博，治浅者褊狭，可不勉与！②

制礼作乐"十余年不就"，可知此诏颁布约在元光五年举贤良之后。董氏经刘彻一再诱导，变早期儒家"汤武革命"论为"改弦更张""因民追俗"的"更化"论。显然，刘彻赞同《春秋》公羊学的"大一统""内圣外王""尊王攘夷""尊君曲臣"论，而不赞同董仲舒的另一些观点。故元朔元年刘彻颁《与民更

---

① 《汉书》卷六《武帝纪》。
② 《史记》卷二十三《礼书》。

始诏》：

> 朕闻天地不变，不成施化；阴阳不变，物不畅茂。《易》
> 曰："通其变，使民不倦。"《诗》云："九变复贯，知言之
> 选。"朕嘉唐虞而乐殷周，据旧以鉴新。其赦天下，与民更
> 始。①

刘彻为批驳董仲舒的"天道不变"论，特引儒经有关变化之
语。班固、司马光试图确立汉武"罢黜百家，独尊儒术"说，故
《史记·封禅书》有一段汉武帝并未"独尊儒术"的关键文字，
被《汉书》和《通鉴》有意删去了：

> 自得宝鼎，上与公卿诸生议封禅。封禅用希旷绝，莫知
> 其仪礼，而群儒采封禅《尚书》《周官》《王制》之望祀射牛
> 事……群儒既已不能辨明封禅事，又牵拘于《诗》《书》古
> 文而不能骋……于是上绌〔徐〕偃、〔周〕霸，而尽罢诸儒
> 不用。

此事在元封封禅前夕，正说明汉武帝虽尊儒，但建元"悉延
百端之学"，元鼎、元封间"尽罢诸儒不用"也是事实。刘彻并
未"罢黜百家，独尊儒术"。班固、司马光秉笔修史，何独摈此
"尽罢诸儒不用"句不用呢？

---

① 《汉书》卷六《武帝纪》。

　　武帝之孙宣帝刘询恢复了几为外戚霍氏夺去的权力。他总结有汉以来的经验教训，指出"治道"要为皇权服务，须审时度势地博采众长，高、文、武帝皆明此道。宣帝刘询发现太子刘奭专好"纯儒"，警告说："汉家自有制度，本霸王道杂之，奈何纯任儒术，用德政乎?"①他预言"乱我家者，太子也"。正是元帝刘奭放弃了"霸王道杂之"的既定方针而"纯任儒术"。以博士弟子员额论，武帝朝不过五十人，昭帝时满百人，宣帝末倍增之，元帝初不限员额，后财政困难限设员千人! 成帝末至哀帝朝增至三千人! ②西汉由中兴至末路适自元帝始。西汉衰落原因复杂，但元帝"独尊儒术"后西汉由此衰落也是事实。可见，"霸王道杂之"是深入理解"汉家制度"的钥匙。汉初，陆贾以亡秦之鉴谏刘邦：

　　　　马上得之，宁可以马上治之乎? 且汤、武逆取而以顺守之，文武并用，长久之术也。昔者吴王夫差、智伯极武而亡；秦任刑法不变，卒灭赵氏。乡使秦已并天下，行仁义，法先圣，陛下安得而有之? ③

---

　　①《汉书》卷九《元帝纪》。
　　②《汉书》卷九《元帝纪》《儒林传》。然《三国志·王朗传》注引《魏名臣奏》言西京"学官博士七千余人"。清人胡秉虔《西京博士考》："案王朗所言，当统指博士弟子员也。自武帝置博士弟子五十人，昭帝增博士弟子满百人，宣帝末倍增之，元帝设员千人，成帝增至三千人。此云七千余人，盖在平帝即位，王莽秉政时。"
　　③《史记》卷九十七《郦生陆贾列传》。

刘邦闻言恍悟"治道"，于十一年颁布诏书，言欲兼用王、霸之道为治：

> 盖闻王者莫高于周文，伯者莫高于齐桓，皆待贤人而成名。今天下贤者智能岂特古之人乎？患在人主不交故也，士奚由进！今吾以天之灵，贤士大夫定有天下，以为一家，欲其长久，世世奉宗庙亡绝也。贤人已与我共平之矣，而不与吾共安利之，可乎？贤士大夫有肯从我游者，吾能尊显之。①

刘邦此诏核心是"文武并用，长久之术"。王者文王周公之礼、霸者齐桓公管仲之政。汉家制度即"杂霸王道"的文武互济之术。汉武帝刘彻之政，即非法先王（周），亦非法后王（秦）。秦嬴政之失在于统治手段单一。汉初黄老政治欲使民无知无欲，但人心不古，庶民既不无知，也不可能无欲。刘彻的"内圣外王"之道是非常之政，德法兼用，援法入儒，将"五德"变成"五常"。司马相如《难蜀父老》说："盖世必有非常之人，然后有非常之事；有非常之事，然后有非常之功。非常者，固常人之所异也。故曰非常之元，黎民惧焉；及臻厥成，天下晏如也。"②刘彻深受此说影响。

刘彻学问不醇。"杂"有集、兼、同之意，来自墨子"贵兼"，合而不同谓之兼。刘彻深悟"守成尚文，遭遇右武"之道，

---

① 《汉书》卷一下《高帝纪》。
② 《汉书》卷五十七下《司马相如传》。

尝言"夫刑罚所以防奸也；内长文所以见爱也"①。刑—德分内—外，不同性质的矛盾用不同方式处理，文—武兼济，刑—德并用，将"儒以文乱法，侠以武犯禁"者尽纳入"大一统"的彀中。公孙弘发挥公羊《春秋》"伸君抑臣"说，"曲学以阿世"，倡言"人主病不广大，人臣病不节俭"，有汉学风、政风为之大变。公孙弘由布衣读经跻身公卿。利禄之途一开，"天下靡然乡风"。武帝朝"醇儒"不多，公孙弘、张汤、主父偃之属外儒内杂、外儒内法者不少，孔子儒学精神的基本内涵也由此发生了深刻的改变。

7.汉儒对《史记》的修订和删改

汉儒对刘彻的评价前后有变化，以至于影响到《太史公书》的整理、修订、续写的观点和史料运用。《太史公自序》言原本《太史公书》共526 500字，今本《史记》555 660字，多出近3万字。哪些文字有变动，学术界意见不尽一致，但今本《史记》并非《太史公书》原貌则是不争的事实。

西汉后期儒者对武帝评价相当矛盾：刘彻平生所为多不为"醇儒"认同，但武帝朝之强盛，及儒学从被排挤的地位上升为正统思想却也是事实。儒者们正是以这种矛盾心理评论汉武帝的。这又与政治斗争的背景相关联，对西汉后期的历史编纂学和《史记》成书都发生了微妙的影响。

司马迁说《太史公书》"藏之名山，副在京师"②。其书正本藏于"名山"，即司马迁家，宣帝朝由司马迁外孙杨恽所传。"迁

---

① 《汉书》卷六《武帝纪》。
② 《史记》卷一百三十《太史公自序》。

既死后，其书稍出。宣帝时，迁外孙平通侯杨恽祖述其书，遂宣布焉"①。"恽母，司马迁女也。恽始读外祖《太史公记》，颇为《春秋》"②。汉代史部统归《春秋》，可知杨恽续写过《史记》；副本藏于汉廷天禄阁或石渠阁，被删改。"司马迁作《景帝本纪》，极言其短及武帝过。武帝怒而削去之"③，"十篇缺，有录无书"④。其书亡佚甚多，"迁没之后，亡《景纪》《武纪》《礼书》《乐书》《律书》《汉兴以来将相年表》《日者列传》《三王世家》《龟策列传》《傅靳蒯列传》"⑤。褚少孙、刘向、冯商、扬雄、刘歆等相继对副本作过修订。褚先生曰："臣以通经术，受业博士，治《春秋》，以高第为郎，幸得宿卫，出入宫殿中十有余年，窃好《太史公传》。"⑥褚先生所续共十五篇⑦；冯商续《太史公七篇》。"冯商，字子高，受诏续《太史公书》十余篇"⑧。"〔冯〕商，阳陵人，治《易》，事五鹿充宗，后事刘向，能属文，后与孟柳俱待诏，颇序列传"⑨；刘知几《史通·古今正史》述元帝至新莽间续补《史记》者凡十五家：

　　《史记》所书，年止汉武，太初已后，阙而不录。其后

---

① 《汉书》卷六十二《司马迁传》。
② 《汉书》卷六十六《公孙刘田王杨蔡陈郑传》。
③ 《史记》卷一百三十《太史公自序》裴骃注引卫宏《汉仪注》。
④ 《史记》卷一百三十《太史公自序》裴骃注引《汉书音义》。
⑤ 《史记》卷一百三十《太史公自序》裴骃注引张晏曰。
⑥ 《史记》卷一百二十八《龟策列传》。
⑦ 姚振宗《隋书经籍志考证》史部。
⑧ 《汉书》卷三十《艺文志》春秋家类及韦昭注。
⑨ 《汉书》卷三十《艺文志》颜师古注引《七略》。

刘向、向子歆及诸好事者若冯商、卫衡、扬雄、史岑、梁审、肆仁、晋冯、段肃、金丹、冯衍、韦融、萧奋、刘恂等相次撰续，迄于哀、平间，犹名《史记》。至建武中，司徒掾班彪以为其言鄙俗，不足以踵前史；又，雄、歆褒美伪新，误后惑众，不当垂之后代者也。于是采集旧事，旁贯异闻，作《后传》六十五篇。其子固以父所撰未尽一家，乃起元高皇，终乎王莽，十有二世，二百三十年，综其行事，上下通洽，为《汉书》纪、表、志、传百篇。

东汉又有杨终"受诏删改《太史公书》十余万言"①。《汉书·武帝纪》及有关表、传多删改之迹。可知至东汉《太史公书》原貌已有明显改变，续补的65篇使班氏《汉书》的基本材料和规模也已大致成型。

西汉后期外戚转盛，出现否定汉武帝的思潮。昭帝朝盐铁会议公开否定武帝朝各项政策；夏侯胜提出："武帝虽有攘四夷广土斥境之功，然多杀士众，竭民财力，奢泰亡度，天下虚耗，百姓流离，物故者过半，蝗虫大起，赤地数千里，或人民相食，畜积至今未复；亡德泽于民，不宜为立庙乐。"②外戚政治对《太史公书》修订、补充、续写发生影响。宣帝子东平思王刘宇上书求诸子及《太史公书》。成帝问大将军王凤。对曰："非朝聘之义也。诸子书或反经术，非圣人，或明鬼神，信物怪。《太史公书》有战国纵横权谲之谋，汉兴之初谋臣奇策，天官灾异，地形厄

---

① 《后汉》书卷四十八《杨终传》。
② 《汉书》卷七十五《眭两夏侯京翼李传》。

塞，皆不宜在诸侯王，不可予。"①王凤不许赐《史记》大有深意。盖《史记》详载平诸吕之乱"谋臣奇策"，汉武诸子"其母无不遣死"的铁血手段，皆防外戚篡弑的经验，不能泄露出去。时朝野议论"今左右亡同姓，独以舅后之家为亲"，谶纬家传播汉有"再受命之厄"②。大夫杨兴、博士驷胜言于成帝"阴盛侵阳"③；刘向上书成帝，历举汉兴以来的外戚之祸，指出"外家日盛，必危刘氏"：

> 今王氏一姓乘朱轮华毂者二十三人，青紫貂蝉充盈幄内，鱼鳞左右。大将军秉事用权，五侯骄奢僭盛，并作威福，击断自恣，行污而寄治，身私而托公，依东宫之尊，假甥舅之亲，以为威重。尚书九卿州牧郡守皆出其门，管执枢机，朋党比周。称誉者登进，忤恨者诛伤；游谈者助之说，执政者为之言。排摈宗室，孤弱公族，其有智能者，尤非毁而不进。远绝宗室之任，不令得给事朝省，恐其与己分权；数称燕王、盖主以疑上心，避讳吕、霍而弗肯称。内有管蔡之萌，外假周公之论，兄弟据重，宗族磐互。历上古至秦汉，外戚僭贵未有如王氏者也。虽周皇甫、秦穰侯、汉武安、吕、霍、上官之属，皆不及也。④

---

① 《汉书》卷八十《宣元六王传·东平思王》。
② 《汉书》卷七十五《眭两夏侯京翼李传》。
③ 《汉书》卷九十八《元后传》。
④ 《汉书》卷三十六《楚元王传附刘向》。

哀帝朝再次议论毁武帝庙。刘歆则盛称汉武帝"功德皆兼而有焉":

> 孝武皇帝愍中国罢劳无安宁之时,乃……南灭百粤,起七郡;北攘匈奴,降昆邪十万之众,置五属国,起朔方以夺其肥饶之地,东伐朝鲜,起玄菟、乐浪以断匈奴之左臂,西伐大宛,并三十六国。结乌孙,起敦煌、酒泉、张掖以隔婼羌,裂匈奴之右肩。单于孤特,远遁于漠北,四垂无事,斥地远境,起十余郡。功业既定,乃封丞相为富民侯,以大安天下,富实百姓。其规模可见。又招集天下贤俊,与协心同谋,兴制度、改正朔、易服色、立天地之祠、建封禅、殊官号、存周后,定诸侯之制,永无逆争之心,至今累世赖之……中兴之功,未有高焉。①

刘歆作为宗室,期望刘汉复兴,标榜刘彻"中兴之功"的心迹可见一斑。班彪曰:"汉承亡秦绝学之后,祖宗之制因时施宜。自元成后,学者蕃滋。贡禹毁宗庙,匡衡改郊兆,何武定三公,后皆数复,故纷纷不定。何者?礼文缺微,古今异制,各为一家,未易可偏定也。考观诸儒之议,刘歆博而笃矣。"认为十家中惟刘歆之论可观,故《汉书·武帝纪》多取自刘歆。刘歆复兴经古文学,欲借《周礼》恢复宗室地位。王莽"内有管蔡之萌,外假周公之论",任刘歆为国师,借尊儒以抬高自己。刘歆欲

---

① 《汉魏六朝百三名家集·刘子骏集·武帝庙不宜毁议》。

"曲线救汉"，通过经学革命解脱刘汉危机。平帝元始四年立《周礼》于太学，刘向父子颇预其事："始皇禁挟书，特疾恶，欲绝灭之；搜求焚烧之，独悉。是以隐藏百年。孝武帝始除挟书之律，开献书之路。既出于山岩屋壁，复入于秘府，五家之儒莫得见焉。至孝成皇帝，达才通人刘向，子歆，校理秘书，始得列序，著于《录》《略》。"①嬴政何以对《周礼》"特疾恶"，焚书必欲"独悉"？盖因丞相王绾欲"法先王"，将《周礼》作为黜李斯、废郡县的方案！刘歆驳斥今文博士"信口说而背传记，是末师而非往古"，欲扮武帝为"罢黜百家，独尊儒术"的圣君，神秘《周礼》，不料事与愿违，竟成了王莽篡汉的工具。班固父子撰《汉书》擷采刘歆成说颇多。《西京杂记·跋》托言葛洪说《汉书》蓝本出自刘歆：

〔葛〕洪家世有刘子骏《汉书》一百卷，无首尾题目，但以甲乙丙丁纪其卷数。先公传之，〔刘〕歆欲撰《汉书》，编录汉事，未得缔构而亡，故书无宗本，止杂记而已，失前后之次，无事类之辨。后好事者以意次第之，始甲终癸为十帙，帙十卷，合为百卷……考校班固所作，殆是全取刘书，有小异同耳。

续改《史记》者中能同时料理《太史公书》《周礼》二书者，当以刘向、刘歆父子最早，经过他们处理的《今上本纪》，必按

---

① 贾公彦《序周礼废兴》引马融传。

其理解取舍。他们目睹外戚专政，欲神秘《周礼》以恢复分封、复兴宗室，因之杜撰武帝即位之初，即"罢黜百家，独尊儒术"，割裂《秦始皇本纪》秦丞相王绾"罢黜法、纵横家奏议"，横移至被删的《今上本纪》建元元年汉丞相卫绾名下。

王先谦批评班固：

> 或因仲舒对策推广规模，抑或后世缘时事相当，传疑附会，班氏未审，因而归美，未可知也。①

班固之所以对董仲舒"传疑附会"地"归美"，重要原因之一就是完全采纳了刘向及其曾孙刘龚的观点。《汉书·董仲舒传·赞》曰："刘向称董仲舒有王佐之材，虽伊、吕亡以加，管、晏之属，伯者之佐，殆不及也。至向子歆以为伊、吕乃圣人之耦，王者不得则不兴……仲舒遭汉承秦灭学之后，六经离析，下帷发愤，潜心大业，令后学者有所统壹，为群儒首。然考其师友渊源所渐，犹未及乎游、夏，而曰'管、晏弗及，伊、吕不加'，过矣。至向曾孙龚，笃论君子也，以歆之言为然。"②看来，刘龚认为刘向对董仲舒的评价失之过誉。王先谦《汉书补注》引何焯、王先慎及《三辅决录》章怀注，认为班固对董仲舒之过誉，有个人或家世交往和政治派别方面的原因：

> 何焯曰：刘歆末路狈狷，班氏恐人（董氏）以言废，故

---

① 王先谦《汉书补注·董仲舒传》注。
② 《汉书》卷五十六《董仲舒传》。

复以龚所论定者佐之。王先慎曰：《后汉书·苏竟传》略云：延岑护军邓仲况，拥兵据南阳阴县为寇，刘歆兄子龚为其谋主，竟与龚书晓之。于是仲况与龚遂降。龚字孟公，善议论，马援、班彪并器重之。章怀注云：《前书》及《三辅决录》并云〔龚为〕向曾孙。又引《三辅决录》注曰：唯有孟公论可观者。班叔皮与京兆丞郭季通书："刘孟公藏器于身，用心笃固，实瑚琏之器、宗庙之宝也。"

两汉之际人刘龚，是刘向的曾孙，颇有政治野心，素为马援、班彪所器重。刘龚论董仲舒持论异于刘歆，同于刘向的观点颇受班氏父子推崇。班固曾向京兆丞郭季通称许为国器，并且专门为其家族作《楚元王传》，附刘向、刘歆传。《刘向传》载刘向上书曰："……董仲舒坐私为灾异书，主父偃取奏之，下吏，罪至不道，幸蒙不诛，复为太中大夫，胶西相，以老病免归。汉有所欲兴，常有诏问。仲舒为世儒宗，定议有益天下。"《刘歆传》则载大司空师丹参奏刘歆"改乱旧章，非毁先帝所立"云云。总之，自"儒学独尊"局面完成之后，经学内部发生分化，思想—政治斗争形式发生了显著的改变，儒家的经学和历史记载本身统统变成了政治斗争的工具。

8. 司马光伪造建元史事之动机

司马光作《资治通鉴》，伪造建元元年汉武帝"罢黜百家，独尊儒术"之案，并非仅是纯学术问题，乃有其时代背景与政治目的。

唐代大儒韩愈率先提出"继统"问题，欲为儒家争道统、争学统、争政统，为宋学之滥觞。汉、宋所同者，外有异族南下，威胁华夏民族，内有异端学说争统；所异者，汉儒汇百家，宋儒融释老；汉儒不过为布衣争地位，察举制度尚待完善，宋儒已成为大地主阶级的代表，科举制度已经腐熟，朝廷冗兵、冗官，社会积弊、积弱。

《资治通鉴》先秦秦汉诸卷主编刘攽一贯反对"开边""兴利"，置民族存亡之大义于不顾，蝇营狗苟地计较边将"封侯"之欲；对王安石变法尤其不满，作为司马光的同党，刘攽对"青苗法""助役法"有不同政见并不奇怪，但若把这种"党争"情绪带到写史中去，就大失公允了。问题恰在于司马光正是以史学为武器，反对王安石变法，对"元祐更化"尽除新法产生了极大影响。

司马光站在保守派的立场上著史，反对王安石变法，他说《通鉴》就是要"鉴前世之兴衰，考当今之得失"。仅从刘攽撰稿的先秦秦汉各卷看，针对"当今之得失"的目的就非常鲜明。司马光担心读者看不出《春秋》笔法的微言大义，史论干脆用"臣光曰"直说。自首卷立"天道不变"说，总论"圣人"没后天下无道，礼崩乐坏。至建元元年前的"臣光曰"内容无不为建元元年"丞相绾奏议"铺垫。孤立地看，这类议论各有所因，未必无理，但集中一看，实是为影射新法罗织文网，攻击变法。卷终以"臣光曰"赘后："晚而改过，顾托得人。"司马光的观点，不过顺上天之命，遵先王之道，守祖宗之法而已。不过，何谓"晚而改过，顾托得人"？如果不联系宋代政治上的"元祐更化"与思想上的"义利王霸之争"，很难读懂这八个字的精神内涵。如果注意到《通鉴》第一读者是宋神宗，便不难发现司马光论"欲变更制度""改弦更张"的汉武帝，无不在讽喻"变乱祖宗之法"，立志"思除历世之弊，务振非常之功"的宋神宗赵顼，敦促他"迷途知返"。

宋神宗死后，司马光出任尚书左仆射、门下侍郎，大仿霍光故事，数月之间将新法铲除殆尽，而赵宋积弊依旧。他除了标榜自己得孔学真传，争立一己之言为道统，一己之党为学统、政统之外，对民族的盛衰、国家的兴亡漠不关心。

司马光、刘攽为什么要把"罢黜百家，独尊儒术"说制造出来，并且一定要移植到建元元年呢？或许有人以为，这不过把汉武尊儒稍稍提前十几年罢了，不值得大惊小怪。其实不然。《春秋》笔法，首重"书元年"。董仲舒《春秋繁露》论曰："《春秋》何贵乎元而言之？元者，始也，言本正也。"司马光认为"罢黜百家，独尊儒术"非置于建元元年，不足以绍圣继统。经司马光等的一番折腾，宋学固然是"纯"而又"醇"了，但历史的惩罚也应运而至。南宋陈亮驳朱熹所论的"绌去义利双行、王霸并用之说"曰："自孟荀论义利王霸，汉唐诸儒未能深明其说。本朝伊、洛诸公辨析天理人欲，而王霸义利之说于是大明。然谓三代以道治天下，汉唐以智力把持天下，其说固已不能使人心服……谓之杂霸者，其道固本于王也。诸儒自处者，曰义曰王，汉唐做得成者，曰利曰霸。"[1]宋代道学家们，党同伐异，高自标置，精修"内圣"之学，尽失"外王"之道。司马光"元祐更化"正是用"党争"排挤打击不同政见者，不仅畏天命、畏祖宗之法、畏大人之言，还外畏强敌、内畏百姓，把积弱积弊的北宋

---

[1]《陈亮集·答朱元晦书·甲辰秋书》。

引向衰亡。

《资治通鉴》是一部厚重的史学巨著，在中国史学史上有近乎经典的地位。正是由于这种地位，司马光编造的汉武帝"罢黜百家，独尊儒术"的谎言，通过《通鉴》的广泛传播和人们对《通鉴》的盲目认同，形成了中国人历史观的一大"盲区"，至今尚未得到理性的清算。

《道德经》说"法令滋彰，盗贼多有"，这话虽有颠倒因果之嫌，却多少有一定的道理。专靠刑法治理天下有明显的弊端：刑法只能防止世人作恶，却无法引导人们行善。所谓"天网恢恢，疏而不漏"，在现实社会中往往有所疏则必有所漏，乃至"网漏吞舟之鱼"。儒家宣传"德治"，则是事先在人们头脑中建立起"礼"——行为的禁忌规则，将社会行为规范的自律功能发挥到极致的做法，符合人类文明史发展的潮流。

秦代及汉初的统治思想，无论有多大区别，都可以归之于"非以明民，将以愚之"的愚民政策之列，都不承认人有"人文"的属性和特征，无视人民需要情感生活和文化生活，需要伦理、道德、思想、教育、艺术、宗教……总之，有享受精神文明成就的需求。但西汉初至"汉武帝时代"开幕之前的历史充分证明，不但皇帝本人、统治阶层乃至民间"缙绅先生"的精神需求不仅存在，而且非常强烈。满足这种需求就需要"制礼作乐"。这种精神需求若不能得到合理的满足，同样会诱发社会不稳定，如"三游""处士横议""儒以文乱法，侠以武犯禁"等类现象莫不与之有关。对这类现象仅仅"严而少恩"，"一断于法"地一味禁断很难奏效。

孔子期望能够"富而教之"。所谓文武之道，要下禁小人为恶之途，上开君子行善之路，社会要求统治者对精神领域的问题给予适当的疏通和诱导性的解决。唯其如此，中华民族的精神力量才可能真正凝聚到一起，"好文学"的刘彻，即位以来关注并致力解决这一问题。刘彻"神道设教""悉延百端之学""崇论闳议""兼综微奥""卓然尊儒"都体现了这种意识。汉武帝时代儒家学者由此得到解放，从秦代沦为社会边缘、汉初的边缘化状态，逐渐转移到社会的中心地位，使他们的精神能量得以不断释放出来，铸造了汉武帝时代文明成就的辉煌（另详本书第十章）。刘彻能顺应历史潮流，"创业垂统，为万世规"。经过武帝朝的儒学复兴运动，思想文化最活跃的"子学时代"结束了，中国思想文化以新儒学为中心统一起来，中国思想文化"轴心期"完成了。①"经学时代"为"汉唐盛世"打下思想文化基础，为中国思想文化史选定了"轴心"。汉武帝刘彻"卓然尊儒"的历史功绩不可磨灭。

---

① ［德］卡尔·雅斯贝斯：《历史的起源与目标》，华夏出版社，1989年版。

第三章　化隆闳博　改弦更张

经过十余年思想和理论准备，将近"而立之年"的刘彻，对自己肩负的历史使命有了较深的理解：欲建"非常之功"，必须"改弦更张"，改革不适应"大一统"皇权帝国发展的体制。于元朔元年（前128）颁布《改制诏》：

> 盖受命而王，各有所由兴，殊路而同归，谓因民而作，追俗为制也。议者咸称太古，百姓何望？汉亦一家之事，典法不传，谓子孙何？化隆者闳博，治浅者褊狭，可不勉与！①

刘彻认识到"王—霸—道"有着互补性。所谓"拸国不在敦古，理世不在善攻，霸王不在成曲。夫举失而国危，刑过而权倒，谋易而祸反，计得而强信，功得而名从，权重而令行，固其数也"②。尊儒并不等于食古不化，关键在于"因民而作，追俗为制"。刘彻要求臣下"化隆闳博"，放开思路，创新宏大"汉家制度"。在这一基本思想的指导下，"改元更化"拉开了帷幕。

---

① 《史记》卷二十三《礼书》。
② 《管子·霸言》。

一、"元朔更化"，与民更始

"元朔更化"与刘彻易后、易嗣事件有关。田蚡生前勾结淮南王刘安，即以天子无后为理由，干预皇储问题。立嗣再次成了最高政治权力斗争的焦点。"陈皇后求子，与医钱凡九千万，然竟无子"[①]；卫子夫入宫岁余，也未生子。"无后"成为重大政治问题，年近"而立"的刘彻颇感焦虑：

> 武帝择宫人不中用（不生育）者，斥出归之。卫子夫得见，涕泣请出。上怜之，复幸，遂有身，尊宠日隆。召其兄卫长君、弟青为侍中。而子夫后大幸，有宠，凡生三女一男。男名据。[②]

舆论谓刘彻年近"而立"而无子，是天地阴阳失调。主父偃提出了一个解决方案——易后。于是，陈皇后"巫蛊案"发，"女子楚服等坐为皇后巫蛊祠祭祝诅，大逆无道，相连及诛者三百余人"，陈皇后贬居长门宫。[③]卫子夫继陈氏立为皇后，是因她怀孕生子。刘彻的第一个儿子是卫太子刘据。宫廷斗争与外朝政

---

① 《史记》卷四十九《外戚世家》。
② 《汉书》卷六十三《武五子传》"建元六年春，卫太子生"，误。《汉书》卷九十七上《外戚传·孝武卫皇后》载："卫皇后元朔元年生男据。"《汉书》卷五十一《贾邹枚路传·枚皋》载："武帝春秋二十九乃有皇子"，可从。
③ 《汉书》卷九十七上《外戚传·孝武陈皇后》。

治密切相关。刘彻采纳主父偃的意见，利用"家政"之变大做政治体制改革的文章，于元朔元年三月颁布《与民更始诏》，大讲变革的道理：

> 朕闻天地不变，不成施化；阴阳不变，物不畅茂。《易》曰："通其变，使民不倦。"《诗》云："九变复贯，知言之选。"朕嘉唐虞而乐殷周，据旧以鉴新。其赦天下，与民更始。诸逋贷及辞讼在孝景后三年以前，皆勿听治。①

刘彻以"元朔更化"为契机，"改弦更张，调合琴瑟"，把"内圣外王""大一统""强本弱末""强干弱枝"等理论外化为可"操持"的法令、政策、制度，全面调整政治、司法、经济、军事体制。他不用前朝老臣，起用一批社会地位不高，却各有专长和能力的人才，如卫青、公孙弘、主父偃、张汤、孔仅、东郭咸阳、桑弘羊等，使中央集权国家机器更加易于操纵。于是，大辂椎轮，纲举目张，汉家天下出现了一派全新的局面。

把"改弦更张"理论变成"元朔更化"各项政策的"智囊"型人物是主父偃。主父偃，齐国临菑人。初学纵横家说，闻武帝不喜纵横，改学《易》、杂《春秋》及诸子之学。他的儒学兼有齐《易》《春秋》和纵横学派的特点。主父偃游历齐地，为齐儒排斥，家贫无资，假贷无所得，转而游说燕、赵、中山各诸侯国，皆不得用。见诸侯不足以成事，于元光末西游入关，投靠卫青门下，上书言事得用。主父偃上书得到卫氏外戚集团的幕后支

---

① 《汉书》卷六《武帝纪》。

持。他上书早朝方奏，日暮即被召见言事，遂成为内朝亲近之臣。主父偃提出了"强干弱枝"，加强中央集权的九项对策，"所言九事，其八事为律令"①。主父偃的建策可考见者有：建"推恩"之策，修《左官》等律，揭发齐、赵、燕诸国不法案，建议易皇后以便早建太子，置朔方郡屯戍塞上，迁豪族于茂陵等等，"未用"者唯"谏伐匈奴"一策（详见本书第四章）。

二、以中御外的内朝机构

君主政体讲"本—末"，分"内—外"。"内朝"原是家朝，管理家政；"外朝"是国朝，管理国政。刘彻对皇权政体核心部分非常重视，他欲提高"内朝"在决策机制中的作用，形成"中朝"决策，"外朝"执行的职权分化。这种权力分化的结构，反而加强了"宗统"与"君统"的统一。

天子有父权与君权双重身份，故有"宗统"与"君统"②、"家朝"与"国朝"、"家臣"与"朝臣"的区分。先秦政体"家臣"外朝化伴随专制国家发展起来，故常有"陪臣执国命"现象。如"宰相"原只管理家政，随君主集权官僚体制发展完善，宰相变成公卿之首；再如，汉承秦制，秦丞相府的"史"五人可入"禁中"办事，加官称"侍中"③，少府"史"四人为"尚

---

① 详见《史记》《汉书》本传。

② 王国维《观堂集林·殷周制度论》载："礼家之大宗限于大夫以下者，诗人直以称天子诸侯。"指出《诗》与《礼》对宗统与君统理解有差异。

③《史记》卷九《吕太后本纪》集解引应劭曰："入侍天子，故曰侍中。"《汉书》卷十九上《百官公卿表》："侍中、中常侍得出入禁中。"

书"①，表示中外有别。秦始皇集天下大权于一身，日理万机，文书衡石，"不中程不得休息"，以致晚年精神衰弱；二世胡亥不理朝政，遂使大权旁落；汉初天子躬己无为，外朝丞相、御史大夫、太尉号称"三公"，但太尉并非常置，百官以丞相居首，总摄国家日常行政权力。刘彻即位后，执掌朝政者如窦婴、田蚡都是外戚。刘彻依赖外戚上台，但后来又与丞相窦、田产生矛盾。刘彻欲改变旧体制，削抑相权，起用一班智能文学之士决策处理重大问题，此称"内朝"或"中朝"。丞相府是中央行政中枢，虽秉承君主旨意，又自有职权范围。因在宫廷外办事，故称"外廷""外朝"②。刘彻对君权旁落不满。为使大权集中，以中御外，建立由自己控制的决策机构。他延揽人才，以智谋足以建策，文章口辩见长者留在身边：

> 郡举贤良，对策百余人，武帝善〔严〕助对，繇是独擢助为中大夫。后得朱买臣、吾丘寿王、司马相如、主父偃、徐乐、严安、东方朔、枚皋、胶仓、终军、严葱奇等，并在左右。③

"并在左右"者，都是刘彻的亲近之臣，称"侍中"。内朝官职务前加一个"中"字，如郎官入禁中者为"中郎"，秩六百石；

①《文献通考·职官考·尚书》。

②《汉书》卷七十七《盖诸葛刘郑孙毋将何传·刘辅》注引孟康曰："中朝，内朝也。大司马、左右前后将军、侍中、常侍、散骑、诸吏为中朝。丞相以下至六百石为外朝也。"

③《汉书》卷六十四上《严朱吾丘主父徐严终王贾传》。

"中大夫"秩二千石以上，已是高级臣僚。自以中御外体制确立，凡重大问题决策，多由中朝官表达天子意志。在决策机制中，中朝官占优势，对外朝议政制约作用很大：

> 是时征伐四夷，开置边郡，军旅数发，内改制度，朝廷多事，屡举贤良文学之士。公孙弘起徒步，数年至丞相，开东阁，延贤人与谋议，朝觐奏事，因言国家便宜。上令〔严〕助等与大臣辩论，中外相应以义理之文，大臣数诎。①

严助诘难太尉田蚡，作《答淮南王书》，朱买臣、吾丘寿王诘难公孙弘都是例证。主父偃议置苍海、朔方郡。公孙弘数谏，"于是上乃使朱买臣等难弘置朔方之便。发十策，弘不得一。弘乃谢曰：'山东鄙人，不知其便若是，愿罢西南夷、苍海，专奉朔方。'上乃许之"②；公孙弘奏禁民不得挟弓弩，吾丘寿王言"大不便"，刘彻据以难丞相公孙弘，公孙弘不得不表示诎服。③刘彻用中朝制约外朝，达到了比较满意的目的。

在君权与相权的对抗中，刘彻利用了卫氏新外戚。主父偃上书，颇涉中朝问题。卫青以大将军"侍中领尚书事"标志着中朝体制的完成。为郎居内者，掌"中书"，任外朝之职得入禁中者称"尚书"，"中书"由宦官署中书令得名，④"尚书"由一般职

① 《汉书》卷六十四上《严朱吾丘主父徐严终王贾传》。
② 《汉书》卷五十八《公孙弘卜式兒宽传》。
③ 《汉书》卷六十四上《严朱吾丘主父徐严终王贾传》。
④ 《汉书》卷七十八《萧望之传》："望之以为中书政本，宜以贤明之选，自武帝游宴后庭，故用宦者，非国旧制，又违古不近刑人之义。"中书，原为宦官任之。

官侍中得名，①名异而职同，皆加官为"侍中"。在刘彻有意引导下，内朝逐渐发展为"行政之本"的权力中枢。②

中外朝分化，便于皇帝居高临下，以中驭外，削抑相权，政出一门。此为中国政体发展史上的大事，由刘彻开其端。此后丞相职权渐次下降，"中书""尚书"逐渐上升到皇权政体的枢要地位。《汉书·公孙弘卜式儿宽传》载：

> 〔公孙弘〕凡为丞相御史六岁，年八十，终丞相位。其后李蔡、严青翟、赵周、石庆、公孙贺、刘屈氂继踵为丞相。自蔡至庆，丞相府客馆丘虚而已，至贺、屈氂时坏以为马厩、车库、奴婢室矣。

私家养士春秋以后大兴。公孙弘原亦纳客开阁荐贤，后来形同虚设。至石庆为丞相，"九卿更进用事，事不关决于庆，庆醇谨而已。在位九岁，无能有所匡言"③。刘彻借董仲舒的丞相调阴阳论，因灾异杀戮或罢免丞相。④公孙弘善谀，"每朝会议，开陈其端，使人主自择，不肯面折廷争"，"背其约以顺上指"；张汤"所治即上所欲罪，予监史深祸者；即上意所欲释，与监史轻平者"。公羊学主张尊君抑臣，"讥世卿"是中央集权专制政体强

---

①《续汉书·百官志》："尚书令一人，千石。本注曰：承秦所置，武帝用宦者，更为中书谒者令。"

②王先谦《汉书补注·黄霸传》引齐召南："自武帝以后，外廷之官统于丞相，中朝之官统于大司马。"

③《汉书》卷四十六《万石卫直周张传·石奋》。

④《廿二史札记》卷二《灾异策免三公》。

化的观念反映。中外朝权力消长，产生了各种新矛盾。如，外臣利用实际行政权构陷中朝臣。班固历数外朝官排挤内臣者，如"世称公孙弘排主父，张汤陷严助……"①等等。刘彻借用外戚势力居中制衡朝政，如元朔五年封卫青为大将军，统领全军。汉初最高军职为太尉，此时改为大将军。卫青又为侍中领尚书事，大司马大将军为中朝官领班，"位次丞相"②，亲重过之。霍去病亦以军功显名，号骠骑将军，亦加"大司马"，位同"三公"。霍去病与卫青是姻亲，也属卫氏外戚集团。卫青不置客馆养士，表示不敢干预皇帝用人之权。大司马大将军领尚书事分掉了丞相的部分权力，二者间也形成了权力制衡关系。司马迁对刘彻创造的以中御外体制贬抑相权评论说："及今上时……为丞相备员而已，无所能发明功名有著于当世者。"③

刘彻改革决策机制，以中驭外，以轻驭重，使中外朝形成相互制约机制，改变了君主政体"陪臣执国命"、大权旁落和"君劳臣佚"忙于政务的弊端。中朝官善于投皇帝所好，易生弊端。刘彻保持内外相互制约的格局，毋宁说这是皇权政治高度发展的产物，至于优劣则有赖于皇帝个人的德行和能力。但一种政体过度依赖个人品质，缺乏相应制约机制则是不稳定的。武帝前期运用中外制约机制，一定程度上防止了其弊端。中外朝制度使皇帝凌驾于体制之上，成为"内圣"转化为"外王"的权力运作中枢，强化了皇帝个人意志转化为政策、法令、制度的功能。中朝

---

① 《汉书》卷六十四《严朱吾丘主父徐严终王贾传》。
② 《汉书》卷十九《百官公卿表》王先谦补注引蔡质《汉仪》。
③ 《史记》卷九十六《张丞相列传》。

官成为决策信息库、思想库以及外朝及整个帝国的控制中枢机构，这在中国政治制度史上是非常重要的变化。

中、外朝体制将决策与执行两项职能从体制和权限上区别开来。天子操纵中朝机构决策，外朝负责执行，相权有所削弱。虽董仲舒改造先秦儒家民本主义为"天人感应"的"天谴"论，以此制约皇权，但刘彻却让丞相承担了这一责任。公孙弘能迎合刘彻旨意，得终于相位，"其后李蔡、严青翟、赵周、石庆、公孙贺、刘屈氂继踵为丞相……唯庆以惇谨，复终相位，其余尽伏诛云"①。以元朔更化为标志，以皇帝为中央集权核心的体制完善了，尽管皇权可能暂时旁落于外戚、幸臣、宦官之手，但仍须以皇帝名义君临天下，这体现了皇权体制的稳定性。以后历代虽然花样翻新，但终不出此格局。

三、完善察举制度，健全官僚体制

官僚政体是中央集权国家的必然产物，选官不限于世袭贵族"亲亲尚恩"的圈子，春秋战国已开"尊贤尚功"风气，称"布衣卿相之局"②。秦选官多出军功刑名法术之吏，且"贫无行，不得推择为吏"③。汉初诸侯王自除二千石以下官，高祖元从军功集团成员占据了官僚机构的主要位置，公卿与地方郡守亦可自行征辟延纳掾属。吏道多杂：除军功事功外，有权得荫任子弟，有钱可"纳资为郎"，出钱财可由郎吏入仕，升迁主要凭借年资。

---

① 《汉书》卷五十八《公孙弘卜式兒宽传》。
② 赵翼《廿二史札记》卷二。
③ 《史记》卷九十二《淮阴侯列传》。

其弊端景帝有所察觉，后元二年（前142）诏曰："今訾算十以上
乃得宦，廉士算不必众。有市籍不得宦，无訾又不得宦，朕甚愍
之。訾算四得宦，亡令廉士久失职，贪夫长利。"[1]武帝朝之初，
选官也受资产限制；"任子"是高级官员如二千石、列侯等"恩
荫"子弟为官的特权，仍是世卿制子遗。这类制度不利于有才能
者入仕。董仲舒对策批评汉初选官制度的诸多弊病：

> 夫长吏多出于郎中、中郎，吏二千石子弟选郎吏，又以
> 富訾，未必贤也。且古所谓功者，以任官称职为差，非谓积
> 日累久也。故小材虽累日，不离于小官；贤材虽未久，不害
> 为辅佐……今则不然：累日以取贵，积久以致官，是以廉耻
> 贸乱，贤不肖浑殽，未得其真。臣愚以为使诸列侯、郡守、
> 二千石各择其吏民之贤者，岁贡各二人以给宿卫，且以观大
> 臣之能；所贡贤者有赏，所贡不肖者有罚……毋以日月为
> 功，实试贤能为上，量材而授官，录德而定位，则廉耻殊
> 路，贤不肖异处矣。[2]

旧式选官制度只看出身门第、财产、年资，不注重德行、学
问和实际能力，这种体制不足以教化天下。解决的方案是完善察

---

　　①《汉书》卷五《景帝纪》注引应劭曰："限訾十算乃得为吏。十算，
十万也。"《汉书补注》引何焯："董仲舒所谓选郎吏以富訾，指此訾算也。
司马相如以訾为郎"；姚鼐："汉初郎须有衣马之饰，乃得侍上，故以訾
算。"
　　②《汉书》卷五十六《董仲舒传》。

举制度，改革传统的选官用人体制。"改弦更张"亟需办理新政的能臣；"外事四夷"亟需斩将搴旗的勇将。刘彻下令全面改革官吏选任制度，"广延四方之豪俊"，不计身份年资，广开才路，形成了射策、征召、公车上书、特选等各种察举选官用人制度。由天子根据实际需要察选，确定科目，每年按郡国人口比例选拔推举，计录考课。元朔元年颁布《议不举孝廉者罪诏》。察举由临时措施变为从中央到地方各级官府的常年政务，将被举荐者的德行、学问、能力、专长分四科，完善了官僚机构选官制度。唐杜佑《通典·选举一》总叙其选官用人制度曰：

> 帝于是令郡国举孝廉各一人。又制："郡国口二十万以上，岁察一人；四十万以上，二人；六十万，三人；八十万，四人；百万，五人；百二十万，六人；不满二十万，二岁一人；不满十万，三岁一人。限以四科：一曰德行高妙，志节清白；二曰学通行修，经中博士；三曰明习法令，足以决疑，能按章覆问，文中御史；四曰刚毅多略，遭事不惑，明足决断，材任三辅县令。"

除"孝廉"科以外，还有"明习法令"，简称"明法"，指精通司法。如张汤治陈皇后巫蛊狱，"深竟党与，上以为能，迁太中大夫"[1]；尹齐为刀笔吏，"上以为能，拜为中尉"；严延年"少学法律丞相府，归为郡吏"[2]。"治剧"指敢于严治不法宗室、

---

[1] 《汉书》卷五十九《张汤传》。
[2] 《汉书》卷九十《酷吏传》。

豪强，维护社会治安，按考课治绩察举。如义纵"补上党郡中令。治敢往，少温籍，县无逋事，举第一"，官至河内都尉、定襄太守、右内史；王温舒"数为吏，以治狱至廷尉史……稍迁至广平都尉……广平声为道不拾遗。上闻，迁为河内太守……以为能，迁为中尉"①等。"茂材异等"简称"特选"。"特选"的内容初见于刘彻元封五年（前106）诏：

> 盖有非常之功，必待非常之人。故马或奔踶而致千里，士或有负俗之累而立功名。夫泛驾之马，跅弛之士，亦在御之而已。其令州郡察吏民有茂材异等可为将相及使绝国者。②

此外，还有"征召""公车上书""自荐"等形式。"征召"是征聘有特殊才能又不肯参与察举者，如"安车蒲轮"征聘申公和枚乘等；也有面向全国的征召，如元光五年（前130）征召"吏民有明当时之务，习先圣之术者，县次续食，令与计偕"，均录入"上计"③簿书。应征者上书由公车司马转达，称"公车上书"。如东方朔上书，"上伟之，令待诏公车"④；主父偃上书，

---

①《汉书》卷九十《酷吏传》。

②《汉书》卷六《武帝纪》。

③ 郡国每年向中央上缴计簿，记录政绩与钱谷出入、户口升降之数等。

④《汉书》卷十九上《百官公卿表》：卫尉，掌宫门卫屯兵，属官有公车司马、卫士、旅贲三令丞等。《汉官仪》云："公车司马掌殿司马门，天下上事及阙下凡所征召皆总领之，令秩六百石。"

朝奏暮见。时"四方士多上书言得失，自鬻者以千数"。刘彻提倡上书"明当时之务"，于是"炫己之长以求售"者大至。凡上书言事，中书、尚书拆阅所奏，上书"皆为二封，署其一曰副，领尚书者，先发副封，所言不善，屏去不奏"①。刘彻披阅奏章"不惮其烦"，亲自遴选人才。如，东方朔公车上书，"凡用三千奏牍……读之二月乃尽"②。可见他于此科有特殊兴趣和耐心。天子设策问，称"开科设策"，对举子亲自考察。武帝朝尚未尽用儒者，如财政（轻重）、军事（兵家）、医药、卜筮、音律、星象、历算、神仙方士（方伎）皆有所选。刘彻从实际需要出发，不限一途，不拘一格，"博开艺能之路，悉延百端之学，通一伎之士，咸得自效，绝伦超奇者为右，无所阿私"③。这种容人、选人、用人的规模和风范堪称"化隆闳博"，并不存在"罢黜百家"、党同伐异宗派门户的"阿私""褊狭"之见。凡"百端之学""一技之士"，只要对加强"大一统"皇权有利，就为之开放仕途。开科设策根据施政实际情况，分门别类提出问题，由对策者提出相应的意见和建议。这便于集思广益，博采众长，比较鉴别，形成决策，选拔人才，充实决策集团。这就是刘彻选官用人的"不拘一格"。

刘彻接受董仲舒"毋以日月为功，实试贤能为上"的建议，改变传统官吏管理体制，"量能而授官，录德而定位"，委以责任。公孙弘、张汤等人也都主张改革用人制度，不以次选，论能

①《汉书》卷七十四《魏相丙吉传》。

②《史记》卷一百二十六《滑稽列传》。《汉书》卷六十五《东方朔传》师古注："公车令属卫尉，上书者所诣也。"

③《史记》卷一百二十八《龟策列传》。

授官。刘彻因老臣汲黯"无学"未加重用。汲黯抱怨说："陛下用群臣如积薪耳，后来者居上。"①刘彻对无能无功之辈斥黜不用，如丞相石庆在位九年，虽无过失，但"无能有所匡言"，于是刘彻令其告归，免相；而卫青、霍去病虽出身家奴，刘彻不以次选，授之兵柄，使立军功，一再封赏。

刘彻用人御之以威，理之以法，驭之以术，务使人人竭其力、效其能、尽其才。他用"上计"制度对所用各级官吏的政绩、事功加以考核，建立行政监察机构"刺史"制度，控制地方行政与地方官吏。元封五年（前106），刘彻置十三州刺史，以"六条"监察郡国②；同年，刘彻巡行至泰山，亲自"因朝诸侯王列侯，受郡国计"；太初元年（前104），他又"受计于甘泉"③。刘彻亲自监督"受计"，控制了地方官的选任、考核、罢免。刘彻治吏用法甚严："帝聪明能断，善用人，行法无所假贷"④；"上招延士大夫，常如不足；然性严峻，群臣虽素所爱信者，或小有犯法，或欺罔，辄按诛之，无所宽假"⑤。如王恢马邑失机，立即被斩杀；刘彻表弟醉杀主簿，左右为言赎罪。刘彻曾言："法令者，先帝所造也，用弟故而诬先帝之法，吾何面目入高庙乎！又下负万民。"⑥刘彻时常想到司马相如的一段名言："盖世必有非常之人，然后有非常之事；有非常之事，然后有非常之

① 《史记》卷一百二十《汲郑列传》。

② 《汉书》卷十九上《百官公卿表》注引《汉官典职仪》。

③ 《汉书》卷六《武帝纪》。

④ 《资治通鉴》卷二十二《汉纪十四》武帝后元二年条。

⑤ 《资治通鉴》卷十九《汉纪十一》武帝元狩三年条。

⑥ 《资治通鉴》卷二十二《汉纪十四》武帝后元二年条。

功。非常者，固常人之所异也。"①非常之人不必儒生，非常之事不必读经，非常之功不必"拘文牵俗"。"兼容并包"才是刘彻的用人之道。他求贤能奇才若渴，司马相如善辞赋，"上读《子虚赋》而善之，曰：朕独不得与此人同时哉！"遂擢为郎，数岁开西南夷，任为郎中令；主父偃、徐乐、严安上书言治乱之事，"书奏天子，天子召见三人，谓曰：'公等皆安在，何相见之晚也！'"遂拜三人为郎中。主父偃累上疏，数见，"一岁中四迁"，官至太中大夫。这类例子很多。

自刘彻从田蚡手中夺回用人权后，重要人事任免权一律掌握在自己手中。《史记·卫将军骠骑列传》载卫青部将苏建对司马迁说过的一段话：

> 苏建语余曰："吾尝责大将军至尊重，而天下之贤大夫毋称焉，愿将军观古名将所招选择贤者，勉之哉。大将军谢曰：'自魏其、武安之厚宾客，天子常切齿。彼亲附士大夫，招贤绌不肖者，人主之柄也。人臣奉法遵职而已，何与招士！'骠骑亦放此意，其为将如此。"

在用人方式上"古—今"有显著区别。春秋以前用贵族，战国则以能养士用贤为尚；刘彻欲使天下人才皆出于朝廷。司马迁讥卫青不能荐贤举能，故"天下未有称也"②。其实，卫青本人又何尝不知道这一点。卫、霍外掌兵权，内侍禁中，自然懂得盛

---

① 《汉书》卷五十七下《司马相如传》。
② 《史记》卷一百一十一《卫将军骠骑列传》。

主之下，必"乾没"以避嫌。公孙弘初亦欲延纳宾客以荐贤，后来大悟玄机，称"人主病不广大，人臣病不节俭"云。此后，丞相府客馆益如丘墟，大臣更无人敢私自养士，选官用人必出天子一门。《汉书·公孙弘卜式儿宽传·赞》概括刘彻的明于识人、善于用人说：

> 公孙弘、卜式、儿宽皆以鸿渐之翼困于燕爵，远迹羊豕之间，非遇其时，焉能致此位乎？是时，汉兴六十余载，海内艾安，府库充实，而四夷未宾，制度多阙。上方欲用文武，求之如弗及，始以蒲轮迎枚生，见主父而叹息。群士慕向，异人并出。卜式拔于刍牧，弘羊擢于贾竖，卫青奋于奴仆，日磾出于降虏，斯亦曩时版筑饭牛之朋已。汉之得人，于兹为盛，儒雅则公孙弘、董仲舒、儿宽，笃行则石建、石庆，质直则汲黯、卜式，推贤则韩安国、郑当时，定令则赵禹、张汤，文章则司马迁、相如，滑稽则东方朔、枚皋，应对则严助、朱买臣，历数则唐都、洛下闳，协律则李延年，运筹则桑弘羊，奉使则张骞、苏武，将率则卫青、霍去病，受遗则霍光、金日磾，其余不可胜纪。是以兴造功业，制度遗文，后世莫及。

武帝朝文官体制的确立，用人制度的高度集权化，是刘彻"改弦更张"，推行新政的前提和保障，只有做到这一点，他欲"作非常之事"，"成非常之功"所推行的改革事业才可能使天下"非常之人"皆为所用，收到政令统一、令行禁止的显著效果。

重用一大批"非常"的人才，是刘彻之所以能够达到"以兴造功业，制度遗文，后世莫及"的重要条件。

四、强干弱枝，削弱诸侯王国势力

春秋战国以来，分封制转向郡县制，这是地方行政体制最重要的变革。秦彻底推行郡县制，汉初出现反复，两种体制并行。景帝削藩至武帝元朔更化，强干弱枝，以"分"代"削"，地方推行州、郡、县三级行政体制，前后大约用了整整一个世纪之久，郡县制才终于基本上取代了分封制。

政体的"本—末""枝—干"的演变是积渐的。所谓"殷道亲亲，周道尊尊"，周代政体更强调父系宗法制的等级关系，"文王世子，本枝百世"，"大宗为干，宗子维城"，分土制民，藩屏宗周王室。秦统一后取消封国制度，改行与中央集权政治体制适应的郡县制。《史记·秦始皇本纪》载，秦帝国"东至海暨朝鲜，西至临洮、羌中，南至北向户，北据河为塞"，分天下为三十六郡。又拓北边，渡河"西北斥逐匈奴，自榆中并河以东，属之阴山，以为四十四县，城河上为塞。又使蒙恬渡河取高阙、阳山、北假中，筑亭障以逐戎人，徙谪，实之初县"；向南"略取陆梁地，为桂林、象郡、南海"，成为广有四十二郡的大帝国。汉初恢复分封诸侯王。高祖二至五年，封异姓诸侯王七个：燕王臧荼（高祖五年九月，臧荼以谋反被俘，卢绾继立为燕王）、韩王信、赵王张耳、楚王韩信、淮南王英布、梁王彭越、长沙王吴芮。汉中央仅二十四郡，七个异姓王国封二十二郡，占了汉初疆域的一半。此后刘邦逐一剪除异姓王，分封同姓王，与群臣立"白马之盟"："非刘氏而王者，天下共击之"，利用宗法血缘关系维系治，以使刘家皇祚永存不替。《汉书·武五子传·燕刺王刘旦》载：

> 高皇帝览踪迹，观得失，见秦建本非是，故改其路，规土连城，布王子孙，是以支叶扶疏，异姓不得间也。

强调汉初分封制对维护刘家天下有利的一面，以此为"盘石之宗"，但此举却有"矫枉过正"的偏颇。故《汉书·诸侯王表》称：

> 汉兴之初，海内新定，同姓寡少，惩戒亡秦孤立之败，于是剖裂疆土，立二等之爵。功臣侯者百有余邑，尊王子弟，大启九国……天子自有三河、东郡、颍川、南阳，自江陵以西至巴蜀，北自云中至陇西，与京师内史凡十五郡，公主、列侯颇邑其中。而藩国大者跨州兼郡，连城数十，宫室百官同制京师，可谓挢拂过其正矣。

西汉初只不过是略大于各诸侯国的宗主国，而且疆域已较秦帝国大大缩小。至汉高祖十二年（前195），刘邦大致完成同姓（除长沙王吴芮外）藩屏部署，所封同姓王国共九个：楚王刘交、齐王刘肥、赵王如意、代王刘恒、梁王刘恢、淮阳王刘友、淮南王刘长、吴王刘濞（高帝十一年，荆王刘贾为英布所杀，继立为吴王）、长沙王吴芮、燕王刘建，九国所封总计三十八郡，汉中央唯余十五郡，国土已不足总面积的一半。另有所谓"外诸侯"

如闽越王亡诸、南越王赵佗、南海王织等，故西汉中央实际能够直接控制的郡不足三分之一，而诸侯王国的面积三分天下已过其二！事实证明，分封制政治上不可能长期稳定，经济上不适应统一市场需要，故内乱不止。其后数十年间，有吕氏封王与剪灭，又有文帝之分，景帝之削，诸侯王国势力有所削弱。刘彻决心彻底解决诸侯王分封割据、内乱不止的问题。他即位后启用敢于为晁错辩冤的邓公，表明他自始关注着这一问题。不过，他要选择适当时机和方式来继续这项改革。

元朔二年（前127）冬，赐淮南王刘安几杖。这项特别恩准很容易使人勾起对当年文帝赐吴王刘濞几杖准其不朝，尤其是此后发生"七国之乱"的不快回忆。善于"揣情摩意"的主父偃遂向刘彻进献"推恩"之策：

> 古者诸侯不过百里，强弱之形易制。今诸侯或连城数十，地方千里，缓则骄奢易为淫乱，急则阻其强而合从以逆京师。今以法割削之，则逆节萌起；前日晁错是也。今诸侯子弟或十数，而適嗣代立，余虽骨肉，无尺寸地封，则仁孝之道不宣。愿陛下令诸侯得推恩分子弟，以地侯之。彼人人喜得所愿，上以德施，实分其国，不削而稍弱矣。①

主父偃综合了贾谊"众建诸侯以少其力"的"分"与晁错"削其支郡"的"削"两种办法，使诸侯王诸子析地而封，自然

---

① 《史记》卷一百一十二《平津侯主父列传》。

削弱。

汉儒讲"孝悌"之德，"悌"就是嫡长子兼顾诸弟利益。"推恩"使中央与封国的矛盾转化为封国内部财产与权力再分配的矛盾。元朔二年春，刘彻试行《推恩令》：

> 诸侯王或欲推私恩分子弟邑者，令各条上，朕且临定其号名。[①]

于是封国"自是支庶毕侯矣"[②]，一举解决了分封制带来的诸多问题。刘彻遂把《推恩令》变为定制（详见附表："武帝朝《推恩令》析封侯国简表"），使诸侯王国不可能长期保持固定封地：

> 武帝施主父之册，下推恩之令，使诸侯王得分户邑以封子弟，不行黜陟，而藩国自析。自此以来，齐分为七，赵分为六，梁分为五，淮南分为三。皇子始立者，大国不过十余城。长沙、燕、代虽有旧名，皆亡南北边矣。[③]

刘彻之所以能够实行《推恩令》，有其特殊的历史条件。王夫之说："武帝承七国败亡之余，诸侯之气已熸……诸王救过不遑，而以分封子弟为安荣，偃之说乃以乘时而有功。因此而知封

---

① 《史记》卷二十一《建元以来王子侯者年表》。
② 《汉书》卷十五上《王子侯表》。
③ 《汉书》卷十四《诸侯王表》。

建之必革而不可复也，势已积而俟之一朝也。"①《推恩令》适逢时势，方式较为缓和，颁行后历年实施的结果，使王国面积、人口、经济军事实力不断缩小，侯国数量却不断增加。武帝朝所封之王子侯，共178人。其中，元光末年7人；元朔年间多达127人；元鼎至武帝末年又有44人受封。刘彻大规模推恩封侯的时间主要集中在元朔年间（前128—前124），据《汉书·武帝纪》载：

> 〔武帝元朔二年〕春正月，诏曰："梁王、城阳王亲慈同生，愿以邑分弟，其许之。诸侯王请与子弟邑者，朕将亲览，使有列位焉。"于是藩国始分，而子弟毕侯矣。

元朔二至四年形成"推恩"封国高潮，有时甚至一日之内竟然有24人同时封侯。封国于是"浸衰浸泯"，较之亟起暴变、大开大合引起的社会震荡要小得多，矛盾也分散得多。这是刘彻改革分封制的成功之处。《推恩令》动摇了封国土地领有权向所有权的"固化"倾向，诸侯王不断析分地产，地产也加入市场流通，但在最高法权意义上仍旧归属天子，体现了土地所有权的"二重性"。从政治上看，"国大则赋多，赋多则兵强，其为乱也易；国小则赋微，赋微则兵寡，其为乱也难"②。边地诸侯王国既"亡南北边"，就不能与境外势力勾结，对于加强国家统一和巩固边防是有利的。

---

① 《读通鉴论》卷三。
② 《史记汉书诸表订补十种》，第46页，汪越《读史记十表》引陈子仁语。

刘彻运用各种法律手段以保障《推恩令》的效果，"景遭七国之难，抑损诸侯，减黜其官。武有衡山、淮南之谋，作左官之律，设附益之法，诸侯惟得衣食税租，不与政事"①。衡山、淮南案对诸法令颁行显然有较大影响。早在文帝朝，淮南厉王刘长骄横不法欲谋反，论弃市，刘长自杀。国分为三：淮南王刘安、衡山王刘勃、庐江王刘赐。"淮南王安为人好读书鼓琴，不喜弋猎狗马驰骋，亦欲以行阴德拊循百姓，流誉天下。时时怨望厉王死，时欲畔逆，未有因也。"②建元二年，刘安入朝，田蚡以刘彻无太子，与约："宫车一日晏驾，非大王当谁立者！"淮南王遂"厚遗武安侯金财物"，又"阴结宾客，拊循百姓，为畔逆事"。建元六年，彗星见，刘安以为"天下有变，诸侯并争，愈益治器械攻战具，积金钱赂遗郡国诸侯游士奇材。诸辨士为方略者，妄作妖言，谄谀王，王喜，多赐金钱，而谋反滋甚"。刘彻有所察觉，削其二县。于是"王日夜与伍被、左吴等舆地图，部署兵所从入"。衡山方面亦以次子"佩之王印，号曰将军，令居外宅，多给金钱，招致宾客。宾客来者，微知淮南、衡山有逆计，日夜从容劝之。王乃……作辒车镞矢，刻天子玺，将相军吏印"③。严助时任会稽太守，数年不问闻，刘彻知其与淮南诸国颇有交往，立即函告："会稽东接于海，南近诸越，北枕大江。间者，阔焉久不闻问。具以《春秋》对，毋以苏秦从横。"④以其思想不利于"大一统"格局，特意致函示以警告。

①《汉书》卷十四《诸侯王表》。

②《史记》卷一百一十八《淮南衡山列传》。

③《史记》卷一百一十八《淮南衡山列传》。

④《汉书》卷六十四上《严朱吾丘主父徐严终王贾传》。

处理淮南、衡山案，刘彻的立法参考了景帝朝的法律，又有所改革。刘向说："于是上从其（主父偃）计。因关马及弩不得出，绝游说之路，重附益诸侯之法，急讳误其君之罪。诸侯王遂以弱，而合从之事绝矣。"[①]刘彻派董仲舒弟子吕步舒持节使决淮南狱，"以《春秋》之义正之"。《春秋》尊天子，抑诸侯，贬世卿。刘彻对此类学说予以充分肯定。既然法律的大纲已定，刘彻遂用酷吏穷治其党。可见《推恩令》各项辅助性法令不仅沿用景帝朝晁错更定之《左官之律》《阿党之法》《附益之法》，而且根据《春秋》大义作了修订。《左官之律》意在阻绝王国属官升迁之途；《附益之法》意在使王国属官不得为诸侯王聚敛；《阿党之法》意在使王国属官随时举奏诸侯王不法行为，不得阿附。淮南案发，田蚡生前与刘安预谋的内容泄露出来。刘彻得知后说："使武安侯在者，族矣！"可见他对封国贵族造成的割据状态深恶痛绝。

上述各项法令使诸侯王受到各种法规禁令的监督和规范。大臣、有司、王国相、二千石之官均可随时对诸侯国王检查监督，地方官吏乃至王国臣属对其不法行为要随时督察和检举，失于监督或不及时检举者要坐罪：

> 武帝初即位，大臣惩吴楚七国行事，议者多冤晁错之策，皆以诸侯连城数十，泰强，欲稍侵削，数奏暴其过恶。诸侯王自以骨肉至亲，先帝所以广封连城，犬牙相错者，为盘石宗也。今或无罪，为臣下所侵辱，有司吹毛求疵，笞服

---

① 《新序·善谋篇》。

其臣，使证其君，多自以侵冤。①

　　〔赵王〕彭祖为人巧佞，卑谄足共……相二千石欲奉汉
法以治，则害于王家。是以每相二千石至，彭祖衣帛布单
衣，自行迎除舍，多设疑事以诈动之。得二千石失言，中忌
讳，辄书之。二千石欲治者，则以此迫劫，不听，乃上书告
之，及污以奸利事。②

　　主父偃曾揭发燕、齐、赵诸国不法之事。赵王彭祖上诉刘
彻，以图报复。公孙弘以"非诛偃无以谢天下"③为辞，族诛主
父偃，除掉了一个潜在的政敌。从贾谊、晁错、袁盎、郅都、主
父偃、张汤、赵禹莫不遭此类暗算来看，西汉中央与封国之间的
矛盾不可谓不尖锐，斗争不可谓不激烈，手段不可谓不残酷，大
有你死我活之势。刘彻用严法酷吏打击与待其绝嗣相结合的办法
对付诸侯王国，十余年间，诸侯王国凋零殆尽。

　　汉制，每年八月举行宗庙大祭，各封国必须按时向宗主汉廷
贡献黄金助祭，称为"酎金"。若酎金分量不足或成色不好，其
罪则"王削县、侯免国"。元鼎五年（前112），刘彻以诸侯王国
进贡的"酎金"不符合规定为理由，一次就削夺了106人的爵
位④。

---

① 《汉书》卷五十三《景十三王传·中山靖王刘胜》。
② 《汉书》卷五十三《景十三王传·赵敬肃王彭祖》。
③ 《汉书》卷六十四上《严朱吾丘主父徐严终王贾传》。
④ 《汉书》卷六《武帝纪》。

刘彻在元狩六年（前117）为屏卫大宗计，再度分封诸子，封皇子刘闳为齐王、刘旦为燕王、刘胥为广陵王。这显然是刘彻的宗法意识在作祟，欲为子孙谋取万世之利的狭隘之念。当然，处在权力高度私有化时代的刘彻，也不可能没有这种观念。自武帝朝以后，天子为大宗，诸子为藩屏的封国制度无论怎么改变，至少在形式上保存了下来，甚至在司马氏的晋朝居然闹出了"八王之乱"来。在中国历史上，分封制作为宗法制残余竟然延续历代，保留了两千余年。但是，西汉后期诸侯王国的确已经失去了独立于中央的政治地位和经济实力，虽有封国之名，不过"衣食租税，不与事"而已。降至西汉末年，宗室封国社会地位更为低下：

> 至于哀、平之际，皆继体苗裔，亲属疏远，生于帷墙之中，不为士民所尊，势与富室亡异。[1]

西汉后期，大权旁落于外戚集团，王氏"一门五侯"，形成了"尾大不掉"的格局，刘氏宗室面对王氏外戚势力的过度膨胀显得束手无策，毫无办法。成帝时，刘歆深感"朝政已多失"，对王氏外戚集团执政篡权愤懑、无奈，怀念皇权牢牢掌握在刘家手中的武帝朝。他亟欲尽力修复武帝时代皇权强有力的形象，就是典型的例证（详见本书第九章）。

---

[1]《汉书》卷十四《诸侯王表》。

附表：武帝朝《推恩令》析封侯国简表

元光五年	前130年	河间献王子1人封侯
元光六年	前129年	长沙王子4人、楚安王子2人封侯
元朔元年	前128年	鲁共王子1人、江都易王子5人封侯
元朔二年	前127年	梁共王子1人、菑川王子13人、城阳共王子3人、赵敬肃王子8人、中山靖王子5人封侯
元朔三年	前126年	广川惠王子4人、河间献王子9人、济北贞王子6人、济北式王子5人、代共王子9人、齐孝王子1人、鲁共王子5人、中山靖王子1人、赵敬肃王子4人封侯
元朔四年	前125年	长沙定王子6人、城阳共王子10人、中山靖王子4人、河间献王子1人、齐孝王子9人封侯
元朔五年	前124年	赵敬肃王子2人、中山靖王子9人、长沙定王子5人封侯
元朔六年	前123年	衡山赐王子1人封侯
元鼎元年	前116年	城阳顷王子20人封侯、菑川靖王子4人、广川缪王子2人封侯
元封元年	前110年	胶东康王子3人封侯
未详封年		齐孝王子、广川惠王子、河间献王子、赵敬肃王子先后10人封侯
征和元年	前92年	赵敬肃王子4人封侯
征和二年	前91年	中山靖王子1人封侯

五、"援礼入法"，重用"酷吏"

秦代用苛法暴政，失之过于偾张。汉初"网漏于吞舟之鱼"，则失之过于松弛。刘彻综合正反两方面的认识，将德治与法治统一起来，各用所长。他在政治实践中"援礼入法"，施政"缘饰以儒术"，礼法兼用，教化与刑罚软硬兼施。他把《春秋》大义当作法哲学，既以儒家纲常伦理作为维护统治秩序的教化工具，又强调刑罚法律功能，强化维护帝国统治的专政工具。

1.任用"酷吏"处理宫廷矛盾

"酷吏"一词见于汉初，本是加强中央权威、强化皇权、打击分裂势力的工具，主要用以对付不法宗室贵戚、大臣、贪官污吏、地方豪强，也用作宫廷政治斗争手段。《史记·酷吏列传》载，吕后时，著名酷吏有侯封，"刻轹宗室，侵辱功臣"，充当吕氏夺权的爪牙；文帝朝酷吏郅都，"敢直谏，面折大臣于朝""行法不避贵戚"，敢于打击不法豪强，在边陲，匈奴人敬畏之。郅都为官"公廉，不发私书，问遗无所受，请寄无所听"。自称："已倍亲而仕，身固当奉职，死节官下，终不顾妻子矣。"治废太子临江王刘荣案，窦太后深恨之，借故杀了郅都。景帝又起用郅都生前好友酷吏宁成。"后长安左右宗室多暴犯法，于是上召宁成为中尉。其治效郅都，其廉弗如，然宗室豪桀皆人人惴恐。"他们无疑给太子刘彻留下了深刻印象，在他看来，"酷吏"作为专政工具大有用处。刘彻临朝后以郅都为表率，提拔重用了一批执法严明、公而忘私、奉职死节之臣，用刑法树立皇权的绝对权威。刘彻即位后任用宁成为内史，打击京师和关中地区的不法外戚。时窦太后尚在，窦氏外戚控制朝政，"外戚多毁〔宁〕成之短，抵罪髡钳。是时九卿罪死即死，少被刑，而〔宁〕成极刑，自以为不复收，于是解脱，诈刻传出关归家……数年会赦"，事情的背后难免有刘彻在暗中回护。

在刘彻重用的酷吏中，张汤是地位最高且最有代表性的。刘彻起用张汤以清理皇权周围各种盘根错节的矛盾。元光五年（前130），刘彻用张汤治陈皇后"巫蛊"案。所谓"巫蛊"，是巫师诅咒害人的法术。田蚡为丞相，征张汤为史。时阿娇无子失宠，刘彻与她疏远。阿娇听说卫子夫"大幸"，忌妒愧恨羞忿，"几死者数矣。上愈怒"。于是陈氏"挟妇人媚道"，让女巫楚服在宫中用巫术诅咒卫子夫。"其事颇觉，于是废陈皇后，而立卫子夫为后"。刘彻以陈氏无子，严办"巫蛊案"，不过是为了使易后有堂皇的借口。张汤治陈皇后蛊狱，"深竟党与，上以为能，迁太中大夫"。刘彻赐皇后策曰："皇后失序，惑于巫祝，不可以承天命。其上玺绶，罢退居长门宫。"①"酷吏"自"巫蛊案"始得大用。

2."援礼入法"，完善法律体系

汉律承秦法有沿革增益。汉萧何作《九章律》。《九章律》前六章《盗律》《贼律》《囚律》《捕律》《杂律》《具律》继承李悝《法经》六篇和商君之法，以民法为主；秦法《睡虎地秦简》有官吏法，如《置吏律》《除吏律》《除弟子律》《司空律》《内史杂》《尉杂》等；萧何补《苑律》《兴律》《效律》三章；叔孙通补十八篇属朝仪、宗庙和各种礼仪的法规；晁错针对诸侯王法更令三十章。"自公孙弘以《春秋》之意绳臣下取汉相，张汤以峻

①《汉书》卷九十七上《外戚传》；《说郛三种》一百卷本卷五十二《汉孝武故事》："皇后宠遂衰。娇妒滋甚，女巫楚服自言有术能令上意回。昼夜祭祀，合药服之，巫着男子衣冠帻带绶，与皇后寝居相爱若夫妇。上闻，穷治侍御巫与后诸妖蛊咒诅女，而男淫皆伏辜。废皇后，处长门宫。"

文决理为廷尉，于是见知之法生，而废格沮诽穷治之狱用矣。"①
张汤、赵禹缘饰儒术增修法典，西汉法律体系得以完善。

张汤幼学吏法刑名，善"舞智以御人"，《汉书·张汤传》
载："上方乡文学，汤决大狱，欲傅古义，乃请博士弟子治《尚
书》《春秋》，补廷尉史，平亭疑法。奏谳疑，必奏先为上分别其
原……所治即上意所欲罪，予监吏深刻者；即上意所欲释，予监
吏轻平者。所治即豪，必舞文巧诋；即下户羸弱，时口言'虽文
致法，上裁察。'于是往往释汤所言。汤至于大吏，内行修，交
通宾客饮食，于故人子弟为吏及贫昆弟，调护之尤厚。其造请诸
公，不避寒暑。是以汤虽文深意忌不专平，然得此声誉。而深刻
吏多为爪牙用者，依于文学之士。丞相弘数称其美。"公孙弘与
张汤一唱一和，为刘彻推行新政鸣锣开道，打击政治反对派、镇
压豪强，调护贫家，为政清廉，家产不过五百金，全部来自赏
赐，并无私自受授。张汤善于投刘彻所好，饰法以儒，驭律以
术。

"援礼入法"的意义正在于纳"宗统"于"君统"之中，杂
糅新旧制度于一体。史称"张汤《越宫律》二十七篇"②，即从
陈皇后"巫蛊"案总结出来，将儒家纲常伦理范畴的"妇道"变
成法律制度。赵禹是继张汤之后主持司法的御史大夫，行事模仿
张汤。张斐《律序》说"赵禹作《朝会正见律》"③即变汉初叔
孙通制定的朝礼为《朝律》——诸侯王和百官等朝见天子的仪

---

① 《汉书》卷二十四下《食货志》。
② 《晋书》卷三十《刑法志》。
③ 《太平御览》卷六百三十八引。

法。各种单独颁行的律、令、科、比、法还有：

律：《酎金律》《上计律》《左官律》《置吏律》《吏律》《赐律》《告律》等；

令：《宫卫令》《秩禄令》《品令》《祠令》《功令》等；

科：《宁告之科》《考事报谳》《擅作修舍》等；

比：《腹诽之法比》等；

法：《军法》《沉命法》《附益法》《见知故纵监临部主之法》等。①

汉代不仅以法治民，以法治官、治诸侯王，还以法兴利、理财（详第五章）、兴教（详第二章）、治军（详第四章）、推行新政（详本章），制度举措必立法规。汉法至武帝朝始臻完备，形成几乎无所不包的庞大体系。

张汤、赵禹"共定诸律令，务在深文，拘守职之吏""作见知法，吏传得相监司。用法益刻，盖自此始"。《见知法》意在使各级官吏间形成相互监督机制。赵禹"为人廉倨……舍毋食客。公卿相造请禹，禹终不报谢，务在绝知友宾客之请，孤立行一意而已。见文法辄取，亦不覆案，求官属阴罪"。待到杜周为廷尉，"诏狱亦益多矣，二千石系者新故相因，不减百余人。郡吏大府举之廷尉，一岁至千余章。章大者连逮证案数百，小者数十人；远者数千里，近者数百里。会狱，吏因责如章告劾，不服，以掠笞定之。于是闻有逮证，皆亡匿。狱久者至更数赦十余岁而相告

---

① 《汉书》卷二十三《刑法志》颜师古注："见知人犯法而不举告为故纵。"《晋书》卷三十《刑法志》："见知而故不举劾，各与同罪；失不举劾，各以赎论；其不见、不知，不坐也"；详安作璋：《秦汉官吏法研究》第一章，齐鲁书社，1993年版。

言，大抵尽诋以不道，以上廷尉及中都官，诏狱逮至六七万人，吏所增加十有余万"。①除被杀者不计外，仅犯罪系狱的官吏竟达二十万之多，实在令人瞠目！

3.立"腹诽"之法，实行思想统治

自元狩二年至元鼎二年（前121—前115），张汤任御史大夫，正值刘彻改革财政经济政策。刘彻曾与张汤讨论过"白鹿皮币"一事，但大司农颜异指责张汤根本不懂"币"事。而颜异的意见本来是正确的，但张汤施展刀笔吏手段，用《腹诽之法》将其迫害致死。秦始皇也只有"诽谤之法"，而《腹诽之法》不仅钳人之口，还诛人之心，把君主集权推向极端独裁，实行思想专制，实较嬴政犹有过之：

> 会浑邪等降汉，大兴兵伐匈奴，山东水旱，贫民流徙，皆印给县官，县官空虚。汤承上指，请造白金及五铢钱，笼天下盐铁，排富商大贾，出告缗令，鉏豪强并兼之家，舞文巧诋以辅法。汤每朝奏事，语国家用，日旰，天子忘食。丞相取充位，天下事皆决汤。百姓不安其生，骚动，县官所兴未获其利，奸吏并侵渔，于是痛绳以罪。自公卿以下至于庶人咸指汤。汤尝病，上自至舍视，其隆贵如此。②

元鼎三年（前114），张汤遭人诬陷，下狱而死。这标志着以法兴利，乱改币制政策的破产。《史记·平准书》说"张汤死而

---

① 《汉书》卷六十《杜周传》。
② 《汉书》卷五十九《张汤传》。

民不思"。张汤善于捕捉刘彻内心的微妙变化，把握其思想动向，把刘彻的意志变成朝廷政治活动的中心，使之转化成政策和法令。总之，刘彻重视以刑法手段处理各种社会矛盾，在矛盾尖锐化的情况下，就用"酷吏"强行处理。

4. 严刑峻法，镇压地方豪强

西汉帝国"轻徭薄赋"的"让步政策"使地方豪强势力迅速膨胀，它破坏了"编户什伍"组织，危及社会稳定和朝廷财政收入。对此，刘彻的办法一是控制，二是镇压。"徙豪强"是自汉初以来的办法；次则以酷吏镇压之。尝有济南瞷氏、陈周肤等族，景帝诛而未尽。刘彻初，修茂陵，迁徙郡国豪强。《史记·游侠列传》载郭解少时"以躯借交报仇，藏命作奸剽攻，休乃铸钱掘冢"，杀人不可胜数，"及解年长，更折节为俭，以德报怨，厚施而薄望。然自喜为侠益甚"。时"少年慕其行，亦辄为报仇"；"诸公闻之，皆多解之义，益附焉……争为用。邑中少年及旁近县贤豪夜半过门常十余车，请得解客舍养之"。刘彻徙豪族，"解家贫，不中訾，吏恐，不敢不徙。卫将军为言：'郭解家贫，不中徙。'上曰：'布衣权至使将军为言，此其家不贫。'解家遂徙。"郭解入关，"关中贤豪知与不知，闻其声，争交欢解"。郭解杀人于阙下。御史大夫公孙弘议曰："解布衣为任侠行权，以睚眦杀人，解虽弗知，此罪甚于解杀之。当大逆无道。"遂族其家。任侠行权指"游侠"擅行私义，有较大的社会影响力。

汉初，敢于与国家法律相对抗的民间势力很多，刘彻重用能治剧的酷吏镇压他们。如酷吏王温舒，"素居广平时，皆知河内豪奸之家。及往……捕郡中豪猾，相连坐千余家。上书请，大者至族，小者乃死，家尽没入偿臧。奏行不过二日，得可，事论报，至流血十余里……郡中无犬吠之盗……上闻之，以为能，迁为中尉……素习关中俗，知豪恶吏，豪恶吏尽复为用。吏苟察淫恶少年，投缿购告言奸，置伯落长以收司奸"[①]。这种豪侠之士平时称望乡里，上通官府朝廷，富致家累千金，倾动地方，威势震慑郡国，天下安靖即顺民，一旦有变，振臂一呼，无异陈吴刘项。荀悦谓之"三游"之一。《游侠列传》言景帝末已用酷吏严治代地诸白、梁韩毋辟、阳翟薛兄、陕韩孺之族。武帝朝更有过之，"自是之后，为侠者极众"，关中长安樊仲子、槐里赵王孙、长陵高公子、西河郭公仲、太原卤公孺、临淮儿长卿、东阳田君孺、北道姚氏、西道诸杜、南道仇景、东道赵他、羽公子、南阳赵调之徒，皆行"游侠"之道于地方，其甚者几如"盗跖居民间者耳"[②]。刘彻用酷吏镇压豪强是维持社会秩序的必要举措，也是"强本弱末"的重要手段。由此，"侠以武犯禁"之风有所消戢。

5.依法惩治不法外戚

元光三年（前132）春，河决顿丘；夏，又决濮阳瓠子，注巨野，通淮、泗，泛滥十六郡。丞相田蚡封邑在河北，以河道南移有拓地之利，阻止河防工程的实施，遂使河水决经年不得复塞。刘彻非常恼怒。其后，田蚡又欲强争灌夫的田产。灌夫有军功，居家也是豪霸。家乡颍川民谣曰："颍水清，灌氏宁；颍水浊，灌氏族。"田蚡告灌夫豪霸乡里；窦婴遂支持灌夫以田蚡争田产反诉，并告田蚡交通淮南王。事情闹到朝上，刘彻大怒，欲

---

① 《汉书》卷九十《酷吏传》。
② 《史记》卷一百二十四《游侠列传》。

用酷吏办理此案，他对外戚田蚡的容忍已达到了极限。王太后阻止他治理田氏，刘彻不得已说："俱宗室外家，故廷辩之。不然，此一狱吏所决耳。"[1]韩安国贿赂田蚡五百金，为之疏通，迁任御史大夫。田蚡内有王太后调护，外有韩安国维持，度过了这一关。灌夫论弃市，族诛。窦婴上书救灌夫，与田蚡相攻讦。刘彻族灌夫，元光五年（前130）杀窦婴。不久，王太后死，田蚡亦惊恐病死。窦、王外戚问题至此总算有了结局。又如，刘彻用酷吏义纵，迁长陵、长安诸豪族，不避贵戚，依法惩治王太后外孙修成君之子。"上以为能，迁为河内都尉"[2]。

　　6.以《春秋》大义决狱，严惩不法诸侯王

　　淮南王刘安是刘邦之孙，刘长长子，是刘彻的叔父。刘安"招致天下宾客数千人"，主编《淮南鸿烈》。刘彻"方乡文学"，常与刘安有书信往还。每予书，辄召司马相如等文士审阅才发出。刘安每上朝献上新作，刘彻即秘藏之。刘彻曾使刘安作《离骚传》，晨受诏，日食献上，足见文思之速。刘彻很佩服他，每宴见总要谈到黄昏方休。刘安有野心，"时欲叛逆，未有因也"。他私下勾结太尉田蚡。田蚡曰："方今上无太子，大王亲高皇帝孙，行仁义，天下莫不闻。即宫车一日晏驾，非大王当谁立者！"[3]谋稍泄露，刘彻削其地，淮南谋反益急。于是，刘彻派酷吏咸宣治淮南谋反案。咸宣"微文深诋，杀者甚众，称为敢决疑"；董仲舒弟子吕步舒决狱，"于诸侯擅专断，不报，以《春

　　①《史记》卷一百七《魏其武安侯列传》。
　　②《汉书》卷九十《酷吏传》。
　　③《史记》卷一百一十八《淮南衡山列传》。

秋》之义正之，天子皆以为是"①。此案用《春秋》大义尊君抑臣，如"臣无将，将而诛""伸君屈臣""内天子外诸侯"等为执法量刑标准，"所连引与淮南王谋反列侯二千石豪杰数千人，皆以罪轻重受诛"，事连衡山王刘赐，"诸与衡山王谋反者皆族"②。又如酷吏王温舒"受《春秋》，通大义"，隽不疑"治《春秋》，为郡文学"，都受到刘彻重用。刘彻以《春秋》大义为汉帝国法哲学，援礼入法，使儒法互补。

六、设置刺史监郡体制，加强对地方行政的控制

中央集权政体必须有效地控制地方行政机构。刘彻重视地方官吏是否忠于自己，是否廉洁有效率。他在委员出领郡守尉之职后，非常注意他们是否随时与中央保持联系，及时请示汇报。洪迈评论刘彻注意地方行政权力说："观此三者（出任郡守的严助、吾丘寿王、汲黯）则知郡国之事无细大，未尝不深知之，为长吏者常若亲临其上，又安有不尽力者乎？"③〔严〕助为会稽太守，数年不闻问，赐书曰："君厌承明之庐……怀故土，出为郡吏……间者，阔焉久不闻问。"吾丘寿王为东郡都尉，不复置太守，诏赐玺书曰："子在朕前之时，知略辐凑……及至连十余城之守，任四千石（兼守、尉二职）之重，职事并废，盗贼纵横，甚不称在前时，何也？"汲黯拜淮阳太守，不受印绶。上曰："君薄淮阳邪？吾今召君矣，顾淮阳吏民不相得，吾徒得君重，卧而治

---

① 《史记》卷一百二十一《儒林列传》。

② 《史记卷》一百一十八《淮南衡山列传》。

③ 《容斋随笔·汉武留意郡守》

之。"①郡管理县、乡、亭、里，是中央集权政体稳定有效地治理地方的关键机构，故不能只靠人治，必须依靠周密的州、郡、县、乡、亭、里行政管理体制，才能对地方行政权力实行有效的监督管理。

监察制度始于秦。秦中央设御史大夫，掌"公卿奏事，举劾按章"②。御史监郡，属御史大夫。汉初封国多于郡县，故由丞相派人不定期至地方巡察，无专职监察之官。至武帝元封年间，因地方豪强"骄纵不法"，贪官污吏枉法舞弊案件剧增，严重激化了阶级矛盾。于是刘彻设置"刺史"，加强地方监察体制。刺史初无定所，"丞相刺史常以秋分行部"③，考核郡国吏治。刺史监察程序是向郡县宣读诏书，颁布法令，审核上计文书和有关档案，考核治绩，按六条监察有无违法事项，成为常规的行政职能。内容如下：

> 诏书数下，禁吏无苛暴，丞长史归告二千石凡民所疾苦，急去残贼，审择良吏，无任苛刻。治狱决讼，务得其中；明诏忧百姓困于衣食，二千石帅劝农桑，思称厚恩，有以赈赡之，无烦扰夺民时；公卿以下，务饬俭恪。今俗奢侈过制度，日以益甚，二千石务以身帅有以化之；民冗食者谨以法；养视疾病，致医药务活之；诏书无饰厨传增养食，至

① 《汉书》卷五十《张冯汲郑传》。
② 《汉书》卷十九上《百官公卿表》。
③ 《说文解字注》："君杀大夫曰刺"，取《公羊》"内讳杀大夫，曰刺之也"说。

今未变，或更尤过度？甚不称，归告二千石，务省约如法，且案不改者，长吏以闻；守寺乡亭漏败，垣墙阤坏所治，无办护者，不称任，先自劾不应法。归告二千石，勿听。①

元封五年（前106），始设十三部州刺史，以《六条问事》监察郡国：

> 刺史班宣，周行郡国，省察治状，黜陟能否，断治冤狱，以六条问事，非条所问，即不省。一条，强宗豪右田宅逾制，以强凌弱，以众暴寡；二条，二千石不奉诏书遵承典制，倍公向私，旁诏守利，侵渔百姓，聚敛为奸；三条，二千石不恤疑狱，风厉杀人，怒则任刑，喜则淫赏，烦扰刻暴，剥截黎元，为百姓所疾，山崩石裂，祅祥讹言；四条，二千石选署不平，苟阿所爱，蔽贤宠顽；五条，二千石子弟恃怙荣势，请托所监；六条，二千石违公下比，阿附豪强，通行货赂，割损正令也。②

刘彻设置十三部州刺史制度，标志着刺史取代了诸侯王对地方封疆之土的全面控制，也标志着郡县制的最后形成。

自"元朔更化"至元封年间，刘彻推行"改弦更张""强干弱枝"的新政，先后出台了一系列强化中央集权的政策法令。刘

---

① 《汉官旧仪》卷上。
② 《汉书》卷十九上《百官公卿表》颜师古注引《汉官典职仪》。

彻注意收拢权柄，"政出一门"，贬抑外戚预政，削夺相权，削弱诸侯王国等，其政治体制改革思想具有以下几方面的特点：

（1）刘彻注意法和术的结合："人主之大物，非法则术也。法者，编著之图籍，设之于官府，而布之于百姓者也；术者，藏之于胸中，以偶众端而潜御群臣者也。故法莫如显，而术不欲见。"①君主治理天下有明的一套——"法"，还有暗的一套——"术"。"术"在心里，秘不示人。秦与汉初均未能处理好君—相关系。国家盛衰系于君明相贤，故或者人亡政息，或者篡政失国，关键在于未能从制度上确定君—相关系。刘彻抑田蚡，相府由最高行政机构下降为最高行政执行机构，树立了天子至上权威，统一意志，统一政令，防止政出私门，大权旁落，保障国家权力运行正常稳定。

（2）刘彻注意集中智谋贤能之士，选择"中央之人"②，建立中外朝制度，加强内朝体制，"以中御外"，提高决策水平和执行能力，提高国家机器的效率。他能够"任人惟贤"③，选任具

---

① 《韩非子·难三》。

② 《管子·君臣下》："制令之布于民也，必由中央之人。中央之人，以缓为急，急可以取威；以急为缓，缓可以惠民。威惠迁于下，则为人上者危矣。"

③ 《墨子·尚贤上》："故古者圣王之为政，列德而尚贤，虽在农与工、肆之人，有能则举之，高予之爵，重予之禄，任之以事，断予之令。"齐桓公有"三选"，文为"贤"，武为"才"，由乡长、官长、君主逐级荐选。《管子·小匡》正月朝会君主问政："于子之乡，有居处为义、好学、聪明、质仁、慈孝于父母、长悌于乡里者？有则以告。有而不以告，谓之'蔽贤'，其罪五。"又问："于子之乡，有奉勇、股肱之力、筋骨秀才出于众者？有则以告。有而不以告，谓之'蔽才'，其罪五。"

有专业特长的人才。刘彻能"因民而作","追俗为制",也不完全排斥"亲亲尚恩",部分地保留宗法制和分封制,化能为亲、化亲为功、化功为恩,如用卫青、霍去病、李广利之例。但他更注意两种机制轻重、本末的协调作用。

（3）刘彻注重礼—法、刑—德并用,功利—教化并重。他既提倡"孝悌"意识,也倡导"去私立公"、忠君爱国、"褒有德",以提倡德治和教化;他尤重赏罚机制,尊有能而奖有功。刘彻"援礼入法",改造儒家和法家思想,把维系宗法关系的"礼"的规范,纳入国家大法,成为具有中国特色的法哲学,完善了国家以专政手段协调复杂社会矛盾的综合职能。

"诽谤"原是国人批评执政者的民主权力。秦设"诽谤"之罪,欲钳人之口。刘彻更立"腹诽"之法,则要禁锢人们的思想,较秦法的思想专制严酷得多。刘彻创造"援礼入法"司法体制的同时,也制造了维护皇权的"人治"机制。杜周历任廷尉、执金吾、御史大夫,凡"上所欲挤者,因而陷之;上所欲释,久系待问而微见其冤状"。有人责备杜周:"君为天子决平,不循三尺法,专以人主意指为狱。狱者固如是乎?"杜周赤裸裸地回答说:"三尺安出哉?前主所是著为律,后主所是疏为令,当时为是,何古之法乎!"[1]此言充分揭示了两千年来一切皇皇大法之底蕴。

刘彻的《推恩令》对中国文化产生了深远的影响。《推恩令》作为政治权力私有化的制度文化,高度适应了皇权政体,它不仅在西汉以后的各个朝代遗存了下来,成为宗法社会的有机组成部

---

[1]《汉书》卷六十《杜周传》。

分，而且强化了"孝—悌"观念，渗透于每个家族财产和权力再分配的行为模式之中。中国的"推恩·分权·析产"式的血统论观念深深地影响到不论是本支大宗，还是别支小宗各家族财产再分配，使社会财富难以长期稳定积累，乃至影响到千年后中国社会资本原始积累的进程。西欧和日本中世纪的封建制与中国不同，嫡长子完全继承父祖遗产，其他儿子则只能当骑士、武士，向外发展，谋求生存。这种制度文化的差异，造成了中国与西方和日本民族行为方式的根本不同：中国文化主要是"向内"的，而西欧、日本文化主要是"向外"的，这种民族文化行为心理的差异对双方历史发展的宏观走向产生了巨大影响。

刘彻为将郡县二级体制发展为州—郡—县三级体制奠定了基础。他通过"推恩"①达到"强干弱枝"的目的，理顺了"以上御下""以轻御重"关系，州部行政监控郡县的体制是中国行政体制发展史上的一件大事，标志着分封制向"大一统"皇权帝国郡县制过渡的最后完成。

---

① 《孟子·梁惠王上》："故推恩足以保四海，不推恩无以保妻子。"

第四章　反击匈奴　拓边置郡

　　匈奴是中国北方的游牧民族，匈奴王族属突厥种，是原始印欧人种杂以东胡血统形成的种族。[①]公元前2世纪初冒顿单于在位（前209—前174）时，匈奴空前强大，"尽服从北夷，而南与诸夏为敌国"，号称"控弦之士三十余万"[②]。匈奴"人不弛弓，马不解勒"，逐水草而居，经常南下掳掠。高祖刘邦北征匈奴几乎全军覆没，与结和亲之约，以公主嫁单于为阏氏，岁进奉絮、缯、酒、米。老上单于（前174—前161）、军臣单于（前161—前126）时，"日以骄，岁入边杀略人民甚众"，勒索汉廷"所给备善则已，不备，苦恶，则候秋熟，以骑驰蹂而稼穑耳"[③]；惠帝朝冒顿遗书污辱吕后，三年（前192），汉卑辞和亲；文帝六年（前174）和亲、进奉，后元二年（前162）和亲，每岁进秫糵、金帛、丝絮，欲使"匈奴无入塞"。后元六年（前158），匈奴大举入塞；景帝元年（前156）、五年（前152）和亲进奉如故，直至汉武帝元光二年（前133）汉匈战争开始为止。仅刘彻出生前

---

　　① 详林幹《试论匈奴的族源族属及其与蒙古族的关系》，林幹编：《匈奴史论文选集》（1919—1979），中华书局，1983年版。

　　②《汉书》卷九十四上《匈奴传》。

　　③《史记》卷一百十《匈奴列传》。

两年至建元元年十八年间，汉匈和亲四次，匈奴大规模入侵五次。贾谊痛陈匈奴之患："今匈奴嫚侮侵掠，至不敬也，为天下患，至亡已也。而汉岁致金絮采缯以奉之……匈奴之众不过汉一大县，以天下之大困于一县之众，甚为执事者羞之。"[1]这种状况深深地伤害了刘彻的民族自尊心。少年刘彻立下大志，欲伐灭匈奴。武帝"为胶东王时，〔韩〕嫣与上学书相爱。及上为太子，愈益亲嫣。嫣善骑射，善佞。上即位，欲事伐匈奴，而嫣先习胡兵"[2]。刘彻提倡《春秋》公羊学"君子复九世之仇"的"大复仇"精神，把反抗匈奴侵略作为自己毕生的事业。

自元光二年至元封元年（前133—前110），武帝刘彻坚决推行了积极的边疆民族政策，在他的领导、决策和亲自部署下，汉军取得了一系列胜利，不仅全部收复失地，并且远远超越了当年秦帝国所达到的疆域。

一、欲北先南，经略三越、西南夷

反击匈奴必须有可靠的战略后方。欲北先南，刘彻先从三越着手。

秦代，东南已建闽越、南海、桂林、象郡。秦乱，东南分为三部：东瓯、闽越、南越。三越都是华夏人居秦故郡，各因其地而建立的国家。

南越：秦代徙民与越人杂处，建桂林、南海、象郡。常山真定人赵佗任南海龙川令。秦乱，割据自守，立南越国，北与汉长

---

[1]《新书·陈政事疏》。
[2]《史记》卷一百二十五《佞幸列传》。

沙国接境。因吕后奉行"别异蛮夷，隔绝器物"①的小国寡民政策，南越遂自立。

闽越：又称东越，越王勾践之后。秦设闽中郡。刘项相争，闽越佐汉，归吴芮，刘邦立驺无诸为闽越王，王闽中地。

东瓯：孝惠三年（前192），汉封闽王驺摇东海王，都东瓯，号东闽王。由于三越皆华夏人所建，有文化向心倾向，隶属关系与汉中央政权的状况有关。中央政权强大，三越即依附；中央政权孱弱，三越即为独立王国。

建元三年（前138），闽越围东瓯，东瓯请求汉朝支援，但汉廷意见分歧。田蚡以为："越人相攻击，其常事，又数反覆，不足烦中国往救也，自秦时弃弗属。"刘彻授意太中大夫严助批驳田蚡："特患力不能救，德不能覆，诚能，何故弃之，且秦举咸阳而弃之，何但越也！今小国以穷困来告急，天子不振，尚安所诉？又何以子万国乎？"②在权力不集中的情况下，刘彻对严助说："太尉不足与计。吾新即位，不欲出虎符发兵郡国。"派严助执节发会稽郡兵。汉军未至，事已平息。③

建元六年（前135）八月，闽越攻南越边邑，南越王胡上书："两粤俱为藩臣，毋擅兴兵相攻击。今东粤擅兴兵侵臣，臣不敢兴兵，唯天子诏之。"刘彻"多南粤义"，令王恢、韩安国击闽越。④淮南王刘安上书谏阻：

① 《汉书》卷九十五《西南夷两粤朝鲜传》。
② 《汉书》卷六十四上《严朱吾丘主父徐严终王贾传》。
③ 《汉书》卷六十四上《严朱吾丘主父徐严终王贾传》。
④ 《汉书》卷九十五《西南夷两粤朝鲜传》。

　　越，方外之地，斲发文身之民也。不可以冠带之国法度
理也。自三代之盛，胡越不与受正朔，非强弗能服，威弗能
制也，以为不居之地，不牧之民，不足以烦中国也。①

　　刘安认为汉中央控制三越，淮南国必受制于汉。欲避免这种
态势出现。刘安维护封国割据的立场使刘彻大为反感，授意严助
谕意淮南王：

　　今闽越王狼戾不仁，杀其骨肉，离其亲戚，所为甚多不
义，又数举兵侵陵百越，并兼邻国，以为暴强，阴计奇策，
入燔寻阳楼船，欲招会稽之地，以践句践之迹……②

　　刘彻阐述伐闽越的意义："禁暴止乱，非兵，未之闻也。汉
为天下宗，操杀生之柄，以制海内之命。"闽越王骆余弟闻讯杀
骆郢而降。南越上书："天子乃为臣兴兵讨闽越，死无以报德"，
遂遣太子婴齐入长安宿卫。刘彻任严助为会稽太守，喻诸越：
"郢等首恶，独无诸孙繇君丑不与谋焉。"遣中郎将立丑为越繇
王，奉闽越祖先祭祀。③刘彻的政策维护了东南地区的安定。
　　建元六年汉廷向闽越用兵之际，刘彻派唐蒙出使南越。唐蒙
从蜀地商人那里得知牂柯江水道。回到长安，他向刘彻建议利用
这条水道可抵达上游的南夷夜郎（今贵州安顺一带）。刘彻任唐

<hr />

①《汉书》卷六十四上《严朱吾丘主父徐严终王贾传》。
②《汉书》卷六十四上《严朱吾丘主父徐严终王贾传》。
③《资治通鉴》卷十七《汉纪九》。

蒙为中郎将，率万余人出巴符关（今四川省合江县）进入夜郎。唐蒙会见夜郎王多同，赠金币缯帛，劝他归顺汉朝。谈判结果，多同承认夜郎为汉帝国属县，汉为设置官吏。此后，邻近部落也先后设县。于是刘彻用司马相如的建议，"发巴蜀广汉卒，作者数万人。治道二岁，道不成，士卒多物故，费以亿万计"①。蜀道艰险，交通工程进展艰难，"巴蜀四郡通西南夷道，载转相饷。数岁，道不通，士疲饿馁，离暑湿，死者甚众。西南夷又数反，发兵兴击，耗费亡功"②。司马相如建议在西南少数民族地区设郡。时蜀地长老与朝中大臣多认为开发西南夷没有多少价值。司马相如作《难蜀父老》，其中一段话给刘彻以深刻的印象：

> 盖世必有非常之人，然后有非常之事；有非常之事，然后有非常之功。非常者，固常人之所异也。故曰：非常之元，黎民惧焉。及臻厥成，天下晏如也！③

凡作大事业，必定不可能为当时的凡夫俗子所理解，及大功告成，天下才会感受到其恩深泽广。刘彻读了深受鼓舞，这段话支撑了他毕生的事业。"是时，邛、筰之君长闻南夷与汉通，得赏赐多，多欲愿为内臣妾，请吏，比南夷"。刘彻问西南夷为什么自愿内属，司马相如回答，西南夷"异时尝通为郡县矣，至汉

---

① 《汉书》卷五十七下《司马相如传》。
② 《汉书》卷九十五《西南夷两粤朝鲜传》。
③ 《汉书》卷五十七下《司马相如传》。

兴而罢。今诚复通，为置县，愈于南夷"①。西南夷受过华夏文化熏陶，故归化容易得多。刘彻派司马相如持节率使团前往，西至沫水、若水，南至牂柯江，开通灵山道，架设孙水桥（今川西雅安一带），以通邛、莋。汉廷置犍为郡管理此地，置一都尉，领十余县。②平定西南夷是刘彻"外事四夷"的成功尝试。后因对匈奴战事，经略西南暂且搁置下来。

二、对匈奴战略方针的转变

建元六年（前135），匈奴请求和亲。刘彻下令朝议。丞相田蚡、御史大夫韩安国赞成和亲；大行王恢反对，上《匈奴和亲论》，引起刘彻注意。王恢燕人，"数为边吏，习知胡事"。他指出，"汉与匈奴和亲，率不过数岁即复倍约。不如勿许，兴兵击之。"韩安国认为："千里而战，兵不获利。今匈奴负戎马之足，怀禽兽之心，迁徙鸟举，难得而制也。得其地不足以为广，有其众不足以为强，自上古不属为人。汉数千里争利，则人马罢（疲），虏以全制其敝……击之不便，不如和亲。"廷臣多附和其议。在反击匈奴的准备尚不充分的情况下，刘彻只得暂且让步，许其和亲，等待时机。③他派遣公孙弘使匈奴。还报，刘彻对和议条件不满，认为匈奴太占便宜，公孙弘无能，免归。汉与匈奴"明和亲约束，厚遇关市，饶给之。匈奴自单于以下皆亲汉，往来长城下"④。刘彻深知匈奴反复无常，必须准备打仗。时"天

---

① 《汉书》卷五十七下《司马相如传》。
② 《汉书》卷二十八上《地理志》，犍为郡注："武帝建元六年开。"
③ 《史记》卷一百八《韩长孺列传》。
④ 《汉书》卷九十四上《匈奴传》。

下殷富，士马强盛"，汉帝国具备了反击匈奴的物质条件。但汉初的战略思想和军事体制均不适应对匈奴作战的需要。刘彻为此在军事布置方面作了调整，再度讨论对匈奴的战略方针。

1."马邑之谋"

元光元年（前134），刘彻派名将李广守云中，程不识屯雁门，备匈奴。元光二年（前133），刘彻令朝议对匈奴的战略。《汉书·武帝纪》载其诏：

> 朕饰子女以配单于，金币文绣赂之甚厚。单于待命加嫚，侵盗亡已。边境被害，朕甚闵之。今欲举兵攻之，何如？

王恢说："臣闻全代之时，北有强胡之敌，内连中国之兵，然尚得养老长幼，种树以时，仓廪常实，匈奴不轻侵也。今以陛下之威，海内为一，天下同任。又遣子弟乘边守塞，转粟挽输，以为之备。然匈奴侵盗不已者，无它，以不恐之故耳。"匈奴侵扰在于有恃无恐，故"击之便"。以韩安国为首的反战派认为，高祖和亲至今有"五世之利"，文帝"拥天下精兵，聚之广武、常溪，终无尺寸之功"。"二圣之迹"不可违，"利不十者不易业，功不百者不变常"，匈奴自古"威不能制，强弗能服"，何必"使边郡久废耕织"；"卷甲轻举，深入长驱，难以为功"，故"击之不便"。这次，刘彻否决了反战派的论调。适有马邑人聂壹上书，称匈奴欲袭取马邑，诱其深入而伏击之，可获大胜。王恢认为此计可行。刘彻力排众议，令王恢与韩安国、李广、公孙贺、李息等率30万人埋伏雁门关外，准备袭击匈奴。不料尉史降匈奴，泄密，汉军无功而返。史称"马邑之谋"。王恢出塞欲击匈奴辎重，因兵少而返。刘彻大怒，以王恢"本造兵谋而不进"，论其"逗挠不进"罪。王恢自杀。①

"马邑之谋"虽无功而返，但刘彻全面反击匈奴的决心已经不可动摇。汉军全面反击匈奴的战争拉开了帷幕。"自始征伐四夷，师出三十余年"。王恢未能抓住战机，虽有一定偶然性，但也暴露出汉军在军事体制、作战指挥等方面尚处于防御作战的水平，同时，主将指挥不利也是重要原因。这些都还不能适应对匈奴的全面战争。"马邑之谋"受挫，给了患有"匈奴恐惧症"的反战派以口实。韩安国、汲黯、严助、严安、徐乐、淮南王刘安、董仲舒等人先后上书反对"外事四夷"。元光六年（前129），博士狄山试图谏阻汉对匈奴开战，刘彻断然制止了反战思潮蔓延。《汉书·张汤传》载：

> 匈奴求和亲，群臣议前。博士狄山曰："和亲便。"上问其便，山曰："兵，凶器，未易数动。高帝欲伐匈奴，大困平城……今自陛下兴兵击匈奴，中国以空虚，边大困贫。由是观之，不如和亲。"……于是上作色曰："吾使生居一郡，能无使虏入盗乎?"山曰："不能。"曰："居一县?"曰："不能。"复曰："居一鄣间?"山自度辩穷且下吏，曰："能。"乃遣山乘鄣。至月余，匈奴斩山头而去。是后群臣震詟。

---

① 《史记》卷一百八《韩长儒列传》。

刘彻之意已决，谁若强谏，狄山就是榜样！腐儒空言，不能守一郭之塞，复何言哉？于是，对匈奴的全面战争已经不可逆转了。

2.对匈奴基本战略方针的探索

刘彻思考对匈奴的基本战略方针时，参考了晁错在文帝前元十一年（前169）的《言兵事疏》论列的对匈奴的战略方针。据《汉书·晁错传》载：

（1）树立必胜信心："胡虏数入边地，小入则小利，大入则大利"，"战胜之威，民气百倍"。汉军屡败，军失锐气。故必须激励士气民心。

（2）认清双方战略态势：匈奴"不著于地，其势易以扰乱边境"，"往来转徙，时至时去"，"以候备塞之卒，卒少则入"。汉不救边，则边塞不守，救少发兵则不足，多发兵则远县才至，匈奴已遁。聚兵不罢遣，则耗费过巨，难以承担。罢遣，则匈奴闻而复入。长此以往，国敝民疲。故秦以此致陈吴之祸。所以，对匈奴的战争必须有长期作战的思想和政策准备。

（3）了解双方战术优劣：匈奴适于恶劣气候作战，人皆战士，忍饥耐寒，战略机动性强。汉军"轻车突骑"，利于平原作战，"劲弩长戟，射疏及远"，"坚甲利刃，长短相杂，游弩往来，什伍俱前"，"材官驺发，矢道同的"，多兵种协同，长于"下马地斗，剑戟相接"的步战。

（4）以夷制夷：凡胡人归降，"赐之坚甲絮衣，劲弓利矢，益以边郡之良骑"，由汉将率以戍守险阻。"平地通道，则以轻车材官制之。两军相为表里，各用其长技，衡加之以众"，胡汉优势互补，"此万全之术也"。

（5）完善长城要塞防御体系：塞卒"一岁而更，不知胡人之能。不如选常居者，家室田作，且以备之"。募民于塞下屯田戍边，长期备敌。国家赐予室屋田器衣粮，招募罪人、免徒复作、丁奴婢，凡赎罪及输奴婢以拜爵者、民之欲往者，皆赐予高爵，免其家徭役和兵役。

晁错《言兵事疏》全面分析比较了汉与匈奴双方的战略态势，以及政治、经济、军事、风俗习惯之优劣长短，从战略和战术层次上，有针对性地提出了汉军扬长避短的可行性方案，设计了完善长城防御体系的各个环节。晁错指出，这"与秦之行怨民相去远矣"。奠定了刘彻对匈奴战略的思想基础。

3.总结李广、程不识用兵的经验教训

刘彻除了对军事理论和战略方针有所反思，也注意总结对匈奴的战争实践经验和教训。他特别注意总结了李广、程不识的战法。

李广，陇西成纪人，秦名将李信之后，累世"受射"。文帝时曾入宿卫，景帝时先后戍守陇西、上谷、上郡、北地、雁门、代郡、云中诸边塞重镇，"皆以力战为名"。李广屯兵右北平，匈奴号曰"汉之飞将军"，避之数岁。文帝曾说："惜乎，子不遇时！如令子当高帝时，万户侯岂足道哉！"汉初对匈奴的绥靖政策使名将无用武之地。程不识与李广齐名。李广善奇兵野战，治军宽以待下；程不识用正兵，严整难犯。司马光评论说：

广行无部伍、行陈，就善水草舍止，人人自便，不击刁斗以自卫，莫府省约文书；然亦远斥候，未尝遇害。程不识正部曲行伍营阵，击刁斗，士吏治军簿至明，军不得休息，然亦未尝遇害。不识曰："李广军极简易，然虏卒犯之，无以禁也。而其士卒亦佚乐，咸乐为之死。我军虽烦扰，然虏亦不得犯我。"然匈奴畏李广之略，士卒亦多乐从李广而苦程不识。①

李广恃其驰射野战之兵与匈奴周旋，血战历险，兵法称之为"奇"，不易仿效推广；程不识用正兵，却不易建功。王夫之的评论较中肯：

太史公言：匈奴畏李广之略，士卒亦乐从广而苦程不识。司马温公则曰：效不识，虽无功，犹不败；效李广，鲜不覆亡。二者皆一偏之论也……束伍严整，斥堠详密，将众之道也。刁斗不警，文书省约，将寡之道也。严谨以攻，则敌窥见其进止而无功。简易以守，则敌乘其罅隙而相薄。将众以简易，则指臂不相使而易溃。将寡以严谨，则拘牵自困而取败。故广与不识，各得其一长，而存乎将将者尔。将兵者不一术，将将者兼用之，非可一律论也。②

李广的战法利于骑射技术发挥，对外线机动作战，对付游牧的匈奴人有特殊效果，故"匈奴畏李广之略"。但李广用兵奇险，

---

① 《资治通鉴》卷十七《汉纪九》。
② 《读通鉴论》卷三。

不宜担任主帅，将正兵。刘彻知兵，对李广用兵"数奇"，颇不放心。从政治角度看，"七国之乱"，李广私受梁孝王印，故折军功不封，这也是刘彻对李广不放心的原因之一。总之，刘彻全面总结李、程对匈奴用兵的经验教训，这对于反击匈奴战略、战术思想的形成具有重要意义。

4.卫青首立战功

刘彻的战争之剑已经铸就磨利，可以一试锋芒了。元光六年（前129），汉遣四将出击匈奴：车骑将军卫青出上谷，轻车将军公孙贺出云中，骑将军公孙敖出代郡，骁骑将军李广出雁门，对匈奴大举反攻。唯卫青深入单于庭龙城有斩获，公孙敖折损七千骑，李广被俘逃归。此战虽远不能说是胜利，但意义重大。其一，说明汉军首次外线作战的战略和战术可行，匈奴并非不可战胜；其二，发现了卫青的军事才能，册封他为关内侯。刘彻制《赦雁门、代郡军士诏》，总结远征匈奴经验教训，激励士气：

> 夷狄无义，所从来久。间者，匈奴数寇边境，故遣将抚师……因遭虏之方入，将吏新会，上下未辑。代郡将军〔公孙〕敖、雁门将军〔李〕广，所任不肖，校尉又背义妄行，弃军而北，少吏犯禁。用兵之法：不勤不教，将率之过也；教令宣明，不能尽力，士卒之罪也。将军已下廷尉，使理正之，而又加法于士卒，二者并行，非仁圣之心。朕闵众庶陷害，欲刷耻改行……其赦雁门、代郡军士不循法者。[1]

---

[1]《汉书》卷六《武帝纪》。

卫青深入匈奴腹地作战取胜，刘彻从中看到了胜利的曙光。公孙敖和李广遭败绩，削职戴罪立功。刘彻降诏批评公孙敖、李广作战不利：

> 将军者，国之爪牙也。《司马法》曰："登车不式，遭丧不服，振旅抚师，以征不服。率三军之心，同战士之力，故怒形则千里竦，威振则万物伏。是以名声暴于夷貉，威稜憺乎邻国。"夫报忿除害，捐残去杀，朕之所图于将军也。若乃免冠徒跣，稽颡请罪，岂朕之指哉？①

匈奴于冬季数侵渔阳，正中刘彻下怀，此举更有利于汉军下一步开展歼灭战的战略部署。所以，刘彻只派韩安国屯戍渔阳备敌，静观以待。

5.主父偃"谏伐匈奴"，建议修筑朔方城

主父偃于元朔元年（前128）西游入关，见将军卫青。时卫青因其姊卫子夫得幸，欲用事，数进言，刘彻未加理睬，正不得要领。于是主父偃上书阙下。早朝方奏，日暮即被刘彻召见，"所言九事，其八事为律令，一事《谏伐匈奴》"②。何以《谏伐匈奴》未采用？个中奥妙鲜有人知。《汉书·主父偃传》载，主父偃引用《司马法》"国虽大，好战必亡；天下虽平，忘战必危"破题，正文反作，妙在文章的中心仍是一个"战"字，搔着刘彻

---

① 《汉书》卷五十四《李广苏建传》。
② 《汉书》卷六十四上《严朱吾丘主父徐严终王贾传》。

痒处。文章以秦伐匈奴李斯谏言为鉴，以亡秦之迹、平城之围为覆辙，大谈"匈奴难得而制，非一世也，行盗侵驱，所以为业也，天性固然……此臣之所大忧，百姓之所疾苦也"[1]。把匈奴长期困扰中国的道理讲得清清楚楚，反给人不伐匈奴天下不安的印象。接着说"且夫兵久则变生，事苦则虑易。使边境之民靡敝愁苦，将吏相疑而外市，故尉佗、章邯得以成其私，而秦政不行，权分二子，此得失之效也"。主父偃指出汉军有显著弱点，"轻兵深入，粮食必绝；运粮以行，重不及事"[2]。引出三大危险：一是征战必久，师老兵疲，敝国伤民；二是外人掌兵，久则生变；三是嫡亲掌兵，则兵、政对立。他的分析有理有据，较之其他谏言深刻得多。主父偃谏言的核心在于军事权力与政治权力的矛盾。这一点，刘彻听懂了，主父偃本意绝非谏阻征匈奴，而是担心兵权问题！况且他还提出相应对策：徙民塞下，修筑朔方城以备屯戍驻军，解决后勤转输问题，作为对匈奴的军事基地。刘彻认为该文应用性很强，把它纳入征匈奴的政治、经济、军事方案之中。主父偃的建策促使刘彻更深入地思考了征匈奴决策不足之处，作出了一系列新的重大决定。

三、全面改革军事体制

刘彻甫即位，就关注汉帝国的军事体制，为了征匈奴，必须加以改革。

---

① 《史记》卷一百一十二《平津侯主父列传》。
② 《汉书》卷六十四上《严朱吾丘主父徐严终王贾传》。

1.大将军侍中统兵制度的建立

卫青起初不过是刘彻姊平阳公主家奴。他之所以能够掌兵，除军事才能外，卫子夫得宠是重要因素。清人赵翼说："武帝三大将皆由女宠。"[1]陈皇后阿娇无子，刘嫖得知卫子夫有孕，"妒之，乃使人捕青。青时给事建章，未知名。大长公主执囚青，欲杀之。其友骑郎公孙敖与壮士往篡取之，以故得不死。上闻，乃召青为建章监，侍中。及同母昆弟（卫子夫）贵，赏赐数日间累千金。〔卫子夫姊卫君〕孺为太仆公孙贺妻……子夫为夫人，青为大中大夫"[2]。

长公主刘嫖对外戚异常敏感。她知道卫子夫怀孕得子，卫青可能会被重用，故视之如眼中钉，必欲除之而后快。元光六年卫青征匈奴有功，欲用事，"数言上，上不召"。主父偃西入长安，在卫青门下走动，遂上《谏伐匈奴》。该文特别提到秦始皇"权分二子"是一大失策。明为谏伐匈奴，暗中点明政权与军权的矛盾。次年卫子夫立为皇后，子刘据立为太子。故史称此事"盖偃有功焉"[3]。由此，卫氏一门荣宠有加：

> 卫子夫已立为皇后……乃以卫青为将军，击胡有功，封为长平侯……及卫皇后所谓姊卫少儿，少儿生子霍去病，以军功封冠军侯，号骠骑将军。青号大将军。立卫皇后子据为

---

① 《廿二史札记》卷二，"武帝三大将"指卫青、霍去病、李广利。

② 《史记》卷一百一十一《卫将军骠骑列传》。

③ 《史记》卷一百一十二《平津侯主父列传》。

太子。卫氏枝属以军功起家，五人为侯。①

　　史载"卫子夫立为皇后，后弟卫青贵震天下。天下歌之曰：'生男无喜，生女无怒。独不见卫子夫，霸天下。'"②将军统兵在外，必专兵权，一赏罚，否则难以奏功。冯唐尝为文帝进言，切中汉初用兵不利，在于将不专兵，天子制于阃中之弊。③主父偃向刘彻建策的要害也正在于此。汉初最高军事行政长官太尉几经罢置。刘彻改革军事体制，排除旧外戚，又用新外戚取而代之。刘彻变通新旧军事体制，设大将军和骠骑将军加"侍中"，取代太尉之职，以便发挥卫青、霍去病的军事才能。

　　关于卫、霍，后人颇有议论。贬之颇甚者言："卫、霍将略，太史公不之取也。此论（指《史记》本传）却许其能知时变，以保禄位。非以示讥？"④"看《卫霍传》，须合《李广传》看。卫霍深入二千里，声震夷夏。今看其传，不值一钱。李广每战辄北，因蹎终身。今看其传，英风如在。史公抑扬予夺之妙，岂常

---

①《史记》卷四十九《外戚世家》。

②《史记》卷四十九《外戚世家》。

③《史记》卷一百二《张释之冯唐列传》载，文帝叹汉无廉颇、李牧。冯唐说陛下虽得廉颇、李牧也不能用："上古王者之遣将也，跪而推毂，曰阃以内者，寡人制之；阃以外者，将军制之。军功爵赏皆决于外，归而奏之……不从中扰也。委任而责成功，故李牧乃得尽其智能……是以北逐单于，破东胡，灭澹林，西抑强秦，南支韩、魏。"周亚夫距文帝细柳营外，文帝口头称许，内深忌之。景帝以亚夫非少主臣，实为其掌兵权，不能放心之故。

④何焯《义门读书记·史记》。

手可望哉？"①此乃文人迂腐之论。在汉与匈奴民族生存竞争的历史关头，不妨先把"史公抑扬予夺之妙"暂置一边。况且，司马迁并未忽略卫青用兵之能。譬如元朔、元狩之际淮南王刘安欲起事叛汉，向谋主伍被咨询汉军虚实。从伍被的评论看，卫青确有名将之风：

> 王又谓被曰："山东即有兵，汉必使大将军将而制山东。公以为大将军何如人也？"被曰："被所善者黄义，从大将军击匈奴。还，告被曰：'大将军遇士大夫有礼，于士卒有恩，众皆乐为之用。骑上下山若蜚，材干绝人。'被以为材能如此，数将习兵，未易当也。及谒者曹梁使长安来，言大将军号令明，当敌勇敢，常为士卒先。休舍，穿井未通，须士卒尽得水，乃敢饮。军罢，卒尽已度河，乃度。皇太后所赐金帛，尽以赐军吏。虽古名将弗过也。"王默然。②

卫青将略综合李、程用兵之长：亲近部属，身先士卒，敢于深入，皆扬李广之长；部勒有方，进退有度，用兵持重，号令严明，皆取程不识所长。他对匈奴累战皆捷绝非偶然，与熟悉兵法，善于总结战争经验教训是分不开的。这可以从霍去病身上折射出来："骠骑将军为人少言不泄，有气敢任。天子尝欲教之《孙》《吴》兵法。对曰：'顾方略何如尔，不至学古兵法。'"③

---

① 黄震《黄氏日钞》卷四七。
② 《史记》卷一百一十八《淮南衡山列传》。
③ 《史记》卷一百一十一《卫将军骠骑列传》。

所谓"方略"，是指战略部署，皆出自刘彻的运筹帷幄。刘彻是个高明的战略家。所谓"兵法"，则指每次临战的战役指挥，由卫、霍部署。从霍去病的反面，正可以看到卫青好学"兵法"。司马迁不屑卫青，并非用兵，而在其"柔媚"。司马迁所敬重的人，如窦婴、汲黯、李广等，都尚节操，重义气，讲信用，有独立人格，颇具"古风"。卫青身上有他讨厌的奴颜媚骨。这与卫青出身家奴，颇受周围"缘饰儒术"风气濡染有关。

2.改革兵役制度

兵役制度是军事体制的基本环节之一。秦汉帝国的兵役制度主要是建立在编户齐民什伍制度基础之上兵农合一的征兵制，编户男丁是基本兵源。武帝时代编户制度有所变化，随着战争规模扩大，兵役制度作了相应的改革。

秦汉编户服役，"月为更卒，已，复为正一岁，屯戍一岁，力役三十倍于古"①。秦至汉初编户齐民自成丁至老免的年龄规定虽有变化，但编户都需要"附之畴官"（傅籍）。岁至郡服役一月，为"更卒"；一生至长安服役一年为"正卒"；一生屯边一年为"戍卒"。

汉循秦制，在中央所属郡县设都尉、县尉，掌管地方的士兵征集与训练；在长安设卫尉、中尉，分掌番上入卫京师的卫士；在边郡设长史，掌管番上戍边的戍卒。遇有战事，天子以"虎符"征调郡县兵，临时择命将帅出战。战罢，将帅罢职，士兵归农。秦末兵源不足，又有"谪发"：罪人、亡命逋逃、赘婿（贫而入赘为婿者）、罪吏、有市籍（商贾之籍）者、父母与祖父母

---

① 《汉书》卷二十四上《食货志》。

有市籍者、奴产子（奴隶之子）为兵。仍不足，征"间左"（复除者）。[1]秦末扩大征兵范围，已使编户什伍制度遭到破坏，编户的身份复杂化，社会地位下降，改变了兵农合一的征兵制。汉初，兵役恢复秦代旧制，轻役薄赋，稳定了编户什伍制度。富户不愿番上更代者，可以出钱雇人代役，称为"过更"。雇役钱称"过更钱"，人月三百钱。这种代役方式实为后来武帝朝募兵制之滥觞。

武帝朝外事四夷，征役频仍，加之土地兼并，民失作业，编户什伍制度遭破坏，"民如鸟兽"，四处流亡。刘彻用当年晁错《言边事疏》"募民塞下"的办法，招募无业流民服役、戍边，实施了征募结合的兵役制度。这种兵役，有利于使服役者长年屯戍塞下，既耕且戍。"居则习民于射法，出则教民以应敌"，平时务农，暇时军训，有事则征发为兵，是对征兵制的发展。但随着对外用兵日渐频仍，除了募民戍边屯田以为"戍田卒"外，还因开拓西域招募了亦耕亦战的"屯田卒"，并且恢复了秦末的"谪发"之制，以及戍边赎罪、输奴于边、雇人代为戍边等多种变通形式。由于更代之卒不习兵事，加之北军诸营特殊兵种特殊技能的形成，少数民族兵的加入等多种因素，促使中央军出现了职业化的常备军。

3.多兵种的形成与训练体制的完善

为适应"外事四夷"作战的需要，武帝朝对军队各兵种的构成及其训练方式作了调整。西汉军队的兵种构成主要分为三大

---

[1] 旧释多指贫家，不确，当为复除者。详拙作《间左钩沉》，《社会科学辑刊》1991年第4期。

类。

一曰"材官"，又称"材官蹶张"，即常规步兵，能开强弓硬弩，孔武有力者。设立此一名目，是为适应对匈奴作战，使步兵加强弓弩射术，完善兵器装备，强化材官与骑兵、车兵协同作战的训练。

二曰"车骑"，分两种，一为车兵，一为骑兵。车兵有"轻车"与"武刚车"两类。"轻车"快捷，用于作战。"武刚车"用于后勤辎重运输，兼作驻防扎营、行军作战布阵的防御依托；骑兵又有轻骑兵和重骑兵之分。轻骑兵利于快速作战、突击、奔袭，重骑兵则利于负重耐远，长途行军和远距离作战。初，汉军步兵多，骑兵少，战马劣弱，不利于对匈奴作战。刘彻为使汉军能在沙漠草原地带作战，大力发展马政，注意战马品质优化，大量饲养战马扩充骑兵。"太仆牧师诸苑三十六所，分布北边、西边。以郎为苑监，官奴婢三万人，分养马三十万头"[1]。兵种改革实现了多兵种混同作战。1965年陕西咸阳杨家湾汉墓出土3000个兵马俑，列13个方阵，分左中右三列，中军为指挥车，前列步兵，后列骑兵，骑兵占三分之一。

三曰"楼船"，即水军。为征伐南越，刘彻下令在长安开凿"昆明湖"，训练水上作战的楼船兵。

汉制按地域特点征调各兵种：巴蜀、三河（河内、河东、河南）、颍川诸郡征"材官"；上郡、北地、陇西诸郡征"车骑"；庐江、浔阳、会稽诸郡征"楼船"。更卒由各郡太守都尉训练。

---

[1] 孙星衍辑：《汉官六种·汉旧仪二卷补遗二卷》，中华书局，1990年版。

每年秋后太守都尉调集应征士卒肄习骑射战阵，按规定考核。番上入卫京师的卫士由卫尉与中尉训练考核。

4. 中央军的改革与加强

中央军包括禁军、南北军、京师卫戍部队。

禁军：宫中殿中的中郎、郎中，在宫外的骑卫改为期门郎、羽林郎、羽林孤儿，皆隶属于郎中令。期门掌执兵送从，建元三年（前138）置，初比郎，无定员，多至千人；羽林郎掌送从，太初元年置"建章营骑"，后更名羽林骑。期门、羽林多选自西北六郡（陇西、天水、安定、北地、上郡、西河），"六郡良家子选给羽林、期门，以材力为官，名将多出焉"①。羽林近似期门，是禁军的扩大。从军死事者子孙收养训练于羽林营，号"羽林孤儿"。

南北军：西汉初有南北军。长安卫士有南北军之分。宫城警卫由南军担任，归卫尉掌管，屯驻在宫门内，故称"南军"。武帝时长安一带诸宫多增卫士屯兵，分别由诸宫卫尉掌管，故此时已无"南军"之名。"北军"是中央军的主力，由中尉掌管，屯驻长安城内宫城以北的"中垒营"②，故号称"北军"。刘彻加强中央军，按兵种特点设置诸营屯兵，分别由北军八校尉掌管。北军八校尉营如下：

　　屯骑校尉，掌骑士；步兵校尉，掌上林苑门屯兵；越骑校尉，掌越骑；长水校尉，掌长水、宣曲胡骑；又有胡骑校

---

① 《汉书》卷二十八下《地理志》及颜师古注。

② 《汉书》卷十九上《百官公卿表》："中垒校尉掌北军垒门内。"

尉，掌池阳胡骑，不常置；射声校尉，掌待诏射声士；虎贲校尉，掌轻车。凡八校尉，皆武帝初置，有丞、司马。[1]

八校尉屯兵来源不一，有大量少数民族兵，如越骑、胡骑、长水、宣曲、池阳营等。兵种不同，如有骑兵、材官、弓弩兵如射声士、车兵如虎贲士等。

京师卫戍部队：汉初京师长安城门由北军卫士承担警卫任务。武帝朝为了加强京师的保卫，将城门屯兵从北军中分化出来，另外增设了城门八校尉。诸营长期屯驻长安各城门，成为长屯兵。

5.地方郡国兵的改革

地方军事体制分为内郡国兵、边郡兵和属国兵三类。内郡各由太守、都尉掌兵，诸侯国由各国中尉掌兵。自颁布《推恩令》之后，诸封国形同郡县，诸侯王已无兵权。边郡兵事由太守、都尉掌管。自元朔更化后，西部、北部边郡与匈奴毗邻，故刘彻加强了西、北边郡太守掌兵的领兵权力：

元朔三年（前126），以上郡、西河为万骑太守。[2]

因少数民族的归化问题，刘彻在边地设置"属国"，有属国兵，由属国都尉掌管。边郡地方广袤，兵事频剧，故一郡或分设

---

[1] 《汉书》卷十九上《百官公卿表》："中垒校尉掌北军垒门内。"

[2] 孙星衍辑：《汉官六种·汉旧仪二卷补遗二卷》，中华书局，1990年版。

二三个都尉，各有治所。

6.设置列将军与莫（幕）府指挥体系

反击匈奴必须在长城以北沙漠草原地带长途行军，外线作战。时间久，战线长，旧式的军事指挥体系已不适应战场的需要。为加强临战指挥，刘彻设置了列将军名号和与之相应的莫（幕）府制度。职务最高是大将军、骠骑将军，下设前、后、左、右列将军或特殊将军的名号。特殊将军名号往往按战斗序列或作战目的命名。将军在临战之前由天子选任，授以兵权。大将军、骠骑将军、列将军各设莫（幕）府。列将军向大将军或骠骑将军负责，各自指挥自己的部队，约束部曲，部勒营阵，计议战策，记录功过，号令所属校尉，管理诸营兵士等。遇有兵事，以虎符或羽书征发各部士卒，天子命将出战，战事毕则罢兵。故将无常兵，莫（幕）府僚属由各将军自行选任。

7.军功爵制度的改革和演变

汉初，因循秦代军功赐爵制度，设二十等军爵赏赐作战有功将士：

> 爵：一级曰公士，二上造，三簪袅，四不更，五大夫，六官大夫，七公大夫，八公乘，九五大夫，十左庶长，十一右庶长，十二左更，十三中更，十四右更，十五少上造，十六大上造，十七驷车庶长，十八大庶长，十九关内侯，二十彻侯。[1]

---

[1]《汉书》卷十九上《百官公卿表》。

爵位等级按军功、事功大小授受，依爵秩高低赏赐田、宅、奴婢、赀产或抵罪。因常年用兵赐爵，加之赐民爵及入粟、纳赀、献奴婢买爵，爵秩轻滥，二十等爵制贬值，丧失了激励军功之效。故在二十等爵外增设"武功爵"：

> 《茂陵中书》有武功爵：一级曰造士，二级曰闲舆卫，三级曰良士，四级曰元戎士，五级曰官首，六级曰秉铎，七级曰千夫，八级曰乐卿，九级曰执戎，十级曰政戾庶长，十一级曰军卫。[1]

为解决财政困难，还出台了卖爵政策："有司请令民得买爵，及赎禁锢，免减罪，请置赏官，名曰武功爵。级十七万，凡直三十余万金。"[2]武功爵也被商品化，得以买卖，变成了一种用于交换的有价证券。由于赏赐轻滥，所以贬值很快。"武功爵"是刘彻军事体制改革中失败的典型。这种现象充分说明，任何激励机制，如果选择不当，运用不妥，过度商品化，都可能在极短时间内迅速贬值，腐败变质，不仅不能起到应有的激励作用，甚至带来恶劣的负面影响和反作用。

四、对匈奴的全面战略反攻

经过"元朔更化"，反击匈奴时机成熟。自元朔初至元狩末（前128—前117）约十二年间，汉帝国扭转了对匈奴长期被动挨

---

① 《汉书》卷二十四下《食货志》注引臣瓒语。

② 《汉书》卷二十四下《食货志》。

打的局面。

1.第一次伐匈奴（前128—前127），收复河南地，修建朔方城

元朔元年（前128）秋，车骑将军卫青率三万骑出雁门袭匈奴，汉军首次获得较大规模胜利。元朔二年（前127），匈奴二万骑侵入东北边境，杀辽西太守，败渔阳守军，围守将韩安国，掳掠二千余人。汉救兵且至，匈奴远遁；再入雁门，杀掠军民千余人。缘边诸郡频受残害。刘彻令将军李息出代郡佯攻。卫青率大军出云中，至高阙，略地陇西，对"河南地"（河套地区）的匈奴各部进行大规模迂回包围作战。匈奴诸部无备，大败，死伤甚众，被汉军俘获者数千之众，牲畜数十万头。匈奴首领楼烦、白羊王逃遁，秦末以来沦陷于匈奴的河南地被汉收复。刘彻按照主父偃建议，置朔方、五原郡，募民实塞下屯田戍守，修复秦故长城边防堡塞。置朔方郡之策曾引发激烈争论。《史记·平津侯主父列传》载：

> 〔主父〕偃盛言朔方地肥饶，外阻河，蒙恬城之，以逐匈奴，内省转输戍漕，广中国，灭胡之本也。上览其说，下公卿议，皆言不便。公孙弘曰："秦时常发三十万众筑北河，终不可就，已而弃之。"主父偃盛言其便，上竟用主父计，立朔方郡。

刘彻采纳主父偃计，设朔方、五原郡。"汉长城"开始修筑，募民十万户徙朔方。为便于筑塞戍守，放弃由上谷伸向塞外的造

阳之地。伐匈奴两次战役都出自刘彻的部署。首获大捷，刘彻诏封卫青为长平侯，卫青部将苏建功封平陵侯，督建戍守朔方城。《史记·卫将军骠骑列传》载其诏：

> ……今车骑将军青度西河，至高阙，获首虏二千三百级，车辎畜产毕收为卤，已封为列侯，遂西定河南地，按榆溪旧塞，绝梓领，梁北河，讨蒲泥，破符离，斩轻锐之卒，捕伏听者三千七十一级，执讯获丑，驱马牛羊百有余万，全甲兵而还。益封青三千户。

河南地去长安千余里，匈奴骑兵南下不过二三日路程。汉初数十年间，常以匈奴为忧，河南地在匈奴控制下是重要原因。筑塞朔方、五原，迁徙大量人口常驻屯戍，安置这些人口的住宅、生产资料、武器装备全部由国家投资。此举对以后汉匈双方战略态势攻防关系的转换起到了至为关键的作用。

2.第二次北伐匈奴（前124），大胜匈奴右贤王

元朔三年（前126）夏，匈奴数万骑侵入代郡，杀太守，掳千余人；秋，入雁门，杀掠千余人；四年（前125）冬，匈奴数万骑分别侵代郡、定襄、上郡等地，杀掠甚众。又入河南地。五年（前124），出使西域十三年之久的张骞返回长安，向刘彻汇报了匈奴和西域的情况。刘彻大喜过望，当下拜张骞为太中大夫，作为自己处理匈奴、西域事务的战略顾问。

这年，刘彻命张骞随卫青伐匈奴。卫青所率三万骑自朔方高阙出兵，卫尉苏建为游击将军、左内史李沮为强弩将军、太仆公

孙贺为骑将军、代相李蔡为轻车将军，悉归卫青统率。此为主攻方向。大行李息、岸头侯张次公为将军，出右北平，为佯攻策应。张骞熟悉匈奴虚实，山川地形，征匈奴"导军，知善水草处，军得以无饥渴"①。汉军出奇兵，长途奔袭，汉军几无损失，大获全胜：

> 匈奴右贤王当卫青等兵，以为汉兵不能至此，饮醉。汉兵夜至，围右贤王。右贤王惊，夜逃，独与其爱妾一人、壮骑数百驰，溃围北去。汉轻骑校尉郭成等逐数百里，不及。〔汉军〕得右贤裨王十余人，众男女万五千余人，畜数千百万。于是引兵而还。至塞，天子使使者持大将军印，即军中拜车骑将军青为大将军，诸将皆以兵属大将军。②

此战成为中国军事史上典范战例。刘彻授卫青征匈奴的全部兵权，任为最高军职大将军，益封，褒奖有加："大将军青躬率戎士，师大捷，获匈奴王十有余人，益封青六千户"③，并封卫青三个儿子为侯。卫青固辞，称说诸将校有功。刘彻遂封赏众将吏士卒，公孙敖、韩说、公孙贺、李蔡、李朔、赵不虞、公孙戎奴、李沮、李息等以功封侯。④

---

① 《史记》卷一百一十一《卫将军骠骑列传》。
② 《史记》卷一百一十一《卫将军骠骑列传》。
③ 《史记》卷一百一十一《卫将军骠骑列传》。
④ 《史记》卷一百一十一《卫将军骠骑列传》。

3. 第三次征匈奴（前123），霍去病封侯

元朔五年秋，匈奴谋图报复，侵入代郡，杀都尉，掳掠千余人。元朔六年（前123）春，刘彻令卫青从定襄出兵，征伐匈奴，斩首数千级而还。月余，汉军复出定襄，斩首虏万余人。但右将军苏建、前将军赵信败绩，损失三千余人。赵信降匈奴，苏建独身逃归。诸将议其罪，议郎周霸说苏建弃军，当斩之以明军威。军正闳、长史安言："不然。兵法'小敌之坚，大敌之禽也'。今建以数千当单于数万，力战一日余，士尽，不敢有二心，自归。自归而斩之，是示后无反意也。不当斩。"卫青决定此事由"天子自裁之"，以明"人臣不敢专权"之意。[1]苏建赎为庶人。这次战役，由于汉军意图明显，匈奴有防备，作战失去了突然性，故汉军损失较大。

卫青此次任务完成得不甚理想，正为另一位青年将领霍去病的脱颖而出创造了机会。霍去病是卫子夫姊卫少儿之子，卫青的外甥。他年十八为侍中，得以亲近天子。元朔六年以善射任剽姚校尉，从卫青击匈奴，率八百骑悬军深入，斩首虏二千二十八级。论功曰："弃大军数百里赴利，斩捕首虏过当。"[2]功冠全军，封"冠军侯"。卫青功少，不封。

4. 第四次征匈奴（前121），霍去病远征立功

元狩二年（前121），刘彻任霍去病为骠骑将军，命令他率远征军长途行军，深入匈奴要地击之。史称，"骠骑将军为人少言不泄，有气敢任……天子为治第，令骠骑视之，对曰：'匈奴未

---

① 《史记》卷一百一十一《卫将军骠骑列传》。

② 《史记》卷一百一十一《卫将军骠骑列传》。

灭，无以家为也。'"①豪迈之气溢于言表。霍去病自陇西出兵，过焉耆山（今甘肃山丹境），向西深入千余里，大败匈奴，获休屠王祭天金人。随后兵出北地，西至居延海、祁连山，在河西走廊对匈奴大规模迂回包围，大获全胜。刘彻下诏益封霍去病：

> 票骑将军率戎士逾乌盭，讨遬濮，涉狐奴，历五王国，辎重人众，慑讋（胆怯）者弗取，几获单于子。转战六日，过焉支山千有余里，合短兵，鏖皋兰下，杀折兰王，斩卢侯王，锐悍者诛，全甲获丑，执浑邪王子及相国、都尉，捷首虏八千九百六十级，收休屠祭天金人，师率减什七，益封去病二千二百户。②

这次远征予匈奴右部诸王以沉重打击。匈奴浑邪王部来降。这年匈奴入代、雁门。刘彻令张骞、李广率军自右北平出击，双方互有伤亡，未能获得更大战果。但就汉匈战争全局而言，元狩二年霍去病西部远征军的胜利，以及浑邪王降汉具有重大战略意义。匈奴遭汉军重创，内部分裂。匈奴伊稚斜单于欲杀浑邪王、休屠王。浑邪王惧，杀休屠王，率四万众降汉：

---

① 《史记》卷一百一十一《卫将军骠骑列传》。
② 《汉书》卷五十五《卫青霍去病传》。或以"休屠王祭天金人"为释迦牟尼像，误。汤用彤先生《休屠王金人》辩之甚确。见汤著《汉魏两晋南北朝佛教史》，中华书局，1983年版第7—10页。匈奴人尊祆教，祆教祭天，休屠王"祭天金人"应是祆教至上神阿胡拉·玛兹达像。又，《史记·卫将军骠骑列传》载，"益封去病二千户"。

浑邪王裨将见汉军而多欲不降者，颇遁去。骠骑乃驰入
与浑邪王相见，斩其欲亡者八千人……降者数万，号称十
万。既至长安，天子所以赏赐者数十巨万。封浑邪王万户，
为漯阴侯……乃分徙降者边五郡故塞外，而皆在河南，因其
故俗，为属国。①

刘彻用"亲近徕远"政策，在边塞置五属国，因匈奴故俗安
置降民，这利于分化瓦解匈奴势力。"汉已得昆邪，则陇西、北
地、河西益少胡寇。"②

5. "漠北之战"（前119）的胜利

匈奴伊稚斜单于因屡遭重创，心有余悸，用赵信之计躲避汉
军，暂移王庭于漠北，以便将来伺机南下侵汉。赵信本匈奴人，
降汉，有军功，复降匈奴。

元狩四年（前119），刘彻命令卫青与霍去病兵分二路长驱漠
北，寻找匈奴王庭，与之进行战略决战。刘彻亲自对此次战略决
战的战局进行了详细的研究和部署。他分析道："翕侯赵信为单
于画计，常以为汉兵不能度幕（漠）轻留，今大发士卒，其势必
得所欲。"③匈奴方面的动向果然不出刘彻所料，"赵信为单谋曰：
'汉兵既度幕，人马罢（疲），匈奴可坐收虏耳。'乃悉远北其辎
重，皆以精兵待幕（漠）北。"④刘彻此一决策，真可谓知己知

---

① 《史记》卷一百一十一《卫将军骠骑列传》。
② 《汉书》卷九十四上《匈奴传》。
③ 《史记》卷一百一十一《卫将军骠骑列传》。
④ 《史记》卷一百一十一《卫将军骠骑列传》。

彼，先机在握，出其不意，攻其不备了。

卫青依计率部出定襄，横穿大漠戈壁，骑兵长途奔袭，行军千余里抵达漠北，与单于部众突然遭遇。双方仓促交战，卫青令武刚车结成圆阵固守，与匈奴主力对峙。汉军以五千骑牵制了匈奴精锐万余骑。陡然狂风大作，砂砾横击，两军对面视而不见。卫青下令乘风势劲猛，突然发动攻击，纵左右两翼包抄敌军。匈奴大败，单于遁逃。卫青率部穷追猛打，汉军逐北至寘颜山赵信城，得匈奴积粟食军，悉烧匈奴余粟而返。

霍去病依计率部出代郡、右北平，深入二千余里，与匈奴左部诸王激战。匈奴大败。霍去病乘胜长驱逐北，追匈奴至极北。汉军抵达翰海的狼居胥山（今乌兰巴托以东，余吾水与弓卢水之岭），在那里举行"封"礼，又在姑衍山下举行"禅"礼之后，引兵而还。霍去病斩获多于卫青。

"漠北之战"深入匈奴境内的战略后方，杀戮甚众。汉军卫青部损失亦复不少。刘彻对霍去病大胜匈奴，"封狼居胥山，禅于姑衍，登临翰海而还"的举动尤加赞赏，颁布诏令褒奖。卫青未得封赏。此役汉军士马损失相当惨重，卫霍"两军之出塞，塞阅官及私马凡十四万匹，而复入塞者不满三万匹"。此后，"大将军青日退，而骠骑日益贵"[1]。

自元狩二年汉对匈奴取得决定性的胜利以后，匈奴已经不敢轻易南下侵犯汉朝边境："自此之后，单于益西北，左方兵直云中，右方直酒泉、燉煌郡。"[2]原来匈奴左部居右北平、代郡北，

---

[1]《汉书》卷五十五《卫青霍去病传》。
[2]《史记》卷一百十《匈奴列传》。

"漠北之战"后，匈奴王庭向西北远遁至今阿尔泰山以东地区，大漠成了匈奴的东南边境，汉帝国北部边境向北推进至居延海（今内蒙古额济纳旗）以北，匈奴已不敢轻易犯边。

刘彻元朔更化以来，对匈奴持续了十余年的反击战取得了巨大的成功。

五、朔方、河西置郡，修建汉长城

在刘彻胸中的外交和军事战略大棋局中，不同时期的主攻方向有所不同。刘彻计划对匈奴大举用兵，欲置朔方郡时，公孙弘曾以停止南方兵事作为换取向主战妥协的筹码。刘彻认识到由西南道打通国际贸易路线的方针因交通条件过于恶劣而几乎不可能时，为了避免两线作战，他同意了公孙弘的意见，于元朔三年（前126）秋罢西南夷，独置南夷、夜郎两县一都尉；罢苍海郡，换取群臣支持筑朔方城、修筑汉长城的方案。直到汉军平定河西，对匈奴的战事暂时平缓下来，刘彻再度把目光转向东南诸越、西南夷和朝鲜方面。这一态势大约持续到元封三年（前108）左右。这一时期，应当注意的是河西置郡在汉帝国边疆政策中的经济地位与军事价值。因为，河西置郡是继朔方、五原置郡之后，促使汉与匈奴和西域宏观战略态势发生根本变化的又一件大事。在此前后，汉对西北的政策再度发生显著变化。

1.北边置郡与修建汉长城的战略意义

元狩年间取得对匈奴反击作战的决定性胜利之后，汉帝国北方边境得到了较长时期的安定。刘彻决定迁无业游民七十余万口于陇西、北地、西河、上郡等边郡定居，垦荒屯戍。匈奴王庭虽向西北迁徙，汉帝国对西北地区的战略防御态势却不是朝夕之间

就可以改变的。尤其是汉帝国通往西方的国际商路面临匈奴人的
侵扰和争夺，仍是不可忽视的问题。刘彻决定，在秦长城原有的
基础上向北、向西拓展，在汉帝国的北边、西边建立一条新的长
城防御体系。为把这条长城与秦长城相区别，历史上称之为"汉
长城"。

"朔方"包括朔方与五原二郡，是元朔二年（前127）收复河
南地（今河套一带）后设置的。这一带土质肥沃，水草丰美，宜
耕宜牧。战国时，赵武灵王"胡服骑射"抵御匈奴，"筑长城，
自代并阴山下，至高阙为塞，而置云中、雁门、代郡"①。后为
匈奴夺取。秦统一，派大将蒙恬"将十万之众，北击胡，悉收河
南地"，"又度河据阳山、北假中"，②夺回其地，置郡设塞。可见
朔方之地是匈奴与中原王朝争夺的战略要地。

刘彻决定在朔方一线修筑汉长城。元朔二年收河南地，置朔
方、五原郡，徙民十万户（以每户五人计算，约五十万人）屯
戍；三年（前126）苏建筑朔方城，为朔方郡长城防御中心要塞；
五年（前124）筑临戎城；元狩三年（前120）筑三封、沃野城；
四年（前119）徙关东流民"于关以西，及充朔方以南新秦中"。
在72.5万移民中，③朔方、五原约占三分之二强。朔方郡领县十，
五原郡领县十六。朔方行政区划的增加是不断移民的结果。

2. 河西置郡，长城向西北延伸

刘彻在北部边境置朔方、五原之后，用兵河西。足见他很清

---

① 《史记》卷一百十《匈奴列传》。
② 《史记》卷一百十《匈奴列传》。
③ 《汉书》卷六《武帝纪》。

楚这一地区在对匈奴战争中的重要性。刘彻派霍去病击破右贤
王，控制河西走廊，目标是设立河西诸郡，向西延长汉长城，屯
兵戍防，进而进入天山南北地区，打通中西交通线，切断匈奴与
羌人的联络，形成随时都可以迂回包围匈奴王庭之势。《太平寰
宇记》引《西河旧事》载河流山川形胜之貌：

> 焉支山东西百余里，南北二十里，亦有松柏五木，其水
> 草美茂，宜畜牧，与祁连山同。匈奴失祁连、焉支二山，歌
> 曰："亡我祁连山，使我六畜不繁息。失我焉支山，使我妇
> 女（一曰嫁妇）无颜色。"

匈奴浑邪王降汉、内迁之后，伊稚斜单于畏惧汉军，一时无
力控制河西走廊领地。这一带一度出现了"空无一居"的现象。

《汉书·武帝纪》载，元狩二年（前121），匈奴浑邪王降汉，
刘彻因其地设武威、酒泉郡；元鼎六年（前111），分置张掖、敦
煌郡。《汉书·地理志》则以太初元年（前104）酒泉、张掖开
郡，太初四年（前101）设武威郡，后元元年（前88）分酒泉而
置敦煌郡。《汉书》两处记载不同。折中诸家研究成果：元狩二
年浑邪王降时已设之郡唯酒泉郡；元鼎六年于酒泉东部分置张掖
郡，西部分置敦煌郡。三十年后分张掖郡南部二县为金城郡，又

数十年析张掖郡东部置武威郡。①故武帝朝只设置了河西三郡即酒泉、张掖、敦煌；而金城、武威二郡之设应当在武帝朝以后。

3.边郡设置"属国"

元狩二年（前121），刘彻以巨资安置浑邪王之众。国库无钱，刘彻令百姓献马，并欲斩敛财不利的长安令。对如何处置降汉匈奴浑邪王部，汉朝野有不同意见。老臣汲黯主张以降者为奴隶，赏赐有功将士。他说：

> 夫匈奴攻当路塞，绝和亲，中国举兵诛之，死伤不可胜计，而费以巨万百数。臣愚以为陛下得胡人，皆以为奴婢，赐从军死者家，卤获，因与之，以谢天下，塞百姓之心。今纵不能，浑邪帅数万之众来，虚府库赏赐，发良民侍养，若奉骄子。愚民安知市买长安中，而文吏绳以为阑出财物如边关乎？陛下纵不能得匈奴之赢以谢天下，又以微文杀无知者五百余人，臣窃为陛下弗取也。②

---

① 《资治通鉴考异》卷一"今从《武帝纪》"；齐召南《汉书考证》以《志》从《纪》；全祖望《汉书地理志稽疑》以为"初止酒泉一郡，武威亦稍后之"；朱一新《汉书管见》以为当从《地理志》；王峻《汉书正误》用置郡和开府先后解释纪志歧异；张维华《汉史论集·汉河西四郡建置年代考疑》认为四郡中酒泉最先置，武威最后置，张掖、敦煌可从《武纪》；劳榦据居延汉简303.12简载"元凤三年戊子……丞行事金城、张掖、酒泉、敦煌郡"云，认为河西诸郡有金城无武威；陈梦家《汉简缀述·河西四郡的建置年代》以为当从《史记》：酒泉、张掖同置于元鼎六年，敦煌在二郡之后，武威当在宣帝初。据《汉书·霍光传》，武威之设当在宣帝地节三年。

② 《汉书》卷五十《张冯汲郑传》。

　　刘彻为落实边疆民族政策计，不准其奏，却也明白汲黯是为民请命，只好说："吾久不闻汲黯之言，今又复妄发矣。"①汲黯的意见反映了朝野对征匈奴以及优待匈奴降人的抵触情绪。但刘彻认为，只看眼前利益，斤斤计较地抠小账，忽略长远大计的意见不可取：大汉帝国的臣民们为什么能容忍长期向匈奴屈辱纳贡和亲，却不能高姿态地受降呢？尽管以降虏为奴隶古已有之，但当前亟须瓦解匈奴阵营，以降族为奴并不合于"亲近徕远"的方针，不符合汉帝国维护北部边境长期稳定的战略意图。刘彻坚持从对匈奴战略的大局出发，变"不服"为"外服"，用比较和缓的安抚政策，便于分化瓦解并最终彻底击败匈奴。刘彻除了封浑邪王和其部裨王若干人为侯外，还特许归降诸部"因其故俗"，不改变他们原来的风俗习惯，分别安置在五个边郡的"属国"内居住生活。②

　　"属国"是刘彻铸造"大一统"帝国边缘地区军政一体化体制的一大创造。对付匈奴，要刚柔相济。一味用强，那是为渊驱鱼，为丛驱雀，不利于促使其内部的分化瓦解，对汉帝国而言，长期后果未必有利。汲黯的意见，的确有"家人言"的味道。刘彻对老臣汲黯虽未好意思当面批驳，但内心深处显然是极其不赞成他那种大汉族主义式的狭隘民族主义心理的。

---

　　①《汉书》卷五十《张冯汲郑传》。

　　②《汉书》卷六《武帝纪》颜师古注："凡言属国者，存其国号而属汉朝，故曰属国。""属国都尉"是汉廷任命管理属国的军政长官。"五属国"，一说在安定、上郡、天水、张掖、五原；一说在陇西、北地、上郡、朔方、云中。

4. 护卫 "丝绸之路"

河西走廊地理形势扼要，南有祁连山，北有合黎山，再向北就是戈壁大漠，向东有黄河，西出阳关就是白龙堆。河西诸郡就分布在这条东西狭长的地带上。河西走廊是 "丝绸之路" 由中原通往西方的必经之路。

自霍去病元狩二年大败匈奴，占领河西走廊，于酒泉置郡以来，汉帝国西部的周边环境发生了很大变化。河西置郡一方面对付北面西迁的匈奴，另一方面也保护着中西交通要道 "丝绸之路"。这一变化反过来刺激了汉帝国对西方的商品贸易。于是，人们纷纷上书汉廷，要求出使西方，一时形成了中西贸易的热潮。刘彻利用 "轻重之术" 诱导士民经商的热情，以国家金融资本为靠山，以军事力量为后盾，大规模组织商业使团，其风大盛：

> 博望侯（张骞）既以通西域尊贵，其吏士争上书言外国奇怪利害求使。天子为其绝远，非人所乐往，听其言，予节，募吏民，毋问所从来，为具备人众遣之，以广其道……及使失指，天子为其习之（有意为之），辄覆按致重罪，以激怒令赎；复求使，使端无穷（求出使者循环不已），而轻犯法。其吏卒亦辄复盛推外国所有，言大者予节，言小者为副，故妄言无行之徒皆争效之。其使皆贫人子，私县官赍物，欲贱市以私其利。外国亦厌汉使，人人有言轻重，度汉兵远不能至，而禁其食物以苦汉使……而楼兰、车师，小国当空道，攻劫汉使王恢等尤甚，而匈奴奇兵又时遮击之。使

者争言西域皆有城邑，兵弱易击。于是天子遣浮沮将军公孙
贺将万五千骑出九原二千余里，至浮沮井而还；匈河将军赵
破奴将万余骑出令居数千里，至匈河水而还；以斥逐匈奴，
不使遮汉使。皆不见匈奴一人。乃分武威、酒泉地置张掖、
敦煌郡，徙民以实之。[①]

刘彻于西河置郡是出自汉帝国经济贸易的需要，从保护商业
利益的角度考虑的。为大规模开展国际贸易，他在商团成员的鼓
动下，一再采取军事行动，对骚扰商路的匈奴用兵。河西置郡，
使汉长城继续向西北延伸，成为"丝绸之路"东段的一道屏障。

六、设置南北边郡，恢复疆域一统

对主要威胁匈奴的战事稍定，刘彻就着手实现"大一统"构
想了。

1. 平定三越，统一东南边疆

刘彻在对待闽越、东瓯、南越的政策上是有所区别的。因
为，三越地区民情和统治集团对汉廷的态度各不相同，根据不同
情况区别对待是刘彻制定政策和策略的态度。他分步逐一解决了
三越内属的问题。

建元三年（前138），闽越围东瓯。刘彻让严助发会稽兵浮海
往救。未至，闽越撤军。此后，"东瓯请举国徙中国，乃悉举众
来，处江淮之间"[②]。刘彻封东瓯王望为广武侯，按照东瓯人的

---

① 《资治通鉴》卷二十《汉纪十二》武帝元鼎六年条。
② 《史记》卷一百一十四《东越列传》。

要求，徙其民于庐江郡（郡治今安徽舒城县）①。东瓯是三越中最先归属汉帝国而内迁的一支。

刘彻对匈奴用兵期间，曾派严助出使南越，劝其内属。南越王赵胡遣太子赵婴齐入汉为质。婴齐至长安，娶邯郸女摎氏，生子赵兴。赵胡死，婴齐立为王，上书请求立摎氏为后，赵兴为太子。婴齐"乐擅杀生自恣"，无意用汉法，"比内诸侯"。刘彻屡次遣使敦促南越明确立场，赵婴齐"固称疾"，只是遣次子赵次公入侍，自己并不朝觐。②赵婴齐死后，赵兴继位，依然保持南越独立王国地位。

元鼎四年（前113），刘彻派与摎氏相好的安国少季与谏大夫终军、勇士魏臣出使南越，令路博德屯兵桂阳接应，拟迫使南越内属。南越朝内发生分裂，赵兴与母摎氏同意内属，同汉封国，"三岁一朝，除边关"③。条件是有权自置官署，得到汉帝国的保护并可与汉自由通商。以丞相吕嘉为首的一派主张抗拒汉朝。吕氏为南越三世旧臣，宗族支属为官者七十余人，担心南越内属后自己的家族势力不保，故坚决反汉，两派斗争激烈。刘彻遣韩千秋与王太后弟摎乐率兵二千援助南越王赵兴。吕嘉杀赵兴、摎氏，立赵婴齐与越女所生之子赵建德为王，并出兵击败韩千秋。

刘彻闻讯大怒，遂于元鼎五年（前112）出兵南越，调集江淮以南十万楼船之师，分四路进攻：一路以卫尉路博德为伏波将军，出桂阳，下湟水；一路以主爵都尉杨仆为楼船将军，出豫

---

① 《史记》卷二十二《汉兴以来将相名臣年表》载，建元三年，"东瓯王广武侯望，率其众四万余人来降，处庐江郡"。

② 《汉书》卷九十五《西南夷两粤朝鲜传》。

③ 《汉书》卷九十五《西南夷两粤朝鲜传》。

章，下横浦；一路以越侯弋船将军、下濑将军（皆越人归降封侯者）出零陵，下离水，抵苍梧；一路以驰义侯遣（越人）谪发巴蜀罪人、征调夜郎国之兵，下牂柯江进攻南越。[1]各路军队约期南越国都番禺会师，路博德部先进，于元鼎六年（前111）冬攻克番禺附近的石门。不久，杨仆军亦至。二师攻番禺，城破，吕嘉、赵建德逃亡入海，后被擒获。南越政权覆灭。刘彻将其国土划分为儋耳、珠崖、南海、苍梧、郁林、合浦、交趾、九真、日南九郡。[2]

元鼎五年（前112）南越反。东越王余善上书，请从楼船将军杨仆击吕嘉等。旋以风浪大为由，按兵不进，暗中反与南越相勾结。杨仆上书引兵击东越。刘彻及时制止了杨仆对东越的行动。元鼎六年（前111），东越发兵拒汉军，杀汉白沙、武林、梅岭三校尉。余善诈刻武帝玺，叛汉自立。元封元年（前110），刘彻一面派遣横海将军韩说出句章、楼船将军出武林、中尉王温舒出梅岭，以越侯为弋船将军和下濑将军，出若邪和白沙，分路进击东越。同时，再度派使者谕余善归汉。东越叛汉，即使在闽越当地也不得人心。越衍侯吴杨发兵七百人，攻东越于汉阳。越建成侯敖、繇王居股与其众相谋，杀了余善，归汉。[3]闽越重新纳入西汉版图。

继建元年间迁徙东瓯之民于庐江郡之后，刘彻再次封越人与汉合作平叛有功者，制定迁徙其民的方针，处理越人的善后问

---

[1]《汉书》卷九十五《西南夷两粤朝鲜传》。

[2]《汉书》卷七《昭帝纪》载：始元五年"罢儋耳"。《汉书》卷九《元帝纪》载：初元三年"罢珠崖"。故此九郡后来只有七郡。

[3]《史记》卷一百一十四《东越列传》。

题。刘彻令南越降人内徙，其统治集团封侯内徙者计有：元鼎五年，封南越王兄赵建德为术阳侯于东海郡；六年，封南越将军毕取为膫侯、南越揭阳令史定为安道侯、南越苍梧王赵光为随桃侯、南越桂林监居翁为汀成侯，封地在南阳；元封元年，封南越郎孙都稽为临蔡侯于河内，南越南海太守弃之子喜为涉都侯、南越瓯左将黄同为下鄜侯，封地皆在南阳。南越有罪的吕氏家族则远徙不韦（云南保山东北）。①元封元年，刘彻颁布诏书："东越狭多阻，闽越悍，数反覆，诏军吏皆将其民徙处江淮间。"这次迁东越民比较彻底，此后，"东越地遂虚"②。

迁徙三越人口到内地，是刘彻"大一统"构想的重要组成部分。刘彻对越人采取了区别对待的政策，一方面实行强制性的归化政策，一方面怀柔安抚，使其民众得以安居乐业。这就有力地瓦解了三越分裂割据势力，团结了愿意内属的居民。刘彻迁其民、虚其地的用意在于，一是以内徙越人填补内地迁往北方边郡的数十万居民留下的空缺；二是用编户什伍组织改变越人原来聚族而居的习俗；三是在"虚其地"后，北方黄河流域人口密集地区的过剩人口向东南方向流动，实其虚地。移民由关中、伊洛、南阳人口稠密区沿沔水（汉水）南下，经江陵向南，溯汀江，越岭南，直至南海。此后直到东汉，一直有大量人口涌入东南三越一带。③

武帝朝人口的迁徙、扩散、转移，推动了文化交流和经济发

---

① 《华阳国志·南中志》。

② 《史记》卷一百一十四《东越列传》。

③ 葛剑雄：《西汉人口地理》，人民出版社，1986年版。

展，加速了"大一统"局面的实现。北方先进文化推动了东南地区社会发展。如铁器传播改变了越地的"刀耕火种"，越人耕作水田的技术也在北方传播。河东太守番系作漕渠灌溉，"久之，河东渠田废，予越人，令少府以为稍入"。司马贞注："其田既薄，越人徙居者习水利，故与之，而少其税，入之于少府。"①

东南半壁实现了郡县制，割据时期的交通关梁之障不复存在，与内地成为统一的市场。平南越之后，汉在番禺（今广州）口岸设置"黄门"，是由少府直接控制的通商机构，有译长，负责翻译事务，专门管理中外贸易。"海上丝绸之路"具备了发展的条件，中国商船能够抵达中南半岛各口岸，世界各地的商船，在粤地海港停泊者不少：

> 粤地……处近海，多犀、象、毒瑁、珠玑、银、铜、果、布之凑，中国往商贾者多取富焉。番禺，其一都会也……自日南障塞、徐闻、合浦船行可五月，有都元国；又船行可四月，有邑卢没国；又船行可二十余日，有谌离国；步行可十余日，有夫甘都卢国。自夫甘都卢国船行可二月余，有黄支国……自武帝以来皆献见。有译长，属黄门，与应募者俱入海市明珠、璧流离、奇石异物，赍黄金杂缯而往。所至国皆禀食为耦。蛮夷商船，转送致之……自黄支船行可八月，到皮宗；船行可二月，到日南、象林界云。黄支之南，有已程不国，汉之译使自此还矣。②

---

① 《史记》卷二十九《河渠书》及"索隐"。
② 《汉书》卷二十八下《地理志》。

中国商人由东南沿海航海到中南半岛和印度半岛的一些港口，输出黄金和丝绸，换取犀角、象牙、珠玑、琉璃等商品。南越经济中心番禺成为国内市场与海外贸易的枢纽，成为一大国际性贸易港口城市。

2. 开拓西南少数民族地区

汉初天下未安，"诸侯并起，民失作业而大饥馑。凡米石五千，人相食，死者过半"①，高祖令民"就食蜀汉"，巴蜀成为安置流民之地。是汉中央直接控制地区，设有巴、蜀、汉中、广汉四郡，至武帝朝没有变化。

张骞首次出使西域时，得知由巴蜀通印度，入大夏，有一条商路。若打通此路，可以取代沙漠草原丝绸之路，建立中西交通线。张骞于元狩元年（前122）上书武帝，建议开西南夷。刘彻派人至西南（今中缅边界地区）探寻通往印度的道路。昆明国王对汉廷的动机心存疑窦，拒不与汉朝相通。

元鼎末至元封初（前112—前110）前后，汉对越用兵期间，顺势向西南方向发展，遣驰义侯至犍为郡发夜郎之兵。夜郎邻国且兰不仅抗不从命，还杀汉使者及犍为太守。时汉军有八校尉集于夜郎，军未及发而南越平定。中郎将郭昌、卫广等率部灭且兰。邛、筰二部也伙同且兰与汉对抗，汉军乘势破其部。其余如冉駹、白马等小郡，畏惧汉军，先后请求"内属"。刘彻在汉军平定西南地区后，按郡县划分其地，以且兰地为牂柯郡，邛地为越嶲郡，筰地为沈黎郡，冉駹为汶山郡，白马地为武都郡。

---

① 《汉书》卷二十四上《食货志》。

汉帝国疆域达到上述地区后，欲进而扩张至滇地。刘彻派人说滇王内属。滇王仰慕汉文明已久，欣然归汉。附近各国如劳浸、靡莫等国则无意内属。刘彻于元封二年（前109）发巴蜀之兵，平定劳浸、靡莫等部。劳浸、靡莫灭亡后，滇国自知不免，请求"内属"。汉廷划其地为益州郡。

自唐蒙通夜郎始至元封二年止，汉帝国在西南少数民族地区先后设置了广汉、犍为、牂柯、武都、沈黎、汶山、越嶲、益州八郡，其中沈黎、汶山二郡不久后废除。

从历史上看，西南少数民族与内地早已发生了互通有无的经济联系，但政治上还保持着独立。刘彻为了开拓大西南，动用了经济、文化和武力手段相结合的办法，在较短时间内就达到了统一的目的。这一方面说明汉帝国的强盛，另一方面也说明西南地区与内地经济交往加强直到融合是不可避免的历史趋势。西南地区郡县初建，刘彻采取了与内地郡县区别对待的方针，允许那里较多地保留少数民族地区的风俗文化，只要求其承认汉帝国的宗主国地位即可。这种比较宽松的模式后来一直在推行。汉帝国向西南拓边，打破了那里原有的封闭性，使之与汉帝国的其他地区加强了交流，对当地经济文化产生了很大的促进作用。西南地区较有影响的夜郎王与滇王都曾至长安朝觐观光。刘彻也多次派官吏到西南各地任职。西南地区社会进步加快了。

3.征伐朝鲜，设置东北诸郡

战国时代，燕国疆域包括真番、朝鲜。燕国曾在这一带设置障塞戍守。秦统一，这一带属辽东郡。长城的东端抵达今平壤附近，朝鲜属辽东郡"外徼"。汉初以朝鲜难守，遂划浿水（清川江）为界。燕王卢绾反，入匈奴。而燕人卫满则聚党千余人，

"渡浿水，居秦故空地上下障，稍役属真番、朝鲜蛮夷及故燕、齐亡在者，王之，都王险"①。孝惠、高后朝，汉与卫满立约，朝鲜为汉之"外臣"，负责维护附近各国安全。

武帝时，朝鲜王国政权控制在卫满之后右渠手中。右渠不断招诱中国内地亡命为其臣属，又阻止当地居民和附近国家与汉朝正当的贸易和礼尚往来。史称，"所诱汉亡人滋多，又未尝入见；真番旁众国欲上书见天子，又拥阏不通"②。这种状况违背了惠帝高后时卫满与汉签署的协议。刘彻遂于元封二年（前109）派使者涉何至朝鲜与右渠交涉，要求他遵守双方协议。不料却遭右渠拒绝。

元封二年秋，刘彻下令击朝鲜，派遣楼船将军杨仆率军五万人，自海路进军；左将军荀彘率所部自辽东进军。荀彘军至朝鲜边境，即为右渠军击破；杨仆军至朝鲜国都王险城下，又为右渠军击破。两军俱失利。于是刘彻又遣使者卫山至朝鲜，再度说右渠归服。右渠答应遣太子谢罪，贡马五千匹。太子率军万余人至浿水便返王险。刘彻认为卫山失职，杀之。荀彘、杨仆率军集于王险城下，右渠坚守，汉军不能攻克。荀彘、杨仆二人意见不一，于是刘彻派济南太守公孙遂赴朝鲜，统一指挥作战。公孙遂擒杨仆，并其军于荀彘，汉军急攻城。朝鲜内部生变，右渠被杀。平定卫氏后，刘彻于元封三年（前108）分朝鲜为真番、临屯、乐浪、玄菟四郡（昭帝始元五年罢真番、临屯郡，存乐浪、

---

① 《汉书》卷九十五《西南夷两粤朝鲜传》。本节参考杨通芳：《中韩古代关系史论·周汉时期中国与古朝鲜的关系》。

② 《史记》卷一百一十五《朝鲜列传》。

玄菟郡）。

朝鲜与中国久已存在文化与经济方面的密切联系，朝鲜各部族也乐于与汉朝建立稳定的关系。但卫氏政权阻碍这种关系的发展，违背了历史潮流。汉帝国用兵朝鲜，消灭卫氏集团，为置郡，将朝鲜纳入了汉王朝的疆域。这固然是刘彻推行扩张政策的结果，但就历史发展而言，汉与朝鲜民族间的关系更加密切了，经济文化交流加强了。

自建元六年汉在西南设犍为郡后，相继收复河南地，置朔方、五原、上郡、陇西、北地诸郡，恢复秦代规模；元狩二年，河西设置酒泉郡，元鼎六年分置张掖、敦煌郡；同年灭南越，置南海、郁林、象郡、苍梧、合浦、儋耳、珠崖、交趾、九真、日南十郡；以闽越地入会稽郡；再开西南夷，设置牂柯、武都、汶山、沈黎四郡；元封三年置乐浪、真番、临屯、玄菟四郡，汉帝国东起朝鲜半岛东海岸，西北至玉门、阳关，北达阴山以北，南至今越南中部，版图幅员超过了秦始皇时代。无论刘彻生前还是死后都有人批评他"外事四夷"。但是像刘彻的祖父文帝那样，天子纳贡嫁女，烽火延及长安，城门为之昼闭，惶惶不可终日的样子，天下就算太平么？腐儒们的历史观是不足以服人的，不能脱离具体的历史条件空论是非。

距今两千多年前，世界上并不存在平等的民族关系准则，没有实力只能挨打，沦为强国附庸，甚至亡国灭种。当时华夏民族尚武之风尚未泯灭，驱匈奴于大漠以北，就靠了这种刚健有为"自强不息"的雄风。当然刘彻并未单纯依赖武力征服，在怎样使各族凝为一体的问题上刘彻不满以汲黯为代表的狭隘民族心理，而是超越"严夷夏之大妨"的局限，以"亲近徕远"为基本方针，以武取之，文化内揖，用"属国"等形式羁縻北部、西部边疆强悍的少数民族，确立了"厚德载物"的民族政策。刘彻使两千多年前的中国成为一个多民族的泱泱大国。直到今天，中华民族的主体民族之所以称"汉族"，中国所以成为多民族共同的家园，最初还是托庇于汉武帝刘彻的威灵。

第五章　强本弱末、利出一孔的经济政策

自晚周以来，中国社会大动荡、大分化、大解体，至秦汉时代重新整合。汉武帝时代是中国古代社会经济转型的完成期，其政治上的标志就是中央集权大帝国的确立。西汉财政困难大致在元鼎年间已露端倪，此后日趋严重，形成危机。刘彻先后起用张汤、孔仅、东郭咸阳、桑弘羊等"兴利"之臣，推行新经济政策，以确保"大一统"政治目标的全部实现。刘彻以"强本弱末""强干弱枝""利出一孔"为基本原则，用"轻重之术"为经济杠杆，将"用法兴利之臣"作为政治杠杆，一系列新经济政策相继出台，对西汉社会经济结构的转型产生了重大影响。

一、汉初社会经济的基本状况

中国传统以农业立国。国家以赋税、徭役等形式占有农业剩余劳动，其他产业在分割农业剩余劳动基础上形成工业、商业和高利贷资本。古代商品经济发展的同时，也在腐蚀着自己的基础。小农经济无力抗拒自然灾害、内外战争和土地兼并。中央集权国家能更有效地组织正常的社会生活，给小农相对的稳定和安全，维护简单再生产。秦汉帝国皆以"编户齐民"个体农户为基本生产单位，国家兵役、徭役、赋税主要来源也在于此。汉初

"大城名都民人散亡，户口可得而数裁什二三，是以大侯不过万家，小者五六百户"①。刘邦以"故秦苑囿园池，令民得田之"②。时"秦中新破，少民，地肥饶，可益实"③。刘邦鼓励农民垦荒占田，迁民实关中，垦耕者不限，增加中央直接控制的户口。"逮文、景四五世间，流民既归，户口亦息"，局部地区土地已趋紧张。景帝即位，"议民欲徙宽大地者，听之"④。土地—人口历来是统治者争夺的主要对象。皇家宗室、诸侯王国、外戚集团、军功贵族、官僚阶层、地方豪强、大工商业主无不从事人口—土地兼并活动。

1.汉初的编户齐民与社会结构

秦汉帝国建立在"编户齐民"⑤基础上，编户"什伍"是兵农合一的户籍组织，个体农户是西汉社会基本经济单位。晁错分析汉初农户状况说：

> 今农夫五口之家，其服役者不下二人，其能耕者不过百亩，百亩之收不过百石。春耕夏耘，秋获冬臧，伐薪樵，治官府，给徭役……四时之间亡日休息；又私自送往迎来，吊死问疾，养孤长幼在其中。勤苦如此，尚复被水旱之灾，急政暴赋，赋敛不时，朝令而暮改。当具有者半贾而卖，亡者

---

① 《汉书》卷十六《高惠高后文功臣表》。
② 《汉书》卷一《高帝纪》。
③ 《汉书》四十三《郦陆朱刘叔孙传·娄敬》。
④ 《汉书》卷五《景帝纪》。
⑤ 《史记》卷三十《平准书》如淳注："齐等无有贵贱，故谓之齐民。"

取倍称之息，于是有卖田宅鬻子孙以偿责者矣。而商贾大者积贮倍息，小者坐列贩卖，操其奇赢，日游都市，乘上之急，所卖必倍。故其男不耕耘，女不蚕织，衣必文采，食必粱肉，亡农夫之苦，有仟伯之得。因其富厚，交通王侯，力过吏势，以利相倾；千里游敖，冠盖相望，乘坚策肥，履丝曳缟。此商人所以兼并农人，农人所以流亡者也。[1]

　　个体农户的境遇包含了帝国治乱兴衰的内在机制。晁错对个体农户的经济核算如下：一户五口之家，耕田不过百亩（汉亩合今2.88市亩），全年所收不过百石，除去口粮四十五石，文帝时常年谷价石十余钱至数十钱，[2]户卖余粮按五十石计，加上手工业和家养畜禽收入补贴，得二千至五千钱左右。编户每年交纳赋税："田租"十五税一合三石，约二百钱；"算赋"百二十钱；"口赋"人二十三钱，五口共一百一十五钱；岁出"徭役"为"更卒"一月，若雇人代役一月折合二千钱，总计二千五百钱左右。一生中一年"正卒"、一年"戍卒"尚未计算在内。编户常年收入低于上述标准者占大多数。

　　汉初"名田"，编户无爵"士伍"人数最多，士伍以上二十级。秦制，爵秩递增一级，赐田一顷，宅九亩，奴婢一人，复除庶子一人徭役。"高爵"者有复除（免役）、赐钱、食邑、赐税等特权。秦制第五级爵"大夫"以上为高爵；第七级"公大夫"可

---

① 《汉书》卷二十四《食货志》。

② 《太平御览》卷三五引桓谭《新论》，言文帝时"谷至石数十钱"。《史记》卷二十五《律书》："孝文即位……粟至十余钱。"

与"令、丞亢礼"。汉循秦制，又有变化。汉五年，刘邦下令"七大夫、公乘以上，皆高爵也"[1]。"士伍"以下是贱民和奴隶。如"无名数"（逃亡无户籍者）、庶子、赘婿、奴婢、奴产子等。秦与汉初的编户齐民体制，爵位越高，人数越少，呈金字塔形结构。占编户大多数的士伍阶层，收入往往达不到上述水平，而实际经济负担却较上述为重。在编户与奴婢之间，有"佣""客"等失去生产资料沦为雇佣或半依附身份的人口，社会地位不固定。其中少数人可能因军功、事功、纳爵、纳赀、入奴婢等途径提高社会地位，富者可买爵，爵可抵罪，称"狱市"。贫者则可能沦为奴婢。

当时的社会更注重财富差别，"凡编户之民，富相什则卑下之，伯则畏惮之，千则役，万则仆"，"贫人学事富家，相矜以久贾"，"千金之家比一都之君，巨万者乃与王者同乐"[2]。故法律虽贱商人，商人的实际社会地位却提高了。社会结构愈益呈现出不固定性，绝大多数编户农民常年仅可维持简单再生产，一旦逢灾年或生老病死，加之贪官污吏酷法暴政、苛捐杂税、豪强兼并以及市场粮价波动、不时之需等原因，被迫借高利贷，甚至"卖田宅鬻子孙"，终致破产流亡，投身为佣为客，卖身为奴为婢。个体小农是西汉帝国的基本经济单位，而小农经济的脆弱性又使汉帝国的基础具有不稳定的趋向。

2.汉初至武帝前期的人口—土地兼并现象

汉初"令民名田"，承认土地占有现状，但国家拥有最高所

---

① 《汉书》卷一《高帝纪》。
② 《史记》卷一百二十九《货殖列传》。

有权，人口—土地资源由封赐、罚没等形式不断再分配，是皇权调整政治经济利益的主要杠杆之一。人口和土地进入市场，具备了商品化的形态。西汉帝国编户 12 233 062 户，人口 59 594 978 人。西汉可耕地、不可耕地统称"提封田"，计 145 136 405 顷，其中 102 528 889 顷为居邑道路、山川林泽等不可耕地，可耕地 32 290 947 顷，"定垦田" 8 270 536 顷。①由于土地不断参与再分配，人口不断增长，黄河流域人口密度上升，加之土地和人口的商品化和超经济强制等因素，汉初土地占有状况不断改变，土地趋于紧张，编户组织加速分化、两极化。土地、人口、财富兼并成为一股狂潮。只有开拓疆域，扩大国土，才能保障人口与土地的相对均衡。人口—土地矛盾是西汉社会矛盾趋于尖锐化的根源，也成了刘彻不断对外用兵的驱动力之一。

皇室是最大的兼并之家。在西汉"国"与"家"的经济关系中，皇家与诸侯王国的私产独立于国家财政。皇室财产由"少府"管理，诸侯封国则称"私府""小府""中府"。"山川园池市井租税之入，自天子以至于封君汤沐邑，皆各为私奉养焉，不领于天下之经费"②。按周礼，周天子是宗主国，除已封诸侯王国外，后代也要有土可封。所以，周代国土日蹙，国势渐削以至于湮灭是必然的。秦用郡县制，用军功赐爵制度分配人口—土地，但国以争利为俗，享祚不长久。刘邦兼用周秦封国与郡县制度。关中地广人稀，刘邦用娄敬建议，"徙齐诸田，楚昭、屈、景，

①《汉书》卷二十八《地理志》。此为"汉初迄于孝平"的统计数字，武帝前期大致不低于此数。

②《史记》卷三十《平准书》。

燕、赵、韩、魏后，及豪杰名家，且实关中。无事，可以备胡；诸侯有变，亦足率以东伐。此强本弱末之术也"[1]。不仅将关东大族土地收归国有，也占有了迁入关中之民的赋税收入。刘邦消灭异姓诸侯王，分封同姓诸侯王，其后累有改封之事。如文帝处理淮南厉王刘长案，民谣嘲之，文帝叹曰："尧舜放逐骨肉，周公杀管、蔡，天下称圣。何者？不以私害公。天下岂以我为贪淮南王地邪？"[2]无论文帝怎样解释，人们仍然认为他在搞土地兼并。这反映了汉初人们的普遍观念。至于景帝大削诸侯王封地，转封自己的十三个儿子，就更不在话下了。爰叔教唆董偃，说窦太主（馆陶公主）献"长门园"于刘彻，博得刘彻欢心；刘彻本人听取吾丘寿王之言，把"其价亩一金"，号为"土膏"，特产丰富的阿城以南、盩厔以东、宜春以西的膏腴之地"提封顷亩"划归自己所有。东方朔切谏，刘彻虽赐朔黄金百斤，"然遂起上林苑，如寿王所奏云"[3]。

诸侯王也大搞人口、土地、财富的兼并活动。汉初，封国经济财政独立于中央，"自置吏，皆赋敛"，"国所出有，皆入于王也"。[4]诸侯王各擅"山川园池市井之税"，专渔盐铜铁铸币放贷之利。故诸侯土私府之入"多于国经租税"[5]。如齐国"临淄十万户，市租千金，人众殷富，巨于长安。此非天子亲弟爱子，不

①《汉书》卷四十三《郦陆朱刘叔孙传·娄敬》。
②《史记》卷一百一十八《淮南衡山列传》。
③《汉书》卷六十五《东方朔传》。
④《史记》卷五十九《五宗世家》集解引徐广曰。
⑤《史记》卷三十《平准书》。

得王此"；①吴国"招致天下亡命者盗铸钱，煮海水为盐，以故无赋，国用富饶"②；赵国以冶铸为业，至武帝朝仍"数讼铁官事"③；胶西于王刘端"府库坏漏，尽腐财物，以巨万计"④；梁孝王刘武"财以巨万计，不可胜数"，甚至可与皇室相匹敌。

外戚依附皇权，地位沉浮不定，故聚敛财富兼并土地最为急切，莫不欲乘得势之机大肆兼并，转化成大土地所有者。如吕后为诸吕争王，窦太后、王太后为诸窦、诸田求封，田蚡"治宅甲诸第，田园极膏腴"，仍不足，犹欲夺灌夫之田。⑤再如，文帝幸臣邓通，诱使逋逃流亡至"秦、雍、汉、蜀"，冶铜铸钱，牟取暴利。以致邓氏"钱布天下"⑥，"财过王者"，严重影响了国家收入。

官僚阶层成员以官职级别的俸禄为生，收入有限，不足以传世。官僚阶层除谋求封赐外，从事兼并者更多。刘邦为缓和统治集团的权力斗争，鼓励官僚搞土地兼并。有人劝萧何："上所为数问君者，畏君倾动关中。今君胡不多买田地，贱贳贷以自污，上心乃安。"百姓上告萧何夺田，刘邦大悦："相国乃利民"。而萧何为百姓生计请求开放上林苑时，刘邦却勃然大怒，说："相国多受贾人财物，乃为请吾苑！"欲将他治罪。⑦刘彻问严助何所

---

① 《史记》卷五十二《齐悼惠王世家》。
② 《史记》卷一百六《吴王濞列传》。
③ 《史记》卷一百二十二《酷吏列传》。
④ 《汉书》卷五十三《景十三王传》。
⑤ 《史记》卷一百七《魏其武安侯列传》。
⑥ 《盐铁论·错币》。
⑦ 《史记》卷五十三《萧相国世家》。

求，严助说自己小时家贫，为人所辱。刘彻赏赐甚厚。严助至郡，淮南王刘安又厚加贿赂；朱买臣升官后，刘彻对他说："富贵不归故乡，如衣绣夜行。"①有人告发御史大夫张汤向商人透露经济情报，刘彻垄断经营商品的法令尚未出台，商人们便预先得到消息，"居物致富，与汤分之"②。此事无论真假，都说明官僚阶层以权谋私是普遍的社会现象。

地方豪宗强族、富商大贾，虽无政治经济特权，却能凭借其雄厚的财富支配官府，声震一方者号称"素封"，凭借宗族势强雄霸乡里者，号称"武断"。司马迁说："当此之时，网疏而民富，役财骄溢，或至并兼豪党之徒，以武断于乡曲。"③萧何"置田宅必居穷处"，为使后世"毋为势家所夺"④；宁成自称"仕不至二千石，贾不至千万，安可比人乎？"下吏后"贳贷陂田千余顷"出租，"役使数千家"，数年"致产数千万"⑤。富者积财放贷，收取"倍称之息"，转而投资"买田宅"。甚至封君显宦也假贷于富者，"富商大贾或蹛财役贫，转毂百数，废居居邑，封君皆低首仰给"⑥。

统治阶级各阶层贵者占田，富者买田，强者夺田，莫不"身宠而载高位，家温而食厚禄，因乘富贵之资力，以与民争利于下……是故众其奴婢，多其牛羊，广其田宅，博其产业，畜其委

①《汉书》卷六十四上《严朱吾丘主父徐严终王贾传》。
②《汉书》卷五十九《张汤传》。
③《史记》卷三十《平准书》。
④《史记》卷五十三《萧相国世家》。
⑤《汉书》卷九十《酷吏传》。
⑥《史记》卷三十《平准书》。

积"①，汇成了不可遏止的聚敛兼并狂潮。这一经济趋势呈加速之势，加快了编户齐民的两极分化，少数人暴富，个体小农破产，编户什伍组织破坏，阶级关系和等级关系变动，西汉的社会结构发生了严重的变型。

3.古代工商业资本与市场经济的发展及其影响

农业生产率的提高是生产分工、产业分化、社会分层的基础。随着农业生产率的提高，周代"工商食官"经春秋"四民分业"，渐次达到"处工就官府，处商就市井"的产业分工状态。②周景王二十一年（前524）"铸大钱"，标志着商品货币交换趋于复杂化。战国以降，民间工商业勃兴。汉初私营工场手工业、采矿业、冶铜、铸铁、铸币、煮盐、酿酒、运输及商业、高利贷、旅店、餐饮乃至占卜、风水、卖淫等行业蓬勃兴旺。汉初放纵的自由经济政策，促使编户齐民"背本趋末"，富商大贾"交通王侯，力过吏势"，商人阶层充满活力。七国之乱，长安无盐氏进行政治投资，竟向汉朝封君放高利贷，岁息十倍，一举变为关中首富；师史长途贩运，"转毂以百数"，资本积累达七千万；秦扬搞农业大土地商品化经营，其富"以盖一州"；雍伯贩油脂而致千金；张氏卖浆所得千万；乐成行贾、郅氏治刀、浊氏卖羊杂、张里医马，甚至田叔掘冢、桓发博戏都发了大财。全国各地都有自由工商业家族涌现出来，如蜀临邛卓氏、程郑、南阳孔氏、鲁曹邴氏、齐之刀间、洛阳师史、宣曲任氏、关中诸田，③圣人之

---

① 《汉书》卷五十六《董仲舒传》。

② 《国语·齐语》。

③ 《史记》卷一百二十九《货殖列传》。

乡邹鲁素习经籍的儒生也难耐清贫，"以其故多去文学而趋利"①。足见商品货币交换经济的巨大社会影响力。

汉初民间自由资本充斥市场。"汉兴，海内为一，开关梁，弛山泽之禁，是以富商大贾周流天下，交易之物莫不通，〔民〕得其所欲。"②以长安为中心，形成了广阔的国内市场格局。据《史记·货殖列传》记载：

> 长安诸陵四方辐凑并至而会……故关中之地于天下三分之一，而人众不过什三，然量其富，什居其六；
>
> 杨、平阳西贾秦、翟，北贾种、代……温、轵西贾上党，北贾赵、中山；
>
> 邯郸亦漳、河之间一都会也，北通燕、涿，南有郑、卫；
>
> 燕亦勃、碣之间一都会也，南通齐、赵，东北边胡。上谷至辽东；
>
> 洛阳东贾齐、鲁，南贾梁、楚。故泰山之阳则鲁，其阴则齐……临菑亦海岱之间一都会也；
>
> 越、楚则有三俗。夫自淮北沛、陈、汝南、南郡，此西楚也……江陵故郢都，西通巫、巴，东有云梦之饶。陈在楚夏之交，通鱼盐之货……彭城以东，东海、吴、广陵，此东楚也……亦江东一都会也……衡山、九江、江南、豫章、长

---

① 《史记》卷一百二十九《货殖列传》。

② 《史记》卷一百二十九《货殖列传》。

沙，是南楚也……郢之后徙寿春，亦一都会也……番禺亦其一都会也；

颖川、南阳……西通武关、郧关，东南受汉、江、淮。宛亦一都会也。

国内市场不足以容纳工商业资本膨胀的巨大张力，对外的自由贸易随之发展起来。譬如，西北的"天水、陇西、北地、上郡……西有羌中之利，北有戎翟之畜"，早在秦代，就有如安定乌氏名倮的商人从事与戎翟间大宗牲畜与丝绸、粮食交易，"畜牧，及众，斥卖，求奇缯物，间献遗戎王。戎王什倍其偿，与之畜，畜至用谷量马牛"①；汉羌间以茶马贸易为大宗，俗有"武都卖茶"之说；西南边地商品奴隶走私贸易猖獗，"巴蜀民或窃出商贾，取其笮马、僰僮、牦牛，以此巴蜀殷富"，大夏蜀布、邛竹杖从印度"得蜀贾人市"②，昆明私贸易达"其西可千余里，有乘象国，名曰滇越（缅甸），而商贾奸出物者或至焉"③；东北方的燕地，"北邻乌桓、夫余，东绾秽貉、朝鲜、真番之利"④；北方与匈奴的边境虽有战争侵掠干扰，但商贸往来频仍。例如商人桥姚往返边塞南北从事粮食与牲畜交易，"致马千匹，牛倍之，羊万头，粟以万钟计"⑤。"匈奴贪，尚乐关市，嗜汉财物。汉亦

---

① 《史记》卷一百二十九《货殖列传》。
② 《史记》卷一百一十六《西南夷列传》。
③ 《史记》卷一百二十三《大宛列传》。
④ 《史记》卷一百二十九《货殖列传》。
⑤ 《史记》卷一百二十九《货殖列传》。

尚关市，不绝以中之"①。东南地区，"番禺（广州）亦其一都会也，珠玑、犀、玳瑁、果、布之凑"。例如山东迁虏程郑就通"贾椎髻之民"，参与越人与海外的贸易。②

汉帝国与周边国家或民族的贸易往来，体现了一个文明大国蓄积的经济潜能。这种能量在汉初尚处于混乱无序状态，需要统一的国家制度组织和规范，需要统一的货币政策支持，需要强大的军事实力保障安全。

对西汉中央政权而言，私营工商业、自由资本、高利贷资本往往体现为无序化和不稳定力量。古代的财富积累具有以财富换取政治权力，由工商业向农业转化的特点。古代农业称为"本业"，工商称"末业"。"时天下侈靡趋末，百姓多离农亩"③。从汉朝中央政权的角度看，私人工商业者"皆非有爵邑奉禄，弄法犯奸而富"，这些人"与时俯仰获其赢利，以末致财，用本守之，以武一切，用文持之，变化有概，故足术也。若至力农畜，工虞商贾，为权利以成富，大者倾郡，中者倾县，下者倾乡里者，不可胜数"④。所谓"为权利"的公式为：资本—权力—资本。即用金钱换取权力的保护和支持，赚取更大利润。"以末致财，用本守之"，其公式为：资本—市场—地租。即资本通过市场增值，然后回归土地投资，转化为地租利润，使"末富"转化为"本富"。"以武一切，用文持之"，其公式为：暴力—财富—资本。即先违法致富，然后遵法守财。使"奸富"最终转化为"本富"。

---

① 《史记》卷一百十《匈奴列传》。
② 《史记》卷一百二十九《货殖列传》。
③ 《汉书》卷六十五《东方朔传》。
④ 《史记》卷一百二十九《货殖列传》。

这是古代资本原始积累的"变化之概"：私人资本对政治权力的渗透不是偶然现象，而是与这种社会结构共始终的基本因素。古代工商业资本自身难以形成"恒产"——稳定的资本扩大再生产——最终还要回归到农业土地经营中来。商贾阶层游离于编户什伍组织之外，居私邑，"为权利"，倾动地方，大者富过王侯，故称"素封"，小者称"浮淫并兼之徒"，是汉帝国的基础编户什伍组织严重的腐蚀剂，成为削弱中央集权的因素。

4.儒者对汉帝国经济状况与发展趋势的预警

儒者们曾就经济形势向文帝、武帝作过郑重告诫和建议。贾谊说：

> 今背本而趋末，食者甚众，是天下之大残也；淫侈之俗，日日以长，是天下之大贼也。残贼公行，莫之或止；大命将泛，莫之振救。生之者甚少，而靡之者甚多，天下财产何得不蹶？汉之为汉，几四十年矣，公私之积，犹可哀痛。失时不雨，民且狼顾；岁恶不入，请卖爵子。既闻耳矣，安有为天下阽危者若是而上不惊者！①

贾谊对汉初大量人口"背本趋末"，社会侈靡腐败，两极分化，国库耗减，"岁恶不入，民卖爵子"现象痛心疾首，以为危兆警告文帝。晁错则说：

---

① 《汉书》卷二十四《食货志》。王应麟以此为贾谊《治安策》之一部，可从。

> 方今之务，莫若使民务农而已矣。欲民务农，在于贵
> 粟；贵粟之道，在于使民以粟为赏罚。今募天下入粟县官，
> 得以拜爵，得以除罪。如此，富人有爵，农民有钱，粟有所
> 渫（泄，散）。①

晁错重农但并不抑商，他批评商业资本转向"本业"，从事
土地兼并，反对商人半价而买、倍价而卖的粮食投机。他提出用
"贵粟"政策保护发展农业生产，用"拜爵""除罪"的方式收购
富人手中的余粮。一举可达到三个目的："一曰主用足，二曰民
赋少，三曰劝农功。"②国家、商人、农民各得其所。此建议被景
帝采纳，"太仓之粟陈陈相因"，起到富国的重要作用。

董仲舒向刘彻上奏《限民名田议》，针对武帝朝前期的土地
兼并现象提出了一套近乎复古的建议。这篇奏议作于元狩四年
（前119）：

> 至秦则不然，用商鞅之法，改帝王之制，除井田，民得
> 卖买，富者田连仟伯，贫者亡立锥之地。又颛川泽之利，管
> 山林之饶，荒淫越制，逾侈以相高；邑有人君之尊，里有公
> 侯之富，小民安得不困？又加月为更卒，已，复为正一岁，
> 屯戍一岁，力役三十倍于古；田租口赋，盐铁之利，二十倍
> 于古；或耕豪民之田，见税什五。故贫民常衣牛马之衣，而

① 《汉书》卷二十四《食货志》。
② 《汉书》卷二十四《食货志》。

食犬彘之食。重以贪暴之吏，刑戮妄加，民愁亡聊，亡逃山林，转为盗贼，赭衣半道，断狱岁以千万数。汉兴，循而未改。古井田法虽难卒行，宜少近古，限民名田，以澹不足，塞并兼之路。①

这段著名的议论，名为批评嬴政，实为指责现状，是历史上一再出现的儒法互黜的延续。董仲舒未说清楚商鞅除井田与古代井田制情况的究竟，引得两千年来人们对井田制众说纷纭。董仲舒以儒家的"太平"观和民本主义观点，站在加强中央集权立场上，针对土地兼并两极分化现象，主张用"限民名田"的方法，将其欲使土地占有权平均化，农业劳动力固定化的意图说清楚。所谓"名田"，实为董仲舒将秦统一后"令黔首自实田"、汉初令民"复故田宅"法令，与自己建立平均地权的模式结合的产物。他主张国家对土地兼并的规模加以法律限制，使之立法有"制"，限之有"度"。但他的主张违背了包括统治集团成员在内的所有大土地占有者的意志，无异于与虎谋食，不可能被采用。

武帝朝土地兼并、贫富分化日趋严重，已经超过了维持社会稳定之"度"的极限。古代市场经济是瓦解小国寡民封闭状态和大一统国家形成的经济推动力，但若不加控制地任其发展，同样会因其对社会基础的侵蚀而导致帝国的解体。所以马克思称之为"腐蚀性的酸剂"。古代自由工商业资本不可能形成近代意义上的资本主义生产关系，它的过度发展只能动摇和瓦解皇权统治的基础。汉朝前期古代商品货币交换经济的过度偾张与汉帝国的生存

———

① 《汉书》卷二十四《食货志》。

发展之间，既有密不可分的关联性，同时也存在着某种深刻的内在冲突。由于刘彻欲加强中央集权，"外事四夷"，发动对匈奴的战争，开拓边疆，大事兴作，国家财政早已不堪负担，迫切需要调整经济政策和财政方针。刘彻对汉帝国经济和财政体制作出必要的调整，加强国家机器对经济生活的干预和控制能力，已是刻不容缓、势在必行的事情了。

二、利出一孔的"轻重"理论

由于连年战争，加之自然灾害频仍，大致到元狩、元鼎之际，西汉国民经济和财政收入渐呈险象。刘彻先是用张汤，后又起用孔仅、东郭咸阳、桑弘羊等精于"轻重之术"的"兴利之臣"，设计新经济政策，强化国家对经济的干预，加强宏观调节和控制，增加财政收入，以保证"外事四夷"之需。

1. 财政危机的出现

据《汉书·食货志》记载，武帝前期财政状况恶化大致可分三个阶段：

第一阶段，徙三越之民，"江淮之间萧然繁费矣"；"开西南夷，凿山通道千余里"，"巴蜀之民罢（疲）焉"；击秽貊、朝鲜，"燕齐之间靡然发动"；匈奴扰北边，兵连不解，"天下共其劳。干戈日滋，行者赍，居者送，中外骚扰相奉，百姓抏敝以巧法，财赂衰耗而不澹。入物者补官，出货者除罪，选举陵夷，廉耻相冒，武力进用，法严令具。兴利之臣自此而始"[1]。由于财源耗竭而导致社会的无序化，刘彻不得不起用"兴利之臣"。

---

① 《汉书》卷二十四下《食货志》。

第二阶段，以数万骑击匈奴；再通西南道，劳工数万人，巴蜀租赋不足以供应，募豪民垦田于西南边；东置沧海郡，人徒之费与开西南夷相当；兴十万之众屯筑以成卫朔方，"千里负担馈饷，率十余钟致一石……自山东咸被其劳，费数十百巨万，府库并虚"①。于是，募民能入奴婢者复终身、为郎、增秩等等，均始于此时。

第三阶段，连年举十余万众击匈奴，赏赐黄金二十余万斤，"兵甲转漕之费"尚未统计在内。大司农储钱用尽，"赋税既竭，不足以奉战士。有司请令民得买爵及赎禁锢，免减罪；请置赏官，名曰武功爵，级十七万，凡直三十余万金"；后骠骑击匈奴，浑邪王率数万众来降，汉发车三万乘迎之，"是岁费凡百余巨万"；河决，灌梁、楚地，屡治河，堤防坏，"费不可胜计"；穿汾河溉田，治关中、朔方水利，"作者各数万人，历二三期而功未就，费亦各以巨万十数"；伐匈奴养战马，食于长安者数万匹，关中不足，调集旁郡；匈奴降者受厚赏，"衣食仰给县官"，不足，"天子乃损膳，解乘舆驷，出御府禁臧以澹之"。山东被水灾，"虚郡国仓廪以振贫。犹不足，又募豪富人相假贷，尚不能相救，乃徙贫民于关以西，及充朔方以南新秦中，七十余万口，衣食皆仰给于县官，数岁，贷与产业……费以亿计，县官大空"②。

上述各项开支并非虚数，而是经过"上计"的精确数字。西汉军费常年不超过十亿钱，包括养兵、边防工程、马政及其他诸

①《汉书》卷二十四下《食货志》。

②《汉书》卷二十四下《食货志》。

项。有兵事，军费另加，有军功赏赐、安葬抚恤、招降安置诸项。①武帝朝连年用兵，年耗资少则数十亿，多则上百亿钱，以致大司农库到元鼎初年"陈臧（藏）钱"告罄。文景时代留下的"贯朽而不可校"的家底已经消耗殆尽，正常岁收开始出现入不敷出的状况。②但是，刘彻并不打算放弃既定的"有为多欲"的战略目标，也不准备停止外事四夷的伟业。鉴于张汤专用酷法兴利，违背了货币经济的规律，滥改币制遭到了严重失败的教训，武帝元狩四年（前119）开始起用精通于"轻重之术"的经济专家孔仅、东郭咸阳、桑弘羊等人管理财政，改革汉帝国的经济和财政体制，制定新的经济财政政策。

2.理财三杰——孔仅、东郭咸阳、桑弘羊

孔仅、东郭咸阳、桑弘羊皆出身于大工商业主之家，都有"言利事，析秋毫"之才，精通"轻重之术"。孔仅出自南阳冶铁的孔氏家族。秦伐魏，迁孔氏于南阳。孔氏遂起"大鼓铸，规陂池，连车骑，游诸侯，因通商贾之利，有游闲公子之赐与名。然其赢得过当，愈于纤啬，家致富数千金。故南阳行贾尽法孔氏之雍容"③。由于经营得法，孔氏经商利润远高于一般商人，精打细算，节俭近乎吝啬，财富积累最快，南阳商家群起而仿效。孔

---

① 胡宏起：《两汉军费问题研究》，载《中国史研究》1996年第4期。

② 据《汉书》卷六十四下《严朱吾丘主父徐严终王贾传·贾捐之》：贾捐之曰："至孝武皇帝元狩六年，太仓之粟红腐而不可食，都内之钱贯朽而不可校。"一般认为这是形容"文景"时代的经济状况，从这段话看则至元狩末亦然。

③《史记》卷一百二十九《货殖列传》。

仅承其家风，长于经营冶铁业，尤其善做大生意，搞大规模的经营活动。

东郭咸阳其家原为齐国商人。齐地盛产海盐，而东郭氏为产盐贩盐世家，其盐业经营方式与齐地的田啬、田兰、刀间相仿，善于组织大量奴隶协作从事盐业生产和销售，"逐渔盐商贾之利，或连车骑，交守相，然愈益任之。终得其力，起富数千万"①。刘彻遂任用东郭咸阳和孔仅二人管理大农。

在"兴利之臣"中，桑弘羊地位比较特殊。桑弘羊，"雒阳贾人子，以心计，年十三侍中"②。他有心算天赋，精通"轻重之术"，又是刘彻少年时代的伴当。刘彻任他为"侍中"，是自己的经济顾问，特别亲重，委任少府之职，管理皇室财务。桑弘羊于元鼎二年（前115）为大农丞，掌管会计事务；元封元年（前110）以治粟都尉领大农之任，制定并推行盐铁、均输、平准等诸项法令。他在卫太子一案中曾受到牵连，杜周"捕治桑弘羊、卫皇后昆弟子刻深"。然而桑弘羊不仅终于无事，而且还成为少帝辅命大臣之一，盖因刘彻袒护而未罹祸。③至天汉元年（前100），桑弘羊迁为大农令。太始元年（前96）任搜粟都尉（此时未设大司农）。由于刘彻的特殊信任，他得以参与了武帝朝几乎所有新经济政策的制定。

3.财政经济改革的指导思想——"轻重"理论

刘彻制定新经济政策的基本思想来源于《管子·轻重》各

---

① 《史记》卷一百二十九《货殖列传》。

② 《史记》卷二十《平准书》。

③ 《史记》卷一百二十二《酷吏列传》。

篇，其基本思想主要是强化国家对经济活动的积极干预和调控，以便更高效率地聚财。但这种干预一方面是国家对主要工商业直接组织的垄断性生产和经营，另一方面则是在对市场经济、商品交换规律了解的前提下，运用货币工具和金融、政治等手段，对社会经济进行政策性和行政性的宏观调节和控制，通过"张公室，抑私门"，达到了"民不益赋而天下用饶"[①]的目的。

《管子·轻重》是由19篇（现存16篇，亡佚3篇）讨论市场、经济与国家对市场控制的经济学论文组成，基本思想主要来自战国时代古代商品货币交换经济最为发达的齐国稷下学宫学者们的经济学说。[②]《轻重》的基本范畴"轻重"，揭示了商品—货币交换关系具有"轻—重"变化的特性：同一种商品，稀缺时价格就提高，为"重"；过剩时价格就下降，此谓"轻"。轻—重围绕市场需求的涨落变化而变化。周景王"铸大钱"（前524）时，人们已经从一般商品交换的规律中，总结出货币制度具有"轻—重"的特性，故可以采用铸大钱的办法调节商品货币流通。国家可以运用商品货币交换的"轻重"规律来调节劳动力的流动，调整"本—末"关系。如《管子·轻重·国蓄》载："不通于轻重，不可为笼以守民；不能调通民力。"所以，"轻重"理论是中国古代国家运用经济规律杠杆宏观调控经济运行的基本理论。

《管子·轻重》诸篇揭示了货币制度在古代社会经济运行中

---

① 《史记》卷三十《平准书》。

② 马非百《关于〈管子·轻重篇〉的著作年代问题》考证其为西汉著作，疑古过勇。80年代初已故韩连琪先生生前示笔者《管子集校》批注，赵俪生师《〈管子〉与齐国历史的关系》（载《历史研究》1988年第4期）均驳此说。

的重要地位、作用和特性。《管子·轻重·揆度》载："刀币（齐国货币）者，沟渎也"；《管子·轻重·国蓄》载："黄金刀币，民之通施也"，说明货币在商品交换中的地位和作用。在古代市场经济中，货币—谷物关系具有杠杆效应，能够反映农业与工业、商业等不同产业之间的关系变化。故《管子·轻重·国蓄》特别指出："五谷者，万物之主也。谷贵，则万物必贱；谷贱，则万物必贵"，"谷重而万物轻，谷轻而万物重"。在古代，农业是"本业"，工商业是"末业"。所以在古典经济中，谷物仍然具有"谷本位"的属性。

《管子·轻重》诸篇主张利用不同商品之间"轻重"关系的变化控制市场，调节经济运行，谋取超额利润。《管子·侈靡》认为，商品交换具有"重则至，轻则去"的运行规律。[1]《管子·轻重·揆度》指出，"物藏则重，发则轻，聚则寡，散则多"，这也是商业经营的规律。国家作为一个统一的行为主体，当然更有条件通过垄断经营运用这一规律，以获致巨大的经济利益。

《管子·轻重》诸篇把"以轻御重"概括为"权"，提出了"权轻重"思想。国家作为从事经济行为的统一主体，若有效运用行政权力，就能够调控经济运行。《管子·侈靡》载："予之在君，夺之在君，贫之在君，富之在君。"君主合理运用权力杠杆，"夺余满，补不足，以通政事"，使之保持社会经济的正常运行和政治局势的稳定。在古代，超经济权力也可使之具有经济的功

---

[1]《管子·侈靡》为齐湣王时齐相苏秦所作，当与《轻重》诸篇约略同时。详拙作《〈侈靡〉篇新探》，载《历史研究》1991年第6期。

能。

《轻重》诸篇将市场价格涨落喻为水波的起伏，将国家操纵、垄断、控制市场的"轻重"之术变成国家行为，从而形成了"平准"概念。即国家怎样在价格波动中掌握、维持经济运行的平衡、稳定。《管子·轻重·山至数》载："彼重则见射，轻则见泄，故与天下调……轨守其数，准平其流"；"人君操谷、币、金衡，而天下可定也"；《管子·轻重·国蓄》指出，"凡轻重之大利，以重射轻，以贱泄平，万物之满虚随财准平而不变……君知其然，故守之以准平"。所谓"射"，是用高于市价的价格买进商品，"泄"则是用低于市价的价格卖出商品。如果合理运用轻重之术经营，射、泄得当，既能平抑物价，又可以牟取可观的利润。

《管子·轻重》诸篇主张国家通过垄断经营主要商品的生产、流通、转运、储藏、销售，称之为"官山海"。《管子·轻重·山至数》说："君有山，山有金以立币"；《管子·轻重·海王》托管仲回答齐桓公问国家财政方针说："唯官山海为可耳。"他把"官山海"简单概括为盐铁官营。说盐与铁是家家户户不可或缺的商品，国家对盐铁的垄断经营，可获大利，"其余轻重皆准此而行。然则举臂胜事"，就等于掌握了启动国民经济运行的杠杆。

"轻重"理论的核心是使全部经济力量集中于国家。《管子·轻重·国蓄》说得最概括："利出于一孔者，其国无敌；出二孔者，其兵不诎；出三孔者，不可以举兵；出四孔者，其国必亡。"可见"利出一孔"是中央集权国家的经济政策的一个基本点。从桓宽《盐铁论》所反映的桑弘羊的观点看，与《管子·轻重》一脉相承。

三、强本弱末，保护农业生产

刘彻推行新经济政策，调整"本—末"关系，达到富国强兵的目的。通过对财政—经济体制改革，维护"编户齐民"组织，"强本抑末"，保护农业生产。在刘彻看来，"强本"与"抑末"是同一问题的两个方面。

1. 改革国家与皇室的财政管理体制

汉初，财政体制比较简单，统由丞相管理。丞相总理国家财政事务。丞相以下设计相，"专主计簿"，管理郡国"上计"，后更名为"主计"[1]。武帝进行财政体制改革以后，中央与地方财政体制发生较大变化。一是统一了全国财政权力，二是随着汉廷财政来源、管理、分配的复杂化，中央和地方财政体制都出现了复杂化、专业化的职权分工。

汉初，诸侯王国财政除向中央交纳常"赋"和"献费"外，收入独立于中央，各有"私府"，国家财政权力不能统一。景帝初，"汉此时有二十四郡，十七诸侯，方轨而输，杂出贡赋，入于天子，犹不如吴之富也"[2]。汉廷收入来源单一，财政收入甚至不及吴国。这就是所谓"胫"大于"股"。平定"七国之乱"后，"令诸侯王不得复治国，天子为置吏"[3]。"元朔更化"后，刘彻颁行《推恩令》，令诸侯封国"别属汉郡"。封国大者相当于县，小者相当于乡，王侯领养于私府，不得插手封国财政，"仅

---

[1]《汉书》卷四十二《张周赵任申屠传·张苍》文颖注："以能计，故是为计相。"颜师古注："去计相之名，更号主计。"

[2]《汉书》卷五十一《贾邹枚路传·枚乘》颜师古注。

[3]《汉书》卷十九上《百官公卿表》。

衣食租税而已"，取消封国独立于中央的财政体制，实现了国家财政权力的统一。元狩五年（前118），刘彻在丞相下设"司直"一职，秩比二千石，"佐丞相举不法"①。司直之职兼有督察官吏腐败、财政违法之责，秩高权重，对保障新经济政策和各项国营经济部门的正常运行起了重要作用。

汉循秦制，设治粟内史，秩中二千石。景帝后元元年（前143）更名为"大农令"，掌天下钱谷。武帝太初元年（前104）改为"大司农"，其官署分设太仓、均输、平准、都内、籍田五个令丞和斡官、铁市两个长丞，又设郡国诸仓农监、都水六十五官长丞。②"搜粟都尉"为军职，不常置，只在战时根据需要临时设置。刘彻因财政体制改革的需要，大大增加了大司农管辖的职责范围，将原属少府管理的煮盐、冶铁改由大农管理。主持大农的孔仅、东郭咸阳说："山海，天地之臧，宜属少府，陛下弗私，以属大农佐赋。"③另外，秦官制中有"将作少府"，景帝中元六年（前144）更名"将作大匠"，管理木工制造和工程项目。武帝太初元年（前104）改名将作大匠为"东园主章"④。"东园主章"原是"将作大匠"属官之一，使将作大匠由原来相对独立的部门降格为少府管理之下的二级部门。

汉初，少府"掌山海池泽之税，以给〔天子〕共养"⑤。颜师古注："大司农供军国之用，少府以养天子也。"有所谓"武库

---

① 《汉书》卷十九上《百官公卿表》。
② 《汉书》卷十九上《百官公卿表》。
③ 《汉书》卷二十四下《食货志》。
④ 《汉书》卷十九上《百官公卿表》。
⑤ 《汉书》卷十九上《百官公卿表》。

兵器，天下公用，国家武备，缮治造作，皆度大司农钱。大司农钱自乘舆（天子）不以给共养。共养劳赐，壹出少府。盖不以本藏给末用，不以民力共浮费，别公私，示正路也"①之说。大农管领国家财政，少府管领皇室财政。国政为"公"，为"本"，家政为"私"，为"末"，各不相统属。少府管理皇家事务，原仅六丞，各部门供应皇家需用，如"若卢"藏兵器、"考工室"作器械、"东园匠"造陵墓用器物、"永巷"染织、"狗监"养狗、"马监"养马等等。自刘彻推行新经济政策以后，许多部门因国家与皇家的经济活动剧增而扩大。故刘彻将上林苑专门分出来，划归新增设的"水衡都尉"管理。

　　元鼎二年（前115），刘彻将少府所属官署移出上林苑。"水衡都尉"下设上林、均输、御羞、禁圃、辑濯、钟官、技巧、六厩、辩铜九官令丞。这恐与少府和大农职责过于繁多有关。史称，"初，大农斡盐铁、官布，多，置水衡，欲以主盐铁。及杨可告缗，上林财物众，乃令水衡主上林"②。太初元年（前104），刘彻将少府"考工室"更名为"考工"，"左弋"更名为"佽飞"（掌弋射），"居室"为"保宫"，"甘泉居"室为"昆台"，"永巷"为"掖廷"。官署人员也随之增加：如"佽飞"，增至九丞两尉；"太官"增至七丞；"昆台"增至五丞；"掖廷"增至八丞；钩盾增至五丞两尉。还有"衡官""水司空""都水""农仓""甘泉都水""上林都水"七官长丞；另外，"上林"有八丞十二尉，"均输"有四丞，"御羞"有两丞，"都水"（主管水利）有三丞，禁

---

①《汉书》卷七十七《盖诸葛刘郑孙毋将何传·毋将隆》。

②《汉书》卷二十四下《食货志》。

囿有两尉，"甘泉""上林"有四丞等等。这正说明少府从事生产的官奴婢人数极大地膨胀了。略举水衡都尉几例以说明皇家从事经济活动之广泛。如水衡都尉的"御羞"，地名，一说在蓝田，一说在长安城南御宿川。如淳曰："其土肥沃，多出御物可进者。《扬雄传》谓之御宿。《三辅黄图》，御羞、宜春，皆苑名也"；"辑濯，船官也。钟官，主铸钱官也"；①"六厩"，养马，颜师古注："《汉旧仪》云，天子六厩，未央、丞华、騊駼、骑马、辂轮、大厩也，马皆万匹……而水衡又云六厩技巧官，是技巧之徒供六厩者，其官别属水衡也。"②除广泛从事上述各种产业外，少府、水衡也在本职范围内管理农业生产。史称，武帝"水衡、少府、太仆、大农各置农官"，除保障粮食自给外，余粮还可以卖钱。③

武帝时，中央财政体制由原大农、少府改为大农、少府、水衡都尉三大部门，而且各部门的职能都有所调整和扩大，下属机构和人员大大扩充，从事生产活动的官奴婢人数剧增。相对于中央财政机构的改革和调整，地方郡国则根据各地经济资源和物产的具体情况，也相应设置了工官、铁官、盐官、楼船官等。这些，都是刘彻财政体制改革的结果。

2.稳定农业，保护"编户齐民"的各项政治和政策措施

汉以农业立国，新经济政策的侧重点在于发展国营工商业。二者有矛盾。怎样才能稳定编户齐民，有效控制土地兼并风潮

---

① 《汉书》卷十九上《百官公卿表》注引。
② 《汉书》卷十九上《百官公卿表》颜师古注。
③ 《汉书》卷二十四下《食货志》。

呢？这是刘彻面临的严重问题。"齐民"太平，皇权才能稳固，若此矛盾处理不好，肯定要影响全局。刘彻按"强本抑末"方针，用政策杠杆调整"本—末"关系，保护"编户齐民"组织。例如，扩大国有可耕地面积，发展水利事业，提高农业生产率，增加农业赋税收入，从而保证国家赖以生存的粮食供应，维持对外战争和防灾救荒之需。这类政策干预大致有以下几个方面：

（1）优容"三老"，安抚孤寡。"三老"原为农村公社年高有德的首领，此村社遗俗保留了很久。早在汉初，刘邦将此遗俗恢复起来，发挥"三老"管理基层社会秩序的作用，高祖二年，"举民年五十以上，有修行，能率众为善，置以为三老，乡一人。择乡三老一人为县三老"①。后为定制："十里一亭，亭有长。十亭一乡，乡有三老……掌教化。"②"三老"有率民为善，举孝悌、力田之责。刘彻注意发挥"三老"的职能，元狩元年（前122），刘彻分遣谒者"赐县三老帛人五匹，乡帛人三匹"；元狩六年（前117），分遣博士巡行天下，"谕三老、孝弟"以为民师。③刘彻还注意抚恤年高及丧失劳动能力者。元狩元年，诏赐"老眊孤寡鳏独或匮于衣食"者以帛、絮、米若干，有冤案或地方官调护失职者，可直接上告天子；元狩六年（前117）及元封元年（前110）、二年（前109）、五年（前106）一再加赐。

（2）迁豪强，抑兼并，"强本弱末"。刘彻用迁徙豪强解决土地再分配问题。元朔初，主父偃建策"天下豪桀兼并之家，乱众

---

① 《汉书》卷一上《高帝纪》。

② 《汉书》卷十九上《百官公卿表》。

③ 《汉书》卷六《武帝纪》。

民，皆可徙茂陵，内实京师，外销奸猾"。元朔二年（前127），刘彻下令徙郡国豪杰及赀三百万以上于茂陵。[①]其后成为汉家定制，"世世徙吏二千石、高赀富人及豪桀并兼之家于诸陵。盖亦以强干弱支"[②]。刘邦徙豪族是为了政治上打击六国旧贵族，刘彻徙豪族则主要是以皇室之兼并对付豪强之兼并，从经济上打击大搞土地兼并的新兴暴发户，达到"强干弱枝"的目的。此外，刘彻还下令严厉惩办不法暴富者与"世家子弟"，强迫其向国家交纳赀产。

（3）限制"编户齐民"经商，限制工商业主、高利贷者兼并土地，即所谓"摧抑浮淫并兼之徒"。大约在元狩四年（前119）颁布《算缗令》《告缗令》的同时，又颁布了《名田令》：

> 商贾以币之变，多积货逐利。于是公卿言："郡国颇被菑害，贫民无产业者，募徙广饶之地。陛下损膳省用，出禁钱以振元元，宽贷赋，而民不齐出于南亩，商贾滋众。贫者畜积无有，皆仰县官……贾人有市籍者及其家属，皆无得籍名田，以便农。敢犯令，没入田僮。"[③]

这是一种超经济强制性立法。在土地商品化程度很高的时代，限制富者用钱买地相当困难，用法令限制金钱对经济的渗透，收效必然是有限的。

---

① 《汉书》卷六十四上《严朱吾丘主父徐严终王贾传·主父偃》。
② 《汉书》卷二十八下《地理志》。
③ 《史记》卷三十《平准书》。

（4）兴修水利，便民利农。武帝朝大兴水利工程实为汉朝之最。元光三年（前138）河决，至元封二年（前109），刘彻令汲仁、郭昌率数万卒塞河。刘彻亲临现场指挥，群臣自将军以下皆负薪堵塞决口。河决二十一年后终被制服。以此为契机，开掘引河入渭漕渠三百里，溉田万余顷；开引褒入沔、引斜入渭之漕渠，既可通航运，亦可灌溉；开引洛渠（龙首渠）采用了先进的穿井法，深者四十余丈，井井相通以行水灌溉；六辅渠能灌溉郑地高亢之田。这类水利工程有利于转漕、灌溉，大大提高了各地对长安的转漕能力，以及关中、三河一带的抗灾能力和农业生产率。"自是之后，用事者争言水利。朔方、西河、河西、酒泉皆引河及川谷以溉田；而关中辅渠、灵轵引堵水；汝南、九江引淮；东海引钜定；泰山下引汶水。皆穿渠为溉田，各万余顷。佗小渠披（辟）山通道者，不可胜言。"[1]如此大规模地兴修水利，对提高农业生产率，稳定经济秩序，保障财政收入，无疑具有巨大作用。

（5）重视荒政，抚恤灾区，安辑流民。刘彻重视"荒政"建设。元狩四年（前119），山东遭水灾。"是时山东被河灾，及岁不登数年，人或相食，方一二千里"。《史记·平准书》载，刘彻诏令迁置受灾流民：

　　……令饥民得流就食江淮间。欲留，留处。

迁置灾民虽是临时救灾措施，但刘彻鼓励灾民居留地广人稀

---

①《史记》卷二十九《河渠书》。

生产落后的江淮间，对江淮地区的农业生产起到了恢复、开发和推动作用。此外，还徙灾民于关西、朔方、新秦中；元鼎六年（前111）山东大水，刘彻下令饥民就食江淮间，派使者领护，发巴蜀之粟赈济；元封四年（前107），因赋税过重，关东流民二百余万，其中为逃避赋税的脱籍"无名数"者竟达四十万口。丞相石庆建议以流民脱籍者为奴，刘彻致书斥责石庆，颁布《流民法》：

> 惟吏多私，征求无已，去者便，居者忧。故为《流民法》以禁重赋……君（石庆）不绳责长吏，而请以兴徙四十万口，摇荡百姓，孤儿幼年未满十岁，无罪而坐率，朕失望焉。[1]

当然，大量流民的出现除了"惟吏多私，征求无已"外，与刘彻的内外多事、耗资过甚不无关系。但他尚能注意安辑流民，减轻赋税，稳定编户什伍。

（6）设置田官，移民屯垦，发展屯田制度。刘彻采用主父偃移塞下的建议，在边地设置"屯田官"。元朔二年（前127），置朔方、五原郡，募民徙边者十万户；元狩四年（前119），徙关东贫民于陇西、北地、西河、上郡、会稽诸边郡共七十二万五千人。这些人口的原居地不仅是重灾区，也是封邑、豪族居住高度密集的膏腴之地。刘彻通过移民屯田于边地。增加了国家控制的可耕地面积，加强了边郡戍守力量，减轻了边防之需对内郡的压

---

[1]《汉书》卷四十六《万石卫直周张传》。

力，一定程度上缓和了内地人口—土地关系紧张的压力。

屯田制度是武帝朝的一大发明。时边郡置"农都尉"，号称田官，"皆武帝时置"①。田官之责，"屯田积谷"。此后历代统治者颇有人仿效。屯田的土地属国家所有。屯田有军屯和民屯两种形式，田者有屯田民和戍田卒两种身份。屯田民是由国家征募无地之民，迁徙安置于边地户籍之中，按民政管理。军屯则按军事体制管理。从居延汉简看，戍田卒按分工有戍卒、田卒、河渠卒、郭卒、守谷卒等种类，其中爵位最高者为"公乘"。富者往往雇人代役，被雇佣者身份一般比较低贱，其中徒和弛刑徒较多，称为"屯士"，移民称"客子"。田官租赁国家的土地、农具、房屋、生活资料给屯田民或戍田卒，称"假田于民"，每人二十亩左右，田官收取"假税"，每亩四斗。田官在边郡建立粮仓，积谷数量每年上报大农。若内郡歉收，大农则随时从边地内调粮食救荒；边地财用不足，则由大农拨钱资助，称"调钱"②。这类屯田区域大多在北方边郡，自武帝开拓西域后，西北屯田各区"往往通渠置田官，吏卒五六万人，稍蚕食，地接匈奴以北"③，因而"匈奴益弱，不得近西域。于是徙屯田，田于北胥鞬……屯田校尉始属〔西域〕都护"④。屯田制度对缓和土地兼并造成的矛盾起到了一定作用。

（7）发展漕运、仓储，蓄粮备荒。刘彻重视漕政和仓政，除

---

① 《汉书》卷十九上《百官公卿表》。

② 陈直：《两汉西域经济史料丛编·西汉屯戍研究》，陕西人民出版社，1980年版。

③ 《汉书》卷九十四上《匈奴传》。

④ 《汉书》卷九十六上《西域传》。

漕运、仓储乃国家财政支柱外，还有一项功能，即保障荒政。著名的"敖仓"，也称"常满仓"，关东漕粮运输首先集中储存于此，再运向长安"太仓"诸仓或边郡。武帝初年储粮甚巨，"至武帝元狩六年（前117），太仓之粟红腐而不可食"；长安附近有"细柳仓"（主要供应细柳营屯军）和"嘉仓"（嘉禾仓）[①]；云阳是对匈奴作战的军事指挥中枢，设有"甘泉仓"。刘彻令民入粟以取爵、免复终身，一岁间"甘泉仓满"。一旦遇有灾荒，即能"开禁仓以振贫穷"。汉初，"漕转山东粟以给中都官，岁不过数十万石"。武帝朝"诸官益杂置多，徒、奴婢众，而下河漕度四百万石"，增长近十倍，尤不足，正常税收外"及官自籴乃足"[②]。后益多事，灾荒频仍，刘彻以平准均输加以调节，漕运又增50%，"山东漕益岁六百万石"[③]。武帝朝两度大规模动用地方仓储赈济编户齐民：元狩四年（前117）"虚郡国仓廪以振贫"[④]；元鼎二年（前115）调巴蜀仓赈济贫民。

武帝朝由文景时代的"无为而治"转向"有为多欲"政策，外事四夷，内多兴作，必然要增置官僚机构，中央各部门的属吏、兵士、役徒、奴隶人数大大膨胀，财政支出中俸禄、物资和衣食供应剧增。因此，关东漕运由原四十万石陡增至六百万石，超过文、景时代十五倍之多！

---

① 《三辅黄图》卷六。

② 《史记》卷三十《平准书》。

③ 《史记》卷三十《平准书》。

④ 《汉书》卷二十四下《食货志》。

四、加强国家对工商产业的管理

新经济政策的重点，是国家用"轻重之术"调控宏观经济运行，强化对"末业"的管理。包括统一货币，推行"算缗"和"告缗"制度，"官山海"，以实行盐铁专卖及酒类专卖制度，设立"均输""平准"制度等，强化国家的经济职能，抑制末业过度膨胀，以收"利出一孔"之效。

1.统一货币制度

汉初，以秦钱重难用，令民"更铸荚钱"，私铸遂盛。[①]文帝"纵民得铸钱、冶铁、煮盐。吴王擅障海泽，邓通专西山，山东奸猾咸聚吴国，秦、雍、汉、蜀因邓氏，吴、邓钱布天下"[②]。货币制度混乱严重干扰了国家经济秩序。景帝颁布《铸钱伪黄金弃市律》，整顿货币制度，但措施不力，币制仍杂，"县官往往即多铜山而铸钱，民亦盗铸，不可胜数。钱益多而轻，物益少而贵"[③]。

刘彻欲统一币制，初令罢四铢钱，铸三铢钱，盗铸者死罪。但三铢钱轻，盗铸愈盛。后对匈奴用兵，富商大贾"财或累万金而不佐公家之急"[④]，私铸货币、牟取暴利，转向高利贷和土地兼并活动，使经济秩序愈加紊乱。元狩四年（前119），刘彻令张汤改革币制，"摧浮淫并兼之徒"，控制市场，稳定经济，增加财政收入。张汤盲目扩大货币发行总量，元狩中，发行"白鹿皮

①《汉书》卷二十四下《食货志》。
②《盐铁论·错币》。
③《汉书》卷二十四下《食货志》。
④《汉书》卷二十四下《食货志》。

币"，方尺，值四十万钱；"白金三品"（银、铅、锡）："白撰"值三千，"文马"值五百，"文龟"值三百。元狩五年（前118），罢三铢钱，铸五铢钱。①张汤不懂货币规律，破坏了货币的信用，造成新的币制混乱。桑弘羊认为币制是国家经济调控的枢机，总结了币制改革三原则：货币发行必须由中央垄断；币制要统一；控制货币供应总量，保持币值适度和发行量相对稳定。②刘彻接受了桑弘羊的建议，令郡国改铸"赤仄钱"，"以一当五"，令百姓以此纳税。元鼎五年（前112）颁布《罢郡国铸钱令》，销毁原郡国及私铸钱，归上林三官铸造，名曰"三官钱"。通令天下，非"三官钱"不得行，币制确定为五铢钱。这是自秦统一货币以后的第二次统一货币。由此确立了西汉至唐代的铜本位铸币制度。③

2.推行"算缗"制度和强制推行"告缗"令

"算缗"是征收工商资产税，"告缗"是保障"算缗"的法令。④元狩四年（前119）推行"算缗"制，颁布《告缗令》。《汉书·食货志》载：

---

① 《汉书》卷六《武帝纪》元狩五年"罢半两钱，行五铢钱"误，从《食货志》，罢三铢钱。

② 《盐铁论·错币》："禁御之法立而奸伪息，奸伪息，则民不期于妄得，而各务其职，不反本何为？故统一，则民不二也；币由上，则下不疑也。"

③ 详张南《西汉货币职能研究》，载《安徽师大学报》1985年第2期。

④ 《史记》卷三十《平准书》集解引李斐曰："缗，丝也，以贯钱也。一贯千钱出二十，算也。"

　　商贾滋众，贫者蓄积无有，皆仰县官。异时算轺车，贾人之缗钱皆有差，请算如故。诸贾人末作贳贷卖买，居邑贮积诸物，及商以取利者，虽无市籍，各以其物自占，率缗钱二千而算一。诸作有租及铸，率缗钱四千算一。非吏比者，三老、北边骑士，轺车一算；商贾人轺车二算，船五丈以上一算。匿不自占，占不悉，戍边一岁，没入缗钱。有能告者，以其半畀之。

　　"算缗"是按业主资产数额评估的一定比例征收工商税：一是根据产业的性质，把工业、手工业与非生产性的商业、高利贷业相区别，前者四千钱为一算，后者二千钱为一算，税度相差一倍；二是对商业运输按纳税人的身份和运载工具计算，平民、三老、戍边的骑士"轺车"和五丈以上的船只一算，商人二算，税率也有一倍之差。《算缗》颁布，"是时，豪富皆争匿财"[1]，唯独畜牧致富的卜式入财于官，刘彻赐卜式高官。"天子既下缗钱令而尊卜式，百姓终莫分财佐县官"[2]。刘彻大怒，又颁《告缗令》。"缗钱"是一种资产税，为防止偷税漏税，规定业主必须如实自报资产数额。不报或漏报没收全部资产，举报者可得到举报所得资产的一半为奖赏。元鼎三年（前114）诏："令民告缗者，以其半与之。"此后告缗一发不可收：

　　杨可告缗遍天下，中家以上大氐皆遇告。杜周治之，狱

—————————————
① 《史记》卷三十《平准书》。
② 《汉书》卷二十四下《食货志》。

少反者。乃分遣御史、廷尉、正监、分曹，往即治郡国缗钱，得民财物以亿计，奴婢以千万数，田大县数百顷，小县百余顷，宅亦如之。于是商贾中家以上大氐破。①

而水衡、少府、太仆、大农各置农官，往往即郡县比没入田田之。其没入奴婢，分诸苑养狗马禽兽，及与诸官。官益杂置多，徒奴婢众，而下河漕度四百万石，及官自籴乃足。②

《告缗令》用国家暴力手段严重打击工商业和高利贷资本，除没收巨额货币资产外，还攫取了大量土地和奴隶人口。所得土地复"假贷于民"，收取租税，奴隶没入官府用以解决诸官劳动力不足问题。

3. "官山海"，设立盐铁专卖制度

"官山海"即盐铁官营。盐铁是国计民生的大事，国家对盐铁实行垄断性生产和经营，是新经济政策的重要内容之一，意在从大工商业主手中夺回"山海之利"，控制国家经济命脉。汉初对工商业采取放任自流的方针，皇家的"山海之利"也归之少府，不入国库，至此归大农收取，为一大变革。

元狩四年（前119），大农上盐铁丞孔仅、东郭咸阳"官山海"建议：

山海，天地之臧，宜属少府，陛下弗私，以属大农佐

---

① 《汉书》卷二十四下《食货志》。
② 《汉书》卷二十四下《食货志》。

赋。愿募民自给费，因官器作煮盐，官与牢盆。浮食奇民欲擅斡山海之货，以致富羡，役利细民。其沮事之议，不可胜听。敢私铸铁器、煮盐者，钛左趾，没入其器物。郡不出铁者，置小铁官，使属在所县。[①]

盐业专卖体制采用"民造归官"的方式，盐户由"盐官"招募民间从业者，国家发放煮盐的牢盆等器具，其他费用自办，产盐由各地盐官收取，垄断专卖，营利归大农。冶铁、铸造业由各产铁郡县设有"铁官"，组织"铁官徒"开矿、冶铸、制造、储存、运输、销售铁器。无铁的地方设"小铁官"销售。盐铁之利由少府转入大农。刘彻派孔仅、东郭咸阳"乘传举行天下盐铁，作官府，除故盐铁家富者为吏。吏道益杂，不选，而多贾人矣"。[②]大批盐铁商人成为国家官吏，西汉经济走向国家官僚垄断化轨道。全国设"铁官"之县共四十八处，设"盐官"之县共三十八处。此后，"民偷甘食好衣，不事畜藏之产业，而县官有盐铁缗钱之故，用益饶矣"[③]。（详附表）

---

① 《汉书》卷二十四下《食货志》。钛，铁鞋，锁于左脚，代替刖刑。

② 《史记》卷三十《平准书》。

③ 《史记·平准书》。参考［日］景山刚：《西汉的盐铁专卖制》，《日本学者研究中国史论著选译（三）》，中华书局，1993年版。

诸侯王盐铁官表

郡国铁官·盐官	郡国铁官·盐官
京兆　郑	左冯翊　夏阳
右扶风　雍　漆	弘农郡　渑池
河东郡　安邑　皮氏　平阳泽*安邑	河南郡　荥阳
太原郡　大陵*晋阳　晋阳	河内郡　隆忠
颍川郡　阳城	汝南郡　西平
南阳郡　宛	庐江郡　皖
山阳郡	沛郡　沛
魏郡　武安	常山郡　蒲吾　都乡
涿郡	千乘郡*千乘
济南郡　东平陵　历城	泰山郡　嬴
齐郡　临淄	东莱郡　曲城*东牟　惤*昌明　当利
琅琊郡*海曲*计斤*长广	东海郡　下邳　朐
临淮郡　盐渎　堂邑	桂阳郡
丹阳郡　沔阳	蜀郡　临邛*临邛
犍为郡　武阳　南安*南安	陇西郡*陇西郡
渔阳郡　渔阳*泉州	右北平郡　夕阳
辽东郡　平郭*平郭	中山国　北平
城阳郡莒	东平国
鲁国　鲁	楚国　彭城
广陵郡	胶东国　郁秩
南郡*巫	巨鹿郡*堂阳
勃海郡*章武	北海郡*都昌　寿光
会稽郡*海盐	益州郡*连然

续表

郡国铁官·盐官	郡国铁官·盐官
巴郡*朐忍*临江	安定郡*三水
北地郡*弋居	上郡*独乐*龟兹
西河郡*富昌　博陵	雁门郡*楼烦
五原郡*成宜	南海郡*番禺
辽西郡*海阳	苍梧郡*高要

4. 设立"均输"制度

"均输"是国家通过税收、征购、调集粮食、布帛等基本生活资料，根据市场需求变化组织商品流通的体制。孔仅初为盐铁丞，元鼎二年（前115）提升为大司农，桑弘羊为大司农丞，"桑弘羊为大司农中丞，管诸会计事，稍稍置均输，以通货物"①。该年，大司农丞令天下"均输"：

> 诸当所输于官者，皆令输其土地所饶，平其所在时价，官更于他处卖之。输者既便，而官有利。②

"均输"是国家对粮食布帛等基本生活资料垄断性统购统销体制：大司农所辖均输机构根据市场价格统一征收、购买、储存、运输、经销，调盈补阙，平抑物价，稳定市场。"诸官"贪利，导致物价腾贵。刘彻下令调整：

---

① 《汉书》卷二十四下《食货志》。
② 《史记》卷三十《平准书》集解引孟康曰。

元封元年（前110）……桑弘羊为治粟都尉，领大农。尽代仅笼（调剂）天下盐铁。弘羊以诸官各自市，相与争，物故腾跃，而天下赋输或不偿其僦费（脚力钱），乃请置大农部丞数十人，分部主郡国，各往往县置均输盐铁官，令远方各以其物贵时商贾所转贩者为赋，而相灌输。①

国有经济无计划，不统一，必导致更大混乱。桑弘羊按商品价格变化，合理协调各地"均输"的计划性。"分部主郡国"在各地置均输官，加强统一管理。桑弘羊令京师附近仍以农户纳赋为租供应长安，令偏远地区商人随其土特产以运费为租赋上缴郡县，所运产品归大农调拨调剂，"就近去远，就贱去贵"，解决了满足京师所需物资与偏远地区运输困难的矛盾。如山东产粮区便漕，输粟。运输不便之地，输布帛。

5.设立"平准"制度

"平准"是国家通过"官山海"垄断盐铁等基本生产和生活资料的生产经营，控制各种商品的销售，平抑物价，是与"均输"配套并行的制度：

置平准于京师，都受天下委输，召工官治车、诸器，皆仰给大农。大农诸官，尽笼天下之货物，贵则卖之，贱则买之。如此，富商大贾亡所牟大利，则反本，而万物不得腾

———————
① 《史记》卷三十《平准书》。

跃，故抑天下之物，名曰"平准"。①

　　大司农属官有平准令、丞者，以均天下郡国转贩，贵则卖之，贱则买之，贵贱相权输，归于京都，故命曰"平准"。②

　　尽管国家对粮、布、盐、铁等主要商品进行垄断经营，但尚属于专项的垄断。而"平准"制度则是在这些商品外，国家全面的商业垄断。设立"平准"制度的目的是控制商人阶层操纵市场，使"富商大贾亡所牟大利"，避免市场物价大起大落，导致编户齐民分化和对立，平抑物价，调控市场，使天下以臻"太平"。

　　6.增收六畜税及酒类专卖制度

　　汉初"将相或乘牛车"，因缺少牲畜，并未征收牲畜税。至武帝朝，牲畜街巷阡陌成群，故增设了六畜税，并设榷酒政策等等。据记载：

　　孝武之世，图制匈奴……师旅之费，不可胜计。至于用度不足，乃榷酒酤，筦盐铁，铸白金，造皮币，算至车船，租及六畜。③

　　天汉三年（前98）用兵大宛，财政吃紧，恢复罢黜已久的

---

①《汉书》卷二十四下《食货志》。
②《史记》卷三十《平准书》索隐。
③《汉书》卷九十六上《西域传》。

"榷酤酒"，不只生产、储运征收酒税，而且在各地设"酒官"，管理酒类生产销售体制。

五、"新经济政策"的宏观后果

刘彻推行新经济政策为西汉帝国带来的影响非常显著。最直接的影响是在短期内增强了国力，强化了中央政权对整个社会经济的调节控制能力。这正是政治上实现"大一统"，军事上能够与匈奴全面对抗的先决条件。从长远的观点看，西汉的经济与社会也发生了意义深远的结构性变化。

1. 新经济政策的必要性和显著效果

元朔至元封约二十年间的新经济政策对西汉社会经济的发展产生了重大影响。尽管刘彻身后人们对其大有非议，但就当时历史条件而言却是非常必要的。《盐铁论·本议》载桑弘羊的论点：

> 匈奴背叛不臣，数为寇暴于边鄙。备之，则劳中国之士。不备，则侵盗不止。先帝哀边人之久患，苦为虏所系获也。故修障塞，饬烽燧，屯戍以备之。边用度不足，故兴盐铁，设酒榷，置均输，蓄货长财，以佐助边费……开本末之途，通有无之用，市朝以一其求。致士民，聚万货，农商工师，各得所欲，交易而退。《易》曰："通其变，使民不倦。"故工不出则农用乏，商不出则宝货绝。农用乏则谷不殖，宝货绝则财用匮。故盐铁、均输，所以通财委而调缓急。

"文学""贤良"在大司马大将军霍光支持下，反对新经济政策。他们以"爱民"为口号，为旗帜，对"文景之治"作了理想化的渲染，对诸侯强横，中央孱弱，匈奴长驱腹地，烽火示警京师，长安城门为之昼闭，向匈奴屈辱纳赀和亲，欲求治安而不可得的窘境视而不见，抓住新经济政策的失误大造舆论，实际是为霍氏夺权的政治目标服务。

　　新经济政策是汉帝国运用经济政策和财政金融手段、国家工商业垄断等方式干预市场、调控经济运行，增加财政收入，弥补赤字，保障国家机构和战争机器运转的措施。也是利益关系的调整，限制了部分权贵豪强之家的既得利益，在实施过程中不免有某些失误，并加重了农民负担。但新经济政策收效显著。若没有新经济政策，无论对抗匈奴还是政体改革，都不可能取得成功。

大司农常年赋税收入表（单位：钱）

项目		收入	总计	田租与赋税之比
租	田租刍藁	2 756 845 300 702 995 560	3 459 800	1
	算赋 更赋 献费 算缗 马牛税 口钱	3 861 754 560 3 575 698 500 3 379 053 240 不定 88 560 000 35 756 988	11 643 700 848	3

少府常年收入表（单位：钱）

项目	收入	总计	与大农收之比
户赋	61 168 100		
口赋	357 569 868		
假税	364 000 000		
盐税	34 326 707 328	40 949 445 296	4 : 1
铁税	240 000 000		
酒税	无法计算		
渔税	无法计算		

2.新经济政策改变了西汉社会的产业结构

西汉新经济政策的显著后果就是少府、水衡都尉的常年收入相当于大司农年收入的四倍！[1]刘彻把少府与大农收入统统纳入国家财政收入的做法，改变了产业结构，加快了西汉经济国有化的进程。

---

[1]《汉书》卷八十六《何武王嘉师丹传·王嘉》元帝"温恭少欲，都内钱四十万万，水衡钱二十五万万，少府钱十八万万"，可参考。王先谦补注引沈钦韩曰："《御览》卷六二七引桓谭《新论》'汉百姓赋敛一岁为四十余万万，吏俸用其半，余二十万万，藏于都内，为禁钱。少府所领，园池作务八十三万万，以给宫室供养诸赏赐'。"先谦曰："《百官表》大司农有都内令丞。"

西汉工业管理部门与种类简表[①]

官营工业种类	官营工业管理部门
纺纱业	少府织室令 陈留郡襄邑、齐郡临淄"三服官"
印染业	少府暴室,属织室令(大司农平准令掌染品价格)
漆器业	少府 蜀郡成都、广汉工官
制盐业	大司农 郡国盐官(详前表)
冶铁业	大司农 郡国铁官(详前表)
铸钱业	水衡都尉钟官、技巧、辩铜三令丞
铜器业	少府尚方令、考工令、蜀郡成都广汉工官
铜兵器业	少府尚方令、郡国工官
铜镜业	少府尚方令
铜工造度量衡业	大司农
铜工造玺印业	少府尚方令

　　新经济政策把"末业"——私营工商业强行纳入中央集权控制之下。

　　一是工业国有化。以纺织业为例,汉初纺织业以自给自足的男耕女织家庭手工业为主,宫廷的"织室"纺织不过供应皇家自用而已。自刘彻推行新经济政策后,丝绸贸易迅速发展,纺织工业产业化:"故时齐三服官,输物不过十笥,方今齐三服官作工各数千人,一岁费数巨万……三工官官费五千万。东西织室亦

----

　　① 陈直:《两汉经济史料论丛·关于两汉的手工业》,陕西人民出版社,1980年版。

然。"①汉初齐国都临淄生产纺织品和服装的"三服官"规模尚小，武帝朝则工徒多达"各数千人"的规模，年生产成本和流动资金高达数"巨万"（亿）钱，"工费"高达五千万钱！纺织业的生产率是可以核算的：私人编织业如"霍光妻遗淳于……散花绫二十五匹，绫出巨鹿陈宝光家……机用一百二十镊，六十日成一匹，匹直万钱"②。准此，一人一机年产值达六万钱。齐"三服官"每官按五千人计，年产值不下九亿钱！由于国营工业有人力、物力、资金、交通、运输、储藏、销售、市场占有率等多方面的优势，故国营丝绸业迅速发展起来，在国际国内市场上占据了统治地位。其他行业也有类似情况。

二是商业国有化。西汉帝国控制了金融货币发行、主要流通和工业部门。大农、少府、水衡都尉控制国内贸易，并通过"沙漠草原丝绸之路"和"海上丝绸之路"垄断国际贸易。在西北，"汉始筑〔长城障塞〕令居以西，初置酒泉郡，以通西北国……诸使外国，一辈大者数百，少者百余人……汉率一岁中，使多者十余，少者五六辈，远者八九岁，近者数岁而反"③。在东南沿海，少府在南越番禺专门设立海外商务机构，管理进出口贸易，"应募者俱入海，市明珠、璧流离、奇石异物，赍黄金、杂缯而往"④。这类国际贸易占用流动资金数额巨大，动辄"用帛百余万匹，钱金以巨万计，皆取足大农"，"它郡各输急处……诸均输

①《汉书》卷七十二《王贡两龚鲍传·贡禹》。

②《西京杂记》卷上，龙溪精舍丛书，中国书店，1991年版，第119页。

③《史记》卷一百二十三《大宛列传》。

④《汉书》卷二十八《地理志》。

帛五百万匹"①。若没有国家财政后盾的强大支撑，如此大规模的国际商贸简直是不可想象的。输入的珍奇异宝除供皇室享用外，还在国内市场大量经销，以获取超额利润。

产业国有化政策加强了汉帝国中央的经济实力。在强劲的国家经济力量支持下，伐匈奴，拓疆域，筑长城，用兵南越、东越、朝鲜，元封元年（前110）封禅，元封二年（前109）塞瓠子决河、开拓西域等事业开展起来。

3.新经济政策与西汉社会结构的转型

武帝朝较汉初社会经济发生了结构性转变，社会结构也发生了转型。

西汉前期自由资本的迅速增殖，编户齐民的贫弱之家因债务、赋税、兵役、徭役、自然灾害等原因而陷入大土地兼并的旋涡，脱离土地的农户成为流民。他们的出路并不多，或成为雇佣劳动者"佣"，或成为半依附性的"客"，或沦为处于奴隶地位的"奴婢"。奴隶化是失去土地的编户身份下降的终点。民→佣→客→奴，古代雇佣劳动从个体小农分化出来，社会稳定时期或者可以流回农业生产领域，若遭遇经济长期波动，沦落为附佣或奴隶就是他们的归宿。一旦生产领域长期无法吸收这些流民，这种"过剩人口"就会转化为暴动，引发社会动荡。这是古代社会演变的"自然历史过程"。

西汉时期失业个体小农的奴隶化是主要趋势，西汉大量出现

①《汉书》卷二十四下《食货志》。

古代雇佣劳动的现象说明社会不稳定因素在增加。①在这一过程中，国家参加进来。早在秦代，国家奴隶众多，仅为秦始皇修筑陵墓的奴隶常年就有七十万之众。

汉循秦制，汉初有"狱市"——富贵之家可以用爵位或财物赎买解脱刑徒、奴隶身份，用奴隶换取免役特权或爵位。②文帝将秦代的无期徒刑制改为有期徒刑制。③刑徒身份相当于半奴隶。刘彻一方面大量安置无地流民，另一方面严厉打击私人大土地兼并者，与之争夺刑徒和奴婢等劳动力资源。例如筑朔方城，"府库益虚，乃募民能入奴婢得以终身复、为郎、增秩"；颁《告缗令》，"中家以上大抵皆遇告……得民财物以亿计，奴婢以千万数"；水衡、少府、大农、太仆皆设农官，"往往即郡县比没入田田之。其没入奴婢，分诸苑养狗马禽兽，及与诸官。诸官益杂置多，徒、奴婢众"④。"奴婢以千万数"，这是经过上计核查的数字：

> 汉以廷尉主刑狱……宗正属官有左右都司空，鸿胪有别火令丞，郡邸狱，少府有若卢狱令，考工共工狱，执金吾有寺互、都船狱，又有上林诏狱，水司空掖受秘狱、暴室、请室、居室、徒官之名。《张汤传》苏林曰："《汉仪注》狱二

---

① 西汉有佣民、卖佣、流佣、客佣、保佣、耕佣、卖菜佣、赁佣、佣徒、庸保、庸人、庸伍、佣赁、佣作、铸客、赁作等称谓。详拙作《试论古代雇佣劳动》，载《青年论坛》1985年第1期。

② 《史记》卷五十四《曹相国世家》。

③ 高恒：《秦律中"隶臣妾"问题探讨》，《文物》1977年第7期。

④ 《史记》卷三十《平准书》。

十六所。"《东汉志》云："孝武帝所置，世祖皆省之。"①

与佣市并行，奴隶市场也很普遍。秦—汉奴隶创造剩余价值率大约在230%，②所以买卖奴隶是有利可图的行业。市场上买卖奴隶的"行"称"阑"，奴隶作为商品与"牛马同阑"，奴隶的商品化是司空见惯的事情。

刘彻既然把赏罚引入商品交换领域，当作特殊的经济手段，则必然导致刑徒奴隶数量的剧增。譬如，仅《禁盗铸钱令》一项法令就没入巨量刑徒："自造白金"（前119）、五铢钱（前118），后五岁（前113），"赦吏民之坐盗铸金钱死者数十万人，其不发觉相杀者不可胜计，赦自出者百余万人。然不能半自出。天下大抵无虑皆铸金钱矣。犯者众，吏不能尽诛取"。③此一案的涉案人数即"不可胜计"。富者以爵秩、金钱、奴婢、马、田宅赎赦死罪，恢复平民身份者虽为少数，已逾百万人之巨！更多的是贫而不得自赎者，必数百万不止，尚未及其他案件。故知刑徒、奴隶以"千万数"所言不虚！

对编户齐民以外各类罪人、贱民的法外征发是商品化的"狱市"制度向兵役制度渗透的必然结果：元鼎五年（前112）征南越，汉军"皆将罪人"；元封二年（前109年）"募天下死罪击朝鲜"；元封六年（前105）出兵昆明，"赦京师亡命，令从军"；太

---

① 洪迈：《容斋随笔·续笔卷一·汉狱名》。

② 于琨奇：《秦汉奴价考辨》，载《中国经济史研究》1987年第1期。

③ 《史记》卷三十《平准书》。

初元年（前104）伐大宛，"发天下適民（庶民有罪者）"；天汉四年（前97），再度大举用兵匈奴，"发天下'七科適'"[①]。逾制征兵说明至迟至元封、太初年间，天下编户齐民已无兵可征，与秦始皇晚年几乎完全相同！兵役是社会状况最灵敏的指示剂，武帝朝后期编户齐民高度两极分化，大量身份低贱的奴隶、半奴隶贱民从军，预示着西汉帝国阶级对立的激化和社会危机的临近。

董仲舒提出"宜去奴婢，除颛杀之威"的主张。这是中国历史上第一次有人公开否定奴隶制的奴隶买卖制度和擅自屠杀奴隶的特权。武帝朝创立了"谒杀奴"制度，但并未"去奴婢"：（1）国家有权控制私人奴婢；（2）刑徒奴隶数量增加，身份由无期变为有期。不过，刘彻否决了汲黯把归降的匈奴部落谪降为奴的意见；反对石庆把流民"无名数者"没为官奴婢的主张，这些说明奴隶制正发生着某种变化，奴隶身份有所松动。

新经济政策的负面影响也是显见的。为解决财政困难，刘彻下令设"赏官"，管理卖爵秩以赎禁锢、赎罪、赎刑、买官一类事情。并在原二十等爵制之外增设"武功爵"：

> 议令民得买爵及赎禁锢，免、减罪。请置赏官，命曰武功爵，级十七万〔钱〕，凡直三十余万金。诸买武功爵官首者试补吏：先除〔罪，然后依次买〕千夫如五大夫〔免役〕，其有罪又

[①] "七科適"：吏有罪者、亡命、赘婿、贾人、故有市籍者、父母有市籍者、大父母（祖父母）有市籍者，凡七科。

〔可以爵〕减二等，爵〔最高〕得至乐卿，以显军功。^①

此法令原为解决伐匈奴军功赏赐资金不足问题，后成定制，凡入钱、入粟、入赀产、入奴婢者均赐爵位。爵秩有价，变成商品，且因轻滥而贬值：

> 法既益严，吏多废免。兵革数动，民多买复及五大夫，征发之士益鲜。于是，除千夫、五大夫为吏，不欲者出马。故吏皆適令伐棘上林，作昆明池。^②

民多买复，爵秩轻滥，无可征发，故刘彻下令取消千夫、五大夫免役复除特权。这就意味着爵秩的贬值，并导致赐爵制度的败坏。工商业主并未因"重本抑末"政策的实施而消亡，他们往往混入国家机构，与官僚机器结合起来，变为"权家"。高度集中的政治—经济权力带来了腐败。这些难免成为刘彻身后为人议论、讥讽的口实：

> 有司之虑远，而权家之利近。令意所禁微，而僭奢之道著。自利害之设，三业（盐、铁、酒）之起，贵人之家云行于途，毂击于道，攘公法，申私利，跨山泽，擅官市，非特巨海鱼盐也。执国家之柄，以行海内……^③

---

① 《史记》卷三十《平准书》。
② 《史记》卷三十《平准书》。
③ 《盐铁论·刺权》。

"有司"指经济主管部门，"权家"指官僚私家经济，二者既有区别，又有联系。"有司"要执行"利出一孔"政策，增加中央财政收入，"权家"则利用职权之便，上下其手，化公为私，形成官僚私人资产。

表面上看，自由资本与官僚阶层矛盾尖锐，针锋相对，水火不容，但事实却是富者能够通过"买官鬻爵"转化为贵者。商品经济的机制使得本已不纯的吏道迅速腐朽变质。汉初官商分工清楚，"为吏者长子孙，居官者以为姓号"，"人人自爱而重犯法"的古风犹存，武帝朝新工商业官僚们欲尽快收回风险投资，不择手段地攫取社会财富。官僚资本的利润经过再分割，仍回归于土地兼并"用本守之"一途。官僚阶层腐败成为武帝朝中期后的一大痼疾。国家垄断经济造成官僚机构膨胀，各级官吏推行新政并不尽职，往往为完成"上计"考课敷衍塞责。如铁器官营本为便民利农，官僚们居然把它变成一种灾难：

> 郡国多不便县官作盐铁，铁器苦恶，贾贵，或强令民卖买之。[1]

> 县官鼓铸铁器，大抵多为大器，务应员程（定额），不给（便）民用。民用钝弊，割草不痛。是以农夫作剧，得获者少，百姓苦之矣。[2]

---

[1]《史记》卷三十《平准书》。
[2]《盐铁论·水旱》。

铁器按重量核价，愈重价格愈高，铁官按"大器"的重量"强卖"给农户。农户被迫花高价，买回并不合用的农具，官商成了农民的祸害。

新经济政策缓和了武帝朝的财政危机，使汉帝国"大一统"的中央集权政治体制得到了财政经济的有力支撑，"外事四夷"，反击匈奴的战争机器因而得到了相对充足的供应，一定程度上阻止了大土地兼并，使流亡农民以某种方式重新与土地结合起来，收到了一定成效。新经济政策在很大程度上发挥了国家机器的作用，这就是所谓"超经济强制"。充分体现了国家机器调控经济运行的功能，以"利出一孔"为目标，集中全国的人力、物力，办大事，御强敌，这是中国农业文明的一大创造。但超过一定限度，则可能走向反面。这中间有一个"适度"问题，即以不至于破坏个体小农经济的简单再生产为其下限，但这种限度是不稳定的，正常年景下与气候异常、灾变频仍情况下区别是很大的。并且，新经济政策虽说有所谓"民不益赋而天下用饶"的意图，但统治阶级各阶层、各集团都欲在农业剩余劳动中多分一杯羹，最终经济负担还要转嫁到农业生产领域，转嫁到农民头上。这一点是由社会制度的根本性质所决定的。

总之，经济和社会危机的苗头渐次显露。如元鼎三年（前114）三月，冰冻；四月雨雪，关东十余郡人相食。这虽然是局部地区气候异常造成的极端现象。但这种现象说明，刘彻有为多欲政治已经达到了经济所能承受的极限。试想，如果经济恶化到了"人相食"的地步，多数编户齐民的生存境况恐怕是难以为继了。大致到武帝元封年间以后，由新经济政策引出来的弊端逐渐显露出来，西汉中央集权的经济结构转型也加速了官僚机构的腐败，带给经济和社会的消极影响是显而易见的。大约到刘彻的晚年，新经济政策的负面作用更加显现了出来。

第六章　神秘主义的发轫与转轨

元鼎元封前后的刘彻，达到了平生事业的顶峰。他以为自己的"至德"足以超过了历代圣王，"天命"行将开始新一轮周期。他要封禅泰山，祭告上天，得以"再受命"。不仅如此，人间的至上权力已经不能使他满足，他期冀自己的寿命无限延长，超越世俗世界，取得不受任何限制的绝对"自由"。

刘彻前期主要向东方寻仙，元封（前110—前105）以后，他寻仙的方向由东方海上的蓬莱仙山转向了西方昆仑山的"西王母"，神媒也由齐方士变成了"胡巫"。汉武帝时代的造神运动转变了方向。顾炎武评论刘彻掀起的造神运动对汉代思想界影响之广泛时，这样说：

> 汉自孝武表章六经之后，师儒虽盛，而大义未明，故新莽居摄，诵德献符者遍于天下。①

什么叫"大义未明"？孔子原不谈论鬼神世界的问题，不想才过了三个多世纪，有为多欲的刘彻却使儒学的"人本精神"

---

① 顾炎武：《日知录》卷之十三《两汉风俗》。

"人文主义"发生了根本转变，大讲"怪、力、乱、神"。神秘主义的宗教化造神运动风靡了西汉朝野，这与儒生方士化和方士、巫师向皇权和儒学渗透是分不开的。

一、受惑方士，耽迷巫术

古代人的知识结构和思维方式与现代人极其不同。战国秦汉时代，理性文化与神秘文化互相渗透，原始的巫术逐渐向方士化的方向转化，士人也有方术化演变的倾向。①古代方术的内容博杂，大致分为三大类：

预测术：占卜（又分龟卜、蓍占等等）、星象、解梦、测字、看相、算命、择日、风水（堪舆）、望气、风角等；

长生术、丹术：外丹（丹药、炼金术）、内丹（气功、房中术）等；

巫术：谶言、符箓、咒语、巫蛊、降神等。

经虞、夏、商、西周"早期文明时代"的蠕变，原始巫术变成了祝、宗、卜、史、巫、医等行业和职业，积累了各种知识。春秋战国时代，有些"相礼之士"转化为"文士"。春秋战国文士不像汉代以后学派畛域分明，齐国稷下学宫、燕国碣石学宫，乃至秦相吕不韦门下，秦始皇宫中，凡读"圣贤之书"者皆称"儒"。儒家子思后学邹衍把"道—阴阳"说与"五行"说结合起

---

① 详顾颉刚《五德终始说下的政治和历史》，《古史辨》第五册，上海古籍出版社，1982年版。

来，创造了阴阳五行学说。[①]其后学为秦始皇、汉武帝寻仙求药和封禅泰山服务，吸收燕、齐一带"方仙道"。方士"为方仙道，形解销化，依于鬼神之事"[②]。"形解销化"就是"尸解"成仙，精神蜕去肉躯，灵魂则化生成仙。

齐地沿海常有海市蜃影，虚幻飘缈，使人们发生无限冥想。有人从海上至辽东半岛、朝鲜半岛、日本列岛甚至更遥远的海外传回奇闻，《山海经》有"不死之国""不死之山""不死之树""不死之药"的说法。入海寻觅神仙，求"不死之药"成了燕齐方士便捷的致富之道。刘彻孜孜以求，乐此不疲。司马相如见刘彻好神仙，作《大人赋》。"大人"即神仙。他试图以此谏说刘彻醒悟，结果适得其反，"相如既奏《大人之颂》，天子大说，飘飘有凌云之气，似游天地之间意"[③]。刘彻不思改悔，反而更加热衷于寻仙造神，秦代曾由此道大发横财的燕齐一带"方仙道"的方士们，知道发财致富的机会又来了。《史记·封禅书》记载：

> 齐人之上疏言神怪奇方者以万数，然无验者。乃益发船，令言海中神山者数千人求蓬莱神人。

---

① 详拙作《环渊与道阴阳学派的形成》，《管子学刊》1991年第2期；拙作《邹衍与阴阳五行学派的形成》，《齐文化纵论》，华龄出版社，1993年版。

② 《史记》卷二十八《封禅书》。

③ 《史记》卷一百一十七《司马相如列传》，"大人"暗指秦始皇铸的十二尊铜铸神像，霍去病所获匈奴祭天金人。

方术以直接物质利益为目标者，有所谓"黄白之术"（炼金术）。元光二年（前133），齐人李少君自称精通"祠灶"（炼丹）："祠灶则致物，致物而丹沙可化为黄金，黄金成以为饮食器则益寿，益寿而海中蓬莱仙者乃可见，见之以封禅则不死，黄帝是也。"刘彻亲自"祠灶"，又遣方士入海寻找仙人"安期生"，化丹砂为黄金。方术的主要目标是长生不死，甚至成仙，李少君病死，刘彻以为他"形解销化"成仙而去。而"海上燕齐怪迂之方士多更来言神仙事矣"[1]。诸侯王也热衷于神秘主义活动。例如，淮南王刘安招致宾客方术之士编写《中篇》八篇，颇言神仙"黄白之术"。刘彻需要大量黄金支撑财政支出，用于海内外贸易、军费支出、购买战马、修建宫室苑囿及各种侈靡享乐的浮费之需。

玩弄女色，放纵肉欲，也是西汉方术活动的重要内容之一。刘彻多近女色的情况稍复杂一点。"御女术"发达大致不外乎三个方面原因：

其一，为直接的肉欲驱使。汉初，"御女术"（房中术）颇为盛行。高祖刘邦以下，历代天子多乐此不疲自不必说。诸侯王也有甚者。如：中山靖王刘胜，颇"好内"，妻妾众多，"徒日淫"[2]。他例甚多，不具引。

其二，繁衍子嗣。汉初丞相张苍，善御女，"老，口中无齿，食乳，女子为乳母。妻妾以百数，尝孕者不复幸。苍年百有余岁

---

① 《史记》卷二十八《封禅书》。

② 《史记》卷五十九《五宗世家》。

而卒"①。刘胜也有"子支属百二十余人"。至于皇帝的子嗣则是很大的政治问题。刘彻即位多年无子，"陈皇后求子，与医钱凡九千万，然竟无子"，以至于元光二年（前133）丞相田蚡与淮南王刘安私议："上无太子……即宫车一日晏驾，非大王当谁立者。"②故刘彻对嗣育之事特别注重，设法使宫人生育，凡能生育者，辄立为嫔妃。动辄清理后宫，凡"不中用者（不孕者）斥出归之"③。

其三，汉初人相信"御女术"是炼"内丹"，采阴补阳能够长生不老。刘安撰《枕中鸿宝苑秘书》（房中术）之部《邹衍重道延命方》，即炼丹、采补"御女"诸方术。西汉多房中术著作，颇为刘彻所注意。

刘彻常自言，"能三日不食，不能一日无妇人"。他相信按"方术"御女可长寿，见仙人。元鼎末，方士公孙卿说"仙人好楼居"。刘彻于是下令大起楼台观阁。《史记·封禅书》载：

> 令长安则作蜚廉桂观，甘泉则作益延寿观，使〔公孙〕卿持节设具而候神人。乃作通天茎台，置祠具其下，将招来仙神人之属……始广诸宫室。

似乎仙人也充满了肉体欲望，以御女为乐事。毫无疑问，公孙卿诱骗刘彻，从中上下其手，以满足自己的欲望。刘彻竟信以

---

① 《史记》卷九十六《张丞相列传》。
② 《史记》卷一百一十八《淮南衡山列传》。
③ 《史记》卷四十九《外戚世家》。

为真，令宫殿附近增建楼阁，填以美女，仅明光宫一处就"发燕赵美女二千人充之，率皆十五以上，二十以下，年满三十者出嫁之"，①加之建章、未央、长安诸宫"掖庭总其籍，凡诸宫美女万有八千"②。刘彻身边时常伴随美女二百人，"常从幸郡国，载之后车。与上同辇者十六人"③。其甚若此。

刘彻迷信方士和巫术，还表现在热衷于占卜筮著预测术。除了方士，江湖上的卜筮之士也进入宫廷，甚至司掌了某些国家的职能部门：

> 自古受命而王，王者之兴何尝不以卜筮决于天命哉！其于周尤甚，及秦可见。代王（文帝）之入，任于卜者。太卜之起，由汉兴而有。④

> 至高祖时，因秦太卜官，天下始定，兵革未息。及孝惠享国日少，吕后女主，孝文、孝景因袭掌故，未遑讲试，虽父子畴官，世世相传，其精微深妙，多所遗失。至今上即位，博开艺能之路，悉延百端之学，通一伎之士咸得自效，绝伦超奇者为右，无所阿私，数年之间，太卜大集。⑤

刘彻在从事军事行动、处理宫廷政治、对付阴谋活动这类双

---

① 《说郛三种》一百卷本卷五十二《汉孝武故事》。
② 《说郛三种》一百卷本卷五十二《汉孝武故事》。
③ 《说郛三种》一百卷本卷五十二《汉孝武故事》。
④ 《史记》卷一百二十七《日者列传》。
⑤ 《史记》卷一百二十八《龟策列传》。

方相互用计谋诈术，对手情况不明，后果不易预测的事件时，尤其注重卜巫占筮：

> 会上欲击匈奴，西攘大宛，南收百越，卜筮至预见表象，先图其利。及猛将推锋执节，获胜于彼，而著龟时日亦有力于此。上尤加意，赏赐至或数千万。如丘子明之属，富溢贵宠，倾于朝廷。至以卜筮射蛊道，巫蛊时或颇中。素有眦睚不快，因公行诛，恣意所伤，以破族灭门者，不可胜数。百僚荡恐，皆曰龟策能言。后事觉奸穷，亦诛三族。[①]

刘彻深信卜巫，故多有卜巫方士混迹于他的周围。方士卜巫中劣迹昭彰者尤以丘子明为最。《史记》被删改，多阙文，褚先生补之。刘彻与丘子明等巫士之事与伐匈奴和巫蛊之祸皆有关。宋人洪迈读《史记》至此，曰："今之论议者，略不及之。《资治通鉴》亦弃不取，使丘子明之恶，不复著见。此由武帝博采异端，驯致斯祸。"[②]此记载值得注意，刘彻晚年颁布罪己诏不得不承认，自己平生的重大失误与江湖术士们的诈术是有关的。

总之，神秘主义几乎与刘彻皇帝生涯相始终。方士、巫师们贡献种种秘方，借以骗取巨额财富。东汉应劭《风俗通义·正失》篇评论说：

[①]《史记》卷一百二十八《龟策列传》。
[②]《容斋随笔·续笔卷四·汉武心术》。

孝武皇帝兹益迷谬，文成、五利，处之不疑，妻以公主，赐以甲第，家累万金，身佩四印，辞穷情得，亦施枭裂。

号称"雄才大略"、智术过人的汉武帝刘彻屡屡受骗上当。他不可能懂得，他的时代正处在人类文明史的"宗教化时代"早期，这是造神运动极其盛行的时期，也是神秘主义思潮大肆泛滥，而且相当混乱的阶段。

二、皇权崇拜

宗教化造神运动是人类文明史的一个必然的发展阶段。祆教、犹太教、佛教、基督教，以及中国土生土长的道教，都是这一时期先后出现的宗教。汉武帝时代正处在宗教化造神运动的发轫期。

与汉帝国处在同一发展阶段的罗马帝国，公元2世纪出现了无数宗教团体和教派，他们把希腊唯心主义哲学与早期宗教混合起来，主张人可以依靠神秘经验与神相交，超脱肉体，使灵魂飞升于世界之上；认为天体神圣，能控制地上人类的命运，人间是宇宙的缩影，由一个绝对的权力控制；宣传世人服从不可抗拒的命运，恬淡寡欲。

斐洛把希腊哲学与犹太教思想混合起来。他把希腊哲学的"逻各斯"（类似"道"）与柏拉图的"绝对理念"结合，使"逻各斯"成为上帝创造万物的原型观念。他依据犹太教信仰，把逻各斯解释为上帝与其智慧的产物，代表了上帝对世界的作为，又是上帝与万物间的中介。逻各斯"这个词是神所有的并且本身就是神，它是神与人之间的中介"[1]。从思想史角度看，汉代的造神运动与之近似。汉武帝刘彻的造神活动对中国宗教发展轨迹及其畸变产生了相当大的影响。

刘彻对封禅泰山特别重视。传说自黄帝以下先后有七十二君封禅。齐桓公曾准备封禅，管仲认为齐并未一统，封禅不合于礼。举行封禅大典成为完成天下一统，接受上天"授命"象征的礼仪符号。历代封禅之君"内圣外王"，受命于天的形象，与刘彻自我实现的目标重合了。他认为，高祖虽夺天下，但尚未完成"大一统"，未及祭祀泰山、举行封禅大典，因之仍然继续沿用着秦朝的"统纪"。刘彻认为自己完成了汉家"大一统"的功业，已经具备了到泰山封禅，上告于天，完成"再受命"的条件。

武帝朝创立年号，记录了刘彻"神道设教"，从事宗教活动的历程。

武帝之前，史官纪年以君主在位先后年数称。纪年有一元、二元、三元……或有改元，则书"初元""中元""后元"等。诸侯王国仍各有纪年，还沿用着分封制的遗礼。这既不便于档案管理、史官载记，也不合乎"大一统"的精神。武帝朝始设年

---

[1] 恩格斯：《布鲁诺·鲍威尔和早期基督教》，《马克思恩格斯全集》第19卷，第329页。

号。①《史记·封禅书》记载了武帝朝纪年的名号，其间偶有疏误：

> 〔刘彻鼎湖大病〕其后三年，有司言"元"宜以天瑞命，不宜以一、二数。一元曰"建"；二元以长星曰"光"；三元以郊得一角兽曰"狩"。

但三元是"元朔"，四元才是元狩，中间少六年，遂致《汉书》记事系年出现错误。元鼎四年（前113），汾阳出土铜鼎，群臣以为是"符瑞"，建议纪年"宜以天瑞命，不宜以一、二数"，于是以此年为"元鼎"四年。②时仍承秦"以六为纪"，建元、元光、元朔、元狩、元鼎、元封各六年，至元封七年（即太初元年，前104年），兒宽、司马迁等议改正朔时，以汉代秦不宜用六而改为四。故自太初以后的年号皆为四年。

武帝朝建年号是历史年代学和纪年方式的一项创造，后来传

---

① 赵翼《廿二史札记》卷二《武帝年号系元狩以后追加》条；武帝建年号始于"元狩"，以时获独角兽，终军谓获"白麟"，为祥瑞，遂定年号云。陈直先生《汉书新证·武纪》建元元年条：颜师古曰："自古帝王未有年号，始起于此。"直按："《日知录》及《廿二史札记》，皆以武帝建元、元光两年号为追记者，其实不然。《筠清馆金石记》卷五，三十九页，有'高阳右军，建元二年'戈。杭州邹氏藏建元元年砖。西安南郊曾出土有'建元四年长安高'陶尊（现藏西北大学历史系文物陈列室）。又《小校经阁金文》卷十一，一百四页，有元光二年尺，其非追记可知。"

② 武帝建立年号始于元鼎四年，以前均为追记，建元、元光、元朔、元狩及元鼎一、二、三年皆后来追加。

播到了朝鲜、越南、日本等国。这是另外的话题。"元"有开始
之意。刘彻用"元"表示年号的一个周期,"建元"表示始建年
号。"太初改历"之前设立的年号,一定程度上能反映刘彻神化
皇权思想演变的线索;而"太初改历"则是刘彻欲表明"天命"
又开始了一个新的周期。

1. "泰一"与"元光"

"元光"被立为年号是后来增补的。"元"用来纪年,之所以
称"光"与星象事件有关:元光年间有人奏请祭祀"泰一"神,
"泰一"是帝星,故称该元为"元光"。"泰一"神的出现与早期
道教的造神运动有关。

秦儒相信"五霸"前有"三王","三王"前有"五帝","五
帝"前有所谓"三皇":"天皇""地皇""泰皇"。但秦朝"泰皇"
还只是人皇,不是神祇。刘彻即位后"尤敬鬼神之祀",建元初
招集群儒议封禅,被窦太后压制下去。建元六年(前135)窦太
后去世,刘彻没有了忌惮。崇拜什么神?元光年间,有人奏请祭
祀高于"五帝"的"泰一"神:

> 亳人谬忌奏祠泰一方,曰:"天神贵者泰一,泰一佐曰
> 五帝。古者天子以春秋祭泰一……"其后,人上书言:"古
> 者天子三年一用太牢祠三一:天一、地一、泰一。"天子许
> 之,令太祝领祠之于忌泰一坛上。①

"三一"即"三皇","泰一"受道家"尚一"观念影响。"泰

---

① 《汉书》卷二十五下《郊祀志》。

一"是皇权高度集中在"天人合一"神权观念中的反映。西汉天学有"太一",指"帝星"——北极星,已经有了至上、唯一的神性:

> 中宫,天极星,其一明者,太一常居也;旁三星三公,或曰子属。后句四星,末大星正妃,余三星后宫之属也……北斗七星,所谓"旋、玑、玉衡,以齐七政"……斗为帝车,运于中央,临制四乡。分阴阳,建四时,均五行,移节度,定诸纪,皆系于斗。①

汉代人认为天上与人间一样,也是一个等级森严的世界。在刘彻看来,老子讲的"道"就是"帝道"。《论语·为政》篇中孔子说,君道"天何言哉?譬若北辰,众星拱之",汉代人认为这是从老子"无为而治"概括出来的观念。战国秦汉"天学发达","天人合一"不是空论,是以当时的天文学知识为基础的。汉代人常按星象决策,西汉的宫廷中延用了一批星象学家,常用天象附会人事。刘彻同意设坛祭祀"泰一",并委派谬忌主持其事。这一举措更加强化了朝野间"造神运动"潮流的泛滥。

2. "元朔"改制,推行新政

"朔"是最初的月象。夏历每月初一月朔。许慎《说文》:"朔,月一日始苏也",也称"月旦",有初始之意。《广雅·释诂》:"朔,始也",引申了朔的原意。"朔"还有君主颁布历政的意义。《周礼·春官·大史》载,"颁告朔于邦国"。这里的"朔"

---

① 《史记》卷二十七《天官书》。

指历法。"颁告朔"指君主颁布历政。中国自古以农业立国，最大的政治就是保证不误农时。每年国君的第一件事，就是颁布历政，又称"布宪"①。刘彻即位后第十三年开始推行新政，为纪念这一年，将该元的年号改为"元朔"。

3. 获"麟"与"元狩"

汉武帝在位第十九年（前122），幸雍县的五畤，得到一头独角五蹄牛，不过是一头畸形的怪胎。又得到所谓"奇木"，所谓"其枝旁出，辄复合于木上"云。刘彻问这是什么征兆。谒者给事中终军回答说，这奇兽是孔夫子晚年梦见的"白麟"，树枝复合于树上也是祥瑞："今野兽并角，明同本也；众枝内附，示无外也"，是上苍嘉许"大一统"的符瑞。时"东瓯内附，闽王伏辜，南越赖救"，"大将军秉钺，单于奔幕；票骑抗旌，昆邪右衽"，是"天命初定，万事草创"，"六合同风，九州共贯"的大好形势。武帝的文治武功，历代"封禅之君无闻焉"②。终军的解释深得刘彻之心，故刘彻改太初年号时追置四元曰"元狩"。

4. 获鼎与"元鼎"

元鼎四年（前113）六月，汾阳巫师名锦者上言祠后土，获"宝鼎"。刘彻派人迎至甘泉宫。鼎本是君主权力的象征，上古部落联盟大会，铸各部落图腾于鼎上，古称"铸鼎象物"。后来，鼎被视为神器，象征君权神授。所谓"神鼎者，文质精也。知吉凶，知存亡，能轻能重，能息能行，不灼自沸，不汲自满，中生

---

① 《管子·立政·布宪》。
② 《汉书》卷六十四下《严朱吾丘主父徐严终王贾传·终军》。

五味。王者兴则出，衰则去"①。刘彻专门作《得宝鼎文》，询问得鼎情况："间者河溢，岁数不登，故巡祭后土，祈为百姓育谷。今年丰穰未报，鼎曷为出哉？"②齐方士公孙卿说得鼎是很大的祥瑞，黄帝得了宝鼎，才"乘龙升天"。刘彻遂拜公孙卿为郎，赏赐千金，把五元改为"元鼎"。又有人来献"天马"，刘彻作《天马歌》（"天马"详本章五，此不赘述）。

刘彻得到"宝鼎"和"天马"，成仙的欲望急剧膨胀起来。他急不可待地说，如果真能成仙，抛弃人间的荣华富贵，有如"脱屣"。元鼎四年后，各种条件渐次齐备，刘彻愈加急于"封禅"了。

5."元封"与"封禅"

"元封"因举行"封禅"而得名。"封禅"在刘彻看来是具有重大意义的事件，也是汉朝人心目中的重大事件。封禅的意义在于，"王者功成治定，告成功于天"③。司马迁说，父亲司马谈因不得参预封禅大典，以至于"发愤且卒"。可以想见当时人对参加"封禅"的重视程度。元鼎五年（前112），齐方士公孙卿献伪造的《黄帝封禅书》，欺骗刘彻说：

〔黄帝〕受此书申公……与安期生通，受黄帝言，无书，独有此鼎书，曰："汉兴复当黄帝之时。"曰"汉之圣者，在高祖之孙且曾孙也。宝鼎出而与神通，封禅。封禅七十二

① 《太平广记》卷二百二十九"汉武帝"条。
② 《汉书》卷二十五上《郊祀志》。
③ 《汉书》卷六《武帝纪》注引孟康说。

　　王，唯黄帝得上泰山封。"申公曰："汉帝亦当上封，上封则
　　能仙登天矣。"①

　　但是，秦始皇也曾封禅，何以速亡呢？齐人丁公解释说，秦
之速亡，与秦始皇登泰山不得仪法未能成功有关。这些议论引起
了刘彻的注意。元鼎五年（前112），刘彻准备封禅。御史大夫卜
式"不习文章"，刘彻让以精通今古文经学的兒宽取代卜式，研
究封禅礼仪。元狩末年，司马相如病笃，刘彻派人抢救他研究封
禅的成果，以免佚失。据《汉书·司马相如传》记载：

　　　　相如既病免，家居茂陵。天子曰："司马相如病甚，可
　　往从悉取其书，若后之矣。"使所忠往，而相如已死，家无
　　遗书。问其妻，对曰："长卿未尝有书也。时时著书，人又
　　取去。长卿未死时，为一卷书，曰有使来求书，奏之。"其
　　遗札书言封禅事，所忠奏焉，天子异之。

　　所谓"异之"，就是刘彻对司马相如的札书有不同意见，至
少不甚满意。后来还是刘彻亲自动手，按照自己的意志对典礼仪
式、乐章的歌词作了修改。
　　封禅典礼要在"明堂"举行。"明堂"起源甚古，大约与商
代的祭祀有关，原来只是供祭礼用的茅亭。《管子·宙合》篇描
绘"大贤"居此治理天下，随四季变化颁历施政，这大约是"明

①《汉书》卷二十五下《郊祀志》。

堂"的胚芽。《管子·幼官》和《幼官图》（幼官即"玄宫"，玄的初文是葫芦）里叙述和描绘了"明堂"的形制。许慎《五经异议》引《大戴礼记》说，"明堂有九室，室四户八牖共三十六户、七十二牖"，又说"周公祀文王于明堂以配上帝"。越说越玄。刘彻作过考察，根据济南人公玉（读音为sù）带献上的图纸，亲自修改，施工建筑。

元封元年（前110），刘彻召诸儒五十余人论议封禅，众说纷纭，未有所定。兒宽曾为刘彻讲授过《尚书》，《尧典》中圣王的形象对刘彻颇有影响。刘彻以司马相如论封禅书问兒宽。《汉书·公孙弘卜式兒宽传》载兒宽上书：

> 陛下躬发圣德，统楫群元，宗祀天地，荐礼百神，精神所乡，征兆必报，天地并应，符瑞昭明。其封泰山，禅梁父，昭姓考瑞，帝王之盛节也。然享荐之义，不著于经，以为封禅告成……各称事宜而为之节文。唯圣主所由，制定其当，非群臣之所能列。今将举大事，优游数年，使群臣得人自尽，终莫能成。唯天子建中和之极，兼总条贯，金声而玉振之。以顺成天庆，垂万世之基。

"享荐之义，不著于经"是兒宽委婉的托词。孔子不言怪、力、乱、神。所以，兒宽主张"接神明"最好本着"节文"的原则，不宜过分铺张，也无须由别人越俎代庖。他推却了设计封禅大典的责任，让刘彻自己杜撰，摆脱了干系。刘彻对一班不能造神的儒生表示非常不满。《史记·封禅书》载：

　　自得宝鼎，上与公卿诸生议封禅。封禅用希旷绝，莫知
其仪礼，而群儒采封禅《尚书》《周官》《王制》之望祀射牛
事。齐人丁公年九十余，曰："封禅者，合不死之名也……"
上于是乃令诸儒习射牛，草封禅仪……而颇采儒术以文之。
群儒既已不能辨明封禅事，又牵拘于《诗》《书》古文而不
能骋……于是上绌〔徐〕偃、〔周〕霸，而尽罢诸儒不用。

　　刘彻对黄帝不死说已心存疑窦。他北边巡狩见黄帝冢问：
"吾闻黄帝不死，今有冢，何也？"于是"乃自制仪，采儒术以文
焉"。元封元年十月，刘彻亲率十八万骑巡狩北边。《汉书·武帝
纪》载《巡边诏》：

　　南越、东瓯，咸伏其辜；西蛮、北夷，颇未辑睦。朕将
巡边垂，择兵振旅，躬秉武节，置十二部将军，亲帅师焉。

　　匈奴举国远徙北海，刘彻认为封禅时机成熟了。在泰山下举
行封禅典礼后，武帝只带霍去病之子霍嬗一人登上岱顶，完成与
上天沟通的封禅巫术。据野史传说，山上野草荒崖，刘彻大失所

望。霍嬗即日暴死。①

自元封元年封禅之后，改年号曰"元封"，每五年一修封，至征和四年，凡五修其封。

6.践行禹迹，填塞瓠子

既然"封禅"已经向天下证明了刘彻继承了天命的"土德"之运，于是刘彻就要践行"禹迹"，把大禹治水的功德演绎一遍。元光三年（前132）河决，田蚡说天意不可违，阻挠刘彻堵塞决口。元封二年（前109），时无兵戈，刘彻欲塞决口，引河汲旱排涝。②史载：

> 自河决瓠子后二十余岁，岁因以数不登，而梁、楚之地尤甚。天子既封禅，巡祭山川，其明年（元封二年），旱，干封少雨。天子乃使汲仁、郭昌发卒数万人塞瓠子决。于是天子已用事万里沙，则还自临决河，沉白马玉璧于河，令群臣从官自将军已下皆自负薪窴决河。是时东郡烧草，以故薪柴少，而下淇园之竹以为楗。③

---

①《初学记》卷十八载，霍嬗随武帝登岱顶，暴死。刘彻制《与奉车子侯家诏》。《史记·封禅书》索隐顾胤引《武帝集》武帝与奉车子侯家书："道士皆言子侯仙去，不足悲。"然《史记·封禅书》索隐引桓谭《新论·谴非》："武帝出玺印石，财（才）有朕兆，子侯则没印，帝畏恶，故杀之。"

②元封二年天旱，黄河水量小，利于水利工程的修复。但塞决河目的是阻水患，可由《史记·河渠书》"道河北，行二渠，复禹旧迹，而梁、楚之地复宁，无水灾"证之。

③《史记》卷二十九《河渠书》。

　　刘彻在"万里沙"（今华县东北）祭祀河神后，君临黄河瓠子（今濮阳西）决口处指挥筑堤。东郡草少，刘彻令部下至卫邑一带的"淇园"砍竹为楗，亲自指挥群臣百官，上自将军，下至士卒，人人斩竹负薪，运土筑堤。瓠子水利枢纽工程完工后，刘彻写下了《瓠子歌》（详本书第十章）纪其事，又在附近修建了一座纪念碑式的标志性建筑"宣房宫"，用这个水利工程向天下人证明自己确实完成了"复禹旧迹"的使命。

　　7."再受命"与"太初"改历

　　根据皇权"再受命"论，天子"受命"，当有一代之"德"。汉代秦之初，诸儒讨论过这个问题，未遑其事，故"袭秦正朔服色"。秦代色尚黑，数尚六，以十月为岁首。[①]刘彻认为自己已经封禅，秦代旧制应当革除。太初元年（前104），用兒宽、司马迁等建议，颁行新历：

　　　　夏五月，正历，以正月为岁首，色上黄，数用五，定官名，协音律。[②]

　　这是刘彻即位后的第六个"元"的结束，下一元正应谶言所说的"六七之厄"。这年颁行《太初历》，年号更名为"太初"。取意于"王者易姓受命，必慎始初，改正朔，易服色，推本天

---

①《史记》卷二十六《历书》。
②《汉书》卷六《武帝纪》。

元，顺承厥意"之意。①年号曰"太初"，包含了一切都从最初开始的意思。年号由六年一变改为四年一变，由秦代制度的"尚六"改为附会阴阳五行学说的"尚五"。这一变化也说明，自元封封禅以后，刘彻的神秘主义思想发生了很大的改变。

三、精神生活的重大转折

刘彻人过中年之后，神秘主义思想发生着积微至著的变化。虽不易说清楚这种转变始于何时，但其心态变化的轨迹，是可以通过其行迹察觉的。

孔子说，人生四十不惑，五十而知天命。这个年龄是成功男人的辉煌时期。四十至五十岁间的刘彻的确达到了平生事业的顶点。不想，他却在元狩五年（前118）四十岁上得了一场大病，久治不愈，几乎死去：

> 天子病鼎湖，甚。巫医无所不致，不愈。游水发根言上郡有巫，病而鬼神下之。上召置祠之甘泉。及病，使人问神君。神君言曰："天子无忧病。病少愈，强与我会甘泉。"于是病愈，遂起，幸甘泉，病良已。大赦，置寿宫神君。寿宫神君……非可得见，闻其言，言与人音等。时去时来，来则风肃然。居室帷中……神君所言，上使人受书其言，命之曰"画法"。其所语，世俗之所知也，无绝殊者。而天子心独喜。其事秘，世莫知也。②

① 《史记》卷二十六《历书》。
② 《史记》卷二十八《封禅书》。

这次，刘彻病得不轻，宫廷御医方士巫师们用尽各种办法均归无效。"游水发根"来历不详，其名不类汉人，他与上郡"胡巫"勾结，用巫术诈骗钱财。上郡"胡巫"用降神术——骗刘彻服用"胡麻"（致幻剂，详本章五）——使神灵与刘彻沟通。刘彻上瘾，呈阵发性症状。胡巫借机"时去时来"，刘彻"发病"时，胡巫装神弄鬼，与"神君"对话，欺骗刘彻。

刘彻中年以后出现了脑血管硬化症状。鼎湖病愈后，身体虽有所恢复，但精神状态却发生了显著变化：他对身体已经不那么自信了，施政失去了先前的灵活性，随着年龄增长，头脑愈益僵化。他不再听取不同意见，多疑、偏执、固执，常以峻法滥杀为快；愈加大兴神仙之事，寻仙觅药求巫弄鬼；无休止地对外用兵……总之，神秘古怪的念头经常支配着他。从鼎湖大病后刘彻的行为看，不难发现他在身体、心理、感情、思想上的显著变化：

> 〔鼎湖大病初愈〕已而卒起，幸甘泉，〔过右内史界中〕道多不治，上怒曰："纵以我为不复行此道乎！"[1]

这是司马迁描写刘彻病态心理的点睛之笔。刘彻猜测，义纵见自己病重，以为从此将一病不起，暂且中止修治内史地区的驰道。刘彻进而推断，天下臣民的心思恐怕与义纵相仿，认为自己已经无法恢复健康。他总是怀疑人们在设法欺骗自己，于是勃然

---

[1]《史记》卷一百二十二《酷吏列传》。

大怒，杀了义纵。同年，丞相李蔡也无端被杀。汲黯虽曾被刘彻称为"社稷之臣"，也因屡屡进谏少杀大臣于该年外放，出任淮阳太守。鼎湖病愈后的刘彻，突然对个人生死、国家存亡发出感慨：

> 顾谓群臣曰："汉有六七之厄，法应再受命，宗室子孙谁当应此者？"六七四十二，代汉者"当途高"也。群臣进曰："汉应天受命，祚逾周、殷，子子孙孙万世不绝。陛下安得此亡国之言，过听于臣妾乎？"上曰："吾醉言耳！然自古以来，不闻一姓遂长王天下者。但使失之非吾父子可矣。"①

"当途高"谶言后世广为流传，为王莽、董卓等试图"再受命"的政治野心家们一再利用。刘彻在临近四十二岁，以"六七之厄"的谶言之故，欲亲自完成封禅改历，以应"再受命"之谶。同时，刘彻还怀疑这个谶言可能有某种政治背景。他所谓"自古以来，不闻一姓遂长王天下"的话，像是大彻大悟。其实，是以酒醉为掩饰，察言观色，借以推测谶言的来龙去脉。

元鼎四年（前113）汾阴得鼎。听到得鼎的消息之后，刘彻亲自到河东考察，泛舟宴饮汾河上，意得志满之余又生出一番感

---

① 《太平御览》卷八十八引《汉武故事》。《容斋随笔》卷九："〔刘〕歆乃力赞王莽，唱其凶逆，至为之国师公。又改名秀以应图谶。"又见该书卷十六《谶纬之学》。

慨，写下《秋风辞》（详见本书第十章）。①此时的刘彻，露出了"盛极则衰"、人生易老的忧虑。他对如何保持自己的权威和享乐长盛不衰并无绝对自信，思来想去，只有升仙一途。但多年经营此事，并没有几个真人。他心里明白，那些齐方士都在骗他。有什么办法呢？自己掌握着天下荣辱、贵贱、赏罚、生杀大权，江湖上草民们谁不想分一杯羹呢？想成仙，就要对这些人作出深信不疑的样子，以重金美女引诱方士们为自己服务，也许能找到成仙的方法。一旦"验"其方术有诈，就杀掉了之。随着一再受骗上当，刘彻不仅对向东方海上蓬莱寻仙觅药的谎言越来越厌烦，对混迹于周围的方士也益生疑心。

中山李氏的出现，对刘彻晚年的政治产生了很大的影响。元鼎六年（前111），46岁的刘彻亲自主持制礼作乐，准备举行封禅大典：

> 其春，既灭南越，上有嬖臣李延年以好音见。上善之，下公卿议，曰："民间祠尚有鼓舞乐，今郊祀而无乐，岂称乎？"公卿曰："古者祠天地皆有乐，而神祇可得而礼。"或曰："太帝使素女鼓五十弦瑟，悲，帝禁不止，故破其瑟为二十五弦。"于是塞南越，祷祠太一、后土，始用乐舞，益召歌儿，作二十五弦及空侯、琴瑟自此起。②

---

① 《汉书》卷二十五下《郊祀志》。逯钦立《先秦汉魏晋南北朝诗》卷一考《秋风辞》作于元鼎四年。

② 《史记》卷二十八《封禅书》。

"或曰"所谓"太帝""素女"的说法尤其引起刘彻的注意。中山李氏是羯族人，有塞种血统。①刘彻用于郊祠乐演奏的乐器"空侯"（箜篌），起源于美索不达米亚地区（古波斯语称cank）。刘彻关注西域已久，元鼎二年（前115），张骞第二次出使西域的使团返回长安，带回大量西域的信息，也带回了西域乐舞、杂技等文化娱乐节目。因准备封禅大礼，刘彻更加注重西域的音乐歌舞艺术。这时，一位绝代佳人——李夫人出现在刘彻面前。

《汉书·外戚传》载："孝武李夫人，本以倡进。初，夫人兄延年性知音，善歌舞，武帝爱之。每为新声变曲，闻者莫不感动。延年侍上起舞。"李延年向刘彻献上了自己作的一首歌，其歌辞曰：

北方有佳人，绝世而独立，一顾倾人城，再顾倾人国。宁不知倾城与倾国，佳人难再得。

刘彻闻而叹曰："善！世岂有此人乎？"平阳公主盛称李延年的妹妹美丽非凡，"上乃召见之，实妙丽善舞。由是得幸，生一男，是为昌邑哀王"。刘彻深爱李夫人，可惜红颜薄命，李夫人与刘彻共同生活了仅六年，就一病不起。太初元年（前104）李夫人病笃，刘彻亲侍床笫。

心爱的李夫人之死，对刘彻精神状态影响很大。按照刘彻对"天人合一"的理解，李夫人之死对实施封禅以后的施政计划非

---

① 详本章五"汉武帝与中山李氏事略"。

常不利。他在"元朔更化"之际，废黜了陈皇后，改立卫子夫为皇后，取得了相当显赫的成就。刘彻原打算太初改制同时易后、易太子。岂料，这位薄命美人来不及等到"太初改历"。"及卫思后废后四年（武帝后元二年，前87年），武帝崩，大将军霍光缘上雅意，以李夫人配食，追上尊号曰孝武皇后"[1]。李夫人之死，在刘彻心理上留下了深深的阴影。

随着外事四夷功业的展开，中国人对世界的眼光逐渐放大。东方朔说：

> 圣帝在上，德流天下，诸侯宾服，威振四夷，连四海之外以为席，安于覆盂，天下平均，合为一家……[2]

自从张骞通西域后，刘彻从出使西域的返回者那里陆续得到关于"大秦"有极高文明的种种信息，"犁靬"（Alexandaria），亚利山大音译，或称"海西国"[3]。刘彻晚年封李广利为"海西侯"，说明刘彻打通西域的目标是欲与"大秦"交通。他猜测所谓"海西国"，就是传闻的"西王母国"。刘彻已改变了向东方寻找神仙的想法。他认为必须先找到"西王母"，与之交媾，方能

---

① 《汉书》卷九十七下《外戚传》。

② 《史记》卷一百二十六《滑稽列传》。

③ 《后汉书·西域传》："大秦，一名犁靬，以在海西，亦云海西国。地方数千里，有四百余城……其人民皆长大平正，有类中国，故谓之大秦。""大秦"，是古波斯语Dasina（读如"大细亚"——"大夏"）的音译，意为"右"——西方，其地泛指罗马占领下希腊化的地中海沿岸地区。

成仙。

元封以后，刘彻寻仙的注意力逐渐由东方的"日出之地"转向了西方的"日入之地"。这一点，一是由于刘彻对蓬莱寻仙活动已经失去了耐心；二是由于"丝绸之路"开通，知道西方有高度文明的社会；三是受李氏家族的影响，对西域一带发生了浓厚的兴趣。刘彻深信周穆王西方巡狩，造访"西王母"的传说。他深信，与传说中居住在昆仑山、崦嵫山、"西海"一带的西王母"交接"，才是成仙的要径。李夫人虽然去世了，但这位"北方佳人"唯有死去，她的美貌才可能深深地留在风流天子刘彻的心里，李夫人那异族风韵之美与西王母的形象重合，在刘彻心里燃起对神秘的异域狂热追求的欲望。刘彻亲自编定的《郊祠歌》透露出他的神秘主义思想的转轨：

> 合好效欢虞泰一（《天地》）；
>
> 将摇举，谁与期……开远门，竦予身（《天马》）；
>
> 神之游，过天门，车千乘，敦昆仑（《华烨烨》）；
>
> 椒兰芳……美始兴，交于神，若有承（《五神》）。①

《郊祠歌》是刘彻为举行封禅大典，亲自作词，由李延年谱曲的典礼乐章。刘彻把与"西王母"交媾视为成仙必由之道。在他的意识流中，塞种美女、李夫人、西王母的形象互相重叠、幻化、弥漫开来。刘彻幻想由飞廉、造父那样的驭手，驾驭八匹天马曳挽着的仙车，超然飞升到远在天极西海的"西王母国"，在

---

① 《汉书》卷二十二《礼乐志》。

充满爱欲的狂欢巅峰中，与西王母融为一体，升华到毫无烦恼的神仙世界，享受那不受世俗牵挂的无限自由和幸福。

汉武帝掀起的西王母崇拜之风愈演愈烈，终于酿成西汉末年民间造神运动的轩然大波。据《汉书·哀帝纪》记载：

> 〔哀帝建平〕四年春，大旱。关东民传行西王母筹，经历郡国，西入关至京师。民又会聚祠西王母，或夜持火上屋，击鼓号呼相惊恐。

颜师古注称"西王母"乃"元后寿考之象"。其实，"西王母"并非元后王氏，始作俑者终与刘彻晚年倾力经营西域、欲寻找西王母而成仙的活动是分不开的。此虽后话，但武帝朝西域文化对中原的影响之大则是显而易见的。

一般早期宗教大多遵循禁欲主义的修行原则，认为人的欲望是产生"邪恶"的根源，只有凭借禁欲、苦行的修炼，才有可能脱离世俗人间。早期宗教不承认世俗权威，通过修炼进入神、仙境界。刘彻并不愿意放弃世俗享乐和皇帝的权威，这是他的神秘主义思想不可克服的内在矛盾。所以刘彻的宗教理想是有限的。在他的神仙梦里，至多是建立一个政教合一的人间神权帝国。刘彻这个"余一人"，只是暂时的、相对的、有限的权威。所以在他生命的最后时刻，不得不承认自己权威的暂时性、相对性、有限性。

四、神秘主义泛滥学术

刘彻造神运动与学术思想界是相互影响的。武帝朝神秘主义思潮大兴主要有两方面原因：一是汉以农业立国，自然灾变会导致社会动荡。当时灾害频仍，人们感到惊恐。[①]时人对自然灾变不可能给予科学的解释，人们期盼得到神灵护佑。传统认为得"再受命"者，要有血统和世袭的根基，积若干代之"德"，得天下才有"法理"的依据。而刘氏起于平民阶层，只得制造君权神授的依据。"上有所好，下必甚焉。"刘彻关注这一问题，朝野人士就投其所好，倾注心力于此。两方面因素相互影响，相互推动，形成了神秘主义思潮泛滥于学术界的一种时代潮流。

刘彻与董仲舒探讨"大道之要，至论之极"，已经论及"古今之变，天人之际"的问题，主要分三个方面：一是天道与德运兴衰的原因；二是天道与人道的关系；三是人性与命运的关系。董氏作出了"天人感应""受命""祥瑞""性三品"等理论回答。而刘彻的升仙、封禅之类举措则是这类思想外化的方术化、礼仪化形式。"天人感应"说出自邹衍，为"圣人调阴阳"确立了理论前提。至武帝朝，思想界的主流学说认为，圣主必须按天地四时调整政策："为人主者，居至德之位，操生杀之势，以变化民。民之从主也，如草木之应四时也。喜怒当寒暑，威德当冬夏"，根据上天意志显示的信息调整政策称为"圣人配天"[②]；君主是

---

① 王子今：《秦汉时期气候变迁的历史学考察》，《历史研究》1995年第2期。

② 《春秋繁露·威德所生》。

沟通天人的中介，"三画而连其中谓之王。三画者，天、地与人也。而连其中者，通其道也。取天、地与人之中以为贯而参通之，非王者孰能当是？"①三公职责为协助人主调节阴阳而已，天有灾异警示，丞相代天子受过成为不成文的制度。②

刘彻大搞造神运动，引发了汉代思想史上"今古文之争"的滥觞。

经今古文学派之争事出有因。元朔元年（前128），鲁共王刘余死，从共王府邸传出消息说鲁共王曾毁坏孔子旧宅，从壁中得到用先秦古文字书写的一大批图书之事。这一消息立即引起喜读奇文异书的刘彻极大的兴趣。元朔五年（前124），河间献王献书，刘彻又建献书、藏书之策，置写书之官。董仲舒作《诣公孙弘记室书》，建议朝政要抓大事，抓根本，公孙弘上书《请为博士置弟子员议》。刘彻因势利导下《劝学诏》，开今文五经之科，置博士弟子，经今文之学大兴。经古文学派的经师也因此而更加注重古文与今文学派争夺学术阵地。古文经学大师孔安国传授孔子家族所藏经卷，献其书《逸礼》39篇、《书》16篇、《左氏春秋》诸古文旧书，藏诸密府兰台"石室金匮"。这些书司马迁、兒宽以及此后的刘向、刘歆父子都习读整理过。总之古文经学像潜流一样暗中滋长着。不过，为了争夺学术阵地，无论经今文还是经古文，都力求适应人主的需要，按刘彻的口味调制改造和包装，其入于流俗者亦非孔学原貌了。

刘彻元封末重用兒宽，让他发挥精通儒家今古文之学之长，

---

① 《春秋繁露·王者通三》。
② 赵翼：《廿二史札记》卷二"灾异策免三公"条。

继董仲舒、司马相如之后担任思想理论顾问，为"变更制度"进行更充分、更有经典依据的论证，使皇权更具有神圣形态。刘彻一再策问"天人之际，古今之变"诸问题，欲从儒学的"微言大义"中找到神化皇权的理论根据。但孔子"述而不作"，五经皆前代文献，孔子不过保存整理而已；《论语》也仅是弟子们记录的孔子言行。儒者相信孔子思想就寄托在这些文献中，孔子是根据自己的思想体系选择、加工、删削和重新编纂整理文献的。今文经学的"微言大义"，欲阐发隐藏在经文字句中的孔子思想。说明了"微言"，神化君权的"大义"也就体现在其中了。讲"微言大义"的今文经学原属"齐学"体系，经稷下"百家争鸣"的论辩，比较富于思想性，长于对经学义理内容的发挥，根据君主政治需要，为现实服务，故政治视野较开阔。"鲁学"质朴，以家学形式传授，经书用战国文字书写，故称"古文经学"。鲁学传授只讲文字训诂，古文学派政治上不太吃得开。武帝重视齐学的《春秋公羊》家为首的一派政治上得势，其学得入太学列为官学，故学古文经的士人大多存在饭碗不易寻、出路比较窄的问题。由于刘彻"利出一孔"，集中经济权力，握有致人富贵之"柄"，儒者经济不能自立，必须依附皇权。鲁学派也要寻找出路，不愿长期处在社会边缘，力求在价值资源分配中占取较多份额。于是学术界出现了复兴古文经学的思潮。

刘彻于元狩元年（前122）立卫子夫的儿子刘据为皇太子。以石庆任太子太傅，诏太子受《公羊春秋》，但是，太子刘据却偏偏喜好属于鲁学系统的《穀梁春秋》。《汉书·武五子传》载：

〔戾太子〕少壮，诏受《公羊春秋》；又从瑕丘江公受

《穀梁》。及冠，就宫。上为立博望苑，使通宾客，从其所好。故多以异端进者。

所谓"异端"，当然是从占正统地位的公羊学派角度的评价。太子刘据好《穀梁》，《穀梁》属鲁学。故鲁学诸儒纷纷集中到卫太子的"博望苑"，博望苑派对"正统派"刘彻的政策颇有微词。这时，刘彻与儿子思想的对立已经悄悄地发展了。司马光就此评论说："今乃使太子自通宾客，从其所好。夫正直难亲，谄谀易合，此固中人之常情，宜太子之不终也。"①儒家鲁学派心照不宣的策略是：一旦卫太子即位，鲁学就会占据正统地位，获得广阔的发展空间，占有较多社会资源——这是由人们对利益分配的敏感性决定的。鲁学欲与齐学抗衡，就要在神化皇权理论上拿出更有"分量"的东西。

经今古文派在武帝朝明争暗斗，都从方士们搞巫术的手段和观念里汲取"精神营养"。顾颉刚先生在《秦汉的方士与儒生》中说汉儒"方士化"，阴阳五行成了汉代人的"思想律"，就是指这种思想潮流而言。武帝朝的神秘主义思潮推动了儒学的谶纬化。刘彻不是经学家，只是要求学术要主动、积极地为现实服务。所以，元封前后的兒宽兼习经今古文学，对讲解经书增加了诸多便利条件。刘彻一再策问兒宽诸事，兒宽打通诸经之今古文畛域——讲解，适应了刘彻的政治需要。从董仲舒到兒宽，都在为刘彻政治目的服务，"谶纬"之学的方法和风气已孕育其中了。

"谶纬"是从董仲舒公羊春秋学"微言大义"的方法中滋生

①《资治通鉴》卷二十二《汉纪十四》征和二年条，臣光曰。

出来的。贾谊《鵩鸟赋》说："发书占之兮，谶言其度"——巨大的机变微妙地隐藏在典籍的文字里面，发现文字这种记载，占卜预测，就可以预先得知天机。汉儒们认为儒经中的"谶言"涉及了某种预言，投入很大精力研究这类谶言。只钻研经书还不够，还要利用所谓"纬书"，纬书是对经书而言。"谶纬之学"就是由董仲舒凿通经子、兒宽讲解谶说滥觞的。从此，"谶纬之学"大肆泛滥起来，政客们把它当作争权夺利的工具。《汉书·眭两夏侯京翼李传》里的眭弘、夏侯始昌、夏侯胜、京房、翼奉、李寻等一批儒者，无一不是大搞神秘主义的人物。例如，鲁人眭弘"少时好侠，斗鸡走马，长乃变节，从嬴公受《春秋》"，善推阴阳灾异，尝言"先师董仲舒有言，虽有继体守文之君，不害圣人之受命"。承认儒学的谶纬化是由董仲舒"推阴阳灾异"的学风造成的。鲁学醇朴的家学之风发生变异，受今文经的濡染浸润愈益明显；鲁人夏侯胜传其父夏侯始昌古文《尚书》《洪范五行传》，善言灾异。常谓："经术苟明，其取青紫如俯拾地芥耳。学经不明，不如归耕。"①自武帝至昭、宣时代，鲁地的古文经学也已经严重地谶纬化了。经古文学派经过神秘主义思潮的濡染，学风大变，尤甚于经今文学。东汉人桓谭批评汉代新儒学说："谶出《河图》《洛书》，但有兆征，而不可知。后人妄复加增依托，称是孔丘，误之甚也。"②儒家经典的谶纬化，竟然变成了新儒学神秘主义的大本营。

自武帝朝以后，两汉历朝献祥瑞者不计其数，成为一种神秘

---

① 《汉书》卷七十五《眭两夏侯京翼李传·夏侯胜》。
② 《意林》引《新论·启寤》。

主义文化的时代性标志，并且影响久远。顾颉刚先生《秦汉的方士与儒生》指出："皇帝的神性越浓厚，他的地位就越优越，一般民众也就越容易服服帖帖地受皇帝的统治。"汉武封禅，意在神化皇权，愚弄人民群众，维护刘氏统治。儒学本是"人学"，孔子罕言天道，不讲怪、力、乱、神。但经过汉武帝时代造神运动的濡染和改造，儒学全然改变了本来的面目。司马迁《史记》对这种风气予以深刻揭露。

刘彻为神化刘汉政权大搞神秘主义，不想却被王莽借用作篡汉的手段。此虽后话，但绎读《汉书·眭两夏侯京翼李传》不难略知其害。荀子说："君子以为文，百姓以为神。以为文则吉，以为神则凶。"[1]信哉斯言！

刘彻这种充满无限征服和享乐欲望的"神仙欲"，毕竟是开放性的，而这种开放性也包括了对新文化、新鲜事物抱着积极引进、学习、吸收、改造，为我所用的态度，包括对神秘文化也是如此，没有抱残守缺、故步自封的自我封闭性。刘彻这一精神特点，在太初年间拉开序幕的远征匈奴，西伐大宛，控制西域，打通"丝绸之路"的战略决策时，起到了相当大的作用。

五、汉武帝与中山李氏事略

武帝晚年与中山李氏家族之李夫人、李延年、李广利兄妹关系颇深，内帏继嗣、制礼作乐、兵戎征伐等汉廷内外大事几乎无不与三李有关。然事涉隐秘，鲜为人知。惟中山李氏本为胡人，易为学人忽略。此虽"细节"，事关刘彻晚年思想变化及中西文

---

[1]《荀子·天论》。

化交流之大体，有必要考证辨析清楚。仅以汉《乐府》"新声变曲"为线索，对中山李氏略作钩沉。

1.汉《乐府》与"新声变曲"

刘彻与中山李氏的交往始自李延年及其妹李夫人，后及长兄李广利。相见次第一说刘彻先见李夫人，后见其兄李延年。《史记·佞幸列传》载：

> 李延年，中山人也。父母及身兄弟及女，皆故倡也。延年坐法腐，给事狗中。而平阳公主言延年女弟善舞，上见，心说之，及入永巷，而召贵延年。延年善歌，为变新声，而上方兴天地祠，欲造乐诗歌弦之。延年善承意，弦次初诗。其女弟亦幸，有子男。延年佩二千石印，号协声律。与上卧起，甚贵幸，埒如韩嫣也。久之，浸与中人乱，出入骄恣。及其女弟李夫人卒后，爱弛，则禽诛延年昆弟也。

二说先见李延年，后见李夫人。《汉书·外戚传》载：

> 孝武李夫人，本以倡进。初，夫人兄延年性知音，善歌舞，武帝爱之。每为新声变曲，闻者莫不感动。延年侍上起舞，歌曰："北方有佳人，绝世而独立，一顾倾人城，再顾倾人国。宁不知倾城与倾国，佳人难再得！"上叹息曰："善！世岂有此人乎？"平阳主因言延年有女弟，上乃召见之，实妙丽善舞。由是得幸，生一男，是为昌邑哀王（髆）。

中山李氏为倡（歌舞伎），兄善作曲伴奏，妹善舞蹈，深得刘彻宠嬖。惟李延年并非因"爱弛"而诛（详后文）。元鼎末，刘彻准备封禅大典，起用有音乐专长的李延年为乐师，参与制礼作乐。《史记·封禅书》载：

> 〔元鼎六年〕其春，既灭南越，上有嬖臣李延年以好音见。上善之，下公卿议，曰："民间祠尚有鼓舞乐，今郊祀而无乐，岂称乎？"……于是塞南越，祷祠太一、后土，始用乐舞，益招歌儿，作二十五弦及空侯（箜篌），琴瑟自此起。

汉武帝"用乐舞，招歌儿"事在元鼎六年（前111）汉平越地，置九郡时。据《汉书·礼乐志》载：

> 至武帝定郊祀之礼……乃立乐府，采诗夜诵，有赵、代、秦、楚之讴。以李延年为协律都尉，多举司马相如等数十人造为诗赋，略论律吕，以合八音之调，作十九章之歌。以正月上辛用事甘泉圜丘，使童男女七十人俱歌，昏祠至明。夜常有神光如流星止集于祠坛，天子自竹宫而望拜，百官侍祠者数百人皆肃然动心焉。

李延年、李夫人入宫得宠，也在该年。按，乐府官设立，并不自武帝朝始。西汉孝惠帝时，夏侯宽为"乐府令"，始以名官。

"以沛宫为原庙，皆令歌儿习吹以相和，常以百二十人为员。文景之间，礼官肄业而已。"①《汉书·武帝纪》载，武帝整顿乐府官："〔元朔五年（前124）〕夏六月，诏曰：'盖闻导民以礼，风之以乐。今礼坏乐崩，朕甚闵焉。故详延天下方闻之士，咸荐诸朝……'"于是有"采诗夜诵，有赵、代、秦、楚之讴"。元鼎末，起用李延年，始有"新声变曲"。新曲与汉初乃至武帝前期的《乐府》有显著区别，除"赵、代、秦、楚之讴"外，其中还融入西北少数民族音乐成分：

> 横吹曲，其始亦谓之鼓吹，马上奏之，盖军中之乐也，北狄诸国皆马上作乐，故自汉已来，北狄乐总归鼓吹署。其后分为二部，有箫笳者为鼓吹，用之朝会、道路，亦以给赐。汉武帝时，南越七郡，皆给鼓吹是也。有鼓角者为横吹，用之军中，马上所奏者是也。②

可知，"新声变曲"是由原西汉《乐府》糅入若干新因子形成。刘彻之所以对"新声变曲"感兴趣，除"延年善承意，弦次〔刘彻新作〕初诗"，为刘彻的"初诗"作曲之外，主要在于其旋律与中原传统雅乐风格迥异：

> 横吹有双角，即胡乐也。汉博望侯张骞入西域，传其法

---

① 《汉书》卷二十二《礼乐志》。
② ［宋］郭茂倩：《乐府诗集》卷二十一《横吹曲辞》，中华书局，1979年版，第309页。

于西京，唯得《摩诃兜勒》一曲（一说二曲，不确）。李延
年因胡曲更造新声二十八解，乘舆以为武乐，后汉以给边
将，和帝时万人将军得用之。[①]

李延年"因胡曲"，包括《摩诃兜勒》在内，受西域音乐旋
律影响甚深。"摩诃兜勒"是西域语音译，武帝用为塞乐，东汉
用为军乐，可知旋律颇有兵事杀伐之音。"摩诃"（Maha）意为
"大"；"兜勒"见于《后汉书·和帝纪》《西域传序》，又可译为
"睹货罗""兜去罗""吐呼罗""吐火罗"，即西域的大夏（Bac-
tria，大秦）。《摩诃兜勒》直译为"大吐火罗"，即历史上的巴克
特利亚，地处阿姆河上游（今阿富汗北部）。

张骞第一次出使西域在建元初，历十三年之久，仅二人逃
归。第二次使西域派副使分赴诸国，元鼎二年（前115年）返
回，带回各国使节及大秦眩人（魔术杂技），也带回了西域乐师
及舞曲。"新声变曲"使《乐府》发生显著改变。其中，"写心
志，抒情思，发怨愤，言征战行役，或出于夷虏，兼收并载"
故称"杂曲歌辞"。"征战行役"和"出于夷虏"题材，如"战
城南，死郭北，野死不葬乌可食。为我谓乌：'且为客豪，野死
谅不葬，腐肉安能去子逃？'水深激激，蒲苇冥冥。枭骑战斗
死，驽马徘徊鸣"（《战城南》），借鸟食阵亡将士寒塘蒲苇水
激，再现了恶战后萧杀场面；又如《匈奴歌》体现西北游牧民

---

① ［宋］郭茂倩：《乐府诗集》卷二十一《横吹曲辞》；《摩诃兜
勒》，胡笳曲名。晋人崔豹《古今注·音乐》："横吹，胡乐也。张博望
入西域，传其法于西京，惟得《摩诃兜勒》二曲。"

族的音乐特色："失我焉支山，令我嫁妇（一曰妇人）无颜色。失我祁连山，使我六畜不蕃息。"焉支山也称胭脂山，[①]在今甘肃省山丹境内，地处河西走廊交通要道。元狩二年（前121），霍去病率军击破匈奴右部，浑邪王降汉。此后《匈奴歌》传入内地，历久不衰。

李延年"因胡曲"改造《乐府》，作"新声变曲"，受"西北风"影响之甚。李延年不仅能谱曲协律伴奏，在乐队里还引进了西北少数民族乐器，使《乐府》传统的演奏形式与乐队构成都发生了变化。新《乐府》的伴奏出现了胡笳、空侯、觱篥、笛、角、筑等域外乐器。胡笳是胡人的乐器[②]；空侯即箜篌，源于美索不达米亚，古波斯语称cank，箜篌是音译；曲颈琵琶属弹拨乐器，原写作枇杷。东汉刘熙《释名》："枇杷，本出于胡中，马上所鼓也。"古梵文Bardition是弹拨乐器的总称，古希腊语Badition、古波斯语Badat都是指弦乐器，曲颈琵琶的古音当为Bardat；觱篥、笛、筑都是流传于匈奴人和羌人中的吹奏乐器。觱篥又作筚栗、茟栗、必栗、贝蠡等，是吹奏乐器，以竹为管，以芦为首，原出自龟兹，西汉传入中原，音响激越。汉

---

① 《史记》卷一百十《匈奴列传》索隐引《习凿齿与燕王书》："山下有红蓝，足下先知不？北方人探取其花染绯黄，接取其上英鲜者作烟肢，妇人将用为颜色。吾少时再三过见烟肢，今日始视红蓝。后当为足下致其种。匈奴名妻作阏支，言其可爱如烟肢也。"

② 蔡文姬《胡笳十八拍》："胡笳本出自胡中"，"卑鼓喧兮从夜达明"；《文选·李陵〈答苏武书〉》："胡笳互动，牧马悲鸣"；《后汉书·窦宪传》："远兵金山，听笳龙庭"；《晋书·刘琨传》，刘琨吹奏胡笳，匈奴人闻而"有怀土之切"。

代军乐《鼓吹铙歌》以胡乐为主演奏的乐器以及七十人混声合唱等大都源于希腊化时期的西域。[①]"新声变曲"是汉《乐府》融合西域匈奴歌曲的乐器、旋律、题材、演唱形式诸因素为一体的音乐新品种。

武帝朝《乐府》题材中，帝王逸乐、巡狩、典礼诸题材都出现了新的内容。《乐府·鼓吹》有《上之回》。《汉书·武帝纪》载："〔元封〕四年（前107）冬十月，行幸雍，祠五畤。通回中道，遂北出萧关。"[②]唐人吴兢《乐府题解》曰："汉武通回中道，后数出游幸焉。"回中宫乃秦始皇造，西汉文帝时，匈奴南侵入塞，回中宫被焚。[③]武帝朝，刘彻修复此标志性建筑。试想，刘彻北巡至此，悬想高帝历白登之围、平城之败，吕后受头曼之辱，文帝时匈奴入萧关，烽火连长安，京师城门为之昼闭，诸般屈辱历历浮上心头，必有诸多感慨。联系自己主政，北服匈奴、西降月氏的丰功伟绩，故《乐府》歌辞有"游石关，望诸国。月支臣，匈奴服。令从百官疾驱驰，千秋万岁乐无极"，充满了荡气回肠的胜利自豪感。该辞创作适值纳李夫人入宫前后。这一时期《乐府》盛行良马—美女题材："君马黄，臣马苍，二马同逐臣马良……美人归以南，驾车驰马，美人伤我心；佳人归以北，

---

① 详沈之白：《中国音乐史纲要》，上海文艺出版社，1982年版。

② 《汉书》卷六《武帝纪》。

③ 《史记》卷一百十《匈奴列传》："汉孝文皇帝十四年（前166），匈奴单于十四万骑入朝那、萧关，杀北地都尉印，虏人民畜产甚多，遂至彭阳。使奇兵入烧回中宫，候骑至雍甘泉。"《索隐》："《始皇本纪》二十七年'登鸡头山，过回中'。武帝元封四年通回中道"；《正义》引《括地志》："秦回中宫在岐州雍县西四十里，即匈奴所烧者也。"

驾车驰马，佳人安终极"（《君马黄》）；"圣人出，阴阳和，美人出，游九河。佳人来……驾六龙，四时合……美人子，含四海"（《圣人出》）。这里不仅有"月支臣，匈奴服"，还有"良马""驾车""驱驰""美女""佳人"诸题材。《羽林郎》就是"美女"题材在西域文化涌入的文化背景下的作品：

> 昔有霍家奴，姓冯名子都。依倚将军势，调笑酒家胡。
> 胡姬年十五，春日独当垆。长裾连理带，广袖合欢襦。
> 头上蓝田玉，耳后大秦珠。两鬟何窈窕，一世良所无。
> 一鬟五百万，两鬟千万余。"不意金吾子，娉婷过我庐。
> 银鞍何煜爚，翠盖空踟蹰。就我求清酒，丝绳提玉壶。
> 就我求珍肴，金盘脍鲤鱼。贻我青铜镜，结我红罗裙。
> 不惜红罗裂，何论轻贱躯！男儿爱后妇，女子重前夫。
> 人生有新旧，贵贱不相逾。多谢金吾子，私爱徒区区！"①

《乐府》作品《羽林郎》所描写的是西汉大司马大将军霍光的家奴冯子都，自称"金吾子"（武帝朝改中尉为执金吾）与长安酒肆当垆的"胡姬"之间的一段对话。《羽林郎》歌词托名东汉辛延年作，其审美趣味与刘彻本人几乎完全一致。甚至连"胡姬"的头饰也要用"大秦珠""蓝田玉"加以增饰，以表现这位当垆胡姬的域外风韵。胡姬的头饰"一鬟五百万，两鬟千万余"，证明了她的富有。正如司马迁所说，当时的价值观念，羞贫贱而

---

① 余冠英：《汉魏六朝诗选》，人民文学出版社，1978年第二版。

崇富贵，"无岩处奇士之行，而长贫贱，好语仁义，亦足羞也"①。当垆胡姬的异域之美，配以异域珠玉的增饰，正是号称"金吾子"冯子都审美意识的基础。总而言之，在汉通西域的文化交流大背景下，汉代人们的审美意识受到了"西北风"的强烈影响，对其吸收，为之濡染。汉代人的审美意识在这种西风浸润的文化风潮中，自武帝朝至于东汉，积微至著，逐渐发生了显著的改变，乃是不争的事实。

2. 李夫人与"北方佳人"

李延年的歌辞中，最使刘彻亢奋的是"北方佳人"句。推测李夫人及其家族的来历大约与"北方"有特殊关系。

李氏之妹何以称"北方佳人"呢？试想，若李延年不熟悉北方胡人歌曲旋律的话，恐很难当场即席"因胡曲"作曲奏乐。"北方佳人"李夫人家族原可能居于"北方"，出自"胡人"。后迁入中山，冒姓李氏。刘彻诸夫人中所以唯有李夫人未被杀掉，而且死后还颇被刘彻怀念，很可能是与李夫人有北方胡人血统，刘彻爱其异族风韵有关。关于李氏一族是胡是汉，虽然没有如墓葬、尸骨、塑像、写真之类的直接证据，但在"新声变曲"中李氏为胡人的蛛丝马迹也不是无迹可寻。

李夫人原为歌舞伎。史称"孝武李夫人，本以倡进"。汉朝婚俗不甚计较女性是否处女、再婚、倡优。刘彻之所以特别宠爱李夫人，乃因其惊世绝俗的美貌。这一点，李夫人本人说得最清楚不过。李夫人病笃，刘彻亲侍床第。李夫人弥留之际向刘彻倾心托付身后之事。《汉书·外戚传》载：

①《史记》卷一百二十九《货殖列传》。

夫人蒙被谢曰:"妾久寝病,形貌毁坏,不可以见帝。愿以王及兄弟为托。"上曰:"夫人病甚,殆将不起,一见我属托王及兄弟,岂不快哉?"夫人曰:"妇人貌不修饰,不见君父。妾不敢以燕媠(惰)见帝。"上曰:"夫人弟一见我,将加赐千金,而予兄弟尊官。"夫人曰:"尊官在帝,不在一见。"上复言欲必见之,夫人遂转乡嘘欷而不复言。于是上不说而起。夫人姊妹让之曰:"贵人独不可一见上属托兄弟邪?何为恨上如此?"夫人曰:"所以不欲见帝者,乃欲以深托兄弟也。我以容貌之好得从微贱爱幸于上。夫以色事人者,色衰而爱弛,爱弛则恩绝。上所以挛挛顾念我者,乃以平生容貌也。今见我毁坏,颜色非故,必畏恶吐弃我,意尚肯复追思闵录其兄弟哉!"及夫人卒,上以后礼葬焉。其后,上以夫人兄李广利为贰师将军,封海西侯,延年为协律都尉。

李夫人死,"上怜悯焉,图画其形于甘泉宫"[1]。可惜这幅画像未能流传下来。李夫人死后,刘彻以皇后之礼葬了她。[2] "上思念李夫人不已,方士齐人李少翁言能致其神。乃夜张灯烛,设帷帐,陈酒肉,而令上居他帐,遥望见好女如李夫人之貌,还幄

---

① 《汉书》卷九十七上《外戚传》。

② 《汉书》卷九十七上《外戚传》:"及卫思后废后四年(后元二年,前87年),武帝崩,大将军霍光缘上雅意,以李夫人配食,追上尊号曰孝武皇后。"

坐而步。又不得就视，上愈益念悲感，为作诗曰：'是邪，非邪？立而望之，偏何姗姗其来迟！'令乐府诸家弦歌之。上又自为赋"。《李夫人赋》曰：

> 美连娟以修嫮兮，命樔绝而不长，
>
> 饰新宫以延贮兮，泯不归乎故乡。
>
> 惨郁郁其芜秽兮，隐处幽而怀伤，
>
> 释舆马于山椒兮，奄修夜之不阳。
>
> 秋气憯以凄泪兮，桂枝落而销亡，
>
> 神茕茕以遥思兮，精浮游而出畺。
>
> 托沈阴以圹久兮，惜蕃华之未央，
>
> 念穷极之不还兮，惟幼眇之相羊。
>
> 函菱蒌以俟风兮，芳杂袭以弥章，
>
> 的容与以猗靡兮，缥飘姚乎愈庄。
>
> 燕淫衍而抚楹兮，连流视而娥扬，
>
> 既激感而心逐兮，包红颜而弗明。
>
> 欢接狎以离别兮，宵寤梦之芒芒，
>
> 忽迁化而不反兮，魄放逸以飞扬。
>
> 何灵魂之纷纷兮，哀裴回以踌躇，
>
> 势路日以远兮，遂荒忽而辞去。
>
> 超兮西征，屑兮不见，浸淫敞荒，
>
> 寂兮无音，思若流波，怛兮在心。①

---

① 《汉书》卷九十七上《外戚传》。

乱曰：佳侠函光，陨朱荣兮，嫉妒阘茸，将安程兮，

方时隆盛，年夭伤兮，弟子增欷，洿沫怅兮。

悲愁于邑，喧不可止兮。向不虚应，亦云已兮。

嫶妍太息，叹稚子兮，懰栗不言，倚所恃兮。

仁者不誓，岂约亲兮？既往不来，申以信兮。

去彼昭昭，就冥冥兮。既下新宫，不复故庭兮。

呜呼哀哉，想魂灵兮！

史称李夫人"中山人"，然刘彻悼赋何以特别问讯、祝祷李夫人香魂"泯不归乎故乡"呢？仔细推敲该赋，李夫人的故乡恐怕未必在中山，甚至可能远在汉帝国疆域之外。否则，何以要用"势路日已远兮"，"精浮游而出畺"形容她的魂归之途呢？举凡"遥思""心逐"诸语，无不描写李夫人故乡或远在"穷极不还"的"出畺"之域。李夫人"灵魂纷纷兮"而"缥飘"，"魄放逸以飞扬"，"迁（仙）化而不返"。刘彻心目中"北方佳人"的情影尚在"超兮西征"长途跋涉。与长安地理方位的纬度相比，中山国很难称之为"北方"。刘彻叔父中山靖王刘胜就上书自称"东藩"[1]。中山地处河东，赤狄、白狄、鲜虞、羯胡都到过这里。河东暨中山一带民族杂居，西北胡人移民对这一带种族构成和风俗文化影响很大。《史记·货殖列传》载：

〔河东〕地边胡，数被寇。人民矜懻忮，好气，任侠为

---

[1]《汉书》卷五十三《景十三王传·中山靖王刘胜》。

奸，不事农商。然迫近北夷，师旅亟往，中国委输时有奇羡。其民羯羠不均，自全晋之时固已患其儇悍，而〔赵〕武灵王益厉之，其谣俗犹有赵之风也……中山地薄人众，犹有沙丘纣淫地余民，民俗懁急，仰机利而食。丈夫相聚游戏，悲歌慷慨，起则相随椎剽，休则掘冢作巧奸冶，多美物，为倡优。女子则鼓鸣瑟，跕屣，游媚贵富，入后宫，遍诸侯。

"羯"为"西胡"中的"北狄"种，"羠"则近乎"东胡"[1]。胡人南下河东久焉，而中山尤甚。齐桓公驱逐白狄，《国语·齐语》载：齐"西征攘白狄之地，至于西河……悬车束马，逾大行与辟耳之溪拘夏，西服流沙、西吴"。白狄由此西迁河西走廊的祁连山麓。"西吴"《管子》又作"虞氏"，即"月氏"[2]。春秋时晋人兼并众狄，"众狄疾赤狄之役，遂服于晋"[3]；战国时白狄余落鲜虞复建中山国。赵武灵王曰："今吾欲继襄主（赵襄子）之迹，开于胡、翟（狄）之乡……虽驱世以笑我，胡地中山吾必有之。""于是遂胡服矣……变服骑射，以备燕、三胡、秦、韩之边

---

①《北史》卷九十八《高车传》："高车，盖古赤狄之余种也。初号为狄历，北方以为〔敕勒，诸夏以为〕高车、丁零。其语略与匈奴同而时有小异。或云：其先匈奴甥也。"丁零即丁灵、狄历，急读为狄。翟、揭、羯同声。

②月氏族属诸说不一，有藏族、突厥、印欧、伊朗等说法。近年较多学者同意伊朗塞种（Saka）说。详余太山：《大夏和大月氏综考》，《中亚学刊》第三辑，1990年。

③《左传·宣公十一年》。

……二十年，王略中山地，至宁葭，西略胡地，至榆中"①。匈奴兴起引起部族迁徙，楼兰、乌孙"二国皆在瓜州西北。乌孙，战国时居瓜州"，②大月氏"本居敦煌、祁连间"。③西汉初匈奴"北服浑庾、屈射、丁零、鬲昆、薪犁之国"④。文帝六年（前174），匈奴冒顿单于遗书于汉文帝，言及汉匈关系。书曰：

> ……今以小吏之败约故，罚右贤王，使之西求月氏击之。以天之福，吏卒良，马强力，以夷灭月氏，尽斩杀降下之。定楼兰、乌孙、呼揭及其旁二十六国，皆以为匈奴。诸引弓之民，并为一家。北州已定……⑤

匈奴略定北方，统一"引弓之民"，其中"呼揭"，即"羯胡"，原居叶尼塞河支流处折水一带，"塞种"所建。⑥"塞种"古波斯文称"萨迦"（Saka），属伊朗—雅利安人种。文帝初年，匈奴人征服西北方羯人，李氏家族辗转南下汉地。李氏家族不事农耕，流亡为倡（歌舞伎），迁居河东中山。中山民风"羯羠不均"、乐为倡优。中山女子"鼓鸣瑟，跕屣，游媚贵富，入后宫，

---

① 《史记》卷四十三《赵世家》。
② 《史记》卷一百十《匈奴列传》正义。
③ 《汉书》卷九十六上《西域传》。
④ 《史记》卷一百十《匈奴列传》。
⑤ 《史记》卷一百十《匈奴列传》。
⑥ 薛宗正：《突厥史》，中国社会科学出版社，1992年版，第45—51页。

遍诸侯"。①司马迁所言中山人风俗均与李夫人嫁入后宫史事无不若合符节。细细琢磨李延年歌称李夫人为"北方佳人"之语，可知李氏家族实出自文帝朝南下之羯胡族裔。羯胡相貌，肤白高鼻深目，史乘有载：

> 〔石赵〕太子詹事孙珍问侍中崔约曰："吾患目疾，何方疗之？"约素狎珍……曰："卿目睕睕，正耐溺中。"珍恨之，以白宣（石季龙）。宣诸子中最胡状，目深，闻之大怒，诛约父子。
>
> 〔冉〕闵躬率赵人诛诸胡羯，无贵贱男女少长皆斩之，死者二十余万，尸诸城外，悉为野犬豺狼所食。屯据四方者，所在承闵书诛之，于时高鼻多须至有滥死者半。②

李夫人之得宠幸，大概由于其肤白、目深、鼻高的相貌合于刘彻心目中"佳人"的形象。

3.《天马歌》与"贰师将军"

清人赵翼说，"武帝三大将皆从嬖宠擢用"③。此三人是卫青、霍去病，以及中山三李之一李广利。元封五年（前106），霍去病、卫青、张骞皆已去世。时"名臣文武欲尽"，刘彻欲用兵西域，故于该年四月重申《求贤诏》：

---

① 《史记》卷一百二十九《货殖列传》。
② 《晋书》卷一百六、卷一百七《石季龙载记》。
③ 《廿二史札记》卷三"武帝三大将皆由女宠"条。

　　盖有非常之功，必待非常之人，故马或奔踶而致千里，士或有负俗之累而立功名。夫泛驾之马，跅弛之士，亦在御之而已。其令州郡察吏民有茂材异等，可为将相及使绝国者。①

　　李广利何以称"贰师将军"呢？武帝朝素以作战特点及目标为将军名号，如横海将军韩说、浮沮将军公孙贺、匈河将军赵破奴、拔胡将军郭昌、因杅将军公孙敖等。李夫人临终言，"愿以王及兄弟为托"。刘彻许诺，"属托王（李夫人子刘髆）及兄弟（兄李延年、李广利）"。李夫人之死约在元封六年（前105）。次年（太初元年，前104），刘彻任李广利为"贰师将军"。此举一是为夺取大宛良种马，②二是践履李夫人弥留之际自己的许诺。因为"汉家制度"："非刘氏不王，无功者不得封侯"，故刘彻派李广利先去异域立功以待封侯。

　　刘彻对良种马有特殊癖好。"天马"与汉帝国马政、伐匈奴战争及刘彻的升仙欲纠葛在一起，可称"天马情结"。因为胡人善养马，马苑多用北胡降人，如金日磾。李延年入宫前供事"狗监"，不详李广利为将前是否在马苑。专门设置养马处并用胡人养马，虽可增加马匹数量，但不能解决战马品质问题，刘彻为此大伤脑筋。

　　元鼎二年（前115），张骞第二次出使西域，联络乌孙，乌孙

---

　　①《汉书》卷六《武帝纪》。
　　②《汉书》卷六十一《张骞李广利传》："期至贰师城取善马，故号贰师将军。"

赠良种马数十匹。刘彻发书读《易》，得谶文，云："神马当从西北来。"《史记·乐书》载《天马歌》曰：

> 太一贡兮天马下，沾赤汗兮沫流赭。
>
> 驰容舆兮蹈万里，今安匹兮龙为友。

　　刘彻把供奉"太一"与献马、马与龙为"友"且能"蹈万里"、用作乘御联系起来，就有了特别意味。由于有了"天马"，刘彻特别在长安设马苑饲养，用作"御马"。元鼎四年（前113）秋，阳关暴利长得"神马"。刘彻颁诏书曰："渥洼水出马，朕其御焉。"①这与刘彻乘龙升天幻想有关。汉《易》马与君、父、龙同属"阳性"物种。②献马者有意编造此马出于水，暗喻此马非凡物，是龙种。刘彻相信"天马"是上天所赐，乘龙升天梦想有望实现。实际情况是，"有奇（异）者与凡马〔异〕，来饮此水。〔暴〕利长先作土人，持勒靽于水旁，后马玩习。久之代土人持勒靽收得其马，献之。欲神异此马，云从水中出"③。刘彻爱马成癖可由两则故事为证：

> 〔金日磾〕输黄门养马，时年十四矣。久之，武帝游宴

---

①《汉书》卷六《武帝纪》："〔元鼎四年〕秋，马生渥洼水中。"《通鉴》系于元狩三年，误。

②详拙作《〈周易〉与原始思维·〈周易〉分类法与直观抽象》，《齐鲁学刊》1991年第3期。

③《汉书》卷六《武帝纪》元鼎四年注引李斐曰。

见马，后宫满侧。日磾等数十人牵马过殿下，莫不窃视，至日磾独不敢。日磾长八尺二寸，容貌甚严，马又肥好，上异而问之，具以本状对。上奇焉，即日赐汤沐衣冠，拜为马监，迁侍中驸马都尉光禄大夫。①

〔上官桀〕少时为羽林期门郎，从武帝上甘泉，天大风，车不得行，解盖授桀。桀奉盖，虽风常属车；雨下，盖辄御。上奇其材力，迁未央厩令。上尝体不安，及愈，见马，马多瘦，上大怒："令以我不复见马邪！"欲下吏。桀顿首曰："臣闻圣体不安，日夜忧惧，意诚不在马。"言未卒，泣数行下。上以为忠，由是亲近，为侍中，稍迁至太仆。②

金日磾、上官桀的升迁皆与养御马有关，后皆为托孤重臣。御马肥，可由奴隶擢为重臣；御马瘦，则治罪。大宛马最好的饲草是苜蓿。自得"天马"，刘彻关心饲草种植和管理，专门从西北引种苜蓿，建起草场，种植苜蓿用以饲养良种马。汉伐大宛，与新立约，"宛王蝉封与汉约，岁献天马二匹。汉使采蒲陶、目宿种归。天子以天马多，又外国使来众，益种蒲陶、目宿离宫馆旁，极望焉"③。刘彻"天马情结"对天下风俗影响很大：

武帝时，身毒国（印度）献连环羁，皆以白玉作之，马瑙石为勒，白光琉璃为鞍。鞍在暗室中常照十余丈，如昼

---

① 《汉书》卷六十八《霍光金日磾传》。
② 《汉书》卷九十七上《外戚传》。
③ 《汉书》卷九十六下《西域传》。

日。自是，长安始盛饰鞍马，竞加雕镂，或一马之饰直百
金。皆以南海白蜃为珂，紫金为华，以饰其上。犹以不鸣为
患，或加以铃镊，饰以流苏。走则如撞钟磬，若飞幡葆。后
得贰师"天马"，帝以玫瑰石为鞍，镂以金银输石，以绿地
五色锦为蔽泥，后稍以熊黑皮为之。熊黑毛有绿光，皆长二
尺者，直百金。卓王孙有百余双，诏使献二十枚。[①]

伐大宛的直接导火索就来自刘彻的"天马情结"。刘彻得知
大宛马优于乌孙马，遂于太初元年（前104），数遣使节赴大宛用
重金乃至金马换取大宛马，但宛王不与汉使交换。这因为当时汉
帝国在西域尚无军事力量，对大宛以西各国间的政治格局没有多
少影响力，与匈奴相比，颇为各国所轻：

自乌孙以西至安息，近匈奴。匈奴尝困月氏，故匈奴使
持单于一信到国，国传送食，不敢留苦。及至汉使，非出币
物不得食，不市畜不得骑，所以然者，以远汉，而汉多财
物，故必市乃得所欲。[②]

汉武帝刘彻若欲继续西进，就必须控制大宛。征服大宛是打
通"丝绸之路"的关键。大宛在锡尔河上游，国都贵山（今卡桑
赛），居民以塞种为主。由大宛向西可抵安息、大秦，向南可抵

---

①《西京杂记》卷上。
②《汉书》卷九十六上《西域传》。

身毒，堪称西域的"十字路口"。但是汉武帝令李广利伐大宛则与"天马情结"有关。

刘彻的"天马情结"得到了考古发现的证明：1981年，陕西省兴平县汉武帝茂陵东侧1号无名冢，从葬坑出土一尊鎏金铜马。此鎏金铜马正是刘彻钟爱之"天马"的体型——旱热地区舍饲乘型品种。在西汉以前马的造型中从未有这种马，而此后自汉迄唐约千年间，这种马的形象屡见不鲜。与现代良马相比，茂陵鎏金铜马与中亚土库曼斯坦的阿哈—捷金马最为近似，属于同一血统来源。①这匹鎏金铜马出土于武帝陵——茂陵一侧，其制造工艺较阿哈—捷金马更复杂一些，造型非常精美，与车令椎碎之金马大约同出于上林苑考工冶铸工匠之手。说刘彻的爱马癖是伐大宛的主要动机之一，这是铁证。刘彻不惜以重金、金马换取大宛马，是因为他视大宛马为"天马"。即使权当汉帝国军事力量进入西域核心地带的楔子，索取大宛马也不失为一种借口。对刘彻而言，两种考虑大概都起作用。伐大宛，取"天马"只是刘彻整个设想的组成部分。但刘彻对大宛军事实力与西域战场情况严重估计不足，李广利首次伐大宛出师不利，兵败郁成。

就在李广利兵败郁成同年夏，赵破奴伐匈奴以策应贰师的两万人马全军覆没。群臣皆议罢伐大宛军，专力攻匈奴。刘彻乃力排众议，"宛小国而不能下，则大夏之属渐轻汉，而宛善马绝不

----

① 详常洪、王仁波：《试评茂陵东侧出土的西汉鎏金铜马——兼论天马和现代马种的关系》，《农业考古》1987年第2期。

来，乌孙、轮台易苦汉使，为外国笑"①。盛怒之下，刘彻杀掉主张罢伐宛之军的邓光等人，下令举国备战。

大宛贵人杀其王毋寡降，出善马由汉军自择。李广利立大宛贵人昧蔡为王，与盟罢兵。是役动用近二十万人，精兵六万人，行军数千里，抵宛城者仅三万人。太初四年（前101），终于攻克大宛，得"汗血马"。刘彻改乌孙马为"西极"，名大宛马为"天马"，又作《天马歌》：

> 天马徕，从西极，涉流沙，九夷服。天马徕，出泉水，虎脊两，化若鬼。天马徕，历无草，径千里，循东道……天马徕，龙之媒，游阊阖，观玉台。②

汉军击破大宛，西域震惊，大小国皆遣子弟从李广利班师入汉献贡，为质。

4. "西王母"与"海西侯"

李广利克大宛打开了通往"西极"的大门。刘彻封李广利"海西侯"，体现了他的"成仙欲"。刘彻亲自编写、李延年谱曲的《郊祀歌》辞曰：

> 灵之车，结玄云，驾飞龙，羽旄纷（《练时日》一）；
> 吾知所乐，独乐六龙，六龙之调，使我心若（《日出入》九）；（《天马》十，见前文，略）；

---

① 《汉书》卷六十一《张骞李广利传》。
② 《汉书》卷二十二《礼乐志》。

天门开，诛荡荡，穆并骋，以临飨（《天门》十一）；

神之行，旌容容，骑沓沓，般纵纵（《华烨烨》）；

赤蛟绥，黄华盖………百君礼，六龙位（《赤蛟》十九）。[1]

"郊祀歌"与龙—马相关者有多处。刘彻把"天马"想象为龙，御龙可以升天成仙。

贰师将军远征西域是刘彻晚年最关注之事。及李延年因"奸事"族诛，李广利拥兵在外。天汉二年（前99）五月，李广利率三万人击匈奴右贤王于天山，大败；天汉四年（前97）率步骑二十万分道击匈奴；征和三年（前90）他率汉军与匈奴作战，"是时其（李夫人）长兄广利为贰师将军，伐大宛（匈奴），不及诛。还，而上既夷李氏，后怜其家，乃封为海西侯"[2]。刘彻何以封李广利为"海西侯"？依照西汉初沿用至武帝朝制度，尚无封侯于境外之先例。汉代人泛称希腊化及罗马占领地区为"大秦"，汉译"犁靬"（Alexandaria，亚利山大音译），或称"海西国"[3]。李广利封"海西侯"，说明刘彻欲打通西域，与"大秦"交通。

自张骞通西域后，刘彻陆续得到关于"大秦"有极高文明的

---

[1]《汉书》卷二十二《礼乐志》。

[2]《史记》卷四十九《外戚世家》。

[3]《后汉书》卷八十八《西域传》："大秦，一名犁靬，以在海西，亦云海西国。地方数千里，有四百余城……其人民皆长大平正，有类中国，故谓之大秦。""大秦"是古波斯语Dasina的音译，意为"右"——西方，故称"大秦"。其地泛指罗马占领下希腊化的地中海沿岸地区。

消息，猜测"海西国"即传说的"西王母国"。刘彻所以改变了向东方寻仙的设想，主要是想与"西王母"交媾成仙。日本学者白鸟库吉《见于大秦传中的中国思想》一文指出："中国人幻想出东方的蓬莱或扶桑的乐土，西方西王母所居的仙境来了。有此幻想，遂生信仰，以为如得获饮神药，即可成为不老不死的神仙。"张维华先生发挥白鸟氏说，解释刘彻重用李广利，远征西域，伐大宛，封"海西侯"均与周穆王会西王母于昆仑传说及刘彻神仙欲有关："武帝既对海上求仙感觉失望，则不得不求之于西方昆仑之西王母……考武帝伐大宛，在太初元年八月间，而其遣使奉金〔马〕求大宛马，当在元封六年间。此时武帝对海上求仙已感觉失望，并期得宛马，驾之以登昆仑……由是知武帝之求马大宛，并不避艰苦，劳师远征，抱必克之信念者，表面上虽为立威西域，以断匈奴右臂，然其内心，实含有求作神仙之想。换言之，实为方士之说所激动也。"①张先生论证至确。

《穆天子传》称造父驭八骏载周穆王西登昆仑，西至崦嵫（焉支）山，与西域女酋长"西王母"颇有奉和。司马迁怀疑此说荒诞不经，故《史记·周本纪》只记载了周穆王征犬戎，不写谒见西王母之事。他在《史记·大宛列传》特别说明："《禹本纪》言'河出昆仑。昆仑其高二千五百余里，日月所相避隐为光明也，其上有醴泉、瑶池'。今自张骞使大夏之后也，穷河源，恶睹《本纪》所谓昆仑者乎？故言九州山川，《尚书》近之矣。至《禹本纪》《山海经》所有怪物，余不敢言之也。"司马迁对刘

---

① 张维华：《汉史论集·汉武帝伐大宛与方士思想》，齐鲁书社，1980年版。

彻大用方士、巫师，访药求仙，欲成神仙的做法甚为不屑，无意详载其事，这种人本主义、民本主义的心理反映是可以理解的。问题在于，应当给汉武帝刘彻远征西域的行为以历史主义的解释。

公元前6—前3世纪，塞种人东进，秦霸西戎，是穆天子西见西王母传说产生的历史背景。祆教的女神有安娜希塔（Anahita）、阿斯塔特（Arstat）、阿喜（Sin）。《阿维斯陀》典中有《耶斯特》颂赞女神安娜希塔。安娜希塔是水神和胜利之神。西亚广泛流行对她的崇拜，有许多她的神庙；阿斯塔特，代表正义，能变为各种猛兽[①]；大月氏人信奉幸运女神——月神阿喜。她的形象出现在公元前2世纪中叶大月氏所建之贵霜帝国的铸币上。"西王母"传说与这类女神崇拜的传播有关。

周穆王见"西王母"故事战国时期流传于秦晋之地，汉代流传更广。如《尔雅》是汉初习见小学之书，《尔雅》卷九《释地》曰："觚（孤）竹、北户、西王母、日下谓之四荒。"这代表了汉初人的天下观。战国至西汉时期的"西王母国"尚在河西走廊一带。《汉书·地理志》金城郡颜师古注：

> 西北至塞外，有西王母石室、仙海、盐池。北则湟水所出，东至允吾入河。西有须抵池，有弱水、昆仑山祠……

这种看法大致反映了西汉初对西域地理的认识。西汉初

---

① 《山海经·大荒西经》：西王母"戴胜，虎齿，有豹尾，穴处"，与之颇有相类似之处。

"塞外"在秦长城西端临洮以西，昆仑山、崦嵫山、焉支山、阕支山、胭脂山等名称，都指祁连山。但汉通西域、长城向西延伸后，大月氏、乌孙等原居河西走廊的"行国"在匈奴侵迫下西迁。张骞奉命调查"西王母国"方位，难以落实，"西王母"石室、"仙海"已经西迁了。《汉书·西域传》载西域乌弋山离国：

> 东与罽宾、北与扑挑、西与犁靬、条支接。
>
> 行可百余日，乃至条支。国临西海……有大鸟，卵如瓮……善眩。安息长老传闻条支有弱水、西王母，亦未尝见也。自条支乘水西行，可百余日，近日所入云。

其实，这就是元鼎二年（前115）张骞第二次出使西域返回时带回的信息。刘彻过于相信传说中的"西王母"所居近"日入之地"，把它神化成了仙境。张骞带着刘彻的考察任务出使。河西塞种已西迁，西王母国变成居于"西海"（地中海）了。张骞考察证明"西王母"传闻并非空穴来风。有人认为《穆天子传》主角周穆王的原型是秦穆公。①《汉书·西域传》载"塞种"风俗：

> 大月氏西君大夏，而塞王南君罽宾。塞种分散，往往为数国。自疏勒以西北，休循、捐毒之属，皆故塞种也……自

---

① 黄盛璋：《西北史地研究·古西王母国考》，上海人民出版社，1981年版。

> 宛以西至安息国，虽颇异言，然大同，自相晓知也。其人皆
> 深目，多须髯。善贾市，争分铢，贵女子；女子所言，丈夫
> 乃决正。

此非传说的"西王母国"遗俗而何？原西王母居地生活的"塞种"人，已为新疆中亚考古发现证明。[①]汉代豪家多用之罽宾毛毯常见塞种美女图案："安息国出五色毯"，罽宾"以金银为钱，文为骑马，幕为人面"；安息"亦以银为钱，文独为王面，幕为夫人面。王死辄更铸钱"[②]。由此可见西汉之时不难见到塞种美女相貌。这些印象叠加在一起，在刘彻头脑中幻化出西王母的形象。《乐府·郊祀歌》歌词无不透露出李夫人与西王母相重叠的幻影。西汉盛行"内丹"术，就是以女性生殖器为"鼎器"的"容成之术"[③]，与女子交媾而不射泄，精气内敛，可致长生。刘彻深信与"西王母"交合即能成仙之说。可见元鼎、元封之际刘彻已将与西王母交合视为升仙必经之途，"塞种美女"从神化"西王母"的幻境中流露出来。男女交欢的哲学内涵是"阴阳和合"，当时此类观念深入人心，酝酿成刘彻联想与西王母交欢成仙的文化土壤。

刘彻的神仙观念晚年有显著变化，对成仙不在东方而在西方

---

① 余太山：《西域文化史》第一章，中国友谊出版公司，1995年版。

② 《汉书》卷九十六上《西域传》。

③ 《后汉书》卷七十二下《方术列传·华佗》注引《列仙传》："'容成公者，能善补导之事，取精于玄牝。其要谷神不死，守生养气者也。发白复黑，齿落复生。'御妇人之术，谓握固不泻，还精补脑也。"

的认识既是历年东访蓬莱、祀黄帝尝试失败的教训，也与中西交通的开拓和来自中亚、西亚的神话传说相关。

刘彻在位的前三十年间，诸言通神成仙者，除李少君是病死之外，谬忌、文成、五利、公孙卿等人先后被诛。《史记·封禅书》载刘彻封栾大五利将军，以卫子夫长女妻之。刘彻说：

> 朕临天下二十有八年，天若遗朕士而〔栾〕大通焉。《乾》称"蜚龙"，"鸿渐于般"（般，盘旋飞翔），朕意庶几与焉。

此事在元鼎五年（前112），即得"天马"后一年，纳李氏兄妹前一年。栾大"欲以下神。神未至而百鬼集矣"。该年汾阴得鼎，齐人公孙卿上书曰：黄帝得宝鼎，"迎日推策……凡二十推，三百八十年，黄帝仙登于天……汉之圣者在高祖之孙且曾孙也。宝鼎出而与神通，封禅。封禅七十二王，唯黄帝得上泰山封……〔鼎〕既成，有龙垂胡髯下迎黄帝。黄帝上骑……故后世因名其处曰'鼎湖'"云。刘彻叹曰："吾诚得如黄帝，吾视去妻子如脱屣耳。"[1]他认为得鼎、乘龙、推历、封禅是通神升仙的必要程序。遂制礼作乐，筹备封禅，并派栾大出行东海，"五利将军使不敢入海，之泰山祠。上使人随验，实毋所见。五利妄言见其师，其方尽，多不雠。上乃斩五利"。栾大为卫子夫婿，卫氏失宠或与此事有关。

因历次向东方寻仙失败，"天子益怠厌方士之怪迂语矣，然

---

[1]《史记》卷二十八《封禅书》。

羁縻不绝，冀遇其真"。他似乎突然"领悟"，前此方士所言全是假的，成仙之道必在另一途径。于是遂有李氏得宠之事。战国秦汉民间就有西王母及日出扶桑、日落若木传说；《楚辞》有六龙御日县车巡天传说；《淮南子》有"羿请不死之药于西王母，姮娥窃以奔月"传说，①这些传说足以促使刘彻升仙观念糅合发酵。李氏既为羯胡后裔，曾居中山，熟悉西王母故事。此类题材较蓬莱仙境更刺激，李氏家族用为进身之阶。既然东海寻仙业已破产，刘彻又不死心，转而认定成仙应向日入方向寻找，神龙难遇，马与君、龙同类。刘彻愈发坚信不能成仙原因在所御马种不佳。大约元鼎—元封之际，刘彻对东海找药寻仙屡试不验的方士已感厌恶，对黄帝不死说表示了露骨的怀疑：

> 其来年（元鼎六年，前111）冬，上议曰："古者先振兵泽旅，然后封禅。"乃遂北巡朔方，勒兵十余万，还祭黄帝冢桥山，释兵须如。上曰："吾闻黄帝不死，今有冢，何也？"或对曰："黄帝已仙上天，群臣葬其衣冠。"②

刘彻神仙观念之转变适与他筹备封禅，制礼作乐而"尽罢诸儒不用"，及擢李延年于狗监，为乐师，使造"新声变曲"，纳李夫人入宫诸事几乎同时发生。太史公司马谈被"不用"以及与黄帝相对立的"西王母"偶像崇拜泛滥起来等等，都与"尽罢诸儒不用"是一致的。上有所好，下必甚焉，"西王母"崇拜遂在民

---

① 详拙作《"日出"与"扶桑"》，《齐鲁学刊》1987年第6期。
② 《史记》卷二十八《封禅书》。

间广泛传播。"西王母"崇拜的影响至深且广，超过了齐方士们宣传的蓬莱成仙说，"胡巫"因之而取代了齐方士们的地位。此外，与"西王母"故事有关的人物还有献"天马"、驭神车的秦祖蜚廉与赵祖造父：

〔秦祖〕中潏，在西戎，保西垂。生蜚廉。蜚廉生恶来。恶来有力，蜚廉善走，父子俱以材力事殷纣。周武王之伐纣，并杀恶来。是时蜚廉为纣石北方，还，无所报，为坛霍太山而报，得石棺，铭曰："帝令处父不与殷乱，赐尔石棺以华氏。"死，遂葬于霍太山。蜚廉复有子曰季胜。季胜生孟增。孟增幸于周成王，是为宅皋狼。皋狼生衡父，衡父生造父。造父以善御幸于周缪王，得骥、温骊、骅骝、騄耳之驷，西巡狩，乐而忘归。徐偃王作乱，造父为缪王御，长驱归周，一日千里以救乱。缪王以赵城封造父，造父族由此为赵氏。自蜚廉生季胜已下五世至造父，别居赵。①

造父取骥之乘匹，与桃林盗骊、骅骝、绿耳，献之缪（穆）王。缪王使造父御，西巡狩，见西王母，乐之忘归。②

周穆王、西王母传说原流传于秦晋。蜚廉族原出于鸟图腾的少昊氏，俗以鸟羽为饰。鸟能习，天马同样也能习，于是蜚廉、造父成了会飞的"羽人"。西汉方士、巫师们所以要着羽衣，以

---

① 《史记》卷五《秦本纪》。
② 《史记》卷四十三《赵世家》。

羽毛装饰，其目的就是表示能飞翔升天。史载："于是天子又刻玉印曰'天道将军'，使使衣羽衣，夜立白茅上，五利将军（栾大）亦衣羽衣，夜立白茅上受印，以示不臣也。而佩'天道'者，且为天子道天神也。"[1]羽衣使者即西方人所谓"天使"。西汉艺人塑造之"羽人"形象不类汉人，倒是与欧洲古代的羽人雕像的相貌相似，这说明，西汉造型艺术受到希腊化的西域文化影响。由此可以推知：李广利相貌大约与"羽人"深目高鼻雷公脸相似。故刘彻相信他能驾驭天马而至"海西国"。在刘彻看来，李广利相当于驭八骏或六骏，御穆王至西方天极谒见"西王母"的造父。李延年改造《乐府》创作的"新声变曲"中"良马""美女"等题材，反映了刘彻晚年成仙心理的改变。刘彻欲仿效周穆王，用造父驭八骏的故事与希腊史学家希罗多德《历史》记载的古波斯传说"八匹白马拉的宙斯神的神圣战车"，简直是如出一辙。

5."巫蛊之祸"与中山李氏的没落

征和二年（前91），"巫蛊之祸"发，卫太子被杀。随着李广利姻亲丞相刘屈氂插手立嗣案揭露，中山李氏遭族诛。这是刘彻晚年最严重的一场内乱：

> 贰师将军李广利将兵出击匈奴，丞相（刘屈氂）为祖道，送至渭桥，与广利辞决。广利曰："愿君侯早请昌邑王为太子。如立为帝，君侯长何忧乎？"屈氂许诺。昌邑王者，贰师将军女弟李夫人子也。贰师女为屈氂子妻，故共欲立

---

[1]《史记》卷二十八《封禅书》。

〔髆〕焉。是时治巫蛊狱急，内者令郭穰告丞相夫人以丞相数有谴，使巫祠社，祝诅主上，有恶言，及与贰师共祷祠，欲令昌邑王为帝。有司奏请案验，罪至大逆不道。有诏载屈氂厨车以徇，要斩东市，妻子枭首华阳街。贰师将军妻子亦收。贰师闻之，降匈奴，宗族遂灭。①

中山李氏之所以遭族诛，在于其卷入了最敏感的嗣君之争。时李广利尚拥兵在外，兵败，闻讯遂降匈奴。颇具讽刺意味的是，李广利终亦不免死于胡巫之术："贰师在匈奴岁余，卫律害其宠，会母阏氏病，律饬胡巫言先单于怒，曰：'胡故时祠兵，常言得贰师以社，今何故不用？'于是收贰师。贰师骂曰：'我死必灭匈奴！'遂屠贰师以祠。会连雨雪数月，畜产死，人民疫病，谷稼不熟。单于恐，为贰师立祠室。"②

李广利降匈奴，刘彻驾八骏与西王母交接升仙之梦随之彻底破灭。"巫蛊之祸"李氏与胡巫起到了特殊作用。"巫蛊案"翻案，刘彻斩刘屈氂，拜车千秋为丞相。单于闻讯，评论说："汉置丞相，非用贤也，妄一男子上书即得之矣。"③从单于态度分析，说明极力接近刘彻渗入汉宫的胡巫若非匈奴指使，其活动至少符合匈奴利益，故为单于欢迎。总之"巫蛊案"的幕后，的确有匈奴势力插手的影子。

刘彻在位前期用方士，后期用"胡巫"。胡巫进入刘彻的生

---

① 《汉书》卷六十六《公孙刘田王杨蔡陈郑传·刘屈氂》。
② 《汉书》卷九十四上《匈奴传》。
③ 《汉书》卷六十六《公孙刘田王杨蔡陈郑传·车千秋》。

活圈，大约在元狩五年（前118）他"鼎湖大病"时：

> 天子病鼎湖，甚。巫医无所不致，不愈。游水发根言上郡有巫，病而鬼神下之。上召置祠之甘泉。及病，使人问神君，神君言曰："天子无忧病。病少愈，强与我会甘泉。"于是病愈，遂起，幸甘泉，病良已。大赦，置寿宫神君……〔神君〕非可得见，闻其言，言与人音等。时去时来，来则风肃然，居室帷中……神君所言，上使人受书其言，命之曰"画法"。其所语，世俗之所知也，无绝殊者，而天子心独喜。其事秘，世莫知也。①

游水发根来历不详，姓名似胡人，所荐"上郡巫"必为其同伙。上郡多胡，史称"保塞蛮夷"，其中就有包括胡巫在内的西北胡人。

匈奴受祆教和伊朗—亚利安文化影响很深。如在公元前5世纪（战国前期）即有以人头为饮器的习俗。古希腊"历史学之父"希罗多德名著《历史》记载"游牧的斯奇提亚人（Scythia）"有此文化特征："据说伊赛多涅斯人有这样一种风俗。当一个人的父亲死去的时候，他们所有最近的亲族便把羊带来，他们在杀羊献神并切下它们的肉之后，更把他们主人的死去的父亲的肉切下来与羊肉混在一起，供大家食用。至于死者的头，则他们把它的皮剥光，擦净之后镀上金；他们把它当作圣物

---

① 《史记》卷二十八《封禅书》。

来保存，每年都要对之举行盛大的祭祀。"①这一记载可印证匈奴人以大月氏王之头为饮器的习俗，②实受此种文化影响甚深。"谋叛了王族的斯奇提亚人"与伊赛多涅斯人相邻。希罗多德的这些消息是从斯奇提亚人那里听到的。以下资讯可供参考：①斯奇提亚人分为游牧、农耕和王族三部。游牧斯奇提亚上方居民的北边，有羽毛（雪）自天降下。游牧部的一支迁徙到了极北地区的边缘地带，那一带"有八个月的冬天，可是其余的四个月也是寒冷的"③。②"到他们那里去的斯奇提亚人和当地人是借着七名通译，通过七种语言来打交道的"④。③那里在"农业斯奇提亚人"区域以东，王族斯提奇亚人以东北数十天路程⑤。④他们拥有大量金器。"克拉科赛斯给他的儿子建立了三个王国，而金器则交给了其中最大的那个王国（游牧斯奇提亚人）保存"⑥。这些记载至少可以得出以下结论：

有一支从事游牧的斯奇提亚人在公元前5世纪前后叛逃了王族，到达帕米尔至蒙古以北的寒冷地区，他们与原居于这一带的伊赛多涅斯人相邻。大约过了两个世纪，匈奴人继承了伊赛多涅斯人以头骨为饮器的习俗和信奉了祆教。

这一结论得到考古发现的支持。苏联学者李特文斯基在

---

① 希罗多德《历史》Ⅳ：(26)。

② 《史记》卷一百二十三《大宛列传》："天子问匈奴降者，皆言匈奴破月氏王，以其头为饮器，月氏遁逃而常怨仇匈奴，无与共击之。"

③ 希罗多德《历史》Ⅳ：(18)、(19)、(20)、(28)。

④ 希罗多德《历史》Ⅳ：(24)。

⑤ 希罗多德《历史》Ⅳ：(22)。

⑥ 希罗多德《历史》Ⅳ：(7)。

《1967~1977年苏联学者对古代中亚历史和文化史的研究》一文中写道：研究这一考古发现与希罗多德《历史》关于"游牧斯奇提亚人"的记载完全相吻合。塞种及其在中亚北部的同族——乌孙的遗迹——其中重要的发现是阿拉木图以东50公里处所发现的"伊塞克湖"古墓——这一墓葬的年代断定在公元前4—5世纪或公元前5世纪。在一个侧厢的墓室中竟有大量金制饰品和器物（约4000件之多）。①李特文斯基列举了大量考古事实和研究成果后，概括出来的结论是：塞克人（塞种）是帕米尔部族形成中的基本成分，在其他中亚部族形成中也曾经起到过重要作用。②伊朗—亚利安人从游牧和狩猎文化的基础上，进一步创造出了利用大规模骑兵流动作战的战争形式。这是当时最先进的作战方式。希罗多德说：

> 斯奇提亚人在全人类中最重要的一件事上，却作出了我们所知道的、最有才智的一个发现……他们竟想出了这样的办法，以致任何袭击他们的人都无法幸免，而如果他们不想被人发现的时候，也就没有人能捉住他们。原来他们并不修筑固定的城市或要塞，他们的家宅随人迁移，而他们又是精于骑射之术的。他们不以农耕为生，而是以畜牧为生的。他们的家就在车上，这样的人怎么能不是所向无敌和难于与之

---

① 《考古学参考资料》3—4，文物出版社，1980年版，第74页。
② 薛宗正：《突厥史》，中国社会科学出版社，1992年版，第24—33页。

交手呢？[①]

距希罗多德的记载不过一个多世纪之后，就是赵武灵王"胡服骑射"的时代，伊朗人的骑射战术通过中国北方游牧民族传播到中国。西汉名将李广正是运用这种战术对付匈奴人的代表人物。匈奴人是从东进的伊朗—亚利安人那里学得骑兵游动作战方式以及他们的祆教的。两汉时代汉帝国境内尚不知祆教，故以为匈奴的宗教仪式只是"祭天"："岁正月，诸长小会单于庭，祠；五月，大会茏（龙）城，祭其先、天地、鬼神。"[②]

武帝元狩二年霍去病"出陇西，过焉支山千余里，击匈奴，得休屠王祭天金人"。匈奴休屠部的"祭天金人"就是祆教祭祀的偶像。由于祆教（也称琐罗亚斯德教、拜火教）既崇拜火，又崇拜日月星辰，故中世纪中国人认为匈奴的祭祀是拜天。祆从"示"从"天"，是天神省文。南北朝以后，中国人对其不称天而称祆，也称"火祆"，欲表明"祆"是外国天神。祆教最高神是阿胡拉·马兹达。祆教最初主要在伊朗—亚利安人（塞种）中传播，后来传播到西亚、南亚以及匈奴等东亚地区。

公元6世纪萧梁顾野王作的《玉篇》称："祆，阿怜（亚利安）切，胡神也。"祆字原译音当为"亚利安"连读。《玉篇》所谓"胡神"，所指当即"亚利安"人的神。祆教的祭司称"麻葛"（magoi）。许多希腊作家将"麻葛"等同于巫师，"麻葛"的一种解释是"巫师、江湖骗子"，英语magic（巫术）一词来源于拉丁

---

① 希罗多德《历史》Ⅳ：（46）。

② 《史记》卷一百十《匈奴列传》。

语（magice）。换言之，祆教的麻葛就是胡巫。胡巫会下神、跳神，古希腊学者、西方医学奠基人希波克拉底（Hippocratec）于公元前5世纪论癫痫的论文指出："我认为得此病的首要特征就像magoi一样，这些人会颤抖。"这种颤抖与胡巫下神、跳神的行为是一致的。①胡巫让刘彻服用"胡麻"，使他进入迷幻状态，惝恍间感到鬼神附体。刘彻由此深信胡巫通神。这种"药"汉代称"胡麻"，野史称"初饵胡麻及术，绝谷八十余年，日少壮，色如桃花，日能行三百里，走及獐鹿。传世见之，云三百余年"②。

"胡麻"也见于东汉的医药学专著《神农本草经》："麻贲，味辛平，主五劳七伤，利五藏，下血，寒气。多食令人见鬼，狂走。久服通神明，轻身。"服用"麻葛"兴起于古波斯的祆教，有各种祭祀活动。祆教献祭最主要的植物祭品叫"豪麻"（haoma，梵语soma，汉译"苏摩""胡麻"）。用豪麻酿成的酒功效很强，可治疗疾病，适度服用有益健康。豪麻对神经有刺激和麻醉作用，祭神中可使人兴奋，获得与神灵沟通的体验，故被神化为"豪麻神"。刘彻服用胡麻，似乎找到了某种通神的感觉，故乐此不疲，这对他晚年的精神活动产生了极大的消极影响。

匈奴俗重巫。如汉军虏匈奴侯者言："闻汉军当来，匈奴使巫埋羊牛所出诸道及水上以诅军。单于遗天子马裘，常使巫祝之。缚马者，诅军事也。"③诅咒汉军，使之不利。"诅军"巫术与"巫蛊"类似，巫胡用"巫蛊"诱发刘彻对卫太子及卫氏家族

① 龚方震、晏可佳：《祆教史》，上海社会科学出版社，1998年版，第88页。

② 《后汉书》卷七十二《方术列传·华佗》注引《汉武内传》。

③ 《汉书》卷九十六下《西域传》。

发生怀疑。武帝晚年，胡巫的作用远远超过并取代了方士。既然"巫蛊案"是诱导刘彻晚年内政失和的大事，那么，除刘彻本人举措过当外，是否还有外部原因呢？这外部原因很可能就是匈奴通过胡巫暗中插手汉宫事务，制造事端。其事深涉宫廷阴谋，虽然直接证据不易找到，但蛛丝马迹却是有的。如："单于壮〔李〕陵，以女妻之，立为右校王，卫律为丁灵王，皆贵用事。卫律者，父本长水胡人。律生长汉，善协律都尉李延年。延年荐言律使匈奴。使还，会延年家收，律惧并诛，亡还降匈奴。匈奴爱之，常在单于左右。陵居外，有大事，乃入议。"①狐鹿姑单于的谋臣卫律竟来自李延年推荐，这是破案的重要证据。卫律本人是"长水胡人"的后裔，归匈奴后被立为"丁灵王"，他的族属可能出自"丁灵"（即狄，中古称"铁勒"），至少有丁灵人血统，懂丁灵人语言。"丁灵"与"呼揭"血缘相近、语言文化相通，都是匈奴的属国。这也是卫律与李延年同在汉朝，惺惺相惜的主要原因。倘若卫律并未为匈奴立有殊勋，狐鹿姑单于对他何以如此亲重，军国大事相与谋划，并立他为丁灵王呢？卫律是个智者型人物，常在单于左右，并能参知大政，曾多次与汉军交战，汉匈战争中许多阴谋都出自卫律的策划。李延年向刘彻推荐卫律出使匈奴是否经过某种机密的策划？如果这种推测是事实的话，那么，武帝晚年内政失和显然有更复杂的背景了。

"巫蛊之祸"次年（征和三年，前90），刘彻承认了"巫蛊案"的失误：

---

① 《汉书》卷五十四《李广苏建传·附李陵》。

> 朕之不德，自左丞相与贰师阴谋逆乱，巫蛊之祸流及士大夫。朕日一食者累月，乃何乐之听？痛士大夫常在心，既事不咎……至今余巫颇脱不止，阴贼侵身，远近为蛊，朕愧之甚，何寿之有？①

征和四年（前89），刘彻最后一次巡狩东莱求仙，仍然未得要领。后元元年（前88），昌邑王刘髆死。刘彻对自己寻仙造神终于表示了后悔和自责：

> 即位以来，所为狂悖，使天下愁苦，不可追悔。自今事有伤害百姓，靡费天下者，悉罢之。②

刘彻下令悉罢巫术方士。此后每每对晚年成仙妄想的失误表示反省：

> 乡时愚惑，为方士所欺。天下岂有仙人，尽妖妄耳！节食服药（仍相信"服药"），差可少病而已。③

刘彻晚年终于走下了自己建造的神坛，意识到自己的失误，刹住了西征的战车。《资治通鉴》称汉武帝"有亡秦之失而免亡

---

① 《汉书》卷六十六《公孙刘田杨蔡陈郑传·车千秋》。
② 《资治通鉴》卷二十二《汉纪十四》。
③ 《说郛三种》一百卷本卷五十二引《汉孝武故事》。

秦之祸"①。刘彻晚年能够承认远征西域和寻找"西王母"是自己犯下的错误，似乎理性思维重新回到了刘彻的头脑中。一个享有至高权力的君主，能以国家社稷为重，颁布《罪己诏》，表示对晚年的这段历史负责，这对西汉帝国重新赋予儒家思想正统地位起到了关键作用。由于刘彻临终前的改弦易辙，使得已经在宗教化道路上走了很远的西汉思想文化，暂且收住了脚步。尽管西汉社会仍在神秘主义的迷雾中徘徊，儒家思想也沾染了宗教神学的毒素，但是中国社会始终未创造出一神教来，原因很复杂，不属本文范围。但孔子学说中的人文主义精神是中国思想史宗教化进程的解毒剂，则是毋庸置疑的。

① 《资治通鉴》卷二十二《汉纪十四》。

第七章　远征西域　再伐匈奴

　　发动远征西域、再伐匈奴的战争，是汉武帝刘彻晚年的重大战略决策。完成"封禅"之后，刘彻面临着选择：是株守已有的军事成就，就此转向和平轨道，还是继续对外用兵？这时正是历史的转折关头。刘彻选择了后者。作出这一选择的原因，取决于三个方面：一是匈奴对汉帝国的威胁依然存在，"大一统"目标并未真正实现；二是张骞的地理发现为刘彻打开了一扇重新观察外部世界的窗口，使他对西方文化产生了特殊的浓厚兴趣；三是寻仙的方向转向了西方。总之，远征西域，再伐匈奴，除对付匈奴的直接军事目的外，还有经济利益的驱动以及文化、信仰方面的动因。

一、西域与早期沙漠草原"丝绸之路"

　　"西域"大致有广、狭二义：广义的西域包括新疆地区及中亚、南亚、西亚乃至西方更辽远的地域；狭义的西域则指以新疆为中心的巴尔喀什湖以东、以南地区。人们的视野很容易受到自己视野的时间、空间观念的局限，与"夜郎自大"大同小异，汉代的人们"内诸夏而外夷狄"，习惯于站在"中国"—"世界"

的中央这样一个视角上，以"文化优位"的心态倨傲地看天下，看西域。那么，早在汉朝人认识西域之前，它是什么样子呢？

1. 先秦时期西域的自然与人文环境

西域多山、干燥，属高原、草原、沙漠环境。从地缘关系看，广义西域是联结中国与西方的纽带，是东西方血缘—文化碰撞与交汇的"十字路口"，很早就有不同民族和多种文化交流。在汉初黄老政治小国寡民的眼光和格局下，没有人考虑"西域"问题，故史称张骞出使西域为"凿空"。其实，先秦并非如此。从人类史角度看，每次生产力革命都会造成大规模人类种群迁徙。上古人类大迁徙处于文字记载的"历史"之外。公元前3000年后，文明发轫，东西方人种和文化交往在西域遗留下许多信息，并非"凿空"。

中亚的阿姆河、锡尔河"两河流域"是印欧民族的发源地。青铜文化初期（前2000年—公元前后），广义西域人的"西方人种特征很明显"，人类学家称之为"原始欧洲人类型"。其种系与南西伯利亚、哈萨克斯坦、中亚甚至伏尔加河下游草原地区铜器时代人种相近。原始欧洲人以阿凡纳羡沃文化（前3000年后期—前2000年初）和安德洛沃诺文化（前2000年—前1000年初）为代表，影响范围西起南乌拉尔山脉，东达叶尼塞河岸，北起西伯利亚森林界，南抵中亚和新疆北部草原地区。"他们是迄今所知欧亚大陆上时代最早，分布位置最东的古欧洲人类型"；向南，有两种时代稍晚的欧洲人种类型：一是帕米尔—费尔干类型（前2400—前1800年初），"与中亚地区同时代的塞克（Saka）和乌孙人的人类学类型基本相近或差别不大"；二是地中海东支类型，又称印度—阿富汗类型。在塔里木盆地南缘有发现（前2500年—

前2000年）。①公元前3000年以后的民族迁徙浪潮中，古代欧洲人种进入狭义西域。这一过程对蒙古人种北方型的形成产生了重要影响。蒙古利亚人种的分支，现代藏、彝、白、怒等民族的共同祖先古羌人进入西域稍晚（前1000—前500年），以分布于青海、新疆的卡约、寺洼、辛店、焉不拉克等遗址居民为代表。甘青一带的马家窑、齐家、马厂文化居民是其先驱。②公元前3000年至前1000年上半叶，狭义西域生活着三种人：一是地中海东支型，二是伊朗—亚利安型，三是蒙古利亚古种的羌人型。

公元前1000年后半叶，广义西域的民族—文化版块发生剧烈碰撞。公元前4世纪希腊城邦国家危机，马其顿成为西方最强大的国家。公元前334年，马其顿国王亚历山大率军远征，先后侵入小亚细亚、埃及、两河流域。公元前330年灭亡波斯帝国，直抵锡尔河、阿姆河、印度河以西，东达葱岭，建立起地跨欧、亚、非三大洲的亚历山大帝国。虽然亚历山大死后帝国就分裂了，但其影响深远，史称"希腊化时代"。亚历山大帝国分裂出了塞琉西王国（条支）；前250年，希腊人狄奥多特建立希腊化的巴克特利亚王国（大夏），控制了大夏（阿姆河以南）、粟特（阿姆河与锡尔河之间）、马尔其纳东部（今伊朗霍拉散省西北部）一带地域，公元前2世纪一度占领锡尔河上游的费尔干纳盆地（大宛）。它的北面，锡尔河以东是康居，新疆伊犁河流域则居住着乌孙人，这一带成为东西方文化交流、冲突、汇合的"十字路

---

① 韩康信：《新疆古代居民的种族人类学研究和维吾尔族的体质特点》，《西域研究》1991年第2期。

② 赵丛苍、何利群：《塔里木地区羌人初探》，《中国史研究》1996年第2期。

口"。

2.早期"丝绸之路"

从公元前1000年后半叶开始，西方人已经陆续得到了关于"中国"的信息。古代波斯、印度、希腊、罗马人，称中国为Cinisten（支那，又译作脂那、至那、指那、震旦等）。约公元前5世纪古波斯文献称中国为Cini或Saini，后又称Cin等；古印度乔底厘耶的《政事论》有Cinaptta（中国丝捆）一词，Cina即中国；《摩诃婆罗多》《摩罗衍那》《摩奴法典》都称中国为Chinas；公元1世纪末古代拉丁文文献《厄里特里亚海航行记》称中国为Thin或Thinai；公元2世纪希腊地理学家托勒密在《地理志》中称中国为Sinai。此外，古代希伯来、粟特、亚美尼亚、叙利亚、阿拉伯、佉卢文的文献中，都用相近的音称中国。17至20世纪中外学者解释"支那"含义有：秦、日南、滇、羌、荆（楚）、丝、绮。"Cin即秦"说比较合理。①

秦人夙与西域人交往。直到张骞出使西域时，当地人仍称他为"秦人"。秦人"杂戎翟之俗"，中原各国"比于戎翟"②。秦人"子孙或在中国，或在夷狄"。商末，秦之一族"在西戎，保西垂"。周灭商（前11世纪中叶），秦祖蜚廉由西北边陲返回，得一石棺，铭曰："帝令处父，不与殷乱，赐尔石棺以华氏。"这些记载得到考古发现的有力佐证："秦夷""秦人"与"华夷"见于

---

① 意大利耶稣会士匡卫国（M.Martini）在1655年出版的《中国新地图》中首先提出。他仅将Cin解释为秦朝。法国学者鲍梯（Pauthier）、伯希和（P.Prlliot）修正为包括秦国与统一后的秦朝。

② 《史记》卷十五《六国年表·序》。

同器铭文。①说明秦人"或在中国，或在夷狄"确有根据。秦祖造父"以善御幸于周缪王。得骥、温骊、骅骝、騄耳之驷，西巡狩，乐而忘归"；周宣王以秦仲为大夫，二十三年，"西戎杀秦仲"；周宣王与秦庄公兵七千人，"使伐西戎，破之"；秦穆公"用由余谋，伐戎王，益国十二，开地千里，遂霸西戎"②。秦人较中原各国与西域有更直接的关系。从历史背景、语言传播、译文对音诸因素综合看，"Cin 即秦"说的论据最充分。秦与西域有商贸交流，西域人以此解决生活之需，也向欧洲转贩来自中国的丝绸，形成了早期"丝绸之路"。

7000 年前中国就发明了养蚕缫丝技术，并制造出称为"踞织机"的纺织机械和形态逼真的蚕纹、蚕形饰物。商代已有"桑""蚕""丝""茧"等文字，并发现了纱纨（绢）、色帛、缣类、回纹绮、罗类织等物。③相当于春秋时期的新疆墓葬中出土物品有丝绸凤鸟纹刺绣。④苏联阿尔泰斯克出土的公元前 5 世纪的墓葬物品中有凤凰图案的残绸。⑤德国南部在公元前 500 年的古墓尸

---

① 1959 年陕西蓝田出土西周青铜器"询簋"，铭文有"秦夷"和"华夷"："王若曰：询丕显文武受命，则乃且奠周邦。今余令汝啻官，司邑人，先虎臣后庸：西门夷、秦夷、京夷、昆夷；师令侧，新□、华夷、□夷、□、人、成周走亚、□夷、秦人、降人、服夷……"

② 《史记》卷五《秦本纪》。

③ 高汉玉：《桑蚕丝帛起源的探讨》，见黄盛章主编：《亚洲文明》，四川人民出版社，1986 年版。

④ 王炳华：《西汉以前新疆和中原地区历史关系考索》，《考古学报》1957 年第 2 期。

⑤ C.N.鲁金科：《论中国与阿尔泰部落的古代关系》，《文物》1991 年第 2 期。

体上发现有中国丝绸衣物残片。[①]在欧亚大陆另一端，古希腊和古罗马人也在享受着风靡古代世界的中国丝绸与文化。此外，在沿"丝绸之路"的考古发掘中，还出土了中国制造的大量手工制品，如商代妇好墓出土玉器756件，玉料大都出自新疆。苏厉致赵惠文王信将代马、胡犬、昆山之玉称为"三宝"。先秦中原的漆器、铜镜诸物在公元前5世纪中亚墓葬中也有发现。[②]

公元前3世纪左右，西方把中国称为"赛里斯"国。"赛里斯"由古希腊语"赛尔"——"蚕"转衍而来。[③]古希腊诗人阿里斯托芬的《吕西斯特剌忒》（前411）提到用绢制成的上衣，称"Amorgiam"。亚里士多德（前384—前322）的《动物志》认为丝织品是用"大蛆"茧制成的。古代印度孔雀王朝旃罗陀笈多王（前320—前315）的侍臣乔底厘耶著《政事论》一书中有Cinapatta一词，意为"中国丝卷"[④]。传给释迦牟尼丝绸伽梨（袈裟）的迦叶佛（相当于春秋晚期）说："我初成道时，大梵天王施我彼丝，是化出，非是缲茧。梵天王施经丝坚牢，地神王施纬丝，由彼二施主共成一法衣……闻开著僧衣，即谓杀茧。汝若成道后，彼丝自出诸国，非是杀蚕，故我将付树神，今转付汝。"[⑤]以丝绸文化为标志的中国物质文明早在先秦时期，就通过

---

① 杜石然：《中国科学技术史稿》，科学出版社，1982年版，第299页。

② 《新疆阿拉沟竖穴木椁发掘简报》，《文物》1991年第2期。

③ 姚宝猷：《中国丝绢西传史》，商务出版社，1944年版，第37—38页。

④ 戴禾、张英莉：《中国丝绢的输出与西方的"野蚕丝"》，《西北史地》1986年第1期。

⑤ 《遗释迦牟尼佛书付伽梨衣》，严可均《全上三代文·释氏》。

"丝绸之路"在中国以西的欧亚大陆广泛传播了。

由于秦据中国通向西域的门户之地，加之人们比较封闭的文化心态，中原很少得到关于西域的消息。尤其是一个世纪以来，匈奴人的迅速崛起以及对西域各国的严密防范和控制，使中西交通中断了近一个世纪之久。所以，至武帝朝之初，中原的人们几得不到任何关于西域的消息。这才是汉代人们称张骞出使西域为"凿空"的原因。

3.元封前后汉帝国与匈奴冲突对西域的影响

汉儒的世界图式有点像同心圆：凡是天子征服之地，依照对天子的依附程度，分为"畿服""内服""外服"等层次：有"五服"（甸服、侯服、绥服、要服、荒服）或"九服"（侯畿、甸畿、男畿、采畿、卫畿、蛮畿、夷畿、镇畿、蕃畿）。

刘彻"封禅"前后对汉帝国的疆域状况又有了新的构想——向南、向北价值已尽，海上的蓬莱寻找神仙也不了了之。刘彻认为，既然"天下一家"，外事四夷最有希望的发展方向是西域。他决定继续征伐匈奴，向西域方向推进。这当然是由汉—匈民族多方面的矛盾和冲突引起的。汉与匈奴冲突的根源在于经济利益的直接对抗。元封以后，汉匈对抗的战略态势发生根本变化：匈奴王庭西迁至阿尔泰山一带后，对汉帝国关中和中原地区的直接威胁少多了。但汉朝仍要常年保持对匈奴的防御，长城防线随匈奴王庭的西移而向西延伸，财政负担相当沉重。另外，西域各国各自为政，未能统一，面临匈奴直接军事威胁。匈奴通过阿尔泰山与天山山脉间的通道频频出入天山南北，把奴役和掠夺的主要矛头对向西域诸国。西域诸国面临两种选择，或臣服于匈奴以免入侵，或归附汉帝国寻求庇护。匈奴一贯野蛮地掠夺和奴役异族。匈奴取大月氏王头盖骨为饮器，大月氏惧而远徙中亚①；"蒲类本大国也，前西域属匈奴，而其王得罪单于，单于怒，徙蒲类人六千余口，内之匈奴右部阿恶地，因号曰阿恶国。南去车师后部马行九十余日。人口贫羸，逃亡山谷间，故留为国云"②。被匈奴掳掠的人口大多要当奴隶，"赀虏，本匈奴也。匈奴名奴婢为赀。始建武时，匈奴衰，分去其奴婢，亡匿在金城、武威、酒泉北黑水、西河东西，畜牧逐水草，钞盗……其种非一"③。

西汉末，匈奴使者责乌桓税，"乌桓距曰：'奉〔汉〕天子诏条，不当予匈奴税。'匈奴使怒，收乌桓酋豪，缚到悬之"④。武帝朝后百余年，匈奴的国力败落之后尚且如此，则其强盛时对各国的压榨可想而知。其次，自张骞出使西域后，汉帝国对丝绸之路的通商抱有相当大的期望，作了新的部署。但是，外交使团与商队，都需要军事力量的保护。元封前后，"是时，汉既灭越，蜀所通西南夷皆震，请吏。置牂柯、越巂、益州、沈黎、文山郡，欲地接以前通大夏。乃遣使岁十余辈，出此初郡，皆复闭昆明，为所杀，夺币物。于是汉发兵击昆明，斩首数万。后复遣使，竟不得通"⑤。西南的自然、民族、地理条件复杂，不易通

---

①月氏西迁年代诸说不一。据莫任南《关于月氏西迁年代问题》（《湖南师院学报》1985年第2期），月氏西迁伊犁河流域在前169—前166年；西迁阿姆河在前162—前161年间。此说可从。

②《后汉书》卷八十八《西域传》。

③《三国志》卷三十《魏书·乌丸鲜卑东夷传》注引《魏略·西戎传》。

④《汉书》卷九十四下《匈奴传》。

⑤《汉书》卷六十一《张骞李广利传》。

行，只好从西北方向想办法。但匈奴和西域诸国拦截汉商团屡有发生："初，武帝感张骞之言，甘心欲通大宛诸国，使者相望于道，一岁中多至十余辈。楼兰、姑师当道，苦之，攻劫汉使王恢等，又数为匈奴耳目，令其兵遮汉使。"[①]汉帝国与西方的交通线受到严重威胁。没有强大武力为后盾，国际贸易就没有保障。西域归来的汉使屡言西域诸国"兵弱易击"。为了保护"丝绸之路"的畅通，刘彻决心解决西域问题。

二、伐匈奴、征西域的决策过程

刘彻在世时就有人对征匈奴伐西域持有异议。在他身后，也有人指责说他重蹈"亡秦之迹"。刘彻对此似乎早有预见。他对弥留之际的卫青解释道："朕不伐匈奴，天下不安。"这算是对天下、对后人的交代。伐匈奴、征西域，既有刘彻直接负责的一面，也有形格势禁、势所必然的另一面。刘彻太初以后再启战端，伐大宛、征西域，不过是对匈奴战争的自然延伸。

1.再伐匈奴——远征西域的序幕

远征西域的决策过程是伴随着刘彻的处理对匈奴关系的实践—认识过程展开的，在远征西域的全部过程展开之前，还有一段序幕。

自汉军大破匈奴后，匈奴王庭西移至近阿尔泰山一带。河西走廊一带形成"真空"地带。据《汉书·西域传》记载："骠骑将军击破匈奴右地，降浑邪、休屠王，遂空其地。始筑令居以西，初置酒泉郡，后稍发徙民充实之，分置武威（武威后置）、

---

① 《汉书》卷九十六上《西域传》。

张掖、敦煌，列四郡，据两关焉。"西域与汉帝国的关系是随汉帝国与匈奴攻守态势的转换而变化的，由于匈奴向西北迁徙，汉与西域各国关系的格局也将随之发生相应的变化。匈奴与羌人联合的态势严重起来，威胁着汉帝国的西部和河西走廊的安全。刘彻一度想招回原来曾居住在祁连山一带的大月氏或乌孙，但未能成功。为了确保"丝绸之路"畅通，切断匈奴与羌人联盟，元鼎六年（前111），刘彻派李息、徐自为率军十万平定西羌，置护羌校尉领护。此后相继平定南越、朝鲜。又遣公孙贺率万五千骑出九原二千里，至浮苴井而还；赵破奴率万骑出令居数千里，至匈河水而还。目的是驱逐匈奴，使其不得阻隔汉使西域的使团。但汉军未见匈奴一人。于是汉分酒泉郡地，置张掖、敦煌郡。《汉书·匈奴传》载：

> 汉东拔涉貉、朝鲜以为郡，而西置酒泉郡以隔绝胡与羌通之路；又西通月氏、大夏，以翁主妻乌孙王，以分匈奴西方之援国；又北益广田至眩雷（乌孙北）为塞，而匈奴终不敢以为言。

可见，远征西域的决策是在汉匈军事力量对比，汉帝国已经取得决定性的胜利，占有绝对优势的前提下作出的。

2.和平外交政策屡屡受挫

刘彻曾努力争取和平解决汉匈关系。他并不愿意一直打下去。但因匈奴立场顽固不化，坚持与汉帝国为敌，才不得不诉诸武力。

匈奴遭到惨重失败后，向汉朝求和。但匈奴不可能与汉帝国形成长期睦邻关系，这是由农耕与游牧不同生存方式和汉与匈奴长期民族冲突决定的，带有历史的必然性。当年霍去病曾说："匈奴不灭，无以为家！"就看到了这一点。可见，远征匈奴并不是仅以刘彻个人的意愿为转移，而是欲罢不能的事情。匈奴自卫、霍"度幕"以来，希复为寇，远徙北方，自汉军大胜匈奴之后，北边形势发生重大变化，匈奴一改往日的骄横，于元封四年（前107）卑辞求和。

"和亲"与"入太子为质"是古代外交的两种礼遇。和亲从形式上看近于对等关系；入太子为质则等于臣服，二者有所不同。元封元年（前110），刘彻亲自统率汉军十八万骑北巡之际，曾派遣郭吉持节出使匈奴。郭吉明确地向乌维单于转达了刘彻表示同意汉匈和解的意向：

> 南越王头已县于汉北阙下。今单于即能前与汉战，天子自将兵待边；即不能，亟南面而臣于汉。何但远走，亡匿于幕北寒苦无水草之地为？①

这番话态度强硬，要匈奴"南面臣于汉"，建立君—臣关系的格局。乌维单于无论在感情上，还是出于实际利益考虑，对此都无法接受：

> 语卒，单于大怒，立斩主客见者，而留郭吉不归，迁辱

---

① 《汉书》卷九十四上《匈奴传》。

之北海（贝加尔湖）上。而单于终不肯为寇于汉边，休养士
马，习射猎，数使使好辞甘言求和亲。①

从乌维对汉帝国的外交姿态看，似乎是主动要求与汉帝国建
立对等的和平伙伴关系。若果真能如此，则可以理解为乌维试图
争取在匈奴与汉帝国交往中保持民族尊严的态度和立场。但是，
其后事态的发展却一再证明并非如此：

> 汉使王乌等窥匈奴。匈奴法：汉使不去节，不以墨黥其
> 面，不得入穹庐。王乌，北地人，习胡俗，去其节，黥面入
> 庐。②

黥面是奴隶的标志，在外交上是严重污辱。王乌甘于这样
做，表示了刘彻和谈的诚意。"单于爱之，阳（佯）许曰：吾为
遣其太子入质于汉，以求和亲。"汉又派杨信为正式使节与匈奴
和谈，再度转达了刘彻的立场：

> 〔单于〕欲召入，不肯去节，乃坐穹庐外见杨信。杨信
> 说单于曰："即欲和亲，以单于太子为质于汉。"单于曰：
> "非故约。故约：汉常遣翁主，给缯絮食物有品，以和亲，
> 而匈奴亦不复扰边。今乃欲反古（反悔故约），令吾太子为

---

① 《汉书》卷九十四上《匈奴传》。
② 《汉书》卷九十四上《匈奴传》。

质，无几（稽）矣！"①

乌维反悔了先前承诺的条件，欲恢复汉匈战争前汉对匈奴的屈辱条约！这充分暴露了乌维反复无常，毫无诚意。谈判的拉锯战再三反复，匈奴以此拖延时间，暗中备战。果然不久匈奴"数使奇兵侵犯边"，扣留汉使路充国。刘彻只得沿边部署防御，发郭昌为拔胡将军、赵破奴屯兵朔方郡。元封六年（前105），乌维死，其子乌师庐立，②号"儿单于"。刘彻派使节吊唁，"欲以乖其国"。即以单于甫立为契机，软化匈奴与汉对立的立场。但终无济于事。儿单于当即扣留汉使。他知道，汉帝国绝不会对此善罢甘休，但即使远迁大漠以北，也不肯妥协，他认为，匈奴帝国只要稍事喘息，恢复元气，还能卷土重来。"自是后，单于益西北"③。事已至此，刘彻得出的结论只能是匈奴"百约百叛"，反复无常，毫无信义可言。汉对匈奴绥靖政策以失败告终。刘彻曾作过多次外交努力和适度的让步，但匈奴百般拖延虚与委蛇，多次扣留汉使者，毫无与汉和好的诚意，双方关系再度趋于紧张。

任何政策都是选择的结果。刘彻并不认为武力是对外政策唯一可行的手段，"不战而屈人之兵"才是最佳选择。他本欲以厚德载物的宽仁态度"致太平"，实现儒家理想的"升平"秩

---

① 《汉书》卷九十四上《匈奴传》。

② 乌维之子《史记》卷一百十《匈奴列传》为乌师庐；《汉书》卷九十四上《匈奴传》为詹师庐。

③ 《汉书》卷九十四上《匈奴传》。

序——那不是专靠武力扩张的霸政，而是"文化内揖"的德政。但现实一再证明，对匈奴而言，一厢情愿的"升平"世界并不存在，无实力者无外交，欲致"太平"，只能以战去战。"天下太平"只有以强大的武力为后盾，才有可能变成现实。

3.张骞二次出使西域，"欲与乌孙共伐胡"

在对匈奴暂时休战期间，刘彻积极寻找打开西域大门的钥匙。元狩四年（前119），刘彻向张骞咨询西域问题。张骞向刘彻汇报了乌孙的国情：乌孙国在伊犁河流域，"本塞地也，大月氏西破走塞王……居其地。后乌孙昆莫击破大月氏……而乌孙昆莫居之。故乌孙民有塞种、大月氏种云"①。乌孙有居民十二万户，六十三万人，"胜兵十八万八千八百人……随畜逐水草，与匈奴同俗。国多马，富人至四五千匹"②，乌孙国是西域的强国，处在能遮断匈奴出入西域纵深的战略要地；乌孙马是良种马，所以，汉帝国将乌孙选作西域的战略伙伴，尝试笼络羁縻的办法：

〔乌孙〕本与大月氏俱在祁连、焞煌间，小国也。大月氏攻杀（乌孙王）难兜靡，夺其地，人民亡走匈奴……〔难兜靡子〕昆莫既健，自请单于报父怨，遂西攻破大月氏。大月氏复西走，徙大夏地。昆莫略其众，因留居，兵稍强。会

_____

① 《汉书》卷九十六下《西域传》。乌孙人即希罗多德《历史》中提到的伊塞多涅斯人。详莫任南：《从〈穆天子传〉和希罗多德〈历史〉看春秋战国时期的中西交通》，《西北史地》1984年第4期；王炳华：《古代新疆塞人历史钩沉》，《新疆社会科学》1986年第1期。

② 《汉书》卷九十六下《西域传》。

单于死，不肯复朝事匈奴。匈奴遣兵击之，不胜，益以为神而远之。今单于新困于汉，而昆莫地空。蛮夷恋故地，又贪汉物。诚以此时厚赂乌孙，招以东居故地，汉遣公主为夫人，结昆弟，其势宜听。则是断匈奴右臂也。既连乌孙，自其西大夏之属皆可招来而为外臣。①

　　张骞认为联合乌孙是进入西域门户的关键。乌孙原居河西地，后因匈奴侵迫，远徙天山以北，"中立，不肯朝匈奴"。乌孙骑兵很有战斗力，能与匈奴抗衡。张骞主张厚赏和亲以招乌孙，使归故地，与汉"结昆弟，其势宜听；则是断匈奴右臂也"，实施"连横"战略。刘彻同意了此方案。任张骞为中郎将，副使多名，率三百人的使团，携带大量财物，出使西域；以联合乌孙为中心，联络西域各国抵抗匈奴，开展丝路贸易。张骞向乌孙王表示了联合的愿望："乌孙能东居故地，则汉遣公主为夫人，结为昆弟，共距匈奴，不足破也。"②乌孙使者至汉，知汉帝国强盛，"益重汉"。张骞虽未能与乌孙结盟，但派遣分使赴大宛、康居、大月氏、大夏、安息、身毒、于阗诸国。乌孙表示友好，"发导译送骞还，骞与乌孙遣使数十人，马数十匹报谢，因令窥汉，知其广大"③。各国也遣使至汉，刘彻向各国使团炫耀汉帝国疆域广大、人口众多、物产富有：

---

① 《汉书》卷六十一《张骞李广利传》。
② 《汉书》卷九十六下《西域传》。
③ 《史记》卷一百二十三《大宛列传》。

是时上方数巡狩海上，乃悉从外国客，大都多人则过之，散财帛以赏赐，厚具以饶给之，以览示汉富厚焉。于是大觳抵，出奇戏诸怪物，多聚观者，行赏赐，酒池肉林，令外国客遍观各仓库府藏之积，见汉之广大，倾骇之。①

由此，"西北外国使，更来更去"。西汉帝国向西域各国打开了信息之窗，各国表示愿与中国交往，遣使往来于汉帝国与西域之间。刘彻也遣使团用黄金、丝绸向各国求购善马、珍宝、异物："因益发使抵安息、奄蔡、犛靬、条支、身毒国。而天子好宛马，使者相望于道。一辈大者数百，少者百余人，所赍操，大放博望侯时。其后益习而衰少焉。汉率一岁中使者多者十余辈，少者五六辈，远者八九岁，近者数岁而反。"②如此算来，中国商贸使团平均每年出使西域者竟数千人之多。

西域问题与匈奴问题是相互关联的。虽说汉与西域间有了外交和商业往来，但时下西域的情形并不利于东西方商贸交流的发展。西域各国对汉帝国的态度大体有三种情况，"宛以西，皆自以远，尚骄恣晏然，未可诎以礼羁縻而使也。自乌孙以西至安息，以近匈奴，匈奴困月氏也，匈奴使持单于一信，则国国传送食，不敢留苦；及至汉使，非出币帛不得食，不市畜不得骑用。所以然者，远汉，而汉多财物，故必市乃得所欲，然以畏匈奴于汉使焉。"③譬如羌人对汉就不友善。元鼎五年（前112），西羌联

①《史记》卷一百二十三《大宛列传》。
②《汉书》卷六十一《张骞李广利传》。
③《史记》卷一百二十三《大宛列传》。

合匈奴，以十万人攻安固、围枸罕（皆属陇西郡）；匈奴军入五原（今包头西北），杀其太守。西北边境再度紧张起来。羌人试图填补河西地区的"真空"，试图扮演匈奴第二的角色。虽然次年汉军平定了这次叛乱，设护羌校尉领护，但对于西域的敌对势力，刘彻总有鞭长莫及的感觉。汉帝国还无法控制西域，西域的绝大部分地区还在匈奴势力的支配之下，由于在西域缺乏长期稳定的军事力量，故汉帝国在西域尚没有更多的发言权。

汉军进入漠北后，匈奴继续向西迁徙，抵达阿尔泰山一带，并由山南通道侵入天山山脉，威胁到了乌孙。元封二年（前109），"匈奴闻其与汉通，怒欲击之。又汉使乌孙，乃出其南，抵大宛、月氏，相属不绝。乌孙于是恐，使使献马，愿得尚汉公主，为昆弟。"①乌孙在国家存亡的生死关头，向汉帝国求助，以良种马千匹往聘汉公主。刘彻得到这个外交信号，立即作出重大决定：联合乌孙，共拒匈奴！史载，"乌孙以马千匹聘。汉元封中（不迟于元封四年，前107年），遣江都王建女细君为公主，以妻焉。赐乘舆服御物，为备官属宦官侍御数百人，赠送甚盛。乌孙昆莫以为右夫人。匈奴亦遣女妻昆莫，昆莫以为左夫人。"②乌孙通过与汉匈联姻提高了国际地位。

在汉军尚未进入西域之前，刘彻用"伐交"策略争取乌孙在汉匈之争中保持积极中立。刘彻既不媚外和亲，也不搞狭隘民族主义的排外政策。史称：

---

① 《汉书》卷九十六下《西域传》。
② 《汉书》卷九十六下《西域传》。

昆莫（王，名腊骄靡）年老，欲使其孙岑陬尚公主。公主不听，上书言状。天子报曰："从其国俗，欲与乌孙共灭胡。"岑陬遂妻公主。昆莫死，岑陬代立……岑陬尚江都公主，生一女少夫。公主死，汉复以楚王戊之孙解忧为公主，妻岑陬。①

昆莫年老，细君公主"自治宫室居，岁时一再与昆莫会，置酒饮食"而已。细君远嫁异国，语言习俗相异，内心的孤独凄凉可想而知。②细君思乡心切，作《黄鹄歌》以寄托思乡思亲之情，期望早日返回故乡：

吾家嫁我兮天一方，远托异国兮乌孙王。
穹庐为室兮旃为墙，以肉为食兮酪为浆。
居常土思兮心内伤，愿为黄鹄兮归故乡。③

史载"天子闻而怜之，间岁遣使者持帷帐锦绣给遗焉"。昆莫自知年迈，让孙子岑陬娶细君。因与汉礼不合，细君不从，寄书武帝。刘彻回信说："从其国俗，欲与乌孙共灭胡！"刘彻要求细君置国家民族利益于个人情感之上。细君之死大约在元封六年

---

①《汉书》卷九十六下《西域传》。
②《汉书》卷九十六下《西域传》。
③《汉书·西域传》，依《全汉诗》卷二注略有改动。晋人傅玄《琵琶赋》描述了细君公主抚琴伤感的情愫；《通鉴》系元封六年，实细君去世之年，非出嫁之年。

（前105）或太初元年（前104）间。刘彻又让楚王戊孙女解忧公主远嫁乌孙。乌孙昆莫猎骄靡以细君为右夫人，以匈奴之女为左夫人，表示等距离外交。这反映了元封年间汉帝国在西域没有军事力量的状况。"武帝命细君从乌孙俗妻岑陬，细君死立即以解忧妻岑陬，说明武帝结好乌孙之意甚坚。"①

汉与乌孙和亲体现了刘彻处理外交事务的高明之处。汉与乌孙通婚是古代不同民族文化和血缘交流的重要形式，是古代外交史上民族友好交往的范例之一。

4.封禅以后再度用兵的物质准备

刘彻预计封禅前后"外事四夷"耗资巨大，派桑弘羊接管财政，作出政策调整，进一步集中经济权力，收"民不益赋而天下用饶"之效：

> 元封元年（前110），卜式贬为太子太傅，而桑弘羊为治粟都尉，领大农，尽代〔孔〕仅幹天下盐铁。弘羊以诸官各自市相争，物以故腾跃，而天下赋输或不偿其僦费，乃请置大农部丞数十人，分部主郡国，各往往置均输盐铁官，令远方各以其物如异时商贾所转贩者为赋，而相灌输。置平准于京师，都受天下委输。召工官治车诸器，皆仰给大农。大农诸官尽笼天下之货物，贵则卖之，贱则买之。如此，富商大贾亡所牟大利，则反本，而万物不得腾跃。故抑天下之物，

---

① 余太山：《两汉魏晋南北朝与西域关系史研究》，中国社会科学出版社，1995年版，第19页。

名曰"平准"。①

桑弘羊接手大农后，改变了先前各官僚机构纷纷插手商业经济活动、与民争利的混乱无序状况。因为"诸官各市相争"，争夺财富资源，不仅扰乱了市场物价，而且造成官僚机构的严重腐败。他派出专职官员负责地方财政，只向大农负责，保证了"利出一孔"的落实。他让工官造车，分配给各地"均输"机构，用市场行为均输货物，平准物价纠纷。保障了汉帝国的财政供应，得到刘彻赏识，"天子以为然而许之。于是天子北至朔方，东封泰山，巡海上，旁北边以归。所过赏赐，用帛百余万匹，钱金以巨万计，皆取足大农"②。桑弘羊对杨可《告缗令》的某些偏颇过激之处作了适当调整：

> 令民得入粟补吏，及罪以赎。令民入粟甘泉各有差，以复终身，不复告缗。它郡各输急处，而诸农各致粟，山东漕益岁六百万石。一岁之中，太仓、甘泉仓满。边余谷，诸均输帛五百万匹。民不益赋而天下用饶。于是弘羊赐爵左庶长，黄金者再百焉。③

桑弘羊的新政策让富户上交余粮换取爵秩，免除兵役徭役，不再实施《告缗令》，调动了这部分富户的积极性，把余粮集中

---

① 《汉书》卷二十四下《食货志》。
② 《汉书》卷二十四下《食货志》。
③ 《汉书》卷二十四下《食货志》。

到国家手中，每年漕运关中多达600万石，达到西汉漕运的最高纪录。由此，太仓、甘泉仓储满粮食，达到"民不益赋而天下用饶"之效。这些粮食主要是从豪富手中挤出来的。卜式借口天旱，反对桑弘羊的财政经济政策。但刘彻反而提升了桑弘羊：

> 卜式言曰："县官当食租衣税而已，今弘羊令吏坐市列，贩物求利。亨弘羊，天乃雨。"久之，武帝疾病，拜弘羊为御史大夫。[①]

总之，元封以后的财政经济政策，保障了刘彻新一轮"外事四夷"的物资供应，为他大踏步地向西域跃进提供了强大的物质基础。

三、伐大宛与马政之关系

古人与现代人的思维方式有很大区别，用现代人的理性和逻辑思维，很难真正理解刘彻。在远征西域问题上，刘彻既有理性的战略思考，也有荒诞可笑、稀奇古怪的念头。刘彻晚年征大宛与马政颇有关系。刘彻有几方面考虑：（1）以宛马改善汉军战马的品质；（2）控制"丝绸之路"；（3）相信宛马是"天马"，可以驾驭升仙。汉军伐大宛，可以收取一石三鸟之效。

1.武帝朝的马政

马政在历届王朝，都是一件大事。第一，国家需要骑兵，而骑兵不可缺少马；第二，国家需要信息的传递，古代通信主要靠

---

① 《汉书》卷二十四下《食货志》。

马；第三，社会生产和生活包括农业生产，需要牲畜；第四，历代西方、北方少数民族在畜牧方面较中原以农业为主的汉人，一直处在领先地位。所以，如何从周边交换到马，也是历代统治者很花费心思的问题。①在西汉帝国与游牧民族之间发生尖锐冲突和剧烈对抗的背景下，战马的问题显然加倍地严重起来了。

对匈奴作战必须用骑兵，汉军需要大量优良品种战马。汉初马少种劣，"自天子不能具醇驷"，连天子也不能备齐毛色相同的御马，"马至匹百金"。故晁错建议文帝"今令民有车骑马，复卒三人"，以鼓励百姓大量饲养马匹；景帝用卫绾建议，以马高五尺九寸以上十岁以下者不得出关。始造马苑——饲养战马的基地，由太仆管理，号称"六苑"，每苑六所，每所万匹。"牧师诸苑三十六所，分置北边、西边，分养马三十万头"②。景武之际"众庶街巷有马"，但仍不足以与匈奴骑兵抗衡。

刘彻爱马成癖，尤重马政。史称武帝朝"为伐胡故，盛养马，马之往来食长安者数万匹，卒掌（养马）者关中不足，乃调旁近郡。而胡降者数万人皆得厚赏，衣食仰给县官"③。匈奴降人因擅长畜牧，故刘彻也派他们放牧马匹，由大农供应生活资料。长安一地养马之盛如此，全国可见一斑。但汉马的品质远不

① 详见赵俪生：《〈日知录〉导读·马政》，巴蜀书社，1992年版。
② 《汉书》卷十九上《百官公卿表》颜师古注引《汉官仪》。
③ 《汉书》卷二十四下《食货志》，顾炎武《日知录·马政》："汉晁错言，令民有车骑马一匹者，复率三人（师古注：当为卒者，免其三人；不为卒者，复其钱），文帝从之。故文、景之富，众庶街巷有马，仟伯之间成群；乘牸牝者，摈而不得会聚；若乃塞之斥也……致马牛羊数千群……则民间之马其盛可知。武帝轮台之悔，乃修《马复令》。"

能适应远征漠北与匈奴进行骑兵大战的需要。胡人凭着马背上的民族的战略机动性，长期对以农耕为本的汉帝国构成威胁。晁错说"匈奴之长技三"之中，"上下山阪，出入溪涧，中国之马弗与也；险道倾仄，且驰且射，中国之骑弗与也"，与马有关的就占了两项。匈奴的这种军事战术是长期有效的，故对汉帝国就转化为战略优势。

元狩四年（前119），卫、霍出塞击匈奴，军马死者十余万匹，班师入塞者不满三万匹，损失惨重。"自〔卫〕青围单于后，十四岁而卒，竟不复击匈奴者，以汉马少……故久不伐胡"①，汉匈大战之后，因"天下马少，平牡马，匹二十万〔钱〕"②。元狩五年（前118），刘彻下令提高种马收购价格，鼓励百姓喂养种马，重申文帝《马复令》，"车骑马乏，县官钱少，买马难得，乃著令：令封君以下至三百石以上，差出牝马天下亭，亭有蓄字马"③，以济战马之不足。战马的品种、质量直接涉及战争、战略、战术，是关系农业民族生存、关系汉帝国生存的宏观战略问题。

爱马成癖，是刘彻决心伐大宛的重要原因之一。刘彻读《易》，有谶言云"神马当从西北来"，正中其下怀，因而对此深信不疑。元鼎二年（前115）张骞第二次出使西域，乌孙送使团还长安，赠良种马数十匹。刘彻大喜过望，命名"天马"，在长安设苑饲养，是为御马。西北马最好的饲草是苜蓿。刘彻得了

---

① 《汉书》卷五十五《卫青霍去病传》。
② 《汉书》卷六《武帝纪》。
③ 《汉书》卷二十四下《食货志》。

"天马"，亲自关照"天马"的饲草种植和管理。可见，伐大宛之战的直接导火索来自刘彻本人的爱马成癖。当然，也不妨换一种方式来理解——刘彻不惜以重金换取"天马"，不过是当作把汉帝国的军队楔入西域核心地带的一只楔子！对刘彻而言，可能两种考虑都在起作用。

2.大宛在西域的战略地位

大宛国在西域的战略地位相当重要，这一点，战略家刘彻是不可能不注意的。应该说，刘彻决心伐大宛的军事动机正在于此。

大宛国位于锡尔河上游，今中亚费尔干纳盆地，国都在贵山城（今卡桑赛），居民以塞种为主，印欧语系古伊朗语族。人口数十万，大小七十余城。地处西域（广义）"十字路口"的交叉口上。张骞就是以大宛为中心确定西域诸国地理方位的。大宛东北临乌孙（新疆伊犁河流域），西北接康居（锡尔河中下游，哈萨克斯坦南部），南通大月氏、大夏（阿姆河以南，都阿富汗巴尔赫），东越葱岭可抵疏勒（新疆喀什）。太初元年（前104）秋，刘彻遣使以千金及金马换取宛马，遭到拒绝。《汉书·张骞李广利传》载：

> 汉使往既多，其少从率进孰于天子，言大宛有善马在贰师城，匿不肯示汉使。天子既好宛马，闻之甘心，使壮士车令等持千金及金马以请宛王贰师城善马。宛国饶汉物，相与谋曰："汉去我远，而盐水中数有败，出其北有胡寇，出其南乏水草，又且往往而绝邑，乏食者多。汉使数百人为辈

来，常乏食，死者过半，是安能致大军乎？且贰师马，宛宝马也。"遂不肯予汉使。汉使怒，妄言（不敬），椎金马而去。宛中贵人怒曰："汉使至轻我！"遣汉使去，令其东边郁成王遮攻，杀汉使，取其财物。天子大怒。诸尝使宛姚定汉等言："宛兵弱，诚以汉兵不过三千人，强弩射之，即破宛矣。"天子以尝使浞野侯（赵破奴）攻楼兰，以七百骑先至，虏其王，以定汉等言为然，而欲侯宠姬李氏，乃以李广利为将军，伐宛。

大宛人深知，优良马种是重要战略资源，是"行国"赖以生存的生命线。大宛人对贰师城的良种马严格控制，不使良马输入汉朝。大宛这样做所凭恃的是地理的悬隔，他们估计汉朝的大军不可能到达大宛，杀掳了使团。这对刘彻来说是严重的污辱。这一事件成了汉帝国远征大宛的直接导火线。不但大宛敢于攻杀汉使，在大量黄金、丝绸、珍奇、宝货的诱惑刺激下，丝路一时竟成了各国众目睽睽的肥肉，平生出许多事端来。各国认为汉军悬远，无法支援商团，故或禁食物，或相攻剽，或踞丝路隘要阻遏过往商队。匈奴人也派骑兵乘机长途奔袭，抢掠汉使财物，攻杀使者。

西域诸国畏匈奴而不畏汉使，汉使无武力保护，故诸国纳贡于匈奴而取资于汉使。使者们纷纷向刘彻要求汉廷出兵西域，保护商路。据《汉书·大宛传》载，有使臣对刘彻说："宛有善马在贰师城，匿不肯示汉使。"此消息发生了效力。"天子既好宛马……使壮士车令等持千金及金马以请宛王贰师城善马。"刘彻礼尚往来，重金购马，大宛贵族却谋劫其财，激成事变，成为军事冲突。

汉帝国与西域关系已成骑虎难下之势——或者停止国际贸易，回复到开西域之前的状态去；或者出兵远征，以战争解决问题！说到底，是汉帝国、匈奴、大宛统治者无尽的贪欲造成了民族间大矛盾、大对抗、大冲突。比较而言，汉帝国希望通过"礼仪之邦"比较文明的方式实现贪欲的目的，而匈奴、大宛不尚礼仪，只懂得金钱与武力，使原来曾有一线和平希望的大门关闭了。

在刘彻时代的汉与匈奴和西域关系中，很难维持民族平等、互利交往观念和准则；对匈奴而言，只有"和亲"与"质子"两种选择，只有在综合国力为背景的对抗与相持之下战争与和平的交替，只有在臣服和职贡与更为野蛮的压迫、奴役和掠夺之间的区别和选择；对西域诸国而言，刘彻的选择余地大一些，可以选择优势地位上的"和亲"，当然，与对匈奴屈辱的"和亲"不同。但这也是因为汉对西域各国力量对比有表面优势，而这一优势还要被"远汉"的空间距离和沿途恶劣自然环境化解掉绝大部分。

刘彻被大宛的无礼激怒了，依照他的个性，难道会在这种形势下退缩？为了维护帝国的利益，现在只剩下了唯一的选择：以强大的武力为后盾，派士卒在西域战略要地屯田戍守，驱逐匈奴势力，长期稳定地控制西域，保护"丝绸之路"，维护东西方正常的商业贸易往来。

四、汉对西域的远征

"战争是政治的继续。"战争不但是国际政治的继续，也是国内政治的继续。汉对匈奴和西域的远征，是与国际和国内财产和权力的再分配紧密联系在一起的。当然，一旦战争打起来，就会按照战争自身的规律发展。刘彻晚年对匈奴和西域的远征作战拉开了帷幕。与此同时，朝鲜降汉，两线作战的后顾之忧已经不复存在。远征西域作战开始，汉军并未感到特别困难，击楼兰、结乌孙，汉帝国的军事和外交游刃有余。但随着战事的推进，战线的延长，李广利讨伐大宛的远征军陷入了泥潭。李广利、赵破奴相继战败，这时刘彻才意识到问题的严重性。《汉书·西域传》记载了这些事件。

1. 经略西域门户，争夺楼兰、姑师

刘彻遣使联络西域诸国先从张骞出使的归途——距匈奴较远的西域南道开始。南道出玉门关向西南，沿阿尔金山北麓向西，通过塔里木盆地以南、昆仑山以北抵达葱岭；北道则经塔里木盆地以北，或向西北经北疆天山以北的准噶尔盆地之南至乌孙、康居，或向西渠犁、乌垒、龟兹达大宛至葱岭。刘彻"甘心欲通大宛诸国，使者相望于道，一岁中多至十余辈。楼兰、姑师当道，苦之，攻劫汉使王恢等，又数为匈奴耳目，令其兵遮汉使"。楼兰、姑师是汉帝国打通西域首当其冲的障碍。楼兰之都在罗布泊西南，是南道的门户；姑师在其西北，是汉使往返于北道的门户。

元封三年（前108），刘彻"遣从票侯赵破奴将属国骑及郡兵数万击姑师。王恢数为楼兰所苦，上令恢佐破奴将兵。破奴与轻骑七百人先至，虏楼兰王，遂破姑师。因暴兵威以动乌孙、大宛之属。还，封破奴为浞野侯，恢为浩侯。于是汉列亭障至玉门矣"。初战轻易告捷。汉长城延伸至玉门关，为控制西域门户姑师、楼兰，为打通西域创造了良好的开端。刘彻认为，远征西域并不困难。

2.首次远征大宛，李广利兵败郁成

打开西域门户姑师、楼兰，只是伐大宛的初战。按刘彻的部署，伐大宛也只是征服西域（广义）的第一步。在远征西域的作战中，刘彻任用了李广利担任主将。根据出征的任务，任命他担任"贰师将军"。这一任命显然与西汉的外戚政治机制有关。

此时卫青、霍去病已经去世。刘彻欲伐西域，深感身边没有可堪重任之人。元封五年（前106）四月，刘彻重申《求贤诏》，选任远征军新统帅。刘彻任用军事统帅有一项基本原则始终未变，就是重用最亲近的外戚。他没有忘记李夫人的临终嘱托，要特别对儿子刘髆和李氏兄弟多加关照。刘彻伐大宛之前，李夫人去世。刘彻为了实现她的临终托付，故"欲侯宠姬李氏"。刘彻对李夫人之兄李延年、李广利，并非仅仅是一般的"亲近"而已。更重要的是刘彻晚年，一度欲以昌邑王刘髆易刘据为太子，此时尚犹豫未决。若易太子，就必须任用外戚李氏为辅弼重臣，刘彻必须面临举国众目睽睽的问题：按照汉家祖制，"无功者不得封侯"。李延年、李广利兄弟没有从前卫青、霍去病那么骄人的战功。李氏须建立军功，才能获取高位。刘彻认为这并非大问题，派李广利征西域，伐大宛，立功绝域，只要兵多将广，多赐金帛重赏，问题不难解决。但这次刘彻未免过于自信了。

大宛贵人拒汉使，令郁成王遮杀汉使，夺取财物，激怒了刘彻。曾出使大宛的姚定汉等乘机进言："宛兵弱，诚以汉兵不过三千人，强弩射之，即破宛矣。"刘彻遂以为赵破奴率七百人先破楼兰而虏其王，大宛不足虑。故"以定汉等言为然，而欲侯宠姬李氏，乃以李广利为将军，伐宛"。李广利并非将才，以李夫人之故得秉兵柄：

> 太初元年（前104），以广利为贰师将军，发属国六千骑及郡国恶少年数万人以往，期至贰师城取善马，故号"贰师将军"。故浩侯王恢使道（导）军。既西过盐水，当道小国各坚城守，不肯给食，攻之不能下。下者得食，不下者数日则去。比至郁成，士财有数千，皆饥罢。攻郁成城，郁成距之，所杀伤甚众。贰师将军与左右计："至郁成尚不能举，况至其王都乎？"引而还。往来二岁（太初二年，前103年），至敦煌，士不过什一二。使使上书言："道远，多乏食，且士卒不患战而患饥。人少，不足以拔宛。愿且罢兵，益发而复往。"天子闻之，大怒，使使遮玉门关，曰："军有敢入，斩之！"贰师恐，因留屯敦煌。①

这次失误的责任，首先要归之于刘彻的轻敌和用人不当。

他的轻敌由该年赵破奴征匈奴全军覆没再次得到证实。刘彻对外用兵以来，小败间或有之，然如此惨痛的失败尚属首次。这是他感情上无法接受的事实。

3.对楼兰、车师的反复争夺

李广利伐大宛的失利，使楼兰动摇了。"楼兰既降服贡献，匈奴闻，发兵击之。于是楼兰遣一子质匈奴，一子质汉"，对汉

---

① 《汉书》卷六十一《张骞李广利传》。

与匈奴采取"两属"的态度。姑师余部在其王被汉军俘获后北迁，投靠于匈奴庇护之下。楼兰虽"两属"，态度却随汉匈势力强弱变化而摇摆不定。楼兰态度的反复虽与匈奴策动有关，但汉帝国所加之负担以及边地将吏的侵凌也是重要原因。太初三年（前102），"贰师军击大宛，匈奴欲遮之，贰师兵盛不敢当，即遣骑因楼兰候汉使后过者，欲绝勿通"。楼兰竟割了汉军的尾巴。刘彻诏捕楼兰王，责问其罪，对曰："小国在大国间，不两属无以自安。愿徙国入居汉地。"刘彻认为楼兰王态度诚恳，"上直其言，遣归国"。

其后，汉发兵西域，每征用楼兰兵。但刘彻晚年对楼兰政策出现重大失误。征和元年（前92），楼兰王死，欲招还在长安作人质的太子。但太子坐汉法下蚕室，遭宫刑；更立之君所遣派的太子又死于汉，于是楼兰使质于匈奴之子立为嗣君，再次采取亲匈奴政策。对质子用汉法治之，是不平等国家关系和民族政策的体现。匈奴与汉为控制出入西域的门户楼兰，针锋相对，寸土必争。①

当北迁的姑师人再度出现于史乘时，已改称"车（车古音读姑）师"了。车师各部分布在天山以北、准噶尔盆地南缘一线。车师分为前后王和"山北六国"车师都尉国、车师前后国、车师后城长国、蒲类前后国、东西且弥国、卑陆前后国等，先后出现过大小十几个国家。他们处于匈奴势力与汉帝国西域丝路北线的南北交绥地带，而且大多处于匈奴势力范围之下。征和三年（前90），刘彻命贰师将军李广利、商丘成、莽通等率大军击匈奴。

---

① 《汉书》卷九十六上《西域传》。

莽通部军至天山，对匈奴形成迂回攻击之势，匈奴引去。刘彻担心车师乘机袭击汉军马通部，遂遣成娩率楼兰等六国之兵共围车师，车师王降汉。汉军俘王及臣民而还。由于汉此时尚不能顾及车师地区防御，故撤军后其地复为匈奴控制。

4.李广利再伐大宛，终获宛马

就在李广利兵败郁成同年的夏天，浞野侯赵破奴伐匈奴的两万人马血本无归。汉廷群臣议论罢伐大宛之军，专力攻匈奴。刘彻力排众议，认为汉朝既出兵伐宛就不能轻言放弃："宛小国而不能下，则大夏之属渐轻汉，而宛善马绝不来，乌孙、轮台易苦汉使，为外国笑。"盛怒之下，刘彻杀掉主张罢伐宛军的邓光等人，下令举国备战。《汉书·张骞李广利传》记载：

> 赦囚徒扞寇盗，发恶少年及边骑，岁余而出敦煌六万人，负私从者不与。牛十万，马三万匹，驴、橐驼以万数赍粮，兵弩甚设。天下骚动，转相奉伐宛，五十余校尉。宛城中无井，汲城外流水，于是遣水工徙其城下水空以穴其城。益发戍甲卒十八万酒泉、张掖北，置居延、休屠以卫酒泉。而发天下"七科适"，及载糒给贰师，转车人徒相连属至敦煌……
>
> 于是贰师后复行，兵多，所至小国莫不迎，出食给军。至轮台，轮台不下，攻数日，屠之。自此而西，平行至宛城，兵到者三万。宛兵迎击汉兵，汉兵射败之……〔汉兵〕

决其水原……围其城，攻之四十余日。①

大宛贵人杀其王毋寡降，出宛马令汉军自择。李广利立大宛贵人昧蔡为大宛王，与盟罢兵。李广利派偏师攻郁成，郁成王亡走康居，康居献郁成王，为汉军所杀。此战役刘彻拼上了血本，近二十万人长途行军数千里，到达宛城者仅剩三万人，屠城、围城、穴城，无所不用其极。太初四年（前101）李广利终于攻破大宛，斩大宛王首，获"汗血马"来归。宛马较乌孙马更强壮。刘彻改乌孙马之名为"西极"，名大宛马曰"天马"。其后，大宛贵人杀昧蔡，立前王毋寡昆弟蝉封为王，遣子入侍汉朝，且与汉约，岁献天马二匹。

汉军击破大宛，西域震惊，大小国皆使子弟从李广利入汉贡献，因以为质。汉朝丝绸之路畅通，使者往往立功，往来不绝。刘彻派军队自敦煌以西至盐泽设置亭障，轮台、渠犁等地各有屯田卒数百人，供给护卫汉朝往来西域的使团。刘彻征西域、伐大宛的目的已经实现了。

五、再次远征匈奴，李广利丧师辱国

征匈奴与伐大宛是同一战略计划的两个相关的部分。刘彻晚年欲一举消灭匈奴，于是与伐西域同时数次派军队北征匈奴。但由于用人不当，特别是汉帝国内部政局发生变化，伐匈奴的李广利部作战不利，最后投降了匈奴。刘彻晚年用兵以失败告终，成为他为人诟病的一个话柄。

①《汉书》卷六十一《张骞李广利传》。

1. 筑"受降城"，北征匈奴

元封六年（前105），匈奴乌维单于死，乌师庐立，年少，号为"儿单于"。匈奴向西北迁徙，汉匈战略位置发生变化，"自是后，单于益西北，左方兵直云中，右方兵直酒泉、敦煌"。①刘彻派出使节，一面吊唁乌维，一面吊唁右贤王，企图运用纵横之术离间匈奴内部的关系。但前后十几次派出的使节全被匈奴人送到儿单于那里。刘彻也只得作出相应的外交反应，扣留了匈奴的使节。这年冬，匈奴遭遇大雨雪，牲畜大量死亡。"单于年少，好杀伐，国中多不安。"匈奴左大都尉欲杀儿单于，派人告知汉廷："我欲杀单于降汉，汉远，汉即来兵近我，我即发。"②刘彻得到这一消息，认为自己的纵横之术起作用了，于是决定远征匈奴。

太初元年（前104），在李广利伐大宛之前，刘彻先派出因杆将军公孙敖率军出塞北，修筑"受降城"（在阴山，今内蒙古白云鄂博以西60公里处）。这次北伐匈奴一是为了掩护李广利西征大宛的军事行动，牵制匈奴军队；二是配合匈奴左大都尉起事降汉的意图，接受匈奴的投降，把汉帝国的北部边境向北推进。李广利伐大宛失败后。太初二年（前103），刘彻派浞野侯赵破奴率汉军二万骑，出朔方，向北推进二千余里，与左大都尉约定在浚稽山会合。不料左大都尉的计划被儿单于发觉，左大都尉被杀，匈奴发兵击汉军。赵破奴军尚未抵达作战地点，就被匈奴八万骑包围。浞野侯赵破奴被擒，全军投降匈奴。匈奴乘胜进攻受降

---

① 《汉书》卷九十四上《匈奴传》。
② 《汉书》卷九十四上《匈奴传》。

城，未克，南下侵掠汉边而去。

刘彻亲自策划的这次军事行动，原以为万无一失，不想如此重大的军事机密不知何故竟然泄露了，遂导致赵破奴部全军覆没。

2.匈奴破坏西北汉塞

赵破奴军的覆灭与李广利伐大宛的失利，是刘彻前所未有过的决策失误，消耗了大量的人力、财力。因此，汉廷对伐大宛、征西域两线作战的决策发生争论。刘彻虽然杀了主张放弃伐大宛、只保留专门对付匈奴一条战线的邓光。但战争自有战争的规律，刘彻只得暂且转进攻为防御，加强西北长城要塞，以图后策。"汉使光禄徐自为出五原塞数百里，远者千里，筑城、障，列亭至卢朐，而使游击将军韩说、长平侯卫伉屯其旁，使强弩都尉路博德筑居延泽上。"①长城再度向西北延伸。居延泽北出长城，在张掖以北300多公里（今内蒙古额济纳旗附近，曾出土大量汉简）；汉军屯田戍守于西北边塞。西北塞上屯田一方面对付匈奴，一方面保护和资助"丝绸之路"的东西方商旅，为此后西北屯垦打下了基础。

匈奴对汉帝国的西北防线迫近深感受到威胁，于是"入云中、定襄、五原、朔方，杀略数千人，败数二千石而去，行坏光禄所筑亭障，又使右贤王入酒泉、张掖，略数千人"②，反复骚扰汉帝国边境。由于刘彻事先有所防范，匈奴的这类侵扰均被汉军一一击退。太初四年（前101），李广利攻破大宛。西域各国和

①《汉书》卷九十四上《匈奴传》。

②《汉书》卷九十四上《匈奴传》。

匈奴大为震惊。次年（天汉元年，前100），匈奴迫于汉军的声威，只得归还了汉朝的使节。

3.天汉、征和征匈奴的失败

天汉二年（前99）五月，李广利率三万骑出击匈奴右贤王于祁连山、天山，而使李陵率步兵五千人出居延北千余里，为偏师疑兵，分匈奴军势。匈奴以八万骑兵围击李陵，李陵的步兵机动性差，杀敌过万人，矢尽，且战且退，苦战八天，在离居延百里处被围歼。李广利寻找匈奴主力未得，还军途中为匈奴包围，大败。天汉三年（前98）春，刘彻下令倾力北征匈奴：

> 发天下"七科谪"及勇敢士，遣贰师将军李广利将六万骑、步兵七万人出朔方，因杆将军公孙敖万骑、步兵三万人出雁门，游击将军韩说步兵三万人出五原，强弩都尉路博德步兵万余人与贰师会。广利与单于战余吾水上连日，敖与左贤王战，不利，皆引还。①

汉军再次战败，公孙敖为开脱罪责，推说"捕得生口，言李陵教单于为兵以备汉军，故臣无所得"。刘彻闻言大怒，族诛李陵家。后来才知道，教匈奴为兵者名叫李绪，并非李陵。

这次北征匈奴的失败，导致了汉帝国政局的剧烈动荡，民变蜂起，引发刘彻晚年的"巫蛊案"暴乱（详本书第八章）。匈奴势力再度嚣张，控制了西域。并且连续侵扰汉帝国边境，杀略吏民。匈奴且鞮侯单于六年（太始元年，前96），匈奴设僮仆都尉

---

① 《汉书》卷六《武帝纪》。

管理西域，西域诸国再度向匈奴缴纳赋税：

> 西域诸国大率土著，有城郭、田畜，与匈奴、乌孙异俗，故皆役属匈奴。匈奴西边日逐王置僮仆都尉，使领西域。常居焉耆、危须、尉黎间，赋税诸国，取富给焉。①

"土著"就是"地著"，指西域有城郭农业的国家。太始元年，匈奴日逐王在西域设置僮仆都尉管理其事。这是刘彻北征匈奴计划破产导致的直接后果。这显然不是刘彻当初所愿意看到的。

征和二年（前91），"巫蛊案"发，长安城发生内乱，戾太子在镇压暴乱中被杀（详本书第八章）。刘彻为证明自己的决策正确，决定再度远征匈奴。征和三年（前90）三月，刘彻派遣贰师将军李广利率部远征匈奴：

> 征和三年，贰师复将七万骑出五原，击匈奴，度郅居水。兵败，降匈奴，为单于所杀。②

李广利率七万人出五原、御史大夫商丘成率三万人出西河、重合侯莽通率四万骑出酒泉，西北击匈奴。商丘成部进至浚稽山（今蒙古国乌兰巴托西偏南600公里），有所斩获；莽通部至天山，匈奴引去，迫降车师，引军还；唯有李广利败于匈奴，听说"巫

---

① 《汉书》卷九十六上《西域传》。
② 《汉书》卷六十一《张骞李广利传》。

蛊案"已经翻案，于是投降匈奴（详本书第八章）。事实证明：首先，刘彻晚年用人失误导致了远征匈奴决策的重大失误；其次，大宛超出汉帝国的势力范围实在太远，着实有鞭长莫及的感觉。这种战争，劳民伤财是必然的。董仲舒说："夫德不足以亲近，而文不足以来远，而断断以战伐为之者，此固《春秋》之所甚疾已，皆非义也。"①战争超过了国家能力的限度，战争的非正义性就以内乱的形式表现出来。此事对刘彻刺激很大，他不再为自己辩护，降《罪己诏》。

刘彻晚年征匈奴与伐西域是同一问题相互关联的两个方面：从战略角度考虑，是汉朝与匈奴都力图控制西域"丝绸之路"。但西域各国情况有所不同：或寻求更可靠的保护，依靠汉帝国从事丝路贸易；或希望垄断丝路贸易，不使汉帝国与西方的"大秦"建立直接贸易关系。匈奴企图在军事失利的情况下，对汉帝国虚与委蛇，等待反攻的时机，故对西域诸国有打有拉，军事与外交手段兼用。汉帝国针锋相对，对西域各国主要运用经济—外交手段加以羁縻，对亲匈奴之国者则予以打击，迫其范；对匈奴则以积极防御为主的强硬的军事外交手段制约之。汉匈民族仇恨和积怨太久太深，战争一经发生，就会按自己的法则运行，战争的车轮不"尽"其"势"是不会戛然而止的。汉与匈奴两大帝国的对立和对抗持续了几个世纪之久，而且引发了影响世界历史进程的"民族大迁徙"。需要补充的一点是：自武帝朝至盛唐约千年间，中国军队的战马都是宛马。西域游牧民族善马这种战略上的优势到北宋已不复存在了。这是长期起作用的因素，而并非

---

① 《春秋繁露·竹林》。

偶然的、短期的、随机的因素。①

　　战争和征服只是刘彻边疆政策和民族政策针对敌对势力的一个方面。还有另一方面，就是"大一统"的民族融合政策。刘彻对四夷诸部族的基本政策是，在承认西汉帝国宗主地位前提下，结盟、建交、交质、贡赐、通商、通婚。愿意归附汉帝国的部族，可以设置属国。刘彻身后不久，汉帝国在西域设西域都护府（宣帝神爵二年，前60），西域正式列入汉帝国的版图，成为中华多民族共同体的重要组成部分。《公羊》"大一统"除了"内诸夏而外夷狄"，"严夷夏之防"，"讥恶战"之外，也还认同民族间的文化心理融合。刘彻的边疆政策和民族政策为中华民族发展为以汉族为主体的多民族大家庭奠定了基础。汉民族之所以被称为"汉人"，是在汉武帝抵抗匈奴和打通"丝绸之路"之后出现的。②与匈奴对各部族的掳掠奴役相比，汉武帝的民族政策较有利于各民族、部族的发展，较受欢迎。此后二千多年中，汉民族与周边民族融合、团结是主流。唯其如此，中华民族才能不断扩大，不断有新的少数民族加入这个大家庭之中。民族融合凝聚力的心理机制正是来自汉武帝刘彻"亲近来远"的边疆和民族政策，进而形成了中华民族文化向心力的心理定势。

　　自武帝朝开始的抵抗匈奴的战争，拉开了欧亚大陆腹地沙漠草原地区"民族大迁徙"的序幕，改变了整个世界历史的面貌。《汉书·西域传》载：

---

　　① 详常洪、王仁波：《试评茂陵东侧出土的西汉鎏金铜马——兼论天马和现代马种的关系》，《农业考古》1987年第2期。参考本书第六章五。

　　② 贾敬颜：《"汉人"考》，《中国社会科学》1985年第6期。

> 孝武之世，图制匈奴，患其兼从西国，结党南羌，乃表河西，列四郡，开玉门，通西域，以断匈奴右臂，隔绝南羌、月氏。单于失援，由是远遁，而幕南无王庭。

汉长城构成了农耕—游牧两大生态文化区域的人工分界线，它是与中国农业民族文化心态大致相适应的界限。古罗马帝国和汉帝国是推动古代世界历史进程的两只"轮子"。公元前后几个世纪，罗马帝国东部和北部边疆上任何民族间的冲突和动荡，都与远在东方的中国北部和西北部边疆，特别是天山山脉一带民族间的关系有着密切的相关性。而最初推动这种民族动荡的"第一推动力"来自遥远东方的中国，"尽管当时汉帝国的统治者们是在无意之中作出影响全局的种种决策"，但"中国对古代世界历史的进程起到极为重要的作用"[1]。如果"历史的可能性"范畴可以成为历史学的研究领域的话，我们不妨设想：假设没有汉武帝的远征西域，历史将会变成另外一种格局——欧洲史上的"黑暗时代"将会在东方的中国出现。

---

① 详［美］弗雷德里克·J·梯加特：《罗马与中国》，人民交通出版社，1994年版，第2页。

第八章　"有亡秦之失,而免亡秦之祸"

　　武帝太初元年至后元二年（前104—前87）十七年间,是刘彻的晚年。这是武帝朝内外政策变化反复最大的时期,也是刘彻一生中历史和人生之谜最多、最难解的时期。历史往往善于与人们开玩笑:就在刘彻志得意满,以为天下太平之际,西汉帝国却进入了多事之秋。"势盛而衰,物极则反",或许正体现于此。试想,一个人无论多么强健,到了六七十岁的年纪,体力和精力都处于衰退状态,若仍要一身负天下之任,那么,出问题只是早晚而已。儒者徐乐曾经上书,指出武帝朝"亡秦之迹"已经出现:

　　　　臣闻天下之患,在于土崩,不在瓦解,古今一也。何谓土崩?秦之末世是也……民困而主不恤,下怨而上不知,俗已乱而政不修,此三者陈涉之所以为资也……间者,关东五谷数不登,年岁未复,民多穷困,重之以边境之事,推数循理而观之,民宜有不安其处者矣。不安故易动,易动者,土崩之势也。①

---

① 《汉书》卷六十四上《严朱吾丘主父徐严终王贾传·徐乐》。

刘彻只把这当作一种假设，不想晚年"土崩"终于爆发。"巫蛊之祸"生，关东民变起，朝野鼎沸，刘彻陡然惊觉，降《轮台诏》罪己悔过，改行富民政策，天下终于稳定下来。史称："有亡秦之失，而免亡秦之祸。"①

一、晚年战略决策的失误

历史的震荡必须经过沉淀，哪怕是短暂的沉淀，才能看得更全面、更准确，一个人审视自己的历史同样如此。武帝朝元封、太初后的大政方针是刘彻平生最受人诟病之处。他是否对自己的"行"也有所反思呢？

1.刘彻确曾考虑调整大政方针

太初二年（前103），丞相石庆去世，刘彻欲以公孙贺代为丞相。时丞相多坐事死，公孙贺深为恐惧。他知道，前任石庆的处境十分尴尬：

> 是时汉方南诛两越、东击朝鲜、北逐匈奴、西伐大宛，中国多事。天子巡狩海内，修上古神祠，封禅，兴礼乐。公家用少，桑弘羊等致利，王温舒之属峻法，儿宽等推文学，至九卿，更进用事，事不关决于丞相，丞相醇谨而已。在位九岁，无能有所匡言。尝欲请治上近臣所忠、九卿咸宣罪，不能服，反受其过，赎罪。②

---

① 《资治通鉴》卷二十二《汉纪十四》武帝后元二年条。
② 《史记》卷一百三《万石张叔列传》。

石庆老实谨厚,讷于机辩,这本是他得以任丞相的原因。所忠是刘彻近臣,刘彻的许多神秘主义活动都是他的主意;咸宣是有名的酷吏,武帝朝智囊人物主父偃就死在他手里。史称咸宣"治主父偃及淮南反狱,所以微文深诋杀者甚众,称为敢决疑。数废数起,为御史及中丞者几二十岁……其治米盐,事小大皆关其手"①。所谓"微文深诋",指办案从供状的字缝里找毛病,构陷涉案人以重罪;所谓"米盐",指鸡毛蒜皮之类的小事,咸宣事无大小无所不治,用法严酷。他们的所作所为与天下动乱大有关系,刘彻却将动乱的责任归罪于石庆。董仲舒的"天人感应"论试图以"天"的权威制约皇权,刘彻对"天谴"说深怀戒心,把丞相当成自己的替罪羊。武帝朝除公孙弘善终于相位外,"其后李蔡、严青翟、赵周、石庆、公孙贺、刘屈氂继踵为丞相……唯庆以醇谨,复终相位,其余尽伏诛云"。石庆最终乃因刘彻怪罪,恐惧而死。②武帝朝晚期,外朝行政事务多出自御史,诸位丞相被杀虽各事出有因,但那不过是代天子受过而已——"圣王"是不犯错误的。

从元封末年调整决策看,刘彻确曾考虑过调整大政方针。他对张汤的苛急不满,元封初汉帝国财政又呈险象。武帝欲以卜式将家产奉献于国家为榜样"教化天下",乃用卜式为御史大夫,于是"入物者补官,出货者除罪,选举陵夷,廉耻相冒,武力进用,法严令具。兴利之臣自此而始"③。卜式上言罢盐铁专卖政

---

① 《汉书》卷九十《酷吏传》。
② 《汉书》卷五十八《公孙弘卜式儿宽传》。
③ 《汉书》卷二十四下《食货志》。

策,"上由是不说式,明年当封禅,式又不习文章,贬秩为太子太傅,以兒宽代之。"①卜式不善"文饰",不懂"封禅",不合刘彻之意,在任仅年余,即改用兒宽。刘彻起用杜周为廷尉、王温舒为少府、咸宣为左内史等一批"酷吏",一度曾欲诛兒宽,②这说明,刘彻的施政与"醇儒"们在思想上有很大的距离。③刘彻在卫青临终前,向他解释自己平生所作所为,对内对外的文治武功,袒露了对"亡秦之迹"的忧虑:

> 朕不变更制度,后世无法;不出师征伐,天下不安。为此者不得不劳民。若后世又如朕所为,是袭亡秦之迹也。④

他把自己的平生事业概括为"变更制度"和"出师征伐"两件事。对物议纷纭的朝政,他要自明本志;因为戾太子对刘彻的政策持有疑议,刘彻与卫氏家族生出嫌隙,他对卫青加以安抚,作出对卫皇后和戾太子优容的姿态;表明为后代长治久安计,他仍要在有生之年继续干下去。这说明,刘彻的确已在反思,他要

---

① 《汉书》卷五十八《公孙弘卜式兒宽传》。

② 《汉书》卷三十六《楚元王传·附刘向》:"兒宽有重罪系,按道侯韩说谏曰:'前吾丘寿王死,陛下至今恨之;今杀宽,后将复大恨矣!'上感其言,遂贳宽,复用之,位至御史大夫……董仲舒坐私为灾异书……罪至不道,幸蒙不诛。"

③ 《容斋随笔·续笔·兒宽张安世》条:"《汉书》有当书之事,本传不载者。武帝时,兒宽有重罪系,按道侯韩说谏曰:'前吾丘寿王死,陛下至今恨之;今杀宽,后将复大恨矣!'上感其言,遂贳宽,复用之。"

④ 《资治通鉴》卷二十二《汉纪十四》征和二年条。

对天下作出有说服力的交代。他对自己的历史使命有比较清楚的认识，敢于承担甚易招致天下之讥的责任。他意识到为实现上述目标，可能会出现某些过失，他在自我辩解："圣王"不会偏离大道，即使有所失误，基本方向也是正确的。由此，刘彻晚年的行为就不难理解了——虽然大政方针暂时需要作某些调整，但他仍然要继续坚持下去。

2. 重用李广利，再征匈奴

太初四年（前101），汉军击破大宛后，刘彻在西域设置"使者校尉"，初屯轮台、渠黎，为继续远征作准备。他未停止汉帝国早已疲惫不堪的战车，再次向天下颁布《击匈奴诏》。《汉书·匈奴传》载其诏曰：

> 高皇帝遗朕平城之忧；高后时单于书绝悖逆。昔齐襄公复九世之仇，《春秋》大之。

"九世之仇"必复，本是氏族部落打冤家的原始遗存，被公羊家发挥为《春秋》经义，称"大复仇"。刘彻把积压心头多年的积怨化为同仇敌忾的民族大义，号召天下，凝聚人心。"大复仇"反映了游牧民族与农耕民族在文化形态方面数千年的对立和冲突。这次征讨匈奴为他生前身后招致了许多物议。

自汉伐大宛，置屯田，控制西域之后，匈奴震恐。天汉元年（前100），匈奴且鞮侯单于初立，"恐汉袭之"，诒称："汉天子，我丈人行也。"[1]尽归所扣汉使路充国等，有示弱的意思。此时汉

---

[1]《资治通鉴》卷二十一《汉纪十三》武帝天汉元年条。

朝似乎有条件与匈奴缔结有利和约。刘彻一度认为，若能就此罢兵休战，汉帝国可以维持较长时期的和平发展、恢复经济的局面。但是，当刘彻派遣中郎将苏武出使，以"厚币赂遗单于，单于益骄，礼甚倨，非汉所望也"[1]。有一种看法认为刘彻完全可以就此罢兵休战。[2]其实刘彻本人并非没有此种愿望，但由于匈奴一再负约、食言、失信而未能实现。这说明，汉匈矛盾是由实际利益和实力地位决定的，一厢情愿的政策行不通。刘彻不再相信匈奴人会讲信义，欲大兴王者之师，毕其功于一役，一举消灭匈奴的黩武心理成了决策的出发点。

刘彻误认为匈奴已经不堪一击。匈奴西迁，汉与匈奴的主战场移向祁连山、天山山脉一线。天汉年间刘彻决定再度远征匈奴。天汉二年（前99），刘彻派贰师将军李广利率三万骑出酒泉，与右贤王战于天山，斩首虏万余级。又遣公孙敖出西河。李陵将步兵五千人出居延北，与单于战，斩首虏万余级。"陵兵败，降匈奴。"这一记载与实际情况略有出入。实际情况是，赵充国以假司马从贰师击匈奴，为匈奴所围。汉军乏食数日，死伤者多。充国与壮士百余人溃围陷阵，贰师引兵随之，遂得解。赵充国身被二十余创。此战贰师军惨败，若非赵充国舍命救护，李广利早已死无葬身之地了。此战李广利率汉军主力三万骑，匈奴仅以右贤王部与之周旋；李陵仅率步卒五千人，刘彻令他押运辎重，李陵坚决请战。刘彻说："吾发军多，毋骑予女。"李陵说："臣愿

---

① 《汉书》卷九十四上《匈奴传》。

② 田余庆先生认为若刘彻此时刹车，就是一代圣君。可惜他错过了调整大政方针的时机。详《论〈轮台诏〉》，《历史研究》1985年第1期。

以少击众，步兵五千人涉单于庭。"刘彻派路博德"将兵半道迎
〔李〕陵军"。路博德"羞为陵后距"，建议暂缓出兵。刘彻"疑
陵悔不欲出，而教博德上书"①，大怒。《汉书·李陵传》载刘彻
《诏李陵》：

> 以九月发，出遮虏障，至东浚稽山南龙勒水上，徘徊观
> 虏，即亡所见，从浞野侯赵破奴故道抵受降城休士，因骑置
> 以闻。所与博德言者云何？具以书对。

刘彻怀疑李陵与路博德之间有交易。其实是他通知路博德：
"吾欲予李陵骑，〔李陵〕云欲以少击众。今虏入西河，其引兵走
西河，遮钩营之道。"②临时改变派路博德部接应计划，使李陵部
孤军无援地暴露在匈奴主力面前。李陵部以步卒五千人力敌匈奴
单于与左、右部八万精骑。路博德已被刘彻调往西河，根本没有
可能支援李陵。刘彻的部署是汉军遭到失败的主要原因。

3.司马迁罹"李陵之祸"

李陵兵败，"群臣皆罪陵"。惟司马迁对此持有异议。他在
《报任安书》中陈述此事原委，就中尤可窥见此一事件中刘彻决
策前后的内心活动：

> 陵提步卒不满五千，深践戎马之地，足历王庭，垂饵虎
> 口，横挑强胡，卬亿万之师，与单于连战十余日，所杀过

---

① 《资治通鉴》卷二十一《汉纪十三》武帝天汉元年条。

② 《汉书》卷五十四《李陵传》。

当。虏救死扶伤不给，旃裘之君长咸震怖，乃悉征左右贤王，举引弓之民，一国共攻而围之。转斗千里，矢尽道穷，救兵不至，士卒死伤如积。然李陵一呼劳军，士无不起，躬流涕，沫血饮泣，张空弮，冒白刃，北首争死敌。陵未没时，使有来报，汉公卿王侯皆奉觞上寿。后数日，陵败书闻，主上为之食不甘味，听朝不怡，大臣忧惧，不知所出。仆窃不自料其卑贱，见主上惨凄怛悼，诚欲效其款款之愚。以为李陵素与士大夫绝甘分少，能得人之死力，虽古名将不过也。身虽陷败，彼观其意，且欲得其当而报汉。事已无可奈何，其所摧败，功亦足以暴于天下。仆怀欲陈之，而未有路，适会召问，即以此指推言陵功，欲以广主上之意，塞睚眦之辞。未能尽明，明主不深晓，以为仆沮贰师，而为李陵游说，遂下于理。拳拳之忠，终不能自列，因为诬上……①

司马迁进言之际尚不知道刘彻已决心易太子。刘彻怀疑司马迁"为李陵游说，欲沮贰师"有政治目的。其实，司马迁与李陵"素非能相善"，没有任何私人关系，只是不善趋炎附势，刘彻实在过于多疑：

> 上以迁诬罔，欲沮贰师，为陵游说，下迁腐刑。久之，上悔陵无救，曰："陵当发出塞，乃诏强弩都尉令迎军，坐预诏之，得令老将（路博德）生奸诈。"乃遣使劳赐陵余军

---

① 《汉书》卷六十二《司马迁传》。

得脱者……①

尽管路博德不愿为李陵作后卫，但改变原定应援计划，派路博德出西河的却是刘彻本人。刘彻欲大用李广利，有不可推卸的责任。司马光评论此事说：

> 武帝欲侯宠姬李氏，而使广利将兵伐宛，其意以为非有功不侯，不欲负高帝之约也。夫军旅大事，国之安危、民之死生系焉。苟为不择贤愚而授之，欲徼幸咫尺之功，藉以为名而私其所爱，不若无功而侯之为愈也。然则武帝有见于封国，无见于置将；谓之能守先帝之约，臣曰过矣。②

应当说这一评论是有道理的。刘彻并未从李广利的失误中认识到自己用人不当的错误，反而在这个泥潭中越陷越深，难以自拔。然而，刘彻最重大的失误在于忽略了汉与匈奴、农耕与游牧两大民族矛盾的长期性。生存方式和文化差别是长期存在的因素，刘彻必欲在他有生之年彻底征服匈奴，缺乏持久战的思想准备，再加之用人失当，此为"庙算"之失，未战而先失胜机。

---

① 《汉书》卷五十四《李陵传》。

② 《资治通鉴》卷二十一《汉纪十三》武帝太初元年条。《通鉴》天汉二年"老将生奸诈"条下引孟康注："坐预诏博德迎陵，博德老将，出塞不至，令陵见没也。"胡三省不同意此说："余谓此说非也。帝意既悔，追思前事，以为当陵发出塞之时，方可诏博德继其后以迎陵军，乃于陵未行之时预诏之，使博德羞为陵后距，得生奸诈上奏，而遂令博德别出西河，使陵军无救也。"

二、政局动荡的多事之秋

刘彻对自己的行为曾经有过比较清醒的理性认识,但这并不能保证他始终头脑清醒,也不能保证他不犯错误。要求无任何失误,"无偏无颇"地施政是不现实的,但是重大决策的偏颇率总应该有一个"度",使决策大致不失其"中",要有一个不能逾越的"极限"。刘彻未能把握其"度"。他欲调节阴阳而又"无度",过于盲目自信,未能在社会矛盾爆发的临界点之前及时刹车。到刘彻晚年,积重难返的社会总危机终于爆发了。

1. 社会危机因素的积累

刘彻在位的五十四年,战争持续了四十余年,用兵少则数万,多时三十万人,军费动辄数十亿,军功赏赐黄金一次数十万斤;连年劳民兴役,如筑朔方用十余万众,调关东民实新秦中七十二万,征调六十万沿边屯田,"衣食皆仰给于县官"。这两项开支各"费以亿计";治黄河塞决口、兴水利开漕渠耗资巨大,仅朔方开渠一项,二三年间"费用各以巨万十数"。这类工程即使对国家有益,也耗尽了多年的积累,况且刘彻愈至晚年,耗资益甚。自元狩元年至后元二年(前122—前87)三十余年间,巡狩、祠神、封禅总计二十九次,远途巡游祭祀十三次。如元封元年出巡历时四个月,随从十八万骑,仪仗旌旗千里不绝。凡出巡,沿途郡县必须修道、献礼、迎送,耗资无数;茂陵工程达半个多世纪,耗资不计其数;刘彻赏赐神仙方士数量甚巨,如一次即赐栾大黄金十万斤;天下修建宫室楼台,大兴土木:

〔太初元年〕十二月,甲午朔,上亲禅高(蒿)里,祠后土，临勃海，将以望祀蓬莱之属，冀至殊庭焉。（注引师古曰："蓬莱，仙人之庭也。"）春，上还……于是作建章宫，度为千门万户。其东则"凤阙"，高二十余丈。其西则"唐中"，数十里虎圈。其北治大池，"渐台"高二十余丈，命曰"太液池"，中有蓬莱、方丈、瀛洲、壶梁……其南有玉堂、璧门、大鸟之属。立神明台、井干楼，度五十丈，辇道相属焉。①

总之，刘彻晚年用民过度，加之天灾频仍，加速了社会危机的爆发。

2.兵源枯竭与兵制的变化

刘彻晚年征西域，伐匈奴，常年用兵，兵源枯竭。从天汉四年（前97）远征匈奴开始，刘彻采用了秦始皇晚年用过的办法，发"七科適"从军。②还招募"勇敢士"，即选募之士，开募兵制先河，"此皆出正兵之外"③。募兵制的出现虽与频繁的对外战争需要较高军事素质的常备军有关，但也反映了经济和社会结构的变化。武帝朝后期，大量编户小农破产，兵农合一的征兵制已经趋于衰败，雇佣兵和奴隶兵却大量出现——这是一种危险的信号！这种现象说明，作为西汉帝国社会基础的编户什伍制度，现

---

① 《资治通鉴》卷二十一《汉纪十三》太初元年条。

② 《汉书》卷六《武帝纪》注，"七科適"："吏有罪一，亡命二，赘婿三，贾人四，故有市籍五，父母有市籍六，大父母有市籍七，凡七科也。"

③ 《文献通考·兵考二》。

在已经无力向国家提供兵源。社会劳动力出现了大规模商品化、奴隶化现象。这种社会结构是由不稳定的社会经济结构决定的，难以由国家长期有效地调节。

3.专用酷吏之失

刘彻相信酷吏是治国理民的有力手段。但民贫思变，思变则生乱。武帝朝后期，民遭水旱之灾，流离失所，酷吏贪官徇私枉法，豪强横行兼并，百姓破产、流亡。吏治败坏，滥用刑罚："诏狱亦益多矣。二千石系者新故相因，不减百余人。郡吏大府举之廷尉，一岁至千余章。章大者连逮证案数百，小者数十人；远者数千里，近者数百里。会狱，吏因责逐章告劾，不服，以掠笞定之。于是闻有逮证，皆亡匿。狱久者至更数赦十余岁而相告言，大氐尽诋以不道，以上廷尉及中都官，诏狱逮至六七万人，吏所增加十有余万。"[1]上有所好，下必甚焉。一味依赖苛法暴政，实为"亡秦之迹"的特征。因逮证而株连，必然多罪无辜。"尽诋以不道"者，大多属于"腹诽"一类莫须有的政治罪、言论罪、思想罪；"以掠笞定之"，大搞逼、供、信，必有大量冤、假、错案；上计虚报，贿赂公行，官吏体制、行政、执法混乱，导致社会秩序紊乱。后人批评刘彻晚年专用酷吏之失云：

> 是以天下奢侈，官乱民贫，盗贼并起，亡命者众。郡国恐伏其诛，则择便巧史书习于计簿能欺上府者，以为右职；奸轨不胜，则取勇猛能操切百姓者，以苛暴威服下者，使居大位。故亡义而有财者显于世，欺谩而善书者尊于朝，悖逆

---

① 《汉书》卷六十《杜周传》。

而勇猛者贵于官。①

往者军阵数起，用度不足，以訾征赋，常取给见民，田家又被其劳，故不齐出于南亩也。大抵逋流，皆在大家，吏正畏惮，不敢笃责。刻急细民，细民不堪，流亡远去，中家为之绝出。②

汉帝国曾一度出现过的经济和财政危机，在他的晚年再度以更大规模、更强烈、更迅猛的势头爆发出来，西汉社会矛盾极大地激化了，贫苦农民不堪汉王朝、豪强的层层盘剥，刑徒奴隶们不堪帝国苛暴的压迫，他们终于在汉家立国一百年后，以纷纷迭起的"民变"打破了刘彻的"太平盛世"之梦。

4. 民变迭起，暴力镇压

元封四年（前107）大旱，民多热死，"关东流民二百万口，无名数者四十万"，出现了有汉以来规模最大的"民溃"事件。这年，丞相石庆欲引退，上书乞骸骨，引咎辞职：

庆幸得待罪丞相，罢驽无以辅治。城郭仓库空虚，民多流亡，罪当伏斧质。上不忍致法。愿归丞相侯印，乞骸骨归，避贤者路。③

刘彻该年视察南北，部署郡国防范民变，作报石庆书曰：

---

① 《汉书》卷七十二《贡禹传》。

② 《盐铁论·未通》。

③ 《史记》卷一百三《万石张叔列传》。

间者，河水滔陆，泛滥十余郡，堤防勤劳，弗能陻塞，朕甚忧之。是故巡方州，礼嵩岳，通八神，以合宣房。济淮江，历山滨海，问百年民所疾苦。惟吏多私，征求无已。去者便，居者扰，故为流民法，以禁重赋。乃者封泰山，皇天嘉况，神物并见，朕方答气应，未能承意，是以切比闾里，知吏奸邪，委任有司，然则官旷民愁，盗贼公行。往年觐明堂，赦殊死，无禁锢，咸自新，与更始。今流民愈多，计文不改，君不绳责长吏，而请以兴徒四十万口，摇荡百姓，孤儿幼年未满十岁，无罪而坐率。朕失望焉。今君上书言仓库城郭不充实，民多贫，盗贼众，请入粟为庶人。夫怀知民贫而请益赋，动危之而辞位，欲安归难乎？君其反室。[1]

刘彻这篇报书措辞尖锐峭薄，语气严厉。批评石庆以流民"无名数"者为徒奴之策虽有保护编户齐民之意，但造成失误的根本原因分明在自己，石庆不过代天子受过而已。刘彻认为问题出于郡国吏治不靖，"惟吏多私"，贪官污吏横行，应当"绳责长吏"。元封五年初置刺史，监察十三部州郡国。

元封四年的这场危机算是暂时渡了过去，但是更大的动乱还在酝酿着。天汉二年（前99），刘彻发动了新一轮对匈奴的征伐。从军事上看，匈奴此际并无大举南下的实力和可能，刘彻完全可以恢复经济，发展生产，休养生息。但为了一举消灭匈奴，支持

---

[1]《汉书》卷四十六《万石卫直周张传》。

战争,刘彻不惜动用酷吏。"上以法制御下,好尊用酷吏,而郡、国二千石为治者大抵多酷暴,吏民益轻犯法"①。百姓对暴政的态度由容忍,而忍耐,而逃避,直至"中家"的利益受到侵害,小农破产之时,民变便如火山一般迸发出来。

武帝朝"民变"主要分散在关东地区,尤其是黄河下游的黄泛区,农民的反抗和斗争最激烈。东郡是阶级矛盾最尖锐的地区,民变首先起于东郡。时"军旅数发,年岁不熟,多盗贼"。常有"民变"发生。当年吾丘寿王奉诏出任东郡都尉,并身兼郡守之职。因镇压"民变"不力,刘彻曾切责:"子在朕前之时,知略辐凑,以为天下少双,海内寡二。及至连十余城之守,任四千石之重,职事并废,盗贼纵横,甚不称在前时,何也?"②他对吾丘寿王治东郡心慈手软深恶痛绝。从镇压东郡民变中刘彻深感对乱民犯上只有坚决镇压,决不能手软。天汉二年(前99)民变规模更大:

> 南阳有梅免、百政,楚有段中、杜少,齐有徐勃,燕赵之间有坚卢、范主之属。大群至数千人,擅自号,攻城邑,取库兵,释死罪,缚辱郡守都尉,杀二千石,为檄告县趣具食;小群以百数,掠卤乡里者不可称数。③

刘彻下令对"乱民"采取铁血镇压政策,并遣使者暴胜之等

---

① 《资治通鉴》卷二十二《汉纪十四》天汉二年条。
② 《汉书》卷六十四上《严朱吾丘主父徐严终王贾传》。
③ 《汉书》卷九十《酷吏列传》。

赴各地镇压。暴胜之奏杀二千石、诛千石以下，及与"暴民"交通饮食连及者，大郡至万人。王贺因"不杀人"，以奉使不称职免官。天汉二年十一月，刘彻诏关都尉，下令严防关东"群盗"："今豪杰多远交，依东方群盗，其谨察出入者。"刘彻相继派御史中丞、丞相长史到各郡县严加督察，又派光禄大夫范昆、诸部都尉及原九卿张德等，以虎符发兵分头围剿。这些钦差大臣，持节符，握专杀之权，所到郡县，立即处死剿杀"暴民"不力的州、郡、县官吏，曾经供应过起义军饮食的群众也大批被杀。在历时数年仍无法肃清各地民变的情况下，刘彻颁行实施了更为严酷的沉命法①：

> 群盗起不发觉，发觉而弗捕满品者，二千石以下至小吏主者皆死。

沉命法规定，凡不能及时发现民变或发现而捕剿不力，自二千石以下至一般小吏都要被处死。地方官吏惧罪畏诛，"有盗贼弗敢发"，"盗贼"益多；即使暂被镇压，"散卒失亡，复聚党阻山川，往往而群，无可奈何"。严酷的现实迫使刘彻冷静反思，自己已经踏上"亡秦之迹"的覆辙了！

晚年的刘彻，未能有效地化解朝野内外上下的各种矛盾，反而使之日趋激化，呈现为外部的冲突和对抗。而这种冲突和对抗又反过来激化了皇权统治集团内部的矛盾，诱发了政治危机。

---

① 《汉书》卷九十《酷吏列传》。应劭注曰："沈，没也。敢蔽匿盗贼者，没其命也。"

三、刘彻晚年何以易太子

刘彻在太子问题上几经反复。他早年无子，元朔元年（前128），卫子夫生子刘据，立为皇后。七年后刘据立为太子。卫氏显贵，卫青一门四人封侯。卫子夫姐夫公孙贺也以车骑将军封侯。但刘彻晚年对卫太子的不满和怀疑，除政策歧见、卫氏色衰爱弛外，景帝易太子的教训也起了某种作用。

1.钩弋夫人入宫

太始三年（前94），刘彻六十二岁。一次巡狩过河间，望气者言此间有奇女，召之。"既至，女两手皆拳，上自披之，手即时伸。由是得幸，号曰'拳夫人'。"刘彻之好奇早已人所共知。"巧遇奇女"不过是"望气"者内外勾通的骗术。拳夫人"其父坐法宫刑，为中黄门"，熟知汉宫廷秘事和刘彻的心理特点。"两手皆拳"不过是以"奇"邀宠之智。自卫氏得宠以来，民间早就有歌谣流传："生男无喜，生女无怒。独不见卫子夫霸天下。"足见世间欲进美女以邀富贵者大有人在。新贵入宫不久，宫廷政治遂出现了各种微妙的变化。据《汉书·外戚传》记载：

> 拳夫人进为倢伃，居钩弋宫，大有宠，太始三年生昭帝，号"钩弋子"。任身十四月乃生。上曰："闻昔尧十四月而生，今钩弋亦然。"乃命其所生门曰"尧母门"。后卫太子败，而燕王旦、广陵王胥多过失，宠姬王夫人男齐怀王、李夫人男昌邑哀王皆蚤薨，钩弋子年五六岁，壮大多知，上常言"类我"，又感其生与众异，甚奇爱之，心欲立焉。以其

> 年稚母少，恐女主颛恣乱国家，犹与久之。

刘彻在易太子问题上之所以"犹与久之"，实乃担心自己身后"女主专恣"而已。吕后、窦后、母亲王皇后的所作所为，给他留下的印象太深刻了。如何解决这一难题成了刘彻晚年的一块心病。

2.刘彻与卫太子关系的变化

刘彻何以产生易太子的念头是一个难解之谜。起初，刘彻不但没有易太子之意，而且还有意培养太子的施政本领。易太子之心是积渐而生的：

> 初，上年二十九乃生戾太子，甚爱之。及长，性仁恕温谨，上嫌其材能少，不类己；而所幸王夫人生子闳，李姬生子旦、胥，李夫人生子髆，皇后、太子宠浸衰，常有不自安之意。上觉之，谓大将军青曰："汉家庶事草创，加四夷侵陵中国，朕不变更制度，后世无法；不出师征伐，天下不安；为此者不得不劳民。若后世又如朕所为，是袭亡秦之迹也。太子敦重好静，必能安天下，不使朕忧。欲求守文之主，安有贤于太子者乎！闻皇后与太子有不安之意，岂有之邪？可以意晓之。"大将军顿首谢。皇后闻之，脱簪请罪。太子每谏征伐四夷，上笑曰："吾当其劳，以逸遗汝，不亦可乎！"
>
> 上每行幸，常以后事付太子，宫内付皇后；有所平决，还，白其最，上亦无异，有时不省也。上用法严，多任深刻

吏;太子宽厚,多所平反,虽得百姓心,而用法大臣皆不
悦。皇后恐久获罪,每戒太子,宜留取上意,不应擅有所纵
舍。上闻之,是太子而非皇后。群臣宽厚长者皆附太子,而
深酷用法者皆毁之;邪臣多党与,故太子誉少而毁多。卫青
薨,臣下无复外家为据,竞欲构太子。①

刘据思想、性格、风格与其父迥然不同,但这未必足以造成
更严重的后果。刘彻往往"是太子而非皇后",说明他有意鼓励
太子独立思考,培养其是非判断能力。刘彻甚至为太子设立了博
望苑,"使通宾客,从其所好,故多以异端进者"②。卫太子好
《穀梁》,不好《公羊》。辐凑于卫太子周围的"异端",有不少仕
途不遑之徒,非议刘彻路线和主张,如经古文学派的儒生。太子
地位与许多人政治生命相关,他们无不在作心照不宣的政治投
资。人们意识到武帝朝终究会成为历史。在他们看来,奉迎刘彻
好大喜功政策的"兴利""用法"之臣,大多是政治暴发户。反
之,这批人对卫太子上台抱着既仇视又畏惧的心理,冀望刘彻父
子间矛盾激化;朝臣中的"稳健派"希望刘彻因政策失误而改弦
易辙,只要保住卫太子嗣君地位,他们在新朝的地位就有了保
障;卫太子的兄弟们,齐怀王刘闳、燕剌王刘旦、广陵王刘胥、
昌邑王刘髆乃至刘弗陵家族势力,都不希望卫太子的嗣君地位固
定下来。总之,随着刘彻逐渐年迈多病,皇权的继承问题愈来愈
敏感,一场政治风暴不可避免地来到了。

① 《资治通鉴》卷二十二《汉纪十四》武帝征和二年条。
② 《汉书》卷六十三《武五子传·戾太子刘据》。

3.陷入"老人政治"怪圈

倘若刘彻晚年没有重大失误，卫太子或许能按部就班地完成权力交替。不幸刘彻晚年铸成大错，天下之乱几乎一发不可收拾，反证了卫太子对父亲政策批评的正确性，一向以"圣主"自诩的刘彻自觉颜面扫地。太子则成了政治反对派实际上的旗帜，这是刘彻心理上不能容忍的。父子之间渐生疑窦。政客们最善于捕捉这类政治间隙，这里有他们纵横捭阖赖以谋生的空间。刘彻对戾太子的姿态渐成作戏，政客们识破玄机，以卫青已故益轻卫氏。皇权周围的生态环境、政治空气发生显著变化。《资治通鉴》卷二十二载：

> 上与诸子疏，皇后希得见。太子尝谒皇后，移日乃出。黄门苏文告上曰："太子与宫人戏。"上益太子宫人满二百人。太子后知之，心衔文。文与小黄门常融、王弼等常微伺太子过，辄增加白之。皇后切齿，使太子白诛文等。太子曰："第勿为过，何畏文等！上聪明，不信邪佞，不足忧也！"上尝小不平，使常融召太子，融言"太子有喜色"，上嘿然。及太子至，上察其貌，有涕泣处，而伴语笑，上怪之；更微问，知其情，乃诛融。皇后亦善自防闲，避嫌疑，虽久无宠，尚被礼遇。

何谓"察"？何谓"微伺"？何谓"防闲"？父子的礼数依旧，感情已经冷却了。卫后、太子失宠，礼遇与冷遇相距不远。刘彻陷入了老人政治的怪圈。天汉二年（前99），刘彻为挽回李广利伐大宛失利的面子，封匈奴降王成娩为开陵侯，令他将所部与楼兰兵共击车师。刘彻再度失算，成娩为匈奴右贤王援军所破。天汉三年（前98），匈奴再入雁门。天汉四年（前97），刘彻发天下"七科適"及勇敢士，命李广利等率步骑二十万分三路大举远征匈奴。不料李广利再次失利。刘彻派公孙敖率部接应李陵，与匈奴左贤王战，无功而返。公孙敖畏罪，说"捕得生口，言李陵教单于为兵，以备汉军"。于是刘彻族诛李陵。其实，教单于备汉者是汉降将李绪，不是李陵。汉军一再损兵折将，刘彻如何面对一再劝谏勿启战端的卫太子呢？

"恼羞成怒"在心理学上是指因辱而羞，由羞而怒的心态转化机制，也叫一种心理"投射"，即为自己的积怒寻找一个可以发泄的方向。李陵的家族、卫太子刘据和卫氏家族都成了刘彻倾泄愤怒的对象。

太始二年（前95）刘彻巡边，经回中道，斩诸郡县守令长。此后连年出巡：太始三年东巡；四年东巡封泰山，年底又西巡……频繁程度大大超过往年，带有焦虑、狂躁的迹象。刘彻的精神试图冲破肉躯，摆脱世俗的困扰，欲超越宿命的安排，追求精神解脱。一切终归无效——升仙的所有努力都证明"无验"。人终必死，皇权怎样继承？怎样处置太子？他一生做了两件事：一是"变更制度"，二是"征伐四夷"。刘彻不仅意识到自己的历史使命，并且相当成功地完成了它们，平庸之辈是不可企及的，但伟大也能变成一种枷锁：刘彻追求不朽，他要为自己建立永恒的金字塔，不能容忍拘俗庸儒们糟蹋自己的一世英名，不容任何人遮盖自己的光辉，哪怕是儿子。

刘彻怎样走出这个精神怪圈呢？像父亲景帝那样易太子？他未期许其他任何一个儿子。太始三年（前94），赵婕好（钩弋）生皇子刘弗陵。刘彻把她居住的宫之门改为"尧母门"，以示对少子之爱。既然把赵婕好与尧母相比，刘弗陵自然成了当今的"帝尧"。尧在经典中被塑造成"垂拱南面而天下治"的无为之君形象，这或许是刘彻对身后大政方针的期望所在。刘彻多次表示刘弗陵"类我"，"心欲立焉"，向朝野发出了易太子的信号。

四、"巫蛊之祸"真相大白

武帝晚年发生了"巫蛊之祸"。"巫蛊"是巫师制作偶像，诅咒加祸于人的巫术。刘彻当年曾因"巫蛊案"废黜了陈皇后，同一惨剧在他晚年再一次发生了。"巫蛊之祸"最初是由北军"军费案"引发的。

1. 北军"军费案"

刘彻晚年的多疑因征和元年（前92）的一次意外事件加重了。时刘彻深居建章宫，忽见一人带剑入宫。遂命"大索，无所得"。不知是刘彻一时精神恍惚，还是有人特意为之。这使刘彻对久已怀疑之事有所惊悟：若有人行刺，后果将对谁有利？最可能的是迫不及待要接班的卫太子。风吹草动，事必有因，宫廷阴谋又接近了燃点。刘彻由于身心状况不佳，尤为多疑。刘彻身患疾病牵动了各派政治势力敏感的神经，他判断，有人要下手了。当断不断，必受其乱，刘彻要先发制人。

事变由北军整顿引出。北军是中央军主力，存有大量金钱物资。时江充任绣衣使者，督三辅盗贼，禁察逾侈，"逮名近臣侍中诸当诣北军者，移劾门卫，禁止无令得出入宫殿。于是贵戚子弟惶恐，皆见上叩头求哀，愿得入钱赎罪。上许之，令各以秩次输钱北军，凡数千万"。江充素以"奉法不阿"得到刘彻赏识，胆子更大了。①在市场经济冲击下，北军人皆思利，战斗力下降，作战常遭败绩。对此，刘彻已有所觉察。天汉中，北军穿军垣（营壁）以为贾区（市场）。部将胡建擅斩北军监军，上书反映北军经商情节性质严重。刘彻抓住此事为典型，从严治理军风军纪。他制书报胡建曰：

> 《司马法》曰："国容不入军，军容不入国"，何文吏也？三王或誓于军中，欲民先成其虑也；或誓于军门之外，欲民先意以待事也；或将交刃而誓，致民志也。建又何疑焉？②

刘彻肯定了胡建斩监军之举。征和元年（前92），公孙贺之子公孙敬声透支北军军费案被揭露。属于卫氏集团的公孙贺调离军职，改任外朝丞相。他哀叹："我从是殆矣！"公孙贺知道灾难降临。征和二年（前91）春，刘彻分丞相为左、右二府，分其职权，颁诏切责公孙贺：

> 故丞相贺倚旧故乘高势而为邪，兴美田以利子弟宾客，不顾元元，无益边谷，货赂上流，朕忍之久矣。终不自革，乃以边为援，使内郡自省作车，又令耕者自转，以困农烦扰畜者，重马伤耗，武备衰减，下吏妄赋，百姓流亡；又诈为

---

① 《汉书》卷四十五《蒯伍江息夫传·江充》。
② 《汉书》卷六十七《杨胡朱梅云传·胡建》。

诏书，以奸传朱安世狱，已正于理。其以涿郡太守屈氂为左丞相，分丞相长史为两府，以待天下远方之选。夫亲亲任贤，周唐之道也，以澎户二千二百封左丞相（刘屈氂）为澎侯。①

公孙贺属卫氏外戚集团，他的夫人卫君孺是卫皇后之姊。时汉廷正追捕阳陵大侠朱安世，公孙贺便自请逐捕朱安世以赎子罪。朱安世被捕后，反咬一口，上书告发公孙敬声与卫后之女阳石公主私通，并以"巫蛊"诅汉武帝。

征和二年（前91），公孙贺族诛，牵连卫氏家族，株连及于卫后之女阳石公主、诸邑公主，内侄卫伉（卫青之子），皆以"巫蛊"诅咒武帝之罪遭杀身之祸。"巫蛊案"全面拉开帷幕。

2. 江充与"巫蛊案"

刘彻晚年，神巫聚于京师，以邪道惑众。胡巫往来宫中，教宫人埋木人祭祀，除邪免灾，引发宫廷斗争。"巫蛊之祸"起自朱安世，成于江充。江充原为赵敬肃王门客，因与赵太子丹不和，逃往长安，告发太子丹隐私。刘彻以江充为谒者，又拜直指绣衣使者，督察三辅治安及贵戚近臣逾侈者。史称"武帝末，卫后宠衰，江充用事，充与太子及卫氏有隙"。何为"有隙"？其实是江充窥得刘彻有易太子之意，有意寻隙邀宠。一日，江充随刘彻去甘泉宫，见太子家吏驱车行驰道中，当即扣留其车马。卫太子派人请求宽假，江充不听，上奏刘彻。江充由此更得到刘彻的

---

① 《汉书》卷六十六《公孙刘田王杨蔡陈郑·刘屈氂》。

宠信,威震京师。①刘彻废嫡立庶之意更趋明朗化,卫皇后和太子刘据的地位动摇。

自刺客带剑入宫案、公孙贺案后,刘彻精神恍惚不定,总觉得有人在暗中作怪,想追查清楚。这使江充有机会上下其手:

> 是时,方士及诸神巫多聚京师,率皆左道惑众,变幻无所不为。女巫往来宫中,教美人度厄,每屋辄埋木人祭祀之;因妒忌恚詈,更相告讦,以为祝诅上,无道。上怒,所杀后宫延及大臣,死者数百人。上心既以为疑,尝昼寝,梦木人数千持杖欲击上,上惊寤,因是体不平,遂苦忽忽善忘(脑血管病变症状,笔者注)。江充自以与太子及卫氏有隙,见上年老,恐晏驾后为太子所诛,因是为奸,言上疾祟在巫蛊。于是上以充为使者治巫蛊狱。充将胡巫掘地求偶人,捕蛊及夜祠、视鬼,染污令有处,辄收捕验治,烧铁钳灼,强服之。民转相诬以巫蛊,吏辄劾以为大逆无道,自京师、三辅连及郡、国,坐而死者前后数万人。②

刘彻一度病得不轻,能否正常思维已成问题:健忘反自以为明察、多疑反又轻信小人、本应心境平和情绪反而更易波动,易怒、易变,欲长寿、成仙均不可得,又常为身后之事担忧,高居尊位,不能洞察朝野暗中政治斗争的确切消息,老人政治险象环

---

① 《汉书》卷四十五《蒯伍江息夫传·江充》。
② 《资治通鉴》卷二十二《汉纪十四》武帝征和二年条。

生。刘彻对卫太子的怀疑既有生理因素，也有对吕氏、窦氏、王氏外戚干政的回忆，形成反复困扰其内心的情结：

> 是时，上春秋高，疑左右皆为蛊祝诅；有与无，莫敢讼其冤者。充既知上意，因胡巫檀何言："宫中有蛊气；不除之，上终不差。"上乃使充入宫，至省中，坏御座，掘地求蛊；又使按道侯韩说、御史章赣、黄门苏文等助充。充先治后宫希幸夫人，以次及皇后、太子宫，掘地纵横，太子、皇后无复施床处。充云："于太子宫得木人尤多，又有帛书，所言不道，当奏闻。"太子惧，问少傅石德。德惧为师傅并诛，因谓太子曰："前丞相父子、两公主及卫氏皆坐此，今巫与使者掘地得征验，不知巫置之邪，将实有也，无以自明。可矫以节收捕充等系狱，穷治其奸诈。且上疾在甘泉，皇后及家吏请问皆不报；上存亡未可知，而奸臣如此，太子将不念秦扶苏事邪！"太子曰："吾人子，安得擅诛！不如归谢，幸得无罪。"太子将往之甘泉，而江充持太子甚急；太子计不知所出，遂从石德计。秋七月，壬午，太子使客诈为使者，收捕充等；按道侯〔韩〕说疑使者有诈，不肯受诏，客格杀说。太子自临斩充，骂曰："赵虏！前乱乃（赵）国王父子不足邪！乃复乱吾父子也！"又炙胡巫上林中。①

卫太子身边虽有"异端"人物上下活动，不无可疑之处，但

---

① 《资治通鉴》卷二十二《汉纪十四》武帝征和二年条。

终无实据。在政治上，纠集于卫太子门下的那些"异端"，主要是经古文学派之辈。他们与太子之事有无关联？没查出明显证据，但异端思潮总是有的。什么是"异端"？就是不同于主流派的思潮，在武帝朝后期主要是不得跻身太学的经古文学派。他们对今文经学占统治地位不满，卫太子是最合适的政治代理人。联系到当年的"六七之厄"谶言一事，更加深了刘彻的疑窦。

从种种迹象看，卫太子初无反意，只想向父亲当面澄清事实。太傅石德鉴于公孙贺父子的教训，力主先逮捕江充，追查其阴谋诬陷之罪。江充咄咄逼人，刘据计无所出，只好按石德的主意收捕江充，杀了这个靠告密起家的政治暴发户。箭在弦上，不得不发，刘据连夜派人禀告卫皇后，下令发车马装运武库兵器，调集长乐宫卫士，以防不测。

3.京师长安发生暴乱，卫太子被杀

江充被杀后，其党逃归甘泉宫，诬称太子叛乱。刘彻令丞相刘屈氂发兵镇压；又赶到建章宫，诏发三辅近县之兵围捕。双方在长安城内混战五天，死亡数万人，刘据兵败，逃出长安。刘彻下令收皇后玺绶，卫子夫自杀：

> 太子使舍人无且持节夜入未央宫殿长秋门，因长御倚华具白皇后，发中厩车载射士，出武库兵，发长乐宫卫卒。长安扰乱，言太子反。苏文进走，得亡归甘泉，说太子无状。上曰："太子必惧，又忿充等，故有此变。"乃使使召太子，使者不敢进，归报云："太子反已成，欲斩臣，臣逃归。"上大怒。丞相屈氂闻变，挺身逃，亡其印绶，使长史乘疾置以

闻。上问："丞相何为？"对曰："丞相秘之，未敢发兵。"上
怒曰："事籍籍如此，何谓秘也！丞相无周公之风矣，周公
不诛管、蔡乎！"乃赐丞相玺书曰："捕斩反者，自有赏罚。
以牛车为橹，毋接短兵，多杀伤士众！坚闭城门，毋令反者
得出！"太子宣言告令百官云："帝在甘泉病困，疑有变；奸
臣欲作乱。"上于是从甘泉来，幸城西建章宫，诏发三辅近
县兵，部中二千石以下，丞相兼将之。太子亦遣使者矫制赦
长安中都官囚徒，命少傅石德及宾客张光等分将；使长安囚
如侯持节发长水及宣曲胡骑，皆以装会。侍郎马通使长安，
因追捕如侯，告胡人曰："节有诈，勿听也！"遂斩如侯，引
骑入长安；又发楫棹士以予大鸿胪商丘成。初，汉节纯赤；
以太子持赤节，故更为黄旄加上以相别。①

表面看来，刘彻父子间并无根本冲突，诸多误会皆小人拨乱
其间促成的。但实际上，刘彻担心卫子夫在他身后扮演吕、窦角
色乃是主要动因。刘彻既创造外戚干预政治的条件，又欲消灭外
戚政治，这显然是自相矛盾的。在权力私有化时代，这类矛盾不
可能有根本解决的出路。宫廷阴谋政治的血腥残酷令正常人难以
理解。许多人横罹不虞之灾，任安、田仁、暴胜之等皆在刘彻的
盛怒之下罹祸于"巫蛊之难"。长安城顷刻间变成了战场、屠场：

　　太子立车北军南门外，召护北军使者任安，与节，令发

----

① 《资治通鉴》卷二十二《汉纪十四》武帝征和二年条。

兵。安拜受节；入，闭门不出。太子引兵去，驱四市人，凡数万众，至长乐西阙下，逢丞相军，合战五日，死者数万人，血流入沟中。民间皆云"太子反"，以故众不附太子，丞相附兵浸多。

庚寅，太子兵败，南奔覆盎城门。司直田仁部闭城门，以为太子父子之亲，不欲急之；太子由是得出亡。丞相欲斩仁，御史大夫暴胜之谓丞相曰："司直，吏二千石，当先请，奈何擅斩之！"丞相释仁。上闻而大怒，下吏责问御史大夫曰："司直纵反者，丞相斩之，法也；大夫何以擅止之？"胜之惶恐，自杀。诏遣宗正刘长、执金吾刘敢奉策收皇后玺绶，后自杀。上以为任安老吏，见兵事起，欲坐观成败，见胜者合从之，有两心，与田仁皆要斩。上以马通获如侯，长安男子景建从通获石德，商丘成力战获张光，封通为重合侯，建为德侯，成为秺侯。诸太子宾客尝出入宫门，皆坐诛；其随太子发兵，以反法族；吏士劫略者皆徙敦煌郡。以太子在外，始置屯兵长安诸城门。①

刘据逃至湖县泉鸠里（今河南灵宝阳平）民居。不久即被发觉，新安令史李寿、山阳人张富昌围捕太子，刘据自杀，二子同时罹难：

太子亡，东至湖，藏匿泉鸠里；主人家贫，常卖屦以给

---

① 《资治通鉴》卷二十二《汉纪十四》武帝征和二年条。

太子。太子有故人在湖，闻其富赡，使人呼之而发觉。八月，辛亥，吏围捕太子。太子自度不得脱，即入室距户自经。山阳男子张富昌为卒，足蹋开户，新安令史李寿趋抱解太子，主人公遂格斗死，皇孙二人并皆遇害。上既伤太子，乃封李寿为邗侯，张富昌为题侯。①

"巫蛊之案"所引发的大屠杀就此告一段落。然而事情远未结束。

4."巫蛊之祸"的结局

宫廷内乱虽然平息下来，但此事对刘彻的刺激和打击却给他留下了严重的心理创伤——在号称"以孝治天下"的泱泱大国中，在自诩为"圣王"的至高无上权威的统治下，竟在光天化日之下闹出这种惨剧，真所谓"事籍籍如此，何谓秘也！"如何告白于天下？壶关长老令狐茂为刘彻排忧解纷，开导了一番："江充，布衣之人，闾阎之隶臣耳；陛下显而用之，衔至尊之命以迫蹴皇太子，造饰奸诈，群邪错谬，是以亲戚之路鬲塞而不通。太子进则不得上见，退则困于乱臣，独冤结而亡告，不忍忿忿之心，起而杀充，恐惧逋逃，子盗父兵以救难自免耳，臣窃以为无邪心……往者江充谗杀赵太子，天下莫不闻，其罪固宜。陛下不省察，深过太子，发盛怒，举大兵而求之，三公自将，智者不敢

---

① 《资治通鉴》卷二十二《汉纪十四》武帝征和二年条。《汉书》卷六十三《武五子传·戾太子刘据》载，征和二年八月，刘彻下诏："盖行疑赏，所以申信也。其封李寿为邗侯，张富昌为题侯。"刘彻称此为"疑赏"，后终斩之。

言，辩士不敢说，臣窃痛之！……唯陛下宽心慰意，少察所亲，毋患太子之非，亟罢甲兵，无令太子久亡！"史言"书奏，天子感寤"，然尚未敢显言赦之也。①宋人洪迈评论"巫蛊之祸"曰：

> 汉世巫蛊之祸，虽起于江充，然事会之来，盖有不可晓者……是时帝春秋已高，忍而好杀，李陵所谓法令无常，大臣无罪夷灭者数十家……祸之所被，以妻则卫皇后，以子则戾园，以兄子则屈氂，以女则诸邑、阳石公主，以妇则史良娣，以孙则史皇孙。骨肉之酷如此，岂复顾他人哉！且两公主实卫后所生，太子未败数月前皆已下狱诛死，则其母与兄岂有全理？固不待于江充之谮也。②

刘彻之所以"未敢显言"，盖因酿此大祸者就是自己，种种难言之隐，又向谁说呢？心亏理屈，很难直面朝野上下。

经事后调查，"巫蛊案"多不实。壶关三老令狐茂、高寝郎官车千秋先后上书为刘据申冤。刘彻颇有感悟，遂拜车千秋为大鸿胪，诏令夷灭江充三族，其党羽苏文在渭桥烧死。在泉鸠里捕杀太子封侯升官者先后族灭。

"巫蛊之祸"之所以发生，有外戚政治介入的复杂政治背景：丞相刘屈氂与李广利是儿女亲家，李广利女嫁刘屈氂子。李广利姊是已故的李夫人。刘屈氂与卫太子死战，意在除卫太子而代以昌邑王刘髆为太子。"巫蛊案"被杀者除卫太子刘据外皆卫氏家

---

①《汉书》卷六十三《武五子传·戾太子刘据》。

②洪迈《容斋续笔·汉世之祸》。

族，祸及卫后及子、女、媳、孙。卫后二女诸邑、阳石公主，皆于征和二年（前91）死在公孙贺案中。而公孙贺一案是"巫蛊案"的前奏。此外还株连其姊卫君孺（公孙贺之妻）、弟子卫伉，另外还牵及刘彻的外孙曹宗[①]。显然，这场惨剧的性质是有预谋、有计划的宫廷政变，目的是由刘髆取代卫太子刘据，夺取皇权。

征和三年（前90），"巫蛊案"有了新的进展。

征和二年（前91），匈奴乘汉廷发生内乱，大军攻入上谷、五原，杀掠吏民；次年再入五原、酒泉。试图内外配合，一举击溃汉帝国。这年三月，刘彻命李广利等率大军进击匈奴。李广利与刘屈氂阴谋立嗣：

> 贰师将军李广利将兵出击匈奴，丞相（刘屈氂）为祖道，送至渭桥，与广利辞决。广利曰："愿君侯早请昌邑王为太子。如立为帝，君侯长何忧乎？"屈氂许诺。昌邑王者，贰师将军女弟李夫人子也。贰师女为屈氂子妻，故共欲立焉。是时治巫蛊狱急，内者令郭穰告丞相夫人以丞相数有谴，使巫祠社，祝诅主上，有恶言，及与贰师共祷祠，欲令昌邑王为帝。有司奏请案验，罪至大逆不道。[②]

---

① 《史记》卷五十四《曹相国世家》：〔曹参玄孙曹〕襄尚卫长公主，生子宗。"宗代侯，征和二年中，宗坐太子死"。《史记》卷四十九《外戚世家》及《索隐》：卫皇后生三女，诸邑、阳石之外，尚有卫长公主，即卫太子姊，曹襄之妻，曹宗之母。故《汉书·外戚传》曰：巫蛊狱兴，"卫氏悉灭"。

② 《汉书》卷六十六《刘屈氂传》。

六月，内者令郭穰向刘彻密报：刘屈氂夫人用巫蛊诅咒刘彻，丞相刘屈氂与李广利相约，一旦刘彻去世，则立昌邑王刘髆为帝。刘髆是李广利的外甥，李广利与刘屈氂又是姻亲。刘彻闻讯大怒，随即腰斩刘屈氂，收系李广利之妻。时李广利将兵在外，闻讯即向匈奴投降。不久，莽何罗谋刺案发。事情真相大白于天下，终于为"巫蛊之祸"画上了一个句号：

> 初，莽何罗与江充相善，及充败卫太子，何罗弟通用诛太子时力战得封。后上知太子冤，乃夷灭充宗族党与。何罗兄弟惧及，遂谋为逆。日磾视其志意有非常，心疑之，阴独察其动静，与俱上下。[1]

莽何罗实为江充党羽。谋刺事件不过是"巫蛊案"的余波。莽何罗为金日磾捕获。至此，江充及其余党酝酿的又一场内乱，最终因阴谋败露而被平息了下来。

五、降"哀痛之诏"以罪己

"袭亡秦之迹"是西汉统治集团念念不忘的大问题。"巫蛊之祸"后，刘彻把自己的行为与"亡秦之迹"相联系，对晚年的自己作了自我否定。

1.深悔征伐之事，罢黜方术之士

刘彻晚年"深悔征伐之事"，转而注重农业生产，减轻农民负担。征和三年（前90）他已六十六岁。"巫蛊案"真相大白。

---

[1]《汉书》卷六十八《金日磾传》。

车千秋上书为卫太子讼冤："子弄父兵，罪当笞。天子之子，过误杀人，当何罪哉！臣尝梦见一白头翁教臣言"，欲神其事。[①]刘彻任千秋为大鸿胪，族灭江充，作"思子宫"，报车千秋，痛悔巫蛊之事：

> 朕之不德，自左丞相与贰师阴谋逆乱，巫蛊之祸流及士大夫。朕日一食者累月。乃何乐之听？痛士大夫常在心，既事不咎。虽然，巫蛊始发，诏丞相、御史督二千石求捕，廷尉治，未闻九卿廷尉有所鞫也。曩者，江充先治甘泉宫人，转至未央椒房，以及敬声之畴、李禹之属谋入匈奴，有司无所发。今丞相亲掘兰台蛊验，所明知也。至今余巫颇脱不止，阴贼侵身，远近为蛊，朕愧之甚，何寿之有？[②]

所谓"余巫颇脱不止"，说此事与"胡巫"李禹等的阴谋有关。刘彻答书乃言"何乐之听"，"朕愧之甚，何寿之有"，总算表示了悔过。征和四年（前89）正月，刘彻巡狩至东莱，仍欲浮海求神山，不得。三月，亲耕钜定，已有劝农之意；还至泰山修封，车千秋进谏："方士言神仙者甚众，而无显功，臣请皆罢斥遣之！"刘彻"深悔已往之非"，下令悉罢方术之士。此后刘彻每对群臣自叹："曩时愚惑，为方士所欺。天下岂有仙人，尽妖妄耳！节食服药，差可少病而已。"[③]刘彻终于大彻大悟，任车千秋

---

① 《汉书》卷六十六《车千秋传》。
② 《汉书》卷六十六《车千秋传》。
③ 《说郛三种》一百卷本卷五十二引《汉孝武故事》。

为丞相，封"富民侯"，"以明休息，思富养民"，并明令："方今之务，在于力农。"

2. 罢屯田轮台之戍，降《罪己之诏》

在武帝晚年，桑弘羊等曾上《屯田轮台书》。他在昭帝朝的盐铁会议上作过解释性说明：

> 胡西役大宛、康居之属，南与群羌通。先帝推让斥夺广饶之地，建张掖以西，隔绝羌胡，瓜分其援。是以西域之国皆内拒匈奴，断其右臂，曳剑而走。故募人田畜以广用。长城以南，滨塞之郡，马牛放纵，蓄积布野，未睹其计之所过也。①

桑弘羊于征和四年（前89）与丞相车千秋、御史大夫商丘成一起上书刘彻，请求扩大轮台（今新疆库车县一带）屯田的规模：

> 〔轮台〕地广，饶水草，有溉田五千顷以上，处温和，田美，可益通沟渠，种五谷，与中国同时孰。其旁国少锥刀，贵黄金采缯，可以易谷食，宜给足不乏……可遣屯田卒诣故轮台以东，置校尉三人分护，各举图地形，通利沟渠，务使以时益种五谷。张掖、酒泉遣骑假司马为斥候，属校尉。事有便宜，因骑置以闻。田一岁，有积谷，募民壮健有

---

① 《盐铁论·西域篇》。

> 累重敢徙者诣田所，就畜积为本业，益垦溉田。稍筑列亭，连城而西，以威西国，辅乌孙，为便。①

轮台、渠犁是汉帝国长期立足西域的战略据点。太初三年（前102），李广利第二次伐大宛时汉军已在此屯戍，惟人数不足以垦殖面积达五千顷之多的荒地。这一带土质肥沃，可以得到张掖、酒泉屯兵的支持，能"隔绝羌胡，瓜分其援"，"断其右臂"，威慑葱岭以西区域，支持乌孙、大宛，有利于长期控制"丝绸之路"的十字路口，有很高的战略价值。但此时的刘彻已无心对外用兵。《汉书·西域传·渠黎》条载，征和四年（前89），刘彻降诏，对自己晚年用兵全面反省，史称《罪己之诏》：

> 轮台西于车师千余里……汉军破城，食至多，然士自载不足以竟师。强者尽食畜产，羸者道死数千人。朕发酒泉驴橐驼负食，出玉门迎军。吏卒起张掖，不甚远，然尚厮留甚众。曩者，朕之不明，以军侯弘上书言："匈奴缚马前后足，置城下，驰言：'秦人，我匄若马'"。又汉使者久留不还，故兴遣贰师将军，欲以为使者威重也……《易》之，卦得《大过》，爻在"九五"，匈奴困败。公车方士、太史治星望气，及太卜龟蓍，皆以为吉，匈奴必破，时不可再得也。又曰："北伐行将，于鬴山必克。"卦诸将，贰师最吉。故朕亲发贰师下鬴山，诏之必毋深入。今计谋卦兆皆反缪。重合侯

---

① 《汉书》卷九十六下《西域传》。

得虏候者,言:"闻汉军当来,匈奴使巫埋羊牛所出诸道及水上以诅军。单于遗天子马裘,常使巫祝之。缚马者,诅军事也。"又卜"汉军一将不吉"。匈奴常言"汉极大,然不能饥渴,失一狼,走千羊"。乃者贰师败,军士死略离散,悲痛常在朕心。今请远田轮台,欲起亭隧,是扰劳天下,非所以优民也。今朕不忍闻……当今务在禁苛暴,止擅赋,力本农,修马复令,以补缺,毋乏武备而已。郡国二千石各上进畜马方略补边状,与计对。

刘彻把自己的错误归咎于迷信占卜,强调匈奴巫术的作用,这说明刘彻的认识并不彻底,他走向了放弃西域的另一个极端。这些都是可以理解的,即使是不彻底的反省和自我批评,对调整政策也起了积极的作用。

3.《劝农诏》与富民政策

《汉书·食货志》载,刘彻末年颁布《劝农诏》,推行"富民"政策:"武帝末年,悔征伐之事,乃封丞相为富民侯,下诏曰:'方今之务,在于力农。'以赵过为搜粟都尉,过能为代田……"①先后推行代田法,推广新型农具②,恢复农田水利建设,修建了水利工程。在经济方面推行了让步政策,使农业生产和社会经济方面出现了一些新气象。不过,这种让步是有限的,不仅未废除盐铁官营制度,还采用了少府建议,新制定推行了"榷酒"法:"初榷酒酤"。史载,"县官自酤榷卖酒,小民不复得酤

---

① 《汉书》卷二十四上《食货志》。

② 张传玺:《两汉大铁犁研究》,《北京大学学报》1985年第1期。

也"；"禁民酤酿，独官开置……独取利也"；"禁闭其事，总利入官，而下无由以得。"①从《盐铁论》贤良文学发言看，酒榷并未被罢置："大夫君以心计，策国用，构诸侯，参以酒榷。"（《轻重》）桑弘羊说："故少府丞令请建酒榷以赡边。"（《忧边》）刘彻的富民政策根本未触及官营工商业。刘彻晚年"富民政策"等各项措施的落实，为恢复和发展经济创造了条件。推广代田法和新农具，发展水利事业等等措施，增加了垦田面积，提高了劳动生产率和单位面积产量，有利于社会矛盾缓和。至昭帝时，"流民稍还，田野益辟，颇有蓄积……百姓安土，岁数丰穰"②。富民政策对恢复和发展经济、稳定社会起到了积极的作用。

元光二年至太初三年（前133—前102）是西汉历史上的重要年代，汉武帝刘彻一生的功业大都是在这三十二年中完成的，只有伐大宛在元封以后。清代西北史地学家徐松说："是时军旅连出，师行三十二年，海内虚耗"；"元光二年谋马邑，诱单于，绝和亲，为用兵之始。其后连年用兵，至太初三年西域贡献，凡三十二年"③。田余庆先生认为伐大宛不必要，刘彻元封年间已完成了历史使命。④这是一个值得探讨的问题。刘彻何尝不知道停止大规模用兵有利于恢复经济，然何以继续用兵？刘彻在元封末作过解释："朕不变更制度，后世无法；不出师征伐，天下不安。为此者不得不劳民。若后世又如朕所为，是袭亡秦之迹也。"桑

---

① 《汉书》卷六《武帝纪》注。

② 《汉书》卷二十四上《食货志》。

③ 《汉书》卷九十六下《西域传》补注。

④ 田余庆：《论〈轮台诏〉》，《历史研究》1985年第1期。

弘羊解释刘彻晚年征匈奴动机,认为刘彻并非没有考虑平息战事,但匈奴"百约百叛","不纪重质厚赂之故改节,而暴害滋甚。先帝睹其可以武折而不可以德怀,故广将帅,招奋击"[①];"先帝绝三方之难,抚从方国,以为蕃蔽,穷极郡国,以讨匈奴。匈奴壤界兽圈,孤弱无与,此困亡之时也。辽远不遂,使得复喘息,休养士马,负给西域。西域迫近胡寇,沮心内解,必为巨患"[②]。刘彻不想把匈奴之患留给后代。不过,刘彻低估了对匈奴作战的长期性,用人不当,导致远征军用兵失利,激发内乱。刘彻与卫太子之间确有政见分歧。刘彻未能妥善处理,导致矛盾激化,酿成大乱。《汉书·武五子传·赞》总结说:

> 巫蛊之祸,岂不哀哉!此不唯一江充之辜,亦有天时,非人力所致焉。建元六年,蚩尤之旗见,其长竟天。后遂命将出征,略取河南,建置朔方。其春,戾太子生。自是之后,师行三十年,兵所诛屠夷灭死者不可胜数。及巫蛊事起,京师流血,僵尸数万,太子子父皆败。故太子生长于兵,与之终始,何独一婴臣哉!秦始皇即位三十九年,内平六国,外攘四夷,死人如乱麻,暴骨长城之下,头卢相属于道,不一日而无兵。由是山东之难兴,四方溃而逆秦。秦将吏外叛,贼臣内发,乱作萧墙,祸成二世。故曰:"兵犹火也,弗戢必自焚",信矣。是以仓颉作书,"止""戈"为

---

① 《盐铁论·结和》。
② 《盐铁论·击之》。

"武"。圣人以武禁暴整乱，止息干戈，非以为残而兴纵之
也。《易》曰："天之所助者顺也，人之所助者信也；君子履
信思顺，自天祐之，吉无不利也。"故车千秋指明蛊情，章
太子之冤。千秋材知未必能过人也，以其销恶运，遏乱原，
因衰激极，道迎善气，传得天人之祐助云。

班固以建元六年"蚩尤之旗见"，星象家认为，"蚩尤旗"主
兵。①该年戾太子出生，故"师行三十余年"，出现"巫蛊之祸"、
易太子等事件。这显然是用"天人感应"的观点解释汉武帝外事
四夷的历史，用"微言大义"的方式为董仲舒的《灾异记》案翻
案。班固把刘彻晚年失误的根本原因归结为"天命"，显然十分
荒谬。司马迁不同意出自阴阳学派的这种历史观点：

> 夫阴阳四时、八位、十二度、二十四节各有教令，顺之
> 者昌，逆之者不死则亡。未必然也。②

这是司马迁的历史观远远高于班固之处。其实，"天命"就
是人心——人心的走向决定了历史的走向——不妨把这段话的理

①《史记》卷二十七《天官书》："蚩尤之旗，类彗而后曲，象旗。
见则王者征伐四方……秦始皇之时，十五年彗星四见，久者八十日，长
或竟天。其后秦遂以兵灭六王，并中国，外攘四夷，死人如乱麻，因以
张楚并起，三十年之间兵相骀籍，不可胜数。自蚩尤以来，未尝若斯
也。"

②《史记》卷一百三十《太史公自序》。

论前提理解为"不以个人意志为转移"。刘彻用兵西域有历史合理性的一面，但超过了民力能够承受的极限，因而引起晚年国内阶级矛盾、统治集团和宫廷内的剧变。与刘彻一再要求的"非常之人"相比，车千秋是一个极为平庸的儒者，没有什么本领。但是，假若一个国家总是把"非常"当成正常来管理，那就不可能稳定下来，不可能开出"太平"的天下。也许，"文武之道，一张一弛"的道理就在于此。儒家思想不适应"非常"政治，而适于庸常政治。这才是车千秋"节武返文"的意见得到刘彻重视的主要原因。刘彻懂得这个道理，他所说的"若后世又如朕所为，是袭亡秦之迹也"一语，只有这样理解才有说服力。汉朝之所以并未如秦朝那样骤然而亡，关键在于刘彻晚年能拨乱反正，恢复儒家平稳路线的正统地位，采取"富民政策"，保存了国力，恢复了民心。刘彻为昭帝朝的政策能够松弛、缓和下来，创造了必要的条件，这才是武帝朝"所以有亡秦之失，而免亡秦之祸"，不至于像嬴政那样"二世而亡"的主要原因。

第九章　汉武帝时代的终结

　　刘彻的自然生命已经走到了尽头，他把自己的躯壳送到了茂陵。茂陵是刘彻的坟墓，也是一座人工筑造的土山，几十万少府奴隶为此劳作了半个多世纪。这是古代东方土砌的金字塔！刘彻在世间七十年，坐上皇帝宝座五十四载，亲手缔造了一个中央集权的大帝国赫然耸立于世界的东方之后，从容辞世，并使一个"汉武帝时代"猝然终结。刘彻的精神生命是否随他的肉体生命和政治生命一样永远逝去了呢？一个有巨大影响的历史人物，盖棺是难以定论的，这个问题会留给后人，由历史作出回答。

一、刘彻之死及遗留问题

　　人总是会死的。无论是有影响的历史人物，还是平凡的小人物，最终都要走上这条殊途同归的道路。不同的是，重要历史人物之死本身也能使历史发生些许改变，甚至他的死本身，也会引起历史震动，算得上一项重要历史事件。刘彻之死就是如此。因为他的死本身就为历史带来了新问题，换言之，他的精神生命还活着，并以各种方式影响、支配着人们的心理和行为。

　　刘彻晚年对身后事有所交代。褚少孙续补《史记·外戚世家》，追述刘彻晚年事迹："卫太子废后，未复立太子。而燕王旦上书，愿归国入宿卫。武帝怒，立斩其使者于北阙。"褚少孙还透露了刘彻临终前的另一幕：

> 　　上居甘泉宫，召画工图画周公负成王也。于是左右群臣知武帝意欲立少子也。后数日，帝谴责钩弋夫人。夫人脱簪珥叩头。帝曰："引持去，送掖庭狱！"夫人还顾，帝曰："趣行，女不得活！"……
>
> 　　其后帝闲居，问左右曰："人言云何？"左右对曰："人言且立其子，何去其母乎？"帝曰："然。是非儿曹愚人所知也。往古国家所以乱也，由主少母壮也。女主独居骄蹇，淫乱自恣，莫能禁也。女不闻吕后邪？"故诸为武帝生子者，无男女，其母无不谴死，岂可谓非贤圣哉！昭然远见，为后世计虑，固非浅闻愚儒之所及也。谥为"武"，岂虚哉！①

　　元、成年间博士褚少孙把儒家的"仁义道德"放在一边，说刘彻先后处死诸皇子之母之事"岂可谓非贤圣哉！"假若司马迁泉下有知，不知会作何感想？这一评判是否妥当姑且不论，仅褚少孙记录下来刘彻临终前的所言所行而论，无疑大寓深意于其中，对于破解刘彻临终前心态之谜不无裨益。《汉书·外戚传》为尊者讳抹去了褚补的痕迹，载曰：

> 　　钩弋子年五六岁，壮大多知，上常言"类我"，又感其

---

① 《史记》卷四十九《外戚世家》。

生与众异，甚奇爱之，心欲立焉，以其年稚母少，恐女主颛
恣乱国家，犹与久之。

刘彻得刘弗陵后杀戾太子①，并未马上立太子，他"犹与久
之"是因为少子刘弗陵年幼，拿不准如何处理钩弋夫人。此后刘
彻肯定反复考虑了与废立有关的事情：卫太子征和二年被杀，王
夫人子齐王刘闳死于元封元年，燕王刘旦、广陵王刘胥都不中刘
彻的意。刘旦庶出，李姬所生，元狩六年（前117）封为燕王。
因其庶兄齐怀王早死，"巫蛊之乱"中戾太子被杀后，自诩为帝
位当然继承人，上书请求入京师宿卫，实欲请求立为嗣君。刘彻
窥破其用意，斩其使者，削其封地；广陵王刘胥因"动作无法
度，故终不得为汉嗣"；刘彻对李夫人之子刘髆虽一度有意栽培，
无奈李氏插手"巫蛊之祸"、李广利降匈奴后被杀。刘彻担心自
己身后出现不测，临终前，杀了刘髆。②

褚补《外戚世家》说刘彻"与诸子疏"，而且"希得见"。可
见刘彻并非仅与卫太子一人疏远，其父子关系极不正常。这不能
不使人联想到，既然刘彻"多欲"，何以多年无嗣？陈皇后何以
求子医钱九千万终无子，以致引起朝野物议，藩王觊觎？刘彻何

---

① 褚少孙补《史记》卷四十九《外戚世家》："武帝年七十乃生昭
帝。昭帝立时（后元二年，前87），年五岁耳。"集解引徐广曰："武帝
崩年正七十，昭帝年八岁耳。"《索引》按："徐广依《汉书》，以武帝年
七十崩，崩时昭帝年八岁……《汉书》云'元始三年，昭帝生'，误
也。"依褚说，刘弗陵生于征和元年（前92）。

② 《汉书》卷六十三《武五子传》言刘髆天汉四年立为昌邑王，
"十一年薨"，即武帝后元二年（前87）。

以"择宫人不中用者，斥出归之"？何以延宕至二十九岁始得长子？刘彻一生只有六子，而景帝刘启只有四十七岁，却有十三个儿子。刘彻活了七十年，身体强壮，何以子嗣稀疏若此？何以六十五岁高龄还能生下刘弗陵，且怀孕十四月大期而生？刘彻何以"类我"为标准观察皇子，称"女主独居骄蹇，淫乱自恣，莫能禁也"等等。诸多难解之谜且不管他。刘彻尽杀诸皇子之母的根本动机，恐怕不能单以他生性残暴或晚年心理变态来解释。[1]帝王的婚嗣本身就是政治。刘彻自幼形成了对外戚专政的憎恶和防范心理，杀诸皇子之母皆出于担心因"主少母壮"而危及刘氏宗庙社稷，出于担心变乱"统纪"的"防变""防篡"心理，这是刘彻深感不安的一大难题。

刘彻临终之前有一段时间身体突然好起来。自从深悔晚年所为，下诏罪己之后，他已经不再相信神仙之事了：

> 上年六十余，发不白，更有少容。服食辟谷，希复幸女子矣。上每见群臣，自叹："愚惑天下，岂有仙人？尽妖妄耳！节食服药，差可少病。"自是亦不服药而身体更瘠瘦。二三年中，惨惨不乐。行幸五柞宫，谓霍光曰："朕告老矣！公可立钩弋子。公善辅之。"光泣顿首曰："陛下尚康，豫岂有此邪？"上曰："吾病甚，公不知耳。"[2]

---

[1] 赵翼《廿二史札记·两汉外戚之祸》："两汉以外戚辅政，国家既受其祸，而外戚之祸亦莫如两汉者。崔骃疏言，汉兴以后，至于哀、平，外家二十余，保全者四家而已。"

[2]《说郛三种》一百卷本卷五十二引《汉孝武故事》。

汉武帝后元二年（前87）春，刘彻感觉大限将近。他曾想到为自己的身后之事作一些安排，不过他仍然没有料到死亡的到来竟这么突然：

> 征和二年，卫太子为江充所败，而燕王旦、广陵王胥皆多过失。是时上年老，宠姬钩弋赵倢伃有男，上心欲以为嗣，命大臣辅之。察群臣唯光任大重，可属社稷。上乃使黄门画者画周公负成王朝诸侯以赐光。①

后元二年（前87）正月，刘彻在甘泉宫朝见诸侯。二月，行幸至右扶风距长杨宫东北八里的五柞宫。乙丑日，刘彻突感不适，召奉车都尉光禄大夫霍光、驸马都尉光禄大夫金日磾、太仆令上官桀、搜粟都尉桑弘羊等人至病榻前，安排后事，册立皇子刘弗陵为皇太子，临终"托孤"：

> 〔上〕病笃，〔霍〕光涕泣问曰："如有不讳，谁当嗣者？"上曰："君未谕前画意邪？立少子（刘弗陵），君行周公之事！"光顿首让曰："臣不如金日磾。"日磾亦曰："臣外国人，不如光。"上以光为大司马大将军，日磾为车骑将军，及太仆上官桀为左将军，搜粟都尉桑弘羊为御使大夫，皆拜卧内床下，受遗诏辅少主。②

---

① 《汉书》卷六十八《霍光金日磾传》。
② 《汉书》卷六十八《霍光金日磾传》。

刘彻托孤时提到的"前画",就是此前给霍光看的周公辅成王图,刘彻所以特别要让霍光看此画,就是希望霍光学习周公,效法周公,辅佐好太子。之后,"昼卧不觉,颜色不异,而身已无气"①。刘彻的心脏终止了跳动。

刘彻于后元二年三月丙寅日死于五柞宫,时年七十岁。刘彻自十六岁即位,在位凡五十四年。一代雄主永远地逝去了。

刘彻的葬礼无比壮观。茂陵从刘彻初即位即已动工,连续修建了半个世纪,足与秦始皇陵相匹,甚或过之。《三辅黄图》说陵墓高十四丈,《汉旧仪》说高二十丈,是西汉诸帝陵寝中最高的。刘彻的葬礼也是汉代所有君主中最浩大、最奢侈的。索绫说:"汉天子即位一年而为陵,天下贡赋三分之:一供宗庙,一供宾客,一充山陵。汉武帝飨年久长,比崩而茂陵不复容物。"②刘彻在世时,杨王孙曾批评厚葬弊俗:"夫厚葬诚亡益于死者,而俗人竞以相高,靡财单币,腐之地下。或乃今日入而明日发,此真与暴骸于中野何异!"他主张裸葬:"死则为布囊盛尸,入地七尺,既下,从足引脱其囊,以身亲土。"③可惜无人理睬他这番道理。

刘彻死后,霍光借办丧大事铺张,捞取政治资本。史载"武帝崩,太子袭尊号,是为孝昭皇帝。帝年八(五)岁,政事壹决于〔霍〕光"④。元帝朝贡禹说,时"昭帝幼弱,霍光专事,不

① 《说郛三种》一百卷本卷五十二引《汉孝武故事》。
② 《晋书》卷六十《索靖传附索绫传》。
③ 《汉书》卷六十七《杨胡朱梅云传》。
④ 《汉书》卷六十八《霍光金日䃅传》。

知礼正，妄多臧金钱财物，鸟兽鱼鳖牛马虎豹生禽，凡百九十物，尽瘗臧之，又皆以后宫女置于园陵，大失礼，逆天心，又未必称武帝意也"[①]。汉制，"帝崩，晗以珠，缠以缇缯十二重。以玉为襦，如铠状，连缝之，以黄金为缕。腰以下以玉为札，长一尺、〔广〕二寸半，为匣，下至足，亦缝以黄金缕。（请）诸衣衿敛之。凡乘舆衣服，已御，辄藏之，崩皆以敛"[②]。金缕玉衣汉代称"蛟龙玉匣"："汉帝送死，皆珠襦玉匣，匣形如铠甲，连以金缕。武帝匣上，皆镂为蛟龙、鸾凤、龟麟之象。世谓'蛟龙玉匣'。"[③]汉代人以为藏身玉匣躯体可以不朽，灵魂可以不死，陵墓是墓主在地下世界的生活空间。西晋时有人盗茂陵，多获珍宝。晋愍帝奇而问之，索𬘬回答说："汉武帝飨年久长，比崩而茂陵不复容物，其树皆已可拱。赤眉取陵中物不能减半，于今犹有朽帛委积，珠玉未尽。"[④]足见当年茂陵殉葬品之丰富！

按照礼仪，大臣们以"威强睿德曰武"为刘彻议定谥号"孝武皇帝"。按照《谥法》：刚强直理、威强敌德、克定祸乱、刑民克服、夸志多穷都可以称为"武"。[⑤]这个谥号为刘彻平生之"德"作了定位。

---

① 《汉书》卷七十二《王贡两龚鲍传》。

② 《续汉书·礼仪志下》注引《汉旧仪》。

③ 《西京杂记》。刘屈氂之父，中山靖王刘胜墓金缕玉衣见《满城汉墓金缕玉衣的清理和复原》，《考古》1972年第2期；《定县40号汉墓出土的金缕玉衣》，《文物》1976年第7期。

④ 《晋书》卷六十《索靖传附索𬘬传》。

⑤ 《史记正义·谥法解》。

二、刘彻身后的政治格局①

刘彻身后遗留下一大堆问题，皇权政体内在的矛盾依然存在。按照皇朝政治周期律，新君即位意味着新一轮权力再分配斗争已经揭开了帷幕。早就有所准备的首席顾命大臣霍光在这一轮角逐中显然占据最有利的地位。

1. 顾命大臣

霍光，是霍去病的同父异母兄弟。霍去病母卫少儿，与其姐卫君孺、卫子夫，兄卫青同为平阳侯家奴婢卫氏所生。因卫子夫有宠于武帝，入宫生子立为皇后，一族俱荣。卫青、霍去病因伐匈奴之功拜将封侯，卫君孺丈夫公孙贺官至丞相，霍光受兄荫，十余岁为郎侍中，奉侍刘彻二十余年。霍去病二十四岁英年早逝，不久卫青也过世，公孙贺因北军军费案罪自杀，霍光之兄子霍嬗死于封禅。刘彻辞世的前四年，长安"巫蛊之祸"起，戾太子蒙冤被杀，卫皇后自杀，此时霍光可谓"孤立已极"。人之将死，总不免追往事抚来者，为已故者作一点忏悔，为身后作一些安排。垂垂耄耋的刘彻，深悔太子蒙冤而死，顾念卫、霍家族幸存者惟霍光一人。刘彻对霍光的印象是"沉静详审"，格外亲重。外戚政治是刘汉皇权体制必然的伴生物，刘彻为身后避免外戚专权，重用霍光，维持皇权过渡的稳定，于情于理不难理解。

与霍光同侍武帝于病榻前的金日䃅，本匈奴休屠王太子，其父被昆邪王杀后，与母、弟降汉没为汉官奴，黄门养马，以谨慎

---

① 本章二、三节参考了［日］西嶋定生：《武帝之死》，《日本学者研究中国史论著选译（三）》，中华书局，1993年版。

厚重为刘彻赏识，擢为近侍之臣。金日磾勤严笃信，忠直质朴，在朝中无亲无故，无牵无碍，加上他有殿前捕缚反者莽何罗之功，故深得刘彻信任。

上官桀始以羽林期门郎为刘彻扈从，以材力擢为未央厩令，进而因应对得宜，获刘彻信任而擢为侍中，迁太仆令。

总之，刘彻临终托付后事的霍光、金日磾、上官桀，都是刘彻经过一段时期的观察，深得特殊信任的近侍之臣。刘彻临终前，立年仅五岁的少子刘弗陵为嗣，以此三人辅翼他以维系刘家的天下。其中，当然也有使其相互牵制，即托孤顾命大臣不得擅权之意。

2.宗室的动向

新君刘弗陵虽年仅五岁，却已得知母亲钩弋夫人之死的原因："夫人死云阳宫……使者夜持棺往葬之，封其识处。"昭帝即位后立即迁葬。①他对父亲刘彻当然不会有好印象。刘彻之子除刘弗陵外只有燕王刘旦和广陵王刘胥了。新君幼主要依靠外戚控制政局，对付可能与宗室发生的冲突。燕王刘旦得到报葬玺书，不肯哭，说："玺书封小，京师疑有变。"汉代公文必加"封"，天子书加玺封。刘旦有所怀疑，派人至长安探听消息，"问帝崩所病，立者谁子，年几岁"。消息有几个疑点："宫中讙言帝崩，诸将军共立太子为帝，年八九岁，葬时不出临。"刘旦怀疑刘弗陵不是刘彻之子，"遂与宗室中山哀王子刘长、齐孝王孙刘泽等结谋，诈言以武帝时受诏，得职吏事，修武备，备非常"②。楚

---

① 《史记》卷四十九《外戚世家》。
② 《汉书》卷六十三《武五子传·刘旦》。

王刘延寿作书特别转告刘胥："愿长耳目，毋后人有天下。"①欲通过宗室内乱染指汉家鼎革。刘胥"见上年少无子，有觊欲心"②。某种事变正在暗中酝酿。

3. "夺玺之变"与顾命大臣间的制衡

鉴于刘彻早年受制于窦太后的历史教训，担心赵氏成为窦氏第二，故以微过诛杀弗陵之母钩弋夫人赵氏，不欲以幼主少母而扰乱国政的事情再度发生。但刘彻绝没有料到，宫廷阴谋在他身后很快就再度发生了。

霍光在顾命大臣中权势最大，所谓"初辅幼主，政自己出，天下想闻其风采"。"政自己出"，是对共同辅政体制的否定，使决策集团向他一人独擅朝政的方向转变。此时宫中突然多事，"夺玺"就是其中一幕：

> 殿中尝有怪，一夜群臣相惊，光召尚符玺郎，郎不肯授光。光欲夺之，郎按剑曰："臣头可得，玺不可得也！"光甚谊之。明日，诏增此郎秩二等。众庶莫不多光。③

殿中有怪，无非有人作怪，焉知不是霍光自己导演的一幕？霍光秉政时，并未能拿到象征天子权力的玉玺，难怪刘旦见到玺书立刻发生怀疑。若非符玺郎守责，立即就会酿成变故。"增秩"

---

① 《汉书·楚元王传》。刘延寿，楚元王刘交八世孙，天汉元年（前100）嗣封楚王。

② 《汉书》卷六十三《武五子传》。

③ 《汉书》卷六十八《霍光金日磾传》。

"多光"云，是瞒不过明眼人的。

霍光、金日磾同为侍中，上官桀也曾任侍中，都掌尚书之职。侍中是内朝官。武帝时代外朝权威已见衰退。幼帝即位后，也只能靠内朝行使皇帝的权威。"皇权"经刘彻五十四年操作，已从由丞相九卿为重心的体制移向皇帝个人，以尚书台为核心的内朝也形成了一种新的权力体制。但尚书台权重，在特定条件下有可能被人利用了来削弱皇帝自身的权力。刘彻对此并非没有顾虑，他之所以在尚书台之内也设置了权力均衡机制，正是出于这一考虑。例如，兼领尚书的霍光、金日磾、上官桀三人本官分别为大司马大将军、车骑将军、左将军。大司马乃最高军事长官，刘彻初为废太尉而置，再加最高将军号曰大将军。武帝时代，霍光舅父卫青初授此号，其死后不置；车骑将军，领车骑之兵的将军；左将军，前后左右将军之一，皆侍中兼领兵之官。总而言之，虽霍光地位最高，但内朝三人皆以本官掌握兵权，在实权之上兼领尚书，相互制约的底蕴均可由此窥见一斑。霍光还不能为所欲为。他阴谋夺玺，就是想打破这种权力的制衡关系。

4. 霍光与上官桀关系的变化

霍光和上官桀二人关系原极密切。武帝末，霍光之女嫁上官桀之子安，后元元年生一女。昭帝即位，霍光在朝，每五日一休，退朝归家，由上官桀代主内朝政务，亲密信任。始元三年（前84），上官安欲让霍光纳其女入宫。霍光以其年少不许。上官安却通过盖长公主达到了目的。燕王之姐盖长公主是昭帝异母姐，曾在宫中傅育昭帝，其私幸丁外人。上官安首先说通丁外人，再由丁外人说通盖长公主而成功。上官安之女入后宫为婕妤，上官安任为骑都尉。数月后，始元四年三月安女立为皇后。

时昭帝九岁，上官皇后才六岁。上官安进为车骑将军。皇后册立的本质是权力调整。试想，九岁的昭帝配六岁的皇后，且皇后祖父是上官桀，外祖父是霍光，难免有化天下为家事之嫌，可能会诱发人们再次想起燕王旦谋反之时，曾怀疑昭帝是否刘彻之子的旧事。此次立皇后更加深了人们对其合法性的疑惑。霍光与上官桀因皇后策立反而疏远了。霍光不赞成外孙女入宫，以为这会加强上官氏的权势；盖长公主力主上官安之女入宫册立皇后，上官桀父子亲近盖长公主，使椒房权重。于是内朝决策人物霍光与上官桀之间，渐生了微妙的对立。

内朝核心集团的分歧和矛盾在外朝也显示出来。丞相车千秋武帝征和四年（前89）来一直在任。昭帝时"每公卿朝会，〔霍〕光谓千秋曰：'始与君侯俱受先帝遗诏，今光治内，君侯治外，宜有以教督，使光毋负天下。'千秋曰：'唯将军留意，即天下幸甚。'终不肯有所言。光以此重之，每有吉祥嘉应，数褒赏丞相"。[1] 车千秋是明哲保身但求无过的人物，不可能引起与内朝的纠纷。但御史大夫桑弘羊与车千秋不同，他与诸人共受武帝遗诏，由搜粟都尉迁为御史大夫，是武帝的理财重臣。昭帝即位以来，虽霍光掌内朝，但财政大权仍在桑弘羊手中，盐铁、均输、平准等政策依然实行。昭帝即位之初有两种不同政策并行：一是推举贤良、救济贫民、赈贷种子粮食、免除田租等恤民富民政策；二是再开屯田，增强国力，即富国强兵政策。前者是霍光的主张，后者是桑弘羊的主张。前者为武帝末年恤民政策的继续，试图缓和阶级矛盾，对地方势力作一些让步；后者乃武帝积极推

---

[1] 《汉书》卷六十六《公孙刘田王杨蔡陈郑传·车千秋》。

行的强化中央集权之新财政政策的继承，以增强国家权威为最优先考虑。两种政策刘彻都用过，但到昭帝朝却成为用一种政策反对另一种政策并演变为争夺皇权的借口。其实，桑弘羊制定的盐铁政策，对刘汉的中央集权是有利的。只要汉朝的中央集权体制不变就不能动摇这一政策。宣帝朝再度恢复了它。据《汉书·食货志》记载，"宣、元、成、哀、平五世，亡所变改"。元帝时曾罢盐铁官，三年而复之。这是后话。桑弘羊站在上官桀一边，这是霍光所不能容忍的。这也是召开盐铁会议的主要原因。

皇权依赖联姻关系维系，但权力再分配的矛盾足以撕裂这种极不稳定的政治联姻。上官安曾说："逐麋之狗，当顾菟邪！且用皇后为尊，一旦人主意有所移，虽欲为家人亦不可得，此百世之一时也。"[1]这话很有代表性。上官桀父子既尊盛，又有盖长公主为之穿针引线，疏通内外。皇权体制出现新的不平衡，霍光感到了极大的威胁，于是要设法除掉这个隐患。他懂得忍耐和后发制人的道理，只要耐心，消灭反对派的机会和借口迟早总会出现。

时机终于来了。盖长公主"内行不修，近幸河间丁外人"。公主幸"外人"是常有之事，本不足为怪。上官桀父子求宠自固，屡为丁外人求官、求封。霍光以此为契机，建议昭帝不许所请。上官桀父子与霍光之间的矛盾激化了。武帝时，上官桀已为九卿，位在霍光之右。及上官桀父子"并为将军，有椒房中宫之重，皇后亲安女，光乃其外祖，而顾专制朝事，繇是与光争

①《汉书》卷九十七上《外戚传》。

权"①。又一轮权力再分配之争趋向公开化、明朗化，走向外部
对抗了。

三、昭帝失政与宣帝中兴

燕王刘旦与宗室中山王子刘长、齐王孙刘泽结盟，诈称受先
帝遗诏，准备起兵。这在中央方面看来，似又有"七国之乱"的
险象萌动。霍光毕竟老谋深算，全面控制了内朝和军权，早已作
了周详的部署加以防范。

1.燕王刘旦"谋逆"事件

燕王刘旦怀疑昭帝并非刘彻之子，而是霍光之子。据说刘弗
陵是怀孕十四个月大期而生，民间传说赵婕妤墓中并无尸体，更
加重了怀疑。这在汉宫秘史上并非罕事。惠帝死，吕后以后宫女
官之子假冒惠帝子立为帝即为一例。于是，刘旦上书请立武帝
庙，打着全盘肯定刘彻的旗号反对霍氏专权。他让刘泽代笔颁布
檄书，"欲挢邪防非"②。联络宗室，聚集人马，制造兵器，检阅
车骑、材官，行会猎讲习战阵，待机起兵。刘泽也准备在齐国临
淄举兵呼应。刘旦和刘泽的计划被并侯刘成告发。青州刺史隽不
疑接到告发后，迅速逮捕刘泽。刘泽等被诛杀。刘旦因宗藩之
故，仅受告诫，暂未多作深究：一是其姐盖长公主在宫中傅育昭
帝，从中劝阻；再则昭帝即位不久，涉及帝位继承，不宜扩大事
态，以免刺激宗室诸刘。始元元年（前86），昭帝即位第二年八

---

① 《汉书》卷六十八《霍光金日磾传》。

② 《汉书》卷六十三《武五子传·刘旦》。此案可疑：欲暗中起事，
何用代笔？

月，青州刺史隽不疑升任京兆尹，治理都城长安。政治局势暂归平静，然而对于嗣君的疑问，依然困扰着朝野，并与内外朝对立的矛盾交织在一起，影响着昭帝朝的政局。

燕齐"谋逆"事件解决后次月，车骑将军金日䃅不明不白地"病死"；始元四年（前83），丞相车千秋被霍光以莫须有的罪名下狱。①受武帝遗诏辅佐幼帝掌管内朝之三人，剩霍光、上官桀二人，矛盾更加集中了。

2.伪戾太子案

始元五年（前82）五月间，京师长安发生了破天荒的咄咄怪事——"巫蛊之案"被杀的"戾太子"突然间再度出现。一男子乘牛车，建蓼色龟蛇之旗，穿黄衣，戴黄帽，至未央宫北阙，自称"卫太子"。事情报入宫中，公卿、将军、中二千石前往视其真伪。消息在长安城中迅速散布开来，数万吏民蜂拥围观。右将军卫尉王莽列部于阙下以备不测。长安城一时处于异常癫狂迷乱状态，似乎人们早已期待着这个事件的到来一样。大臣们一时无法判明真伪，谁也不敢表态。连丞相车千秋和御史大夫桑弘羊也不例外。"巫蛊之乱"就在八年前。卫太子三十六岁，容貌不可能全被遗忘。但因其亲族、近臣被诛殆尽，戾太子虽传言被杀，终归下落不明，疑惑始终困扰着朝野。

据说"巫蛊之乱"中戾太子逃离长安，隐藏于湖县泉鸠里民家，后被发现，自度难逃，遂自杀。史载"山阳男子张富昌为卒，足蹴开户，新安令李寿趋抱解太子"②。不过，这个"解"

---

① 《汉书》卷六十一《杜延年传》。

② 《汉书》卷六十三《武五子传·戾太子刘据》。

是"肢解"，还是解开他自缢的绳索呢？成了一个疑问。藏匿太子之家的主人在格斗中被杀，据说太子与其子二人皆死于现场。后刘彻悔，遂族诛"泉鸠里加兵刃于太子者"。昭帝朝已无一名当事人在，太子是否被杀竟成了谜。大众对戾太子死因及昭帝生父是谁都心存疑窦，反对派期待戾太子复活是很自然的。大臣们认为，贸然作出判断是危险的。京兆尹隽不疑后至，不由分说即收缚"卫太子"。他说卫太子既已获罪于先帝，即使未死也是罪人。当即逮捕入狱。经查，"卫太子"是夏阳人，名成方遂，以卜筮为业。原卫太子舍人言其容貌类太子，遂诈称卫太子。经同乡张宗录等辨认，定诬罔不道罪，斩。隽不疑的果断解除了一场政治危机。霍光对他极为赏识，说："公卿大臣当用经术明于大谊"①云。

这一判决不无疑点。《汉书·昭帝纪》载，"卫太子"又称"夏阳男子张延年"，成方遂未必是真姓名。经乡里相识者做证的判决，竟连姓名都不能确认，实在不可思议。这不能不更加重朝野的怀疑。故此时至多只是政治危机的暂时缓解，决策集团内部的矛盾反而更加深了。实际上，伪卫太子案绝非孤立和偶然的事件。当时天下人对刘弗陵立嗣和霍光秉政持怀疑态度者大有人在，新的政治危机迫在眉睫。上官桀对霍光的政策极其不满，他支持御史大夫桑弘羊。霍光认为，首先要批倒桑弘羊的财政政策。

3. 反霍政治联盟的失败

"伪卫太子案"后的次月（始元五年六月），昭帝诏命三辅、

---

① 《汉书》卷七十一《隽疏于薛平彭传·隽不疑》。

太常、郡国举文学高第。霍光为召开盐铁会议组织了理论队伍，所推举者贤良如茂陵唐生，文学如鲁国万生等，总计六十余人。盐铁会议有两个目的：一是霍光欲对桑弘羊予以理论上的批判，为政治上打倒上官桀造舆论；二是全盘否定武帝朝的政策。全盘否定武帝朝政策的思潮早就存在，只是刘彻在世时无人敢公开评说而已。始元六年（前81）二月，贤良文学在霍光支持下向"有司"（桑弘羊）质问大政，就盐铁、均输、平准、榷酤等政策展开激烈辩论。[1]昭帝初，新经济政策仍在桑弘羊主持下部分地推行，贤良文学主张将其全面废止。桓宽《盐铁论》十卷六十篇即据会议记录整理编纂而成。

桑弘羊在昭帝即位后依然控制国家财政。但盐铁会议召开的始元六年（前81）杨敞任大司农。杨敞原为霍光大将军幕府军司马，后至长史，为霍光所重。这样做直接是针对桑弘羊，间接则是对着上官桀的。因此，双方的矛盾和斗争更趋于尖锐化和表面化。

盖长公主、上官桀父子及桑弘羊与燕王刘旦秘密联络，共同反对霍氏。刘旦上书称：霍光出都以羽林护卫，"道上称跸，太官先置"用天子仪仗；苏武使匈奴"拘留二十年不降，还乃为典

---

[1]《汉书》卷六十六《公孙刘田王杨蔡陈郑传·赞》："所谓盐铁议者，起始元中，征文学贤良问以治乱，皆对愿罢郡国盐铁酒榷均输，务本抑末，毋与天下争利，然后〔教〕化可兴。御史大夫弘羊以为此乃所以安边竟（境），制四夷，国家大业，不可废也……桑大夫据当世，合时变，上权利之略，虽非正法，巨儒宿学不能自解，博物通达之士也。然摄公卿之柄，不师古始，放于末利，处非其位，行非其道，果陨其性，以及厥宗。车丞相履伊吕之列，当轴处中，括囊不言，容身而去。"

属国，而大将军长史〔杨〕敞亡功为搜粟都尉"；"擅调益莫（幕）府校尉"。这三条归结起来就是霍光"专权自恣，疑有非常"，足可以判定其谋逆之罪。于是，燕王刘旦提出"愿归符玺，入宿卫，察奸臣变"。派人于霍光出京沐浴时上奏。上官桀欲与反霍派大臣共同逮捕霍光。不料，"书奏，帝不肯下"。昭帝刘弗陵认为："大将军忠臣，先帝所属以辅朕身，敢有毁者坐之。"①

"伪卫太子"事件使刘旦感到有人心思变的迹象。翌年（元凤元年，前80），右将军已死，丞相病卧，上官桀认为刘旦以武帝长子身份上台，无疑会得到天下拥戴。上官桀"乃谋令长公主置酒请光，伏兵格杀之，因废帝，迎立燕王为天子。事发觉，光尽诛桀、安、弘羊、外人宗族。燕王、盖主皆自杀"。至此，霍氏的政敌被彻底铲除了。于是，"光威震海内。昭帝即冠，遂委任光，讫十三年"②。

4.政出霍氏

然而，事情并未结束。霍光的权势现在已经无人能够制约，霍氏外戚集团完全控制了汉廷内外朝野上下的局面。事无巨细，皆出于霍氏。

霍氏专政，昭帝连宫闱秘事也要受霍光控制，"光欲皇后擅宠有子，帝时体不安，左右及医皆阿意，言宜禁内，虽宫人使令皆为穷绔，多其带，后宫莫有进者"③。通过控制其子嗣操纵皇权之大柄；"是时大将军霍光秉政，诸霍在平阳，奴客持刀兵入

---

① 《汉书》卷六十八《霍光金日磾传》。
② 《汉书》卷六十八《霍光金日磾传》
③ 《汉书》卷九十七上《外戚传》。

市斗变，吏不能禁"①。元平元年（前74），昭帝崩，在位仅十三年，无后。又一场皇权废立的争夺战拉开了帷幕。

武帝六子中独广陵王刘胥一人尚在。昭帝崩，群臣大都主张立广陵王。

但刘胥另有一套班底，组阁将不利于霍氏家族。于是霍光"内不自安"，以"王本以行失道，先帝所不用"为由，指使某郎吏上书言："周太王废太伯立王季，文王舍伯邑考立武王，唯在所宜，虽废长立少可也。广陵王不可以承宗庙。"霍光以其书示意丞相杨敞等人，擢该郎为九江太守，即日承皇太后（霍光外孙女）诏，迎立武帝孙昌邑王刘贺。但刘贺并不比刘胥更听话。霍光欲再次废立，借口刘贺"行淫乱"，罗列十大罪状。旋踵，昌邑王刘贺也被废掉。凡从昌邑王入宫群臣皆坐罪，霍光"悉诛杀二百余人。出死，号呼市中曰：'当断不断，反受其乱'"。看来刘贺原本是有所计议和防范的，只是失于寡断而已。这时，汉家之景况真不知天下姓刘还是姓霍了：

> 自昭帝时，光子禹及兄孙云皆中郎将，云弟山奉车都尉侍中，领胡越兵。光两女婿为东西宫卫尉，昆弟诸婿外孙皆奉朝请，为诸曹大夫，骑都尉，给事中。党亲连体，根据于朝廷。光自后元秉持万机，及上（汉宣帝刘询）即位，乃归政。上谦让不受，诸事皆先关白光，然后奏御天子。光每朝见，上虚己敛容，礼下之已甚。②

---

① 《汉书》卷七十六《尹翁归传》。
② 《汉书》卷六十八《霍光金日䃅传》。

这里透露出，霍光自武帝临终前的后元年间就已经"秉持万机"，暗中操纵皇权，经营汉廷前后长达二十余年之久。什么叫"党亲连体，根据于朝廷"？什么叫"上虚己敛容，礼下之已甚"？这种矫饰之辞正是形容西汉外戚政治的典型用语。汉武帝刘彻晚年虽然一再设法避免外戚专政，但是到头来仍然还是被外戚左右了自己身后的局势，这个结局实在是他始料不及的。这不能不说是对一生都在"防变防篡"的刘彻极大的讽刺。

5.宣帝中兴

元平元年（前74），汉宣帝刘询即位，但并未亲政。直到地节二年（前68）春，霍光病故。刘询立即亲政，收回霍氏在朝廷内外的各项权力。

汉宣帝刘询亲政，"用吏多选贤良，百姓安土，岁数丰穰，谷至石五钱"①。整顿吏治，综名核实，施政"务其平之"，"举冤狱，察擅为苛禁深刻不改者"，严禁官吏"务为欺谩，以避其课"，"疑非实者，按之，使真伪毋相乱"；②他对西北匈奴，抗击其侵掠，招抚其归绥，与之和亲，"北边晏然，靡有兵革之事"；对西北羌人，重用赵充国，加强战备，又"解仇交质"，订立同盟，留兵屯田，平息羌乱③；屯田乌垒，建西域都护府，加强与西域的交通和联系；"会诸儒于石渠……通经释义，其事优大，文武之道，所宜从之"④，讲论五经异同，"经学时代"拉开了帷

---

① 《汉书》卷二十四上《食货志》。

② 《汉书》卷八《宣帝纪》。

③ 《汉书》卷六十九《赵充国辛庆忌传》。

④ 《后汉书》卷六十下《蔡邕传》。

幕。

宣帝刘询自幼生长于民间，对社会下层民情、社会黑暗和腐败、人心世道之险恶，较之身处深宫的皇子贵胄清楚得多。刘询恢复了几失于外戚的刘汉天下。他研究了有汉以来，特别是武帝朝执掌皇权的经验教训，认识到无论何种学说，都不能用书呆子的态度对待：各种学说都是为当权者服务的，各有其短长，必须取长避短，要因时、因地、因势灵活运用。自高祖刘邦到武帝刘彻都深明"文武之道"内外虚实的道理。当刘询发现太子刘奭居然专好"纯儒"时，他非常不满，认为太子有可能乱政亡国：

> 〔刘奭〕八岁，立为太子。壮大，柔仁好儒。见宣帝所用多文法吏，以刑名绳下，大臣杨恽、〔盖〕宽饶等坐刺讥辞语为罪而诛，尝侍燕从容言："陛下持刑太深，宜用儒生。"宣帝作色曰："汉家自有制度，本以霸王道杂之。奈何纯任德教，用周政乎！且俗儒不达时宜，好是古非今，使人眩于名实，不知所守，何足委任！"乃叹曰："乱我家者，太子也！"繇是疏太子而爱淮阳王，曰："淮阳王明察好法，宜为吾子。"……上有意欲用淮阳王代太子，然以少依许氏，俱从微起，故终不背焉。①

刘询毕竟是西汉帝国的"中兴之君"。在刘询身上能够看到汉武帝刘彻前期宏图伟略、远见卓识、励精图治的影子，听到

---

① 《汉书》卷九《元帝纪》。

"汉武帝时代"精神的回声。西汉国势最为强盛的时代，莫过于武一宣之世。也可以说，宣帝朝是汉武帝时代的自然延伸。刘向评论说，汉宣帝刘询"聪明远识，不忘数十年事，制持万机，天资治理之材"[①]。这个评价大体是不错的。

皇权的稳固与否，皇朝的兴盛与否，在某种程度上与皇帝个人的才能总是有密切关系的。但是，汉宣帝刘询解决霍氏外戚的办法，仍然只能用许、史外戚取而代之，走前人的老路。他终于未能找到走出怪圈的办法。这也是皇帝个人作用的局限性使然。汉元帝刘奭以博士弟子不限员额的方式最后完成了儒学"独尊"。他"罢黜"了武帝、景帝两朝的"杂霸"政治的各项政治、经济改革政策，为最终篡夺刘汉天下的王氏外戚政治开启了大门，这虽是后话，但与刘彻时代有关，且被历史的尘埃蒙蔽，故写在这里。

四、千秋功罪，任人评说

刘彻是一位盖棺而未能定论的历史人物。或许，这也是许多对历史产生过巨大影响的人物的宿命，他们给历史造成的宏观后果同时代人往往难以预见，这种影响将伴随着历史的展开才能够逐渐呈现出来。刘彻临终前说自己的所作所为："是非儿曹愚人所知也。"此言也多少包含了这一层道理。所以，刘彻盖棺而不能定论倒是正常的历史现象。

1.司马迁论"今上"

第一位写刘彻评传的是司马迁。司马迁有独立人格，《史记》

---

　　① 应劭：《风俗通义·正失》。

"成一家之言"。司马迁写了三千年的通史和西汉迄武帝晚年一个多世纪的当代史：

> 太史公司马谈，世为太史，子迁，年十三，使乘传行天下，求古诸侯史记，续孔子古文，序世事，作传百三十卷，五十万字。谈死，子迁以世官，复为太史公，位在丞相下，天下上计，先上太史公，副上丞相。太史公序事如古《春秋》法。司马氏本古周佚史后也。作《景帝本纪》，极言其短，及武帝之过。帝怒而削去之。后坐举李陵，陵降匈奴，下迁蚕室。有怨言，下狱死。宣帝以其官为令，行太史公文书事而已，不复用其子孙。①

司马迁《今上本纪》的原书现已无法读到。司马迁论刘彻："汉兴五世，隆在建元，外攘夷狄，内修法度，封禅，改正朔，易服色"②，总体上肯定了刘彻太初以前的成就。

司马迁论刘彻对宗室和外戚的政策：景帝削藩是"为国家树长画"，而刘彻继而行《推恩令》"诸侯废立分削……强弱之原云以世"，起到强干弱枝作用，③否定"七国之乱"及淮南王刘安

---

① 刘歆《西京杂记》卷下，龙溪精舍丛书本。钱大昕《廿二史考异》卷一《史记·孝武本纪》条引张晏云："此《纪》褚先生补作。予谓少孙补史，皆取史公所阙。意虽浅近，词无雷同，未有移甲以当乙者也。或魏晋以后，少孙补篇亦亡，乡里妄人取此（按，《封禅书》）以足其数尔。"可备一说。

② 《史记》卷一百三十《太史公自序》。

③ 《史记》卷一百三十《太史公自序》。

"不务遵藩臣职以承辅天子，而专挟邪僻之计，谋为畔逆"的分裂行径。①他又说，"五宗既王，亲属洽和，诸侯大小为藩，爰得其宜，僭拟之事稍衰贬矣"。刘彻对分封制有限的保留利于稳定大局。《太史公自序》曰：汉多外戚之祸，"吕氏之事，〔陈〕平为本谋，终安宗庙，定社稷"，"诸吕为从，谋弱京师，而〔周〕勃反经合于权"。"经"是对"常"而言，"权"是对"变"而言。刘彻注意一方面利用、一方面贬抑外戚，防止其成势。司马迁写刘彻对付窦氏、王氏、卫氏外戚的手段，讥讽卫青、霍去病之笔等等，也颇留意于此。司马迁作《外戚世家》文终于废黜卫氏之前，此后事及刘彻晚年之失，未知是否被削。褚少孙续其文，引《易》论史："丈夫龙变。《传》曰：'蛇化为龙，不变其文；家化为国，不变其姓。'"点破了《史记》的"微言大意"。总之，司马迁总体上赞成刘彻的"大一统"政策，但是他主张"形势虽强，要之以仁义为本"，既赞成加强中央集权，同时也调和统治集团内部矛盾，对刘彻用法过滥、诛杀过甚、偏离"仁义"之道的做法难免有微词。

司马迁肯定了刘彻治理河决、兴修水利的各项措施：例如，刘彻亲自组织治河，司马迁参加了此事，"余从负薪塞宣房"，"于是卒塞瓠子……道河北，行二渠，复禹旧迹，而梁、楚之地复宁，无水灾"。盛赞刘彻大力兴修水利工程，利国利民，"不可胜言，然其著者在宣房"。②

司马迁对刘彻重用"酷吏"持批评态度："自张汤死后，网

---

① 《史记》卷一百一十八《淮南衡山列传》。
② 《史记》卷二十九《河渠书》。

密，多诋严，官事浸以耗废。九卿碌碌奉其官，救过不赡，何暇论绳墨之外乎！"法令的作用是"导民"，刑罚的作用是"禁奸"，"法令者治之具，而非制治清浊之源也"①。法令、刑罚是治国的手段和工具，而不是根本。司马迁借汲黯之口批评刘彻："内多欲而外施仁义"②，是外儒内法，失"仁义之本"。《史记》有所谓《循吏列传》，却只写了前代"奉职循理"之官，而未写当代"循吏"。"不书"也是一种批评时政的笔法。司马迁批评刘彻大搞神秘主义，一再受方士巫师愚弄；多所兴作，民不聊生，曰："欲兴圣统，唯在择任将相哉！"③批评刘彻用人施政有许多失误。他批评刘彻好大喜功，穷兵黩武，"财赂衰耗而不赡"，与民争利，于是有"亨弘羊，天乃雨"的民谚。总之，司马迁写刘彻"不虚美，不隐恶"，与"为尊者讳""隐恶扬善"完全不同，让人们看到历史真实的另一面——帝王将相残暴虚伪的一面。东汉王充说司马迁作"谤书"，裴松之驳此论："迁为不隐孝武之失，直书其事耳，何谤之有乎？"④李贽说《史记》不必以圣人是非为是非，乃"迁发愤之所为作也，其不为后世是非而作也"⑤，颇有见地。

2. 盐铁会议否定刘彻新政

刘彻身后，昭帝朝有一股贬低否定刘彻的思潮。以"文学""贤良"为代表的地方荐绅势力在急于专权的霍光支持下，于始

① 《史记》卷一百二十二《酷吏列传》。
② 《史记》卷一百二十《汲郑列传》。
③ 《史记》卷一百十《匈奴列传》。
④ 《三国志·魏书·董二袁刘传》注。
⑤ 《藏书》卷四十《司马迁》。

元六年（前81）盐铁会议上全面清算武帝朝的政策，反对刘彻
"霸王道杂之"的新政，主张"进本退末""抑末利"，认为盐铁、
均输、酒榷等国家经济垄断体制是"与民争利"。《盐铁论·本
议》载，代表荐绅阶层的"文学"曰：

> 窃闻治人之道，防淫佚之原，广道德之端，抑末利而开
> 仁义，毋示以利，然后教化可兴，而风俗可移也。今郡国有
> 盐、铁、酒榷、均输，与民争利。散敦厚之朴，成贪鄙之
> 化。是以百姓就本者寡，趋末者众。夫文繁则质衰，末盛则
> 本亏。末修则民淫，本修则民悫。民悫则财用足，民侈则饥
> 寒生。愿罢盐、铁、酒榷、均输，所以进本退末，广利农
> 业，便也。

从字面看，"文学"的理论有明显的逻辑矛盾：新经济政策
是国家"与民争利"，他们主张国家让利于民，对百姓"毋示以
利"。既然如此，那么新政使"百姓就本者寡，趋末者众"又从
何谈起呢？可见他们实际上是主张国家勿与"豪民"争利，使
"细民"务"本"。国家不要富，细民也不要富，那么利归于谁，
由谁致富呢？按照这个逻辑，实际上就只有豪族致富了。但若国
家不富，国力就不强，不具备对抗匈奴的国力。富国强兵是刘彻
强化中央集权、推行新经济政策的前提。桑弘羊答辩指出，集中
国家人力、财力、物力是反击匈奴的必不可少的条件，新经济政
策是非常必要的：

> 匈奴背叛不臣，数为寇暴于边鄙。备之则劳中国之士，不备则侵盗不止。先帝哀边人之久患，苦为虏所系获也，故修障塞，饬烽燧，屯戍以备之。边用度不足，故兴盐、铁，设酒榷，置均输，蕃货长财，以佐助边费。①

"文学"在"义—利"关系问题上持不切实际的论点："孔子曰：'有国有家者，不患贫而患不均，不患寡而患不安。'故天子不言多少，诸侯不言利害，大夫不言得丧……是以近者亲附而远者悦服。故善克者不战，善战者不师，善师者不阵。修之于庙堂，而折冲还师。王者行仁政，无敌于天下，恶用费哉？"②国家不必搞经济和办军备。"文学"食古不化，对"德"的理解极其片面："古者贵以德而贱用兵，孔子曰：'远人不服，则修文德以来之。既来之，则安之。'今废道德而任兵革，兴师而伐之，屯戍而备之，暴兵露师以支久长，转输粮食无已，使边境之士饥寒于外，百姓劳苦于内。"③其实，上古三代先王之"德"本身是包含了蕃财兴利、文治武功的。

贤良、文学把上古社会过度理想化，把带有公社性质的原始平均主义的村社制度描绘成理想的至治大化之境。但是，他们根本不理解，平准、均输正是汉武帝刘彻在新的历史条件下试图运用国家机器保持编户齐民财产相对均衡状态的手段，他们不能理解古代工、商业分工之后导致社会分化的必然性，更不理解古代

---

① 《盐铁论·本议》。
② 《盐铁论·本议》。
③ 《盐铁论·本议》。

国家机器正是适应这种社会分化而相应形成的调节控制社会财富再分配的职能作用。桑弘羊反复论证了武帝时代新经济政策之所以出现，不仅有时代之必要性，同时也有其历史之必然性：

> 古之立国家者，开本末之途，通有无之用，市朝以一其求，致士民，聚万货，农商工师，各得所欲，交易而退。《易》曰："通其变，使民不倦。"故工不出，则农用乏；商不出，则宝货绝。农用乏，则谷不殖；宝货绝，则财用匮。故盐、铁、均输，所以通委财而调缓急。①

工商业在国民经济中据有极其重要的地位。这一点，儒家学派是不能完全否定的。但是，"文学"把农业视之为"本业"，而把工商业视之为"末业"：工商"非治国之本务也"；"国有沃野之饶而民不足于食者，工商盛而本业荒也"。主张"进本退末"。桑弘羊引述《管子》加以驳斥：

> 《管子》云："国有沃野之饶而民不足于食者，器械不备也。有山海之货而民不足于财者，商工不备也。"陇、蜀之丹漆旄羽，荆、扬之皮革骨象，江南之楠梓竹箭，燕、齐之鱼盐旃裘，兖、豫之漆丝𫄨纻，养生送终之具也，待商而通，待工而成……是以先帝建铁官以赡农用，开均输以足民

---

① 《盐铁论·本议》。

财。盐、铁、均输，万民所载仰而取给者，罢之不便也。①

桑弘羊总结有汉以来财政经济的经验，指出国营工商业化末为本，是国家经济宏观调控的杠杆，也是使分裂割据状态归于一统的重要职能：

> 往者，郡国诸侯各以其方物贡输，往来烦杂，物多苦恶，或不偿其费。故郡国置输官以相给运，而便远方之贡，故曰均输。开委府于京师，以笼货物。贱即买，贵则卖。是以县官不失实，商贾无所贸利，故曰平准。平准则民不失职，均输则民齐劳逸。②

盐铁会议涉及问题广泛，《本议》只是其中提纲挈领的部分。"贤良""文学"一厢情愿，脱离实际，持论之迂腐可见一斑。

盐铁会议后，杨敞由霍光擢为搜粟都尉，取代桑弘羊主理国家财政，后来官至丞相。他深悉霍氏废立之事。其妻是司马迁之女，子杨恽是司马迁外孙："恽母，司马迁女也。恽始读外祖《太史公记》，颇为《春秋》。"③"迁既死后，其书（《太史公书》）稍出。宣帝时，迁外孙平通侯杨恽祖述其书，遂宣布焉"④。《春秋》属史部，杨恽"颇为《春秋》"，即续写《史

---

① 《盐铁论·本议》。
② 《盐铁论·本议》。
③ 《汉书》卷六十六《公孙刘田王杨蔡陈郑传·杨敞附杨恽》。
④ 《汉书》卷六十二《司马迁传》。

记》。杨恽后为宣帝所杀。杨氏续写《太史公书》当然不会赞美刘彻。

3.西汉后期对刘彻褒贬相反的评价

宣帝本始二年（前72），朝议立武帝庙乐，长信少府名儒夏侯胜当即提出异议："武帝虽有攘四夷、广土斥境之功，然多杀士众，竭民财力，奢泰亡度，天下虚耗，百姓流离，物故者半，蝗虫大起，赤地数千里，或人民相食，畜积至今未复；亡德泽于民，不宜为立庙乐。"①宣帝刘询根据昭帝失政的教训，力主恢复刘彻的威信，故其时刘彻的形象有所恢复。

元帝朝再度否定刘彻。贾捐之说："〔武帝〕籍兵厉马……天下断狱万数……寇贼并起，军旅数发，父战死于前，子斗伤于后，女子乘亭障，孤儿号于道，老母寡妇饮泣巷哭……是皆廓地泰大，征伐不休之故也。"②宋人洪迈发现，"所指武帝之失，捐之言最切……皆汉法所禁，如捐之直指其事，则在所不问乎？"③汉元帝何尝不知其事？不过他并不反对罢了。其实，贾捐之所言多不实之处，刘向早已有驳论："前待诏贾捐之为孝元皇帝言：'太宗（文帝）时，民赋四十，断狱四百余。'案太宗时民重犯法，治理不能过中宗（宣帝）之世……如捐之言，复不类。前世断狱，皆以万数，不三百人。"其实，东汉应劭早已指出贾氏美化文帝的目的是丑化武帝：文帝文不能用贾谊而拒其规谏，以至"门茸尊显，佞谀得意"（贾谊疾邓通语）；武不能用良将魏尚御

---

①《汉书》卷七十五《眭两夏侯京翼李传·夏侯胜》。

②《汉书》卷六十四下《严朱吾丘主父徐严终王贾传·贾捐之》。

③《容斋随笔》卷十一。

匈奴，而致候骑至甘泉，烽火通长安；治民不能用季布理郡县而豪强僭制，修身不谨而邓通侔于封君。故"太宗之世，不可以为升平"。文帝之所以得后儒称誉，不过是"礼言事者，不伤其意，群臣无小大，至即便从容言……其言可者称善，不可者喜笑而已。言事多褒之，后人见遗文，则以为然。世之毁誉，莫能得实，审形者少，随声者多"①而已。西汉末人们对这种思潮提出怀疑。如梅福对武帝朝的治道提出：

> 至秦则不然，张诽谤之罔，以为汉驱除，倒持泰阿，授楚其柄。故诚能勿失其柄，天下虽有不顺，莫敢触其锋，此孝武皇帝所以辟地建功，为汉世宗也。今不循伯（霸）者之道，乃欲以三代选举之法，取当时之士，犹察伯乐之图，求骐骥于市，而不可得，亦已明矣。故高祖弃陈平之过而获其谋，晋文召天王，齐桓用其仇，有益于时，不顾逆顺，此所谓伯道者也。一色成体谓之醇，白黑杂合谓之驳。欲以承平之法治暴秦之绪，犹以乡饮酒之礼理军市也。②

刘向言"外家日盛，其渐必危刘氏"。王莽利用刘歆校书为篡权服务，刘歆欲"曲线救汉"。后人论，"至于哀、平之际，王氏专政。一岁之中，无罪而免者数十，捽而去之如挥羊豕。其欲诛莽者，武平侯璜、陵乡侯会、翟义所立者严乡侯信，只骈首就

---

① 《风俗通义·正失》引刘向语。
② 《汉书》卷六十七《杨胡朱梅云传》。

戮，无一人应，恶睹所谓百足不僵者乎？"①刘歆见王莽篡汉之
势，欲恢复"汉家制度"，重评刘彻的"中兴之功"：

> 孝武皇帝悯中国罢劳，无安宁之时，乃遣大将军、骠
> 骑、伏波、楼船之属，南灭百粤，起七郡；北攘匈奴，降昆
> 邪十万之众，置五属国，起朔方以夺其肥饶之地；东伐朝
> 鲜，起玄菟、乐浪以断匈奴之左臂；西伐大宛，并三十六
> 国，结乌孙，起敦煌、酒泉、张掖以隔婼羌，裂匈奴之右
> 肩。单于孤特，远遁于幕北，四陲无事，斥地远境，起十余
> 郡。功业既定，乃封丞相为富民侯，以大安天下，富实百
> 姓。其规模可见。又招集天下贤俊，与协心同谋，兴制度、
> 改正朔、易服色、立天地之祠、建封禅、殊官号、存周后，
> 定诸侯之制，永无逆争之心，至今累世赖之。单于守藩，百
> 蛮服从，万世之基也。中兴之功，未有高焉者也。②

这类评论和评价，皆因其与当朝统治集团内部的权力斗争有
千丝万缕的关联，无论其对刘彻或褒或贬，皆与论者本人的利害
得失直接相关，当然有损于其评论的客观性了。不过这类评论倒
利于我们从正反两个侧面看问题。

4.东汉以后人们对刘彻的评论

东汉仍然是刘氏的政权，而且儒学的统治地位已经牢牢地确

---

① [清] 汪越《读〈史记十表〉》。
② 《汉魏六朝百三家集·刘子骏集·武帝庙不宜毁议》。

立下来。所以在人们对刘彻平生功过作重新总结时，必然要恢复醇儒"尚文"的基调，但毕竟已是隔代之事，有王莽篡汉之前鉴，全盘否定刘彻在当时从政治上看来显然是有欠稳妥的。所以，人们势必要把刘彻改塑成一座于刘汉皇权"无害"的雕像。不过到了东汉以后，情况又有所变化，人们评论刘彻的眼光和视角也就有了新的变化。班固《汉书·武帝纪·赞》说：

> 汉承百王之弊，高祖拨乱反正，文景务在养民，至于稽古礼文之事，犹多阙焉。孝武初立，卓然罢黜百家，表章《六经》。遂畴咨海内，举其俊茂，与之立功。兴太学，修郊祀，改正朔，定历数，协音律，作诗乐，建封禅，礼百神，绍周后，号令文章，焕焉可述。后嗣得遵洪业，而有三代之风。如武帝之雄材大略，不改文景之恭俭以济斯民，虽《诗》《书》所称，何有加焉！

班固肯定刘彻的文治，未及武功，或以此为无言之讥。尽管刘彻奢侈过度，大可指责，但必欲求"不改文帝之恭俭"，也便不可能展其"雄材大略"。东汉章帝朝的孔僖、崔骃论武帝始为天子崇信圣道，其后"恣己"，忘其前善。荀悦也对刘彻褒贬参半，肯定前期否定后期，"必其始，未克其终"：

> 武皇帝恢万世业，内修文学，外曜武威，延天下之士济济盈朝，兴事创制，无所不施，先王之风粲然存矣。然犹好其文，未尽其实，发其始，不克其终。奢侈无限，穷兵极

武，百姓空竭……天下骚然，海内无聊，而孝文之业衰矣。①

东汉的桓谭对刘彻评价的基调与荀悦之论也有某种相似之处：

汉武帝材质高妙，有崇先广统之规。故即位而开发大志，考合古今，模范前圣故事，建正朔、定制度，招选俊杰，奋扬威怒，武义四加，所征者服。兴起六艺，广进儒术。自开辟以来，惟汉家为最盛焉，故显为世宗，可谓卓尔绝世之主矣。然上多过差，既欲斥境广土，又乃贪利争物之无益者：闻西夷大宛国有名马，即大发军攻取历年，士众多死，但得数十匹耳；又歌儿卫子夫，因幸爱重，乃阴求陈皇后过恶而废退之；既立子夫，更其男为太子；后听邪臣之谮，卫后以忧死，太子出走，灭亡不知其处；信其巫蛊，多征会邪僻，求不急之方，大起宫室，内竭府库，外罢天下，百姓之死亡不可胜数。此可谓通而蔽者也。②

历史人物评价标准与评价者所处的时代相关。刘彻常说："守成尚文，遭遇右武。"东汉承平已久，儒学极盛，重视刘彻文治建树，对其武功则大而化之。时代使然，应予理解。再看天下

---

① 《艺文类聚》卷十二引《汉纪》佚文。
② 桓谭《新论·通识》。

动乱时代人们的评论。魏武帝曹操终结了刘汉天下。曹操《自明本志令》论"受命及中兴之君""齐桓其何以霸世",①可知他最懂刘彻。

陈寅恪捕捉到曹操与刘彻间的精神联系:"夫曹孟德者,旷世之枭杰也。其在汉末,欲取刘氏之皇位而代之,则必先摧破其劲敌士大夫阶级精神上之堡垒,即汉代传统之儒家思想,然后可以成功。读史者于曹孟德之使诈使贪,唯议其私人之过失,而不知此实有转移数百年世局之作用,非仅一时一事之关系也。"②刘彻与曹操一则以立新,一则以破旧,皆精于王霸之辨,陈寅恪先生之说实为中鹄之言。苏诚鉴先生认为刘彻元封五年《求贤诏》(察举茂才令)乃"曹操《惟才是举令》的滥觞"的推测③是很有道理的。曹操之子魏文帝曹丕对汉武帝刘彻也有很高评价:

> 孝武帝承累世之遗业,遇中国之殷阜,府库余钱帛,仓廪蓄腐粟。因此有意乎灭匈奴而廓清边境矣。故即位之初,从王恢之画,设马邑之谋。自元光以迄征和,四五十载之间,征匈奴四十余举,逾广汉、绝梓岭、封狼居胥、禅姑幕、梁北河,观兵瀚海、刈单于之旗、剿阏氏之首、探符离之窟、扫五王之庭,纳休屠、昆邪之附,获祭天金人之宝,斩名王以千数,馘酋虏以万计。既穷追其散亡,又摧破其积

---

① 《三国志·魏书·武帝纪》。
② 《金明馆丛稿初编》,第43页。
③ 苏诚鉴:《董仲舒对策在元朔五年议》,《中国史研究》1984年第3期。

聚，虏不暇于救死扶伤，疲于孕重堕殰。元封初，躬执武节，告以天子自将，惧以两越之诛。易彼时号可为威震匈奴矣。①

或认为君主与文人看问题角度不同。那么请看曹氏最文人化的曹植之论：

> 世宗光光，文武是攘。威振百蛮，恢拓土疆。简定律历，辨修旧章。封天禅土，功越百王。②

汉晋之际，芸芸众生长期生活在周边民族入侵和连绵内战的水火之中。人们切盼出现一位能操纵中央集权国家，指挥统一意志的战争机器，经略天下，征服四方的"圣武之君"。只有汉武帝刘彻才能满足社会安定的心理需要。

就上述人物对刘彻评论的时代背景而言，从宣、元之际到东汉末是经学时代，汉晋之际则是天崩地坼的时代；经学衰落，太平道勃兴，佛学内传，天下大乱，"正始之音"，删繁就简，玄学思潮再度回眸"子学时代"，曹魏复兴霸道。此正是刘彻所说的所谓"守成尚文，遭遇右武"是也。至封建社会后期到近代资本主义时期，人们开始批判思想文化专制统治，寻找新的国家形式和思想武器，对汉武帝的看法也就不可避免地发生了某些改变。这都是可以理解的。由此可见，对历史人物的评价往往与论者自

---

① 曹丕《典论》。
② 《汉魏六朝百三家集·陈思王集·汉武帝赞》。

身面临的"问题情景"有关联。人们生活在历史之中，历史处于不断的变化之中，当然不可能设想对一段历史和一个历史人物作出永恒不变的评价。对刘彻的评论有必要倾听历史的回声，开拓视野，调整认识的角度和评价的尺度。

汉武帝时代终结了，经过昭、宣时代的调整，刘汉政权转危为安。公正地说，西汉的衰落实际上始自汉元帝时代。当然，刘汉天下的得失于两千多年之后的我们原是无可无不可的事情——历史的是是非非也不可能再以我们的评判而再度改演一遍。不过，历史留给后人的却是深刻的经验和教训。颇值得后人反复玩味、细心解读的是汉宣帝刘询论汉家制度"霸王道杂之"那一段告诫太子之语。刘询把刘家如何当皇帝的精神读懂了，吃透了。这段话也正为我们真正认识"汉家制度"和刘彻的精神世界打开了一扇门，为我们深入解析皇权金字塔之谜铸造了一把钥匙。这对两千多年后的我们来说，不啻是一份珍贵的精神财富。这里特别需要提及的一点就是，刘彻出于将"天下"视为刘家私产的防变、防篡心理，在中华民族精神文化中留下了很深的烙印，这倒是需要我们深刻反思的问题。今天的我们无须再用君主专制时代的眼光来看待本书的传主汉武帝刘彻了。不过，读一读不同时代人们对刘彻的各种评价，对我们用现代的眼光对他作出再评价还是有益的。

第十章　汉武帝时代的科技文化艺术

汉武帝时代，中国的科学技术和文化艺术事业有了可观的进步，特别是在科学和技术领域，有许多项目领先于世界水平。这些科技成就的取得与武帝朝的政策是分不开的。刘彻酷爱文学艺术，在他的提倡下，汉赋和乐府艺术以及其他许多门类的艺术文化也都有了长足的发展。武帝时代东西方文化的交流谱写了世界文化史新的篇章。

一、生产工具和工程技术的发展

尚本重农是战国以来各国君主富国强兵的施政方针，但大都只是通过政策法令推行。刘彻则更关注改进生产技术和生产条件，他通过铁官把先进的冶铁、铸铁技术向全国推广，促使先进的铁制农具广泛应用到农业生产中，推动了农业生产的发展。他特别注重水利工程的建设，注意农作物优良品种选育，也非常注重畜牧业的发展。总之，汉武帝时代的综合社会生产力得到了很大的提高。

1.冶金技术的发展与手工制造业的进步

刘彻推行盐铁官营，冶铁技术在国家的大规模经营过程中，在全国各地得到了广泛的发展（详本书第五章）。由于铁业由国家经营，资金、人力、物力、运输保管条件都有了保障，同时国家调集许多精通冶铁技术的人指导各地铁官生产，铁业有了较好的发展条件。由于生产规模大，生产条件好，反复实践、实验的机会多，资金充足，也有利于技术的保存、传播、交流和提高。

根据考古发现的实物测定，武帝朝冶炼技术的提高主要表现在含硅元素较多的灰口铁生产工艺已经成型，韧性铸铁被广泛应用，发明了球墨铸铁的铸造技术，[①]百炼钢的技术有了突破性的发展，[②]叠铸技术趋于成熟和推广等。[③]为了适应冶铁规模的不断扩大，降低成本，在燃料上开始了使用煤炭代替木炭的试验性工作。这种技术为中国的炼焦技术发明作了最早的实验性探索。所有这些技术进步，都是当时世界上最先进的。据统计，西汉中期中国铁的产量超过战国时代的3—4倍，铁工具的种类超过战国时期十倍多，铁的年产量约为四万吨。这个产量说明中国是当时世界上头号产铁大国。各项炼铁的工艺技术领先于世界的水平一直延续到了明代！这是汉武帝刘彻铁业官营政策推行的基础。另外，在冶金、铸造工艺技术方面，武帝时代也都处于世界领先的地位。譬如，著名的马踏飞燕青铜铸造技术，铸造纯金马、铜马和鎏金马的技术等，其工艺之精湛令人惊叹不已。至于漆器制造、玉器制造等各种高级工艺技术，在当时都远远领先于世界其他国家和地区。

---

① 《渑池县发现的窖藏铁器》，《文物》1976年第8期。

② 北京钢铁学院：《中国古代冶金》。

③ 河南博物馆：《汉代铸铁》。

2. 新式农耕机具的发明和推广

武帝朝注重农业生产机械、工具的发明和改进。据《汉书·食货志》记载："大农置工巧奴与从事，为作田器。"赵过集中了大批能工巧匠研制和改进农机具。在"代田法"的推行过程中，"其耕耘下种田器，皆有便巧"。由大农铸造和制作的先进农机具通过各地方行政机构向个体农户推广，"二千石遣令长、三老、力田及里父老善田者，受田器"，使先进的农具与农业生产者广泛结合，很快形成巨大的农业生产力。《齐民要术》里曾经提到赵过发明的下种专用农具"耧"："三犁共一牛，一人将之，下种挽耧，皆取备焉，日种一顷。"这种"三犁共一牛"之"耧"，也称"三腿耧"，畎播三行，采光通风合理，是与畎陇间作的田制相配套的技术。由于改定田亩制度和牛耕广泛普及，以及深耕和条播方法的需要，在大农主持下对农具有许多改良和创新，诸如锄、镰、铦、耙等各种常用农具都有改进。各地铁官生产的农具粗制滥造不合民用的情况也有所改观。新式农机具从关中一直推广到"边郡及居延城"。先进农机具的推广为全国范围大幅度提高农业生产率创造了必要的条件。

3. 推广"代田法"

武帝末年，用赵过推行"代田法"。"代田法"是当时一种更有效地利用地力的农业耕作方法。这种新的耕作方法是在综合了古代井田和授田等规制，并总结了北方农业耕作的实践经验加以改造，使之适用于铁犁等先进农具耕作而发明的。其制，将一亩田划为三垄三畎。汉制二百四十步为亩之制，即宽一步，长二百四十步。步承秦之制，六尺为步，每亩六个一尺宽二百四十步长的条形地，三为垄，三为畎，垄畎相间。畎种垄闲，畎垄每年一易，互为休耕，即今年之畎，明年易为垄，今年之垄，明年易为畎。这种方法较之传统的采用漫地撒种的粗放耕作的"缦田法"进步得多。"代田法"的耕作用的是"耦犁"，即二犁并耕。二犁并耕所发的土壤一尺宽（汉之犁头约汉尺五六寸宽）。[①]"代田法"的优点是保持地力，不致使土壤瘠瘦化，利用垄间土培苗，使苗根深，抗风抗旱保墒，抑制杂草生长，便于中耕管理和收获，符合庄稼与土壤、水分、日照条件的合理关系，增产效益非常显著。代田法较缦田法每亩多收粟"一斛以上"[②]（汉代一斛粟约今14.45公斤）。汉初北方旱作每亩（小于今亩）产粟平均约40公斤，故"代田法"增产40%以上。这一增产幅度是中国农业史上的一项纪录。在刘彻的大力支持下，"代田法"得到了广泛推广，不仅在中原地区，而且广及边远郡县乃至西北的居延一带，在如此广袤的区域推广这种先进的耕作方式，其经济效益自然十分可观。"代田法"与牛耕相结合，合理地利用地力，减轻劳动强度，大幅度地提高了农业生产率。

4.注重水利工程建设

刘彻非常注意治水工程建设，这体现在两个方面：一是治理水患，二是兴修水利。他对水利建设有比较深刻的理解。他特别强调说：

> 农，天下之本也。泉流灌浸，所以育五谷也……故为通沟渎，畜陂泽，所以备旱也……令吏民勉农，尽地利，平繇

①《汉书》卷二十四上《食货志》。
②《汉书》卷二十四上《食货志》。

行水，勿使失时。①

不仅战国以来原有的水利工程，如郑国渠、都江堰、南阳等老灌区都得到完善和扩大，大司农郑当时在关中修建漕渠，"引渭穿渠起长安，旁南山下，至河三百余里……渠下民田万余顷又可得以溉。此损漕省卒，而益肥关中之地，得谷"②。关中建成了当时最先进的农田自流灌溉系统。

元光三年（前132）黄河决于瓠子，东注钜野泽，夺淮入海。因丞相田蚡反对，二十余年未塞。元封二年（前109）天旱，刘彻决定利用黄河水量小的有利时机，堵塞多年未能修复的瓠子决口。刘彻亲临现场组织数万大军施工。刘彻注意到东郡地区的百姓弋烧柴草，修筑堤坝必需的树木藁草不足取用，令全军砍卫地淇园之竹，作为塞河工程减缓水流速度的"楗"，以连接竹编的"石菌"、草包实土，逐次增加密实程度，终于堵塞住决口：

树竹塞水决之口，稍稍布插接树之，水稍弱，补令密，谓之楗。以草塞其里，乃以土填之；有石，以石为之。③

刘彻塞瓠子口的方法至今仍被用作防汛抗洪的基本技术。刘彻不仅堵塞了瓠子口，恢复了大禹导河的故道，还乘此项工程之便，利用"河道北行二渠"作为排泄洪水的水道。"而河道北行

①《汉书》卷二十九《沟洫志》。
②《汉书》卷二十九《沟洫志》。
③《史记》卷二十九《河渠书》集解引如淳曰。

二渠，复禹旧迹，而梁、楚之地复宁，无水灾"①。瓠子口工程成了旱时灌溉、涝时排洪的水利枢纽工程。

> 自是之后，用事者争言水利。朔方、西河、河西、酒泉皆引河及川谷以溉田；而关中辅渠、灵轵引堵水；汝南、九江引淮；东海引钜定；泰山下引汶水：皆穿渠为溉田，各万余顷。佗小渠披山通道者，不可胜言。然其著者在宣房。②

太始二年（前95），赵中大夫白公复奏请穿渠引水。该工程首起谷口，尾入栎阳，长二百里，溉田四千五百余顷，名曰"白渠"，为当地农业带来了巨大的效益。当地流传的民谚说：

> 田于何所？池阳、谷口。"郑国"在前，"白渠"起后。举臿为云，决渠为雨。泾水一石，其泥数斗。且溉且粪，长我禾黍。衣食京师，亿万之口。③

这些水利工程使关中成为名副其实的"天府之国"。"龙首渠"虽因塌方等地质因素未能达到预期目的，但是由这一工程首创的挖掘地下涵洞通水灌溉的技术通过"丝绸之路"传到西域，这种技术就是至今新疆和中亚地区还在应用的"坎儿井"。武帝朝的水利工程并不仅限于关中和关东地区，而且还推广到今新

---

① 《史记》卷二十九《河渠书》。
② 《史记》卷二十九《河渠书》。
③ 《汉书》卷二十九《沟洫志》。

疆、宁夏、内蒙古、云南等最边远的地区，使当时的人均占有溉田面积约0.4（汉）亩。武帝一朝开发并受益的大中型农业灌溉水利工程，大约占秦至两汉四百年间全部水利工程总量的50%。①

二、刘彻对科技事业的支持②

刘彻"悉延百端之学"，有一技之长者皆为立官，科技事业因之有了显著发展。中国以农业立国，刘彻对科技事业的支持涉及天文、历法、数学、医学、造纸术、农业技术诸方面，惠及与农业有关的工业技术、冶金技术和水利工程等诸领域。

1.天文历法研究的进步和《太初历》的颁行

历法精准是农业生产的必要条件。历法与天文学密切相关。中国自古以来在天文历法方面的研究有很高的成就。由于秦汉之际天文历法研究中断，久未修历，测天观象制历机构也不健全，故汉初沿用《颛顼历》数十年。至武帝朝，历法错舛愈甚，"朔晦月见，弦望满亏，多是非"，严重影响了农业生产。朝野呼吁"历纪坏废，宜改正朔"。刘彻遂下令司马迁、公孙卿、壶遂等"议造汉历"③。参加制造仪器、天文观测、历法推算和校定等各项工作的还有天文历法学家邓平、唐都、落下闳等二十余人。他

---

① 详彭曦：《初论战国秦汉两次水利建设高潮》，《农业考古》1986年第1期。

② 本节参考了彭曦：《汉武帝对古代科技的重大影响》，《秦汉史论丛》第五辑，中国秦汉史研究会编，法律出版社，1992年版。

③《汉书》卷二十一上《律历志》。

们收集民间历法18种，共计606卷，①经过若干年比较、研究、计算，最终由刘彻亲自批准采用"邓平所造八十一分律历"②，并在太初元年（前104）正式命名为《太初历》。其科学成就在《史记·历书》和《天官书》都有记载。"太初"的意义是宇宙的开端，刘彻以此命名这部历法，象征太初年间的"改元更化"。以"究天人之际"的态度对待历法，中国历史上尚无第二个皇帝能与之相比。历法与天文学和星象观测有密切关系。西汉天文学有所发展，《汉书·艺文志》著录天文学著作21家，共445卷，其中虽然混杂了星占方面的某些杂质，但也反映了西汉"天学"方面的成就。例如，《太初历》采用以没有中气的月份置闰，使月与季的配合更合理。它采用了落下闳的"朔望之会"（"交蚀周期"），充分利用当时天文观测的成就，从中选取最精确的行星会合周期数据，并为以后历代制历工作奠定了科学的基础。这是中国古代天文学和历法至明代以前长期领先于世界的极其重要的原因。

2. 相关科学技术群的发展

以刘彻推行"兼容并包"的文化政策为背景，天文学、数学、化学、农学、医学以及造纸技术等大量相关科技成就的出现绝非偶然，而是社会进步、文化发展的必然结果。武帝时代应用数学的社会需求大大增加，因而出现了多种以实用计算为特点的应用数学著作，如《许商算术》、《杜忠算术》（均佚）、《九章算

---

① 《汉书》卷三十《艺文志》。
② 《汉书》卷二十一上《律历志》。

术》等都反映了"西汉中期人们获得的数学成就"①；再如，农学中有《蔡癸》《氾胜之书》等一批农学著作，对西汉中期大量农业实践作了科学总结；在气象学方面，各地政府要在农作物生长期上报降雨量，"自立春至立夏尽立秋，郡国上雨泽"②；《淮南子·齐俗训》记载了一种叫作"倪"的风向标："倪之见风，无须臾之间定矣"；用木炭观察记录空气湿度的技术，"阳气为火，阴气为水。水胜，故夏至湿；火胜，故冬至燥。燥故炭轻，湿故炭重"③；据《汉书·艺文志》记载，医学和人体科学方面的著作，有《黄帝内经》等7家，共216卷。以《易》—阴阳五行学说为逻辑框架的《黄帝内经》体系的出现，标志着中医学人体科学及病理学的形成，并成为中国医学—人体学的轴心；《五藏六腑痹十二病方》收集了临床验方11家共274卷，其中绝大部分完成于西汉中期前后，为中国医药学、临床医学的发展奠定了基础，成为世界医学和医药学史上的一枝奇葩。值得一提的是，正是在西汉天文学和人体学两方面科学成就的基础上，汉代哲学才呈现出"天人合一"全面综合的形态。

由于武帝朝社会文化发展的需要，建藏书之室，置写书之官，著书、藏书、读书等，成为一种时尚。由于传统书写材料过于笨重且昂贵，加之上林和三官的纺织、印染、服装加工业规模宏大，为早期造纸业的探索创造了丰富的物质条件，代替简牍和缣帛的植物纤维纸进入探索—试制阶段。④造纸术的发明为人类

---

① 杜石然等：《中国科学技术史稿》上册，第183页。

② 《续汉书·礼仪志中》。

③ 《淮南子·天文训》。

④ 彭曦：《"蔡伦造纸"刍议》，《历史教学》1984年第9期。

文明的大发展提供了必要条件。

武帝时代"悉延百端之学，通一伎（伎，兼指方技）之士咸得自效"的文化政策，科学技术得到长足发展。在中国近代以前的历史上，科学技术如西汉武帝朝这样规模广泛地迅速增长的时代毕竟是不多见的。

三、刘彻对艺术文化的影响

刘彻本人酷爱文学艺术。他的这一特点，对汉代文学艺术的发展产生了重大的影响。在中国文学史上，不同的时代文学的主要样式是不同的。汉代文学的主要成就是汉赋、乐府诗歌、《史记》和政论文章。如果说汉赋与唐诗、宋词、元曲、明清小说以其各具独特的时代风采和魅力著称于世的话，那么汉赋的兴起与汉武帝刘彻本人文学创作的实践和大力提倡是分不开的。

1.刘彻本人的赋

刘彻自幼学诗，那是儒家的经典《诗经》。这培养了他对诗歌的深厚兴趣。《诗经》主要是古代北方的文学形式，多四字句，比较规范，文字也很古朴；《楚辞》则是南方的文学形式，句型长短不一，富于变化。汉赋则是《诗经》与《楚辞》两种文学形式的结合，是刘彻最喜爱的文学样式。

元鼎四年（前113），刘彻得鼎以后作的《秋风辞》是一篇声情并茂的赋。此时他或许已经意识到人生的沧桑，既想乘风归去，又深恋着割舍不下的佳人：

秋风起兮白云飞，草木黄落兮雁南归。

兰有秀兮菊有芳，怀佳人兮不能忘。

泛楼船兮济汾河，横中流兮扬素波。

箫鼓鸣兮发棹歌，欢乐极兮哀情多。

少壮几时兮奈老何。①

　　刘彻毕竟是人间的君主，世俗的功名利欲，并不能如"脱履"一样抛却。权力、女人、寿命、黄金……一切一切，纠葛着他的生活，矛盾着他的一生。这篇《秋风辞》是刘彻泛楼船于汾水中流之时，于醉中所作。字里行间多少流露出了他的悲观情绪，透露了他"缘饰"于圣王外表之下内心真实的精神活动。

　　元封二年（前109），刘彻亲临黄河瓠子决口处，组织群臣和数万大军抢险，自将军以下皆负淇园之竹堵塞决口。这是刘彻平生壮举之一。激奋之余，他写下了《瓠子歌》，表达自己践履禹迹，拯救天下之志。《史记·河渠书》载：

瓠子决兮将奈何？浩浩旰旰兮闾殚为河！

殚为河兮地不得宁，功无已时兮吾山平。

吾山平兮钜野溢，鱼沸郁兮柏（迫）冬日。

延（正）道弛兮离常流，蛟龙骋兮方远游。

归旧川兮神哉沛，不封禅兮安知外！

为我谓河伯兮何不仁，泛滥不止兮愁吾人？

啮桑浮兮淮、泗满，久不反兮水维缓。

---

① 逯钦立《先秦汉魏晋南北朝诗》卷一引《汉武帝故事》。

　　河汤汤兮激潺湲，北渡污兮浚流难。

　　搴长茭兮沉美玉，河伯许兮薪不属。

　　薪不属兮卫人罪，烧萧条兮噫乎何以御水！

　　穨林竹兮楗石菑，宣房塞兮万福来。①

　　这首赋表达了汉武帝全盛时期气壮山河的时代精神。若没有高度集中的权威，没有强大统一的国家，是不能完成如此浩大工程的。"烧萧条兮噫乎何以御水"句，也流露出刘彻对生态环境恶化有某种朦胧的忧虑。

　　刘彻平生所作最长的赋，是《李夫人赋》。李夫人死后，"上思念李夫人不已，方士齐人少翁言能致其神。乃夜张灯烛，设帷帐，陈酒肉，而令上居他帐，遥望见好女如李夫人之貌，还幄坐而步。又不得就视，上愈益相思悲感，为作诗曰：'是邪？非邪？立而望之，偏何姗姗其来迟！'令乐府诸音家弦歌之。上又自为作赋，以伤悼夫人"。刘彻平生未为其他女性写过如此缠绵悱恻的诗作，可见他对李夫人的挚爱（详本书六章五）。这首赋富于情感，委婉细腻，是刘彻平生写得比较感人的上乘之作，其艺术品位在两汉多数赋家之上。赋中表达了"饰新宫以延贮"的设想，宫廷内有人对李夫人的"嫉妒"……传达了神秘飘渺的域外信息：刘彻问李夫人魂魄"泯不归乎故乡"？把"遥思"寄托于"出置（疆）"的"穷极不还"之地。李夫人"灵魂之纷纷兮"地"缥飘"，"迁（仙）化而不反"，"魄放逸以飞扬"于"超兮西征"的漫漫长途之中……"北方佳人"成了刘彻难以解脱的心

①《史记》卷二十九《河渠书》。

结。毛泽东曾评说"秦皇汉武，略输文采"。其实，汉武帝刘彻倒是颇有"文采"的皇帝，他的赋有较高的文学造诣。

2. 刘彻对汉赋发展的影响

刘彻读过汉初许多著名的赋，如贾谊、枚乘等人的作品。枚乘是梁孝王身边最著名的辞赋家，"武帝自为太子，闻乘名，及即位，乘年老，乃以安车蒲轮征乘，道死"，召其子枚皋。①刘彻读司马相如的《子虚赋》"而善之"，叹曰："朕独不得与此人同时哉？"当他得知相如尚在，立即征召，"上惊，乃召问相如"，让他作赋，任以为郎。②尝言"以吾之速，易子之迟"。陈皇后被贬长门宫，司马相如作《长门赋》，刘彻闻赋颇受感动。他还读过研究楚辞的文学理论。淮南王刘安对屈原的《离骚》很有研究，"时武帝方好艺文……每宴见，谈说得失及方技赋颂，昏莫然后罢"。刘安朝觐时献《淮南子》内篇，刘彻让他作《离骚传》（《离骚》的注释），可见，刘彻对赋论也是有所思考的。刘勰在其文学理论著作《文心雕龙·辨骚》中说：

> 昔汉武爱《骚》，而淮南作《传》。以为"《国风》好色而不淫，《小雅》怨诽而不乱，若《离骚》者，可谓兼之。蝉蜕秽浊之中，浮游尘埃之外，皭然涅而不缁（淄），虽与日月争光可也"。

刘安的赋作现已不存，估计其"章节局度"近乎《骚》体。

---

① 《汉书》卷五十一《枚乘传》。
② 《汉书》卷五十七上《司马相如传》。

刘彻广招文人，从事文学创作，汉赋于是蔚为大观，成为两汉文学的主流。西汉前期，文人经济上尚未独立，依附于君主权力，故汉赋与宫廷生活有难解之缘。如枚皋"不通经术，诙笑类俳倡，为赋颂，好嫚戏（亵狎戏谑）……上有所感，辄使赋之；为文疾，受诏辄成……自言为赋不如相如；又言为赋乃俳，见视如倡"①。武帝时代的许多赋是奉命之作，被人视为俳优倡伎。以这类赋奉迎君上，追求辞章华丽铺张，辞藻堆砌雕饰，失去了《风》《骚》的情感——艺术真实之美，也淹没了作者的个性。扬雄晚年评论说："诗人之赋丽以则，辞人之赋丽以淫"，对赋片面追求文辞华丽有所批评。②有人认为汉赋已经达到了"文学的自觉时代"③，这本是鲁迅论魏晋文学之语，用以评价汉赋，对其主体性品格估计偏高。不过，文士们创作的大量以怀才不遇为主要题材的赋，有"主体性"意味者如贾谊的《吊屈原赋》，其他如董仲舒《士不遇赋》、司马迁《悲士不遇赋》、严忌《哀时命》、淮南小山《招隐士》、东方朔《答客难》《非有先生》《怨世》《怨思》《自悲》《哀命》等，反映"缙绅先生"因仕途壅塞报效无门的心情，至多算"准主体性"而已。这类题材随仕途的大门开启而大大减少。倒是远嫁乌孙的细君公主的《黄鸟歌》，反映了作者真实的生活感受（详第七章）。

武帝朝推动了汉赋兴起的第一个高潮。他喜欢赋作侈丽宏衍的风格。扬雄论曰："靡丽之赋，劝百而风一，犹骋郑卫之声，

① 《汉书》卷五十一《枚乘传附枚皋》。

② 《法言·吾子》。

③ 详龚克昌：《汉赋研究》，山东文艺出版社，1984年版，第16页。

曲终而奏雅，不已戏乎？"①刘勰也认为："赋也者，受命于诗人，拓宇于《楚辞》也……遂客主以首引，极声貌以穷文……遂使繁华损枝，膏腴害骨，无贵风轨，莫益劝戒。"②他们都以"讽谏"为辞赋正道。汉赋固然有片面追求形式美的缺点，但汉赋在文学史上的主要贡献也正在于对艺术形式美的探索和文学词汇的丰富这方面。由于刘彻大力支持和扶植，汉赋大盛，一大批辞赋家出现于武帝朝的文坛上。刘勰描述汉赋兴起的文学潮流说：

> 汉初词人，顺流而作：陆贾扣其端，贾谊振其绪；枚〔乘〕马〔司马相如〕同其风，王〔褒〕、扬〔雄〕骋其势；〔枚〕皋、〔东方〕朔以下，品物毕图。繁积于宣〔帝〕时，校阅于成〔帝〕世，进御之赋，千有余首。讨其源流，信兴楚而盛汉矣。③

　　文学史上，人们把汉初至武帝初时期称为"丽则骚赋时期"，自武帝朝中期至西汉末称为"淫丽大赋时期"，东汉初至建安时期称为"抒情小赋时期"④。汉代"淫丽大赋"滥觞于武帝朝。《汉书·王褒传》有一段记载，说明宣帝继承了武帝提倡赋以歌颂和娱乐为主要艺术功能的思想：

---

① 《汉书》卷五十七下《司马相如传》。
② 《文心雕龙·诠赋》。
③ 《文心雕龙·诠赋》。
④ 姜书阁：《汉赋通论》，齐鲁书社，1988年版，第275页。

宣帝时修武帝故事，讲论六艺群书，博尽奇异之好，征能为《楚辞》九江被公，召见诵读。益召高材刘向、张子侨、华龙、柳褒等待诏金马门……上令〔王〕褒与张子侨等并待诏，数从褒等放猎，所幸宫馆，辄为歌颂，第其高下，以差赐帛。议者多以为淫靡不急，上曰："不有博弈者乎，为之犹贤乎已！"

宣帝认为，同样是娱乐，作赋比下棋更合乎教化，反对"议者"把赋局限在只是"讽谏"的道德功利主义观点。

3.刘彻与乐府的音乐、诗歌艺术

刘彻非常喜爱诗歌、音乐、舞蹈等艺术形式，专门设立官署管理。他广泛的兴趣推动了许多艺术门类的恢复、发展和创新。汉代的音乐及诗歌、舞蹈等相关的艺术形式也因之而取得了较高的成就。其中，汉《乐府》的"新声变曲"达到了相当高的水平（详本书第六章五）。刘勰说："乐府者，声依永，律和声也。"[1]如果说汉赋是没有音乐的诗，那么乐府诗则是配乐的诗。"乐府之名，起于汉魏。自孝惠帝时，夏侯宽为乐府令，始以名官。至武帝，乃立乐府，采诗夜诵，有赵代秦楚之讴。则采歌谣，被声乐，其来盖亦远矣。"[2]汉代有太乐和乐府两个官署，太乐掌雅乐，乐府掌俗乐。惠帝时只有乐府令，武帝设立乐府机构。乐府所采集的"赵代秦楚之讴"，是地方性的俗乐，由乐府整理、改编、配乐、排演、保存，形成乐府诗歌艺术的传统。保留下来的

---

[1] 《文心雕龙·乐府》。
[2] 郭茂倩：《乐府诗集·新乐府辞一》。

汉乐府诗歌，有郊庙、燕射、鼓吹、横吹、相合、舞曲、杂曲歌谣、杂歌谣辞等若干种类，配乐已佚，唯余歌辞：

郊庙歌辞：天子祭祀之用，祀天地、太庙、明堂、籍田、社稷；

燕射歌辞：宴会、辟雍、飨射之礼所用；

鼓吹曲辞：是军乐的一种，主要配以短箫、铙鼓；

横吹曲辞：是军乐的一种，主要配以鼓角；

舞曲歌辞：分雅舞、杂舞，前者用于郊庙朝飨，后者用于宴会；

杂曲歌辞：写心志，抒情思，叙宴游，发怨愤，忆征战，或出于少数民族，因其兼收并载，故称杂曲；

杂歌谣辞：取自社会下层如徒歌、民谣、谶言、谚语等等。

鼓吹、横吹、杂曲歌谣贴近现实生活，能反映真实情感，更富于艺术生命。"鼓吹"又称"鼓吹铙歌"，是军乐[①]："鸣笳以和箫声，非八音也。骚人曰'鸣篪吹竽'是也"，蔡邕称"短箫铙歌"，应劭称"骑执笳（箫）"，用中原传统乐器与北方少数民族的乐器合奏，乐器有管乐和打击乐，节奏感非常强，有雄壮、豪迈、苍凉、高远的特点。刘彻军制改革后，骑兵多用西北少数民族兵，故骑兵军乐多置"鼓吹"。东汉、魏晋以下各朝皆沿袭此种制度。"鼓吹"不同于"雅乐"，糅入了域外音乐的因素，形成了一种独特的音乐艺术形式。据已佚《古今乐录》记载，汉乐府

[①] 郭茂倩《乐府诗集·鼓吹曲辞》引《西京杂记》："汉大驾祠甘泉、汾阴，备千乘万骑，有黄门前后部鼓吹"；又引《晋中兴书》曰："汉武帝时，南越加置交趾、九真、日南、合浦、南海、郁林、苍梧七郡，皆假鼓吹。"

"鼓吹铙歌"共22个曲牌：《朱鹭》《思悲翁》《艾如张》《上之回》《拥离》《战城南》《巫山高》《上陵》《将进酒》《君马黄》《芳树》《有所思》《雉子斑》《圣人出》《上邪》《临高台》《远如期》《石留》18曲，此外还有《务成》《玄云》《黄爵》《钓竿》4种曲牌。"横吹"是从"鼓吹"分化出来的："横吹曲，其始亦谓之鼓吹，马上奏之，盖军中之乐也。北狄诸国，皆马上作乐，故自汉已来，北狄乐总归鼓吹署。其后分为二部，有箫笳者为鼓吹……有鼓角者为横吹。"《晋书·乐志》说横吹有鼓角，又有胡角。胡角为"双角"，出于胡乐，曲调的旋律中有半阶音。"横吹"所用乐器有枹鼓、金钲、大鼓、小鼓、长鸣角、次鸣角、大角和箫、笳、笛、筚篥等。相传张骞出使西域，带回《摩诃兜勒》（马奇顿译音）一曲，引起刘彻对西域音乐的极大兴趣，令李延年演奏，创"新声变曲"二十八解。《乐府解题》说，魏晋后李氏乐只剩十个曲牌：《黄鹄》《陇头》《出关》《入关》《出塞》《入塞》《折杨柳》《黄覃子》《赤之杨》《望行人》，旋律以悲远苍凉为基调，杂糅塞外之音。东晋"刘畴尝避乱坞壁，贾胡百数欲害之，畴无惧色，援笳而吹之，为《出塞》《入塞》之声，以动其游客之思，于是群胡皆垂泣而去"[①]，足见其旋律的艺术感染力。

汉乐府音乐讲究"相和"。汉乐府继承了先秦雅乐的平调、清调、瑟调，又增加了楚调、侧调，合称"相和"。"相和"以丝竹弦乐为主，乐器主要有笙、笛、节歌、琴、瑟、琵琶、筝等种类，旋律轻柔曲折，节奏清幽和缓。"相合，汉旧歌也，丝竹更

---

① 转引自郭茂倩《乐府诗集·横吹曲辞》。

相合，执节者歌"①。梁沈约称"因弦管金石，造哥（歌）以被之"，这种音乐经刘彻倡导，由宫廷传入民间，加入了世俗化的生活气息："凡乐章古辞，今之存者，并汉世街陌谣讴，《江南可采莲》《乌生十五子》《白头吟》之属也。"②乐府诗是较汉赋更具有艺术生命力的文学作品。乐府的"杂歌谣"内容比较丰富，记载了许多具有真实感情的诗歌，它们经过乐府的整理，使某些鲜为人知的历史保留了下来。如《画一歌》表现了人们对萧何、曹参无为政策的怀念；《戚夫人歌》《赵幽王歌》表现了吕后宫廷阴谋的残暴；《淮南王歌》表现了分封制下刘氏内部的宗族倾轧；《卫皇后歌》表现了民间对外戚专权的嘲讽；《乌孙公主歌》表现了外嫁公主内心的凄凉；《匈奴歌》表现了汉匈战争给匈奴人民造成的战争创伤；《李陵歌》则诉说了一位边塞勇将身经百战，被俘后又遭人诬陷，无家可归，心路茫茫的悲怆、悲哀和无奈的心境：

> 经万里兮度沙漠，为君将兮奋匈奴。
>
> 路穷绝兮矢刃摧，士众灭兮名已颓。
>
> 老母已死，虽欲报恩将安归！

乐府诗中刘彻的作品有《秋风辞》《李夫人歌》《瓠子歌》等；与刘彻有关的作品如《上之回》《卫皇后歌》《李延年歌》《乌孙公主歌》《匈奴歌》等。《上之回》有"月支臣，匈奴服"

---

① 《宋书》卷二十一《乐志三》。

② 《晋书》卷二十三《乐志下》。

等句，表现了汉武帝抵抗匈奴的决心与豪气；有些则与武帝的事业有关，如《战城南》描写战场惨烈的厮杀和悲壮的军旅生活。这类题材实后世边塞诗之滥觞。另外如《将进酒》"以引酒放歌为言"，开后世同类题材先河。

总之，乐府艺术是武帝时代发展起来的，在音乐和诗歌方面有突出贡献，创造出了新的艺术门类和形式，对后世产生了重要的影响。

4.《史记》的史学和文学成就

司马迁，字子长，左冯翊夏阳县（今陕西韩城县南芝川镇）人，生于武帝建元六年（前135）[①]。父司马谈世为史官，曾学天官于唐都，受《易》于杨何，习道论于黄子，对先秦的儒、墨、名、法、阴阳、道等诸子百家学说都有精湛的研究，武帝前期任太史令。刘彻颁献书令，时"天下遗文古事靡不毕集太史公"，司马谈着手撰写"究天人之际，通古今之变，成一家之言"，纵贯上古迄当代的通史——《太史公书》。司马迁幼承家学，通晓诸子百家，亲受董仲舒《春秋》、孔安国《尚书》，通今、古文经学，青年时代遍游名山大川，寻访古迹，采访耆老，收集遗文故事，勘核上古传说、文献典故、历史记载，积累了丰富的历史资料和生动的素材。他"辨知闳达，溢于文辞"。武帝时，以郎官身份跟随出巡，又出使巴蜀。元封元年（前110）春，刘彻准备封禅大典，司马迁从西南赶回来，见到临终的父亲。司马谈将自

---

① 司马迁生年有二说：一武帝建元六年，一景帝中元五年（前145）。参见王国维《观堂集林·太史公行年考》、梁启超《饮冰室合集》专集十五册《要籍解题及其读法》。

己未竟的事业托付给儿子司马迁，说："余死，汝必为太史；为太史，无忘吾所欲著论矣。"司马迁继承父业，立志完成《史记》这部通史巨著。元封三年（前108）担任太史令，侍从刘彻。太初元年（前104），因修史需要，他倡议改历法，立年号。刘彻接受这一建议，令司马迁负责《太初历》的制定。司马迁从太初元年开始撰写《史记》。天汉三年（前98），司马迁为李陵辩护，触怒刘彻，遭受腐刑，下狱。为完成《史记》，他忍辱负重，在狱中坚持写作不辍，时《史记》尚草创未就。他在《报任安书》中写道，人固有一死，但死的价值有不同，"死有重于泰山，或轻于鸿毛"。他是为完成《史记》而生的，《史记》重于自己的生命。征和元年（前92）司马迁出狱后任中书令，职务高于太史令，处理、转达中书向刘彻报告的公文。他的晚年把主要精力投入对《史记》的加工和修改中。司马迁去世的年代不详，大致同刘彻终年相近。

司马迁全面整理自上古以来的各种史料，为《史记》设计了本纪、表、书、世家、列传五种体例。司马迁用十二本纪记载了从上古到本朝帝王的编年史；用十表简要分类记录历代和本朝重大事件；用八书分类论述典章制度和重要社会现象；用三十世家记述历代有重大业绩，能世系其家国之人物的活动和历史；用列传记述各有特点和代表性的重要历史人物。上起传说时代的黄帝，下迄汉武帝刘彻——上下三千年的历史综合于《史记》之中，全书总计近53万字。

司马迁的历史观具有科学性、进步性、人民性。他认为历史有变化，"古今之变"有规律；显著的历史变化呈现出某种阶段性；他注重历史进步，所谓"世异变，成功大"；"天人之际"与

"古今之变"虽有关联，但天道难知，人的主观能动作用往往是显著的；他认为经济利益在历史人物活动中起着重要的驱动作用，所谓"天下熙熙，皆为利来，天下攘攘，皆为利往"；他肯定小人物、被压迫阶级奋起反抗斗争的英雄人物的历史地位和作用，提出"王侯将相宁有种乎"的历史观，批判宗法世袭制腐朽没落的理论基础——"血统论"。司马迁的历史观不仅包含了朴素唯物史观和历史辩证法的萌芽，还有许多有价值的史学思想和方法，如《史记》"不虚美，不隐恶"，不为尊者讳，不唯上、不唯权贵，不以一己之好恶而褒贬抑扬；又如，《史记》综万壑兼百家，不择巨细，不唯书、不唯圣，全面叙述诸子学派思想源流和社会影响，使人们能够全面地认识先秦学术发展的脉络；对当时大肆泛滥的阴阳学派明确表示"未必然也"，反对把董仲舒宣传"天人感应"的灾异说引入史学领域；《史记》不仅记述了中国历史，还兼及当时所能了解的广大空间地域的民族和国家的文化和历史，是当时的世界历史著作。《史记》综合性的体例，内容系统，全面丰富，记录准确，条理分明，便于人们全面概括地把握历史。司马迁首创这种修史体例，形成中国史学著作的优秀传统。《史记》以其独创性、科学性、完整性、系统性远远超越了古代世界各国的史学著作。

《史记》还是一部伟大的文学作品，最具有文学价值的是其传记。《史记》描写的人物有政治家、军事家、思想家、文学家、艺术家、经学家、医学家、工商业家、工程师、经济学家、法学家，有帝王将相、贵族平民，有造反英雄、学者、策士、隐士、说客、政客、刺客、游侠、豪强、医生、卜者、商贩、俳优、幸臣、刑徒奴隶、雇农雇工……总之，不同阶层、不同地位、不同

行业、三教九流各种类型的人物应有尽有。司马迁笔下的人物，
各有独特的精神面貌、细致曲折的故事情节、特定环境下的特殊
行为，以及鲜明的性格、丰富的语言，千人千面，是传记文学的
精品。

《史记》原名《太史公书》。司马迁的生活和写作以及《史
记》的成书都在武帝时代，与刘彻的一生有着密切的关系。司马
迁与《史记》的精神，恰也是刘彻本人及其时代精神的一面镜
子。从这个意义上说，刘彻对《史记》产生了难以估量的影响。
司马迁在《太史公自序》中自明其志：

> 夫《诗》《书》隐约者，欲遂其志之思也。昔西伯拘羑
> 里，演《周易》；孔子厄陈蔡，作《春秋》；屈原放逐，著
> 《离骚》；左丘失明，厥有《国语》；孙子膑脚，而论兵法；
> 不韦迁蜀，世传《吕览》；韩非囚秦，《说难》《孤愤》；《诗》
> 三百篇，大抵贤圣发愤之所为作也。此人皆意有所郁结，不
> 得通其道也，故述往事，思来者。

司马迁的精神是自由的，《史记》的思想是独立不羁的。司
马迁"究天人之际，通古今之变，成一家之言"的精神，使《史
记》成为"子学时代"的最后一部宏伟巨著。《史记》标志着
"子学时代"的终结。因此，它也是中国思想史上一部具有划时
代意义的著作。鲁迅先生对这部著作在史学与文学两方面的成就
作了高度的评价：《史记》在文学上堪称"无韵之《离骚》"，在
史学上无愧"史家之绝唱"。

5. 刘彻与体育、杂技、舞蹈、戏剧艺术

汉武帝时代，随着社会经济文化的发展，体育、杂技、游戏活动在继承前人的基础上有了较大的发展。比较常见的有：博弈（棋类）、斗鸡、蹴鞠（足球）、射猎、角抵（角力、摔跤）、转石、扛鼎、缘竿（爬竿）、叠案（与椅子顶相似）、履索（走绳索）、冲狭（钻刀圈）、旋盘（盘技）、行乐钱（赌博）、弄玩剑（耍飞刀）、斗兽、弄蛇、幻人、截肢断体、吞刀吐火、各种魔术等等。随着乐府文化的发展，与乐府歌曲相伴，还兴起了各种舞蹈，既有中原流传的，也有由边地少数民族流入内地的。内地的与外来的歌舞艺术在这个时代发生了混杂和交融，同时也就出现了创新。刘彻就非常喜爱舞蹈，常伴随音乐翩翩起舞。除了宫廷祭祀舞蹈外，较常见的舞蹈有盘鼓舞、袖舞、巾舞、假面舞、仙人舞、卑舞等等。

俳优艺术起源于民间流行模仿猛兽鬼怪的"大傩"。祀享之际，人们头戴面具，作戏起舞。经刘彻提倡，这种艺术被引入宫廷。《旧唐书·音乐志》载："窟礧子，亦云魁礧子，作偶人以戏，善歌舞，本丧家乐也。汉末始用之于嘉会。"认为傀儡戏起源于汉末。据唐人段安节《乐府杂录·傀儡子》考证："自昔传云，起于汉祖在平城为冒顿所围。其城一面，即冒顿妻阏氏，兵强于三面。垒中绝食。陈平访知阏氏妒忌，即造木偶人，运机关，舞于陴间。阏氏望见，谓是生人，虑下其城，冒顿必纳妓女，遂退军。史家但云陈平以秘计免，盖鄙其策下耳。后乐家翻为戏。其引歌舞者有郭郎者，发正秃，善优笑，闾里呼为郭郎，凡戏场，必在俳儿之首也。"这个"郭郎"，正是武帝朝与枚皋、东方朔同时的俳优郭舍人。《史记·滑稽列传》载："武帝时有所幸倡郭舍人者，发言陈辞虽不合大道，然令人主和说。"可见傀儡戏经过刘彻倡导，才由民间进入宫廷，成了高雅艺术。刘彻为了使宫廷生活丰富多彩，招集各类民间艺人到宫内从事戏剧、滑稽表演，刘彻视为倡优。《滑稽列传》索隐述赞对刘彻倡导的戏剧艺术作了概述：

> 滑稽鸱夷，如脂如韦。敏捷之变，学不失词。淳于索绝，赵国兴师。楚优拒相，寝丘获祠。

俳优们头戴假面具，或以油彩粉墨化装，身穿奇装异服，表演者身法敏捷，台词清晰流畅。杂技演员淳于氏表演惊险的走索，上演戏剧的剧目是"赵国兴师"，剧目内容或许就是"虎符"一类的历史故事；楚地倡优上演的剧目是"拒相""获祠"之类，内容是否与屈原故事有关，已难知其详了。

总之，汉武帝时代无论是宫廷，还是市井乡间，无论是上层贵族官僚，还是社会底层的百姓，人们的文化艺术生活虽有阳春白雪、下里巴人之高雅与粗俗之分，但各取所需，还是多姿多彩的。在民间，至少在战事少戡，农事少闲，社火烹祀，婚丧嫁娶之际，艺术文化又有了生存发展的空间。

四、东西方文化的广泛交流

刘彻对西域的政策推动了东西方文化交流和社会进步。若把汉武帝时代置于人类文明进步坐标上去认识，可以有与"牵文拘俗"之辈完全不同的评价。外交、通婚、贡纳、赏赐、商业甚至战争都是文化传播交流的重要方式，汉武帝时代东西方文化的大规模交流丰富了中国居民和周边地区，乃至亚、非、欧洲广大地区居民的物质与精神文化生活。

1.新作物新品种的引进和输出

随着武帝朝疆域的恢复和扩大，南方大量植物物种引入中原。《南方草木状·序》称："自汉武帝开拓封疆，搜求珍异，取其尤者充贡。"上林苑进行了多次引种南方果木的试验，虽累遭失败，"连年犹移植不息"①。引种南方果木有：柑橘、荔枝、龙眼、甘蔗、枇杷、橙、槟榔、橄榄等种类，对北方原已盛产的水果也作了多方面引种和栽培。《西京杂记》《尔雅》都记载：栗有侯栗、榛栗等近十种；桃有秦桃、紫文桃、霜桃等十余种；梨有青梨、细叶梨、芳梨等十余种；枣有赤心枣、无实枣等二十余种；李有黄李、羌李等近二十。其他如杏、梅、棠、楂等各有不少不同品种，经过多年培育后，其中不乏优良品种。如"如拳之李"②，"纤液玉津，旨于饴蜜"的甘蔗③，"兰皮蜜理，素肌丹瓤"的瓜④，"大若拳、甘若蜜、脆若菱，可以解烦释渴"的梨，"甘而不涓、脆而不酢、冷而不寒、味长汁多、除烦解渴"⑤的葡萄等。由西域引入的各种栽培作物"植之秦中，渐及东土"⑥。传入中国的物种很多，如葡萄、苜蓿、石榴、红兰花、酒杯藤、胡麻、胡桃、胡豆、胡瓜、黄瓜、大蒜、胡葱、橄榄等。这些新

---

① 《三辅黄图》卷三。

② 《西京杂记》卷一。

③ 李尤《七款》，《全后汉文》卷五十录。

④ 刘桢《瓜赋》，《初学记》卷十引。

⑤ 《全三国文》卷六曹丕语。

⑥ 《本草纲目》卷三十。

物种大多来自中亚或西亚地区。如大宛"富人藏酒至万余石，久者至数十岁不败，俗嗜（嗜）酒"①，这是葡萄酒的酿造技术。这类活动不仅得到刘彻的支持，他还亲自指导了某些物种的引进、种植、开发、推广。葡萄可酿酒，苜蓿可喂马，故刘彻大规模引进种植。美国东方学家劳费尔说："中国人的经济政策有远大眼光，采纳许多有用的外国植物以为己用，并把它们纳入自己完整的农业系统中去，这是值得我国钦佩的。中国人是深思熟虑、心胸开阔的民族，向来乐于接受外人所能提供的好事物。在植物经济方面，他们是世界上最前列的权威。中国有另一独特之处：宇宙间一切有用的植物，在那里都有栽培。"②刘彻显然是开风气之先的人物。

随着"丝绸之路"的开通，不仅西方物种传入中国，中国的物种也随之输向西方。唐代僧人玄奘追溯往事，曰："洎诸印度，土无梨、桃。〔至那仆底国〕质子所植，因谓桃曰至那你（音译为'汉持来'），梨曰至那罗阇弗呾逻（意译为'汉王子'）。"③杏也是由中国输往西方的。罗马史家普林尼称之为亚美尼亚树，实与桃同时传入罗马；中国的许多药材通过丝路西传，如肉桂，公元10世纪波斯人阿尔曼肃尔麦瓦发喀《药物学大典》称为"达秦尼"、阿拉伯人称"达锡尼"，即"支那树"之意。自武帝开边以来这类记载陆续不断，不能一一备述。

---

① 《汉书》卷九十六上《西域传》。
② ［美］劳费尔：《中国伊朗编·序言》。
③ 《大唐西域记》卷四"至那仆底国"条。

2.良种马的引进

战国时代，塞种（伊朗—亚利安）人把骑兵战术传播到中国北部沙漠草原地区，匈奴人学会骑兵战法，对中原农耕文明形成强大的威慑力。中国形成秦汉大帝国与对付这种威胁有直接关系。秦代"亡秦者胡"的说法反映了这种民族心理。中原马在对匈奴作战中处于劣势，我国西北少数民族多出良种马，这是刘彻必欲远征西域、伐大宛，解决马种问题的根本所在。人们在评论汉武帝晚年征伐问题时，"马种因素"对中国历史的影响估计不足。

1981年，陕西兴平茂陵东侧1号无名冢陪葬坑出土一尊鎏金铜马，其形态正是刘彻梦寐以求的"天马"（大宛马）体型。西汉以前，中原根本没有这种马，而自武帝朝至盛唐千余年间，这种马的形象屡见不鲜。与现代良种马相比，茂陵鎏金铜马与阿哈—捷金马属同一血统来源。①史称，大宛"多善马，马汗血，言其先天马子也"②。武帝伐大宛，"取其善马数十匹，中马以下牝牡三千匹"；"蒲梢、龙文、鱼目、汗血之马充于黄门"。是后，汉唐千余年间中亚良马源源不断输入中原。唐太宗李世民形容西域贡献良种马的体型：

> 观其骨大丛粗，鬐高意阔，眼如悬镜，头若侧砖。腿像鹿而差圆，颈比凤而增细。后桥之下，促骨起而成峰；侧鞯

---

① 常洪、王仁波：《试评茂陵东侧出土的西汉鎏金铜马——兼论天马和现代马种的关系》，《农业考古》1987年第2期。

② 《汉书》卷九十六上《西域传》。

> 之间，长筋密而如瓣。耳根铁勒，杉材难方。尾本高丽，掘砖非拟。腹平膁小，自劲驱驰之方；鼻大喘疏，不乏往来之气。殊毛共枥，状花蕊之交林；异色同群，似云霞之间彩。仰轮乌而竞逐，顺绪气而争追。喷沫则千里飞红，流汗则三条振血。尘不及起，影不暇生。顾见弯弓，逾劲羽而先及；遥瞻伏兽，占人目而前知。骨法异而应图，工艺奇而绝象，方驰大宛，固其驽蹇者欤？[1]

汉唐之际，中原农业帝国之所以能对北方游牧民族呈现积极进取的强势，这中间，中亚良种马的作用是巨大的！

3.西方珍奇异物的东传

刘彻好奇物珍怪，他开西域线路的重要目的之一，就是搜求此类物事。据记载，"武帝时身毒国献连环羁。皆以白玉作之。马瑙石为勒，白光琉璃为鞍，鞍在暗室中，常照十余丈，如昼日。自是长安始盛饰鞍马，竞加雕镂，或一马之饰直百金……后得贰师天马，帝以玫瑰石为鞍，镂以金银鍮石，以绿地五色锦为蔽泥。后稍以熊罴皮为之……直百金。卓王孙有百余双，诏使献二十枚"[2]。卓王孙是蜀中巨富，他由印度南亚方面的贸易致富。刘彻之所以决心开通西南夷，亦非只听虚言妄说。如董偃盛暑常居之"清凉殿"为武帝所赐："清凉殿，夏居之则清凉也……《汉书》曰清室则中夏含霜，即此也。董偃常卧延清之室，以画石为床，文如锦，紫琉璃帐，以紫玉为盘，如屈龙，皆用杂宝饰

①《唐会要》卷七十二。

②《西京杂记》卷二。

之。侍者于外扇偓。偓曰：'玉石岂须扇而后凉耶？'又以玉晶为
盘，贮冰于膝前……玉晶，千涂国所贡也。武帝以此赐偓。"①另
外千涂还进贡了能言鸟鹦鹉或八哥。②

刘彻的侈靡消费影响和带动了左右亲佞，因其所好而倾动朝
野，掀起社会奢侈消费浪潮。西汉上层社会竞相追逐域外珍奇，
于是大秦的珊瑚、海西布、水银、琥珀，中亚的玛瑙、车渠、水
晶、琅玕，南亚的金钢、玳瑁、苏合、熏陆、郁金香、珠贝，林
林总总，源源而来。例如琉璃原是埃及人公元前 12 世纪发明的，
后来腓尼基人学会了这项技术。古代叙利亚成为琉璃制造中心。
汉代中国不懂这项技术，武帝使人入海收购琉璃，而未得其术。
因此，琉璃竟成了中国市场上最抢手的高档商品。大量中国黄金
就是由于此类侈靡的消费通过丝路贸易，大量流向西域。香料是
由西域输入的重要品种：

> 汉武帝时，弱水西国有人乘毛车以渡弱水来献香者，帝
> 谓是常香，非中国之所乏，不礼其使。留久之，帝幸上林
> 苑，西使千乘舆闻，并奏其香。帝取之看，大如鸾卵，三
> 枚，与枣相似。帝不悦，以付外库。后长安中大疫，宫中皆
> 疫病。帝不举乐，西使乞见，请烧所贡香一枚，以辟疫气。
> 帝不得已听之。宫中病者登日并差。长安中百里咸闻香气，
> 芳积九十余日，香犹不歇。帝乃厚礼发遣饯送。③

---

① 《三辅黄图》卷三。
② 《拾遗记》卷六。
③ 《博物志》卷二《异产》。

西域进贡的香料预防治疗瘟疫效果意外之好，这是中西文化交流的典型范例之一。随从刘彻游览上林苑的西域诸国的使者有乘车千乘之多，足见汉帝国在西域各国的影响之大，威望之高，汉武帝时代中西交通往来规模之大。

4.杂技百戏音乐等艺术形式的东传

丝路开通后，西方的杂技艺术传入中国。元封三年（前108），安息王将两万骑迎汉使于东界，派"使者来观汉地，以大鸟（鸵鸟）卵及犁靬眩人献于汉，天子大说"①。"犁靬"是亚利山大的音译，"眩人"又称"眩者""幻人"，是来自古罗马的魔术师。刘彻对这类西来的奇技颇感兴趣，"及加其眩者之工，而角氐奇戏岁增变。其益兴，自此始"②云。所谓"岁增变"，是说这类技艺传入中国后又有了很大的发展；后来"掸国王雍由调复遣使者诣阙朝贺，献乐及幻人，能变化吐火，自支解，易牛马头。又善跳丸，数乃至千。自言我海西人。海西即大秦也"③。大秦即罗马帝国。西汉长安的杂技乐舞热闹非凡，不仅在宫廷内，还在广场上演出。张衡《西京赋》描述长安城的热闹场面，有角力、竞技、假面戏、化装歌舞表演、斗兽、魔术："临迴望之广场，程角抵之妙戏，乌获扛鼎……跳丸剑之挥霍，走索上而相逢……海麟变而成龙，状蜿蜿以蝹蝹，含利飅飅，化为仙车。骊驾四鹿，芝盖九葩，蟾蜍与龟，水人弄蛇。奇幻倏忽，易貌分

---

①《汉书》卷九十六上《西域传·安息国》。

②《汉书》卷六十一《张骞李广利传》。

③《后汉书》卷八十六《南蛮西南夷列传》。

形。吞刀吐火，云雾杳冥，画地成川，流渭通泾。"①这些艺术形式可在汉画像石或杂技陶俑艺术造型中看到。西域音乐、乐器、舞蹈也流传到了中国。张骞使西域带回西域乐谱《摩诃兜勒》和各种乐器，如筚篥（唢呐）、箜篌（竖琴）、胡笳、笛、角等等。刘彻非常喜欢西域音乐舞蹈，他亲自填写歌词，由熟悉西域音乐的李延年谱写"新声变曲"（详本书第六章五），并指挥乐队伴奏，刘彻亲自翩翩起舞。"新声变曲"是中原雅乐受西域音乐影响的变体。刘彻是引进西域音乐舞蹈艺术的积极倡导者。

5.金属冶炼与铸造工艺的西传

汉武帝刘彻时代前后，在西域的广袤地域中，希腊化势头逐渐消歇，罗马帝国的远征军尚未抵达西亚，亚利安人的安息帝国兴起于大夏之西，里海东南，成为与罗马和汉帝国三足鼎立的世界三大帝国之一，并且扮演着传递东西方商业物资和文化信息中间人的角色。安息是汉朝使团所能抵达的"丝绸之路"之西端。用时间和空间跨度较大的宏观尺度来观察刘彻如何处理汉帝国与西域的关系，也许可以看得更清楚一点。史载：

> 武帝始遣使至安息，〔安息〕王令将将二万骑迎于东界。东界去王都数千里，行比至，过数十城，人民相属。因发使随汉使者来观汉地。②

----

① 费振刚等辑校：《全汉赋》，北京大学出版社，1993年版，第419页。

② 《汉书》卷九十六上《西域传》，详本书第六章五。

安息使团到达长安，朝觐武帝，他们献上了杂技乐舞珍异。刘彻也让他们参观了长安的繁华、汉廷的富有，并给予丰厚赏赐。作为回报，汉人为安息送去了中国的冶铸工艺技术："自宛以西至安息国……不知铸铁器。及汉使亡卒降，教铸作它兵器。得汉黄白金，辄以为器，不用为币。"①一个多世纪后，古罗马学者普林尼说："赛里斯（中国）送来的铁最优秀；安息者次之。"由中国制造的钢制品在公元1世纪的罗马市场上最受欢迎，售价最高。安息人原本并非不知铸铁，而是不知道铸钱和锻铸坚兵利器的精炼钢。铸钢的先进技术是从中国首先发明然后传入安息，再传向欧洲的。据考古发现，安息以及遍布西域各国到处可见的西汉铸币，足以证明《汉书》的记载是正确的。印度迦湿弥罗人纳刺哈里1235年著的《药学辞典》的印度古语"钢"字，直译就是"中国出产"。这充分证明中亚一带的高级金属冶炼技术是由汉帝国于武帝西征大宛之际传入的，汉帝国的炼钢技术较当时的欧洲先进。

6.打井技术向西域传播

西域打井技术是汉帝国传播过去的："宛城中无井，汲城外流水"。汉通西域后，"宛城中新得秦（汉）人，知穿井"②。除一般打井技术之外，专门用于特殊自然地理条件的打井技术——"井渠"也是由汉帝国传入西域干旱地区的。武帝时大兴水利工程，为"穿洛以溉重泉以东万余顷故卤地"，发卒数万人引洛水至商颜山下，因河岸经常崩塌，"乃凿井"，"深者四十余丈。往

---

①《汉书》卷九十六上《西域传》。

②《史记》卷一百二十三《大宛列传》。

往为井，井下相通行水，水颓以绝商颜，东至山岭十余里间。井渠之生自此始"。所谓"井渠"，就是"坎儿井"，直到现在，新疆农业生产中仍在应用武帝朝发明的这一技术。

7. 丝绸、黄金与丝织技术的西传

丝绸是丝绸之路第一位重要的商品，其次则是黄金。自从武帝通西域后丝绸向西方流通的数量更大了。张骞第二次出使"赍金帛值数千巨万"；张骞之后傅子介出使西域也是"持黄金锦绣行赐诸国"。匈奴历来从事丝绸转手贸易，对黄金及其他商品的需求也在增加，武帝征和四年（前89）匈奴单于遗汉书要求"岁给我糵酒万石……杂缯万匹"；宣帝甘露三年（前51）呼韩邪内附，"赐冠带……衣被七十七袭，锦绣绮縠杂帛八千匹、絮六千斤"，后二年又赐"衣百一十袭、锦帛九千匹、絮八千斤"，这类物资大部分转向西方国际贸易商品流通之中。百余年后埃及人说中国丝绸从那里销往西方，埃及女王克里奥帕特拉的丝绸衣服就是中国丝织成的。罗马是丝绸之路的终点，据历史学家弗罗鲁斯记载，早在罗马共和国末年，中国就有大宗丝绸运往罗马。拉苏军团使用的军旗就是丝绸织物。狄奥·卡西乌斯记载凯撒在罗马祝捷时，展示了大批丝绸织物。此后罗马人便以使用丝绸为时髦。公元14年奥古斯都临死前，元老院下令禁止男性臣民穿丝绸服装。罗马博物学家普林尼在《自然史》中写道，"赛里斯人……其林中产丝，驰名宇内。丝生于树叶上，取出，湿之于水，理之成丝。后织成锦绣文绮，贩运至罗马，富豪贵族之妇女，裁成衣服，光彩夺目，由地球东端运之西端，故极其辛苦"；"至于今代，乃见凿山以求碧玉，远至赛里斯以取衣料。据最低计算，吾国之金钱每年流入印度、赛里斯及阿拉伯半岛三地者，不下一

万万塞斯退斯。此即吾国男子及妇女奢侈之酬价也"。罗马帝国
财政支出出现巨大亏空的主要原因就是用于丝绸贸易。其中用于
购买中国丝绸者占相当大的比例。公元2世纪时，罗马"不分贵
贱都穿丝绸"。历史学家马塞利努斯在《英勇业迹》一书中写道：
"昔时国仅贵族始得衣之，而今则各阶层人，无有等差，虽贱至
走夫皂卒，莫不衣之矣。"足见其消费之巨！

8.漆器及其技术的西传

输往西方的物质技术中，漆器技术是重要的一项。古代西域
没有漆器，"自大宛以西至安息……其地皆无丝、漆"①，当然安
息以西就更不知漆器为何物了。通西域后，漆器也是输往西方的
大宗商品之一。考古学者在罗布淖尔发现许多汉代漆器，其中既
有中原的制品，也有西域用麻布制作的器物，这种工艺已经沿着
"丝绸之路"向西传播了。

总之，丝路贸易在武帝朝达到了一个高峰，推动了东西方科
学技术经济文化的交流。汉帝国每年有使团往返，成为东西方文
化交流的纽带：

> 汉始筑令居以西，初置酒泉郡以通西北国。因益发使抵
> 安息、奄蔡、黎轩、条枝、身毒国……诸使外国，一辈大者
> 数百，少者百余人……汉率一岁中，使多者十余，少者五六
> 辈，远者八九岁，近者数岁而反。②

---

① 《史记》卷一百二十三《大宛列传》。
② 《史记》卷一百二十三《大宛列传》。

大量使者到西域各国，其中主要是对外贸易的商人。除北方沙漠草原丝绸之路外，海上中西交通也发展起来，形成了"海上丝绸之路"：

> 自日南障塞、徐闻、合浦船行可五月，有都元国（马来半岛）；又船行可四月，有邑（色）卢没国（萨罗柏塔那，输出胡椒之商埠）；又船行可二十余日，有谌离国（印度西南海岸夏离耶戒港）；步行可十余日，有夫甘都卢国（南印度地名）；自夫甘都卢国船行可二月余，有黄支国（印度东海岸之建志补罗），民俗略与珠厓相类。其州广大，户口多，多异物，自武帝以来皆献见。有译长，属黄门，与应募者俱入海市明珠、璧流离、奇石异物，赍黄金杂缯而往。所至国皆禀食为耦，蛮夷贾船，转送致之。亦利交易，剽杀人。又苦逢风波溺死，不者数年来还。大珠至围二寸以下……黄支之南，有已程不国（非洲）。汉之译使自此还矣。[1]

东南沿海商埠口岸"海上丝绸之路"和西北"草原、沙漠丝绸之路"对外贸易真正的大发展，是与新财政经济政策相关联的。武帝朝打通中西文化交流使汉帝国与罗马帝国这两个文明大国不仅通过丝路贸易发生了民间商业和文化的交往，而且还发生过某种更直接的交往。《汉书·地理志》西部边境城堡犁靬，是希腊文 Alexandria（亚历山大）的汉语音译。武帝死后不久，（前

----

[1]《汉书》卷二十八下《地理志》。

55）罗马将军克拉苏出任叙利亚总督。次年，他率领4.2万军队入侵帕提亚（今伊朗），战败，长子普布里乌斯支率余部近万名士兵被俘。十八年后（前36）秋，西域都护甘延寿与部将陈汤率4万军队攻克于都赖水筑城的匈奴郅支（今哈萨克斯坦江布尔城）单于部。这批罗马士兵被汉帝国安置在犁轩城（今甘肃省永昌县者来村）。后来王莽改该城名称为"揭虏"。至今这一带尚有罗马血统人居住——这里曾经是一座罗马人的城堡。①公元2世纪后，虽然班超出使最终未能抵达罗马，但罗马帝国马其顿地区的使团却由安息、条支经沙漠草原丝绸之路抵达Seres（中国）东汉首都Sera（洛阳）。《后汉纪》《后汉书》东汉和帝永元十二年（100）均有"西域蒙奇兜勒"遣使抵洛阳的记载。"蒙奇兜勒"（摩诃兜勒）是拉丁文马其顿或马其顿地区（Macedon）的音译。罗马学者托勒密的《地理学》中有记载。②

　　总之，西汉的武帝时代，科学技术和文化艺术较之西汉初有了突飞猛进的大发展。虽然其中的许多内容都与汉武帝刘彻"好大喜功""有为多欲"的政策有关，与那个时代统治阶级奢侈的生活方式有关，但是，必须承认它的另一面——正是由于统治者的贪欲，推动和造就了这类物质和精神文明成就，而它们正是当时全人类所能够达到的最高水平的文明成就，这类成就极大地丰富了人们的物质和精神文化生活，推动了世界文明史的进程。

---

①［英］德效骞：《古代中国的一座罗马人城市》，《中外关系史译丛》第四辑，上海译文出版社，1988年版。

②杨共乐：《罗马史纲要》，东方出版社，1994年版，第232页。

第十一章 论刘彻的大一统皇权主义

刘彻的思想是皇权主义走向统一、定型时代的产物。皇权主义包括物化载体层面、行为规范层面、观念意识层面。物化载体如从皇冠到车马舆服宫殿墓葬之类的物质文化，是考古工作者的研究范围，第十章涉及技术层面，本章第二节从社会经济状况和形态层次作具体介绍；"大一统皇权主义"的行为规范，诸如皇权体制的法律、制度等，本书第二、三、四、五、六各章有所介绍。本章主要从思想观念精神意识层面解析刘彻的皇权主义体系。

一、刘彻主体结构的基本特征

刘彻是一个怎样的人？怎样的天子？他的思想有什么特点？这是几个相互关联的问题。同样都是皇帝，汉武帝刘彻与秦始皇或唐太宗、宋太祖的皇权主义有显著区别，刘彻的皇权主义有其个人的和时代的特点。

1.个性·人格·思维的特征

刘彻继承了祖父文帝刘恒的胸有城府、深谋远虑，父亲景帝刘启的临机应变、刚毅果决，是一代"雄才大略"的天子。他生性多欲、好奇喜动，天资聪颖、敏辩、好学、多思，择言纳谏、洞彻明察、爱才若渴、用人唯能，思路纵横捭阖、无拘无碍，也不乏温情、体恤之心，如对侯母①、异父姊②、乌孙公主、娇妻爱子，都有颇富人情味的一面。但他愈近晚年愈刚愎自用、喜怒无常、暴烈严酷、残忍好杀，显露了内心的阴暗面。刘彻一生早期多才气，中年多霸气，晚节多戾气，劳民过度，用法过苛，求治过急，贪功过大，皆与其个性有关。了解刘彻复杂的人格特征，对理解其思想的复杂性和二重性是必要的。

　　刘彻好读书，对其思想的形成无疑有极大影响。他懂"数术"，好读讲义理之书，不喜欢训诂。刘彻对治《尚书》的兒宽说："吾始以《尚书》为朴学，弗好，及闻宽说，可观。"③不好"朴学"，而好"义理之学"，是刘彻思想的显著特点。武帝朝学术界影响最大的是齐、鲁之学。齐学继承稷下学的学术传统，注重学术交流，擅长口辩，善于阐论义理；鲁学继承家学传统，拘守师说，偏重训诂。"诂"只训讲字、词之义。刘彻乐于使文臣廷辩"大义"，讲论治国平天下的大道理。传《穀梁春秋》的鲁人瑕丘江公与董仲舒廷辩处下风，刘彻遂不用《穀梁》而用《公

---

①《史记》卷一百二十六《滑稽列传》，侯母家人有罪，刘彻"怜焉悲之"，免其罪。《西京杂记》卷上："武帝欲杀乳母，乳母告急于东方朔。朔曰：'帝忍而愎。旁人言之，益死之速耳。汝临去，但屡顾我，我当设奇以激之。'乳母如言。朔在帝侧曰：'汝宜速去！帝今已大，岂念汝乳哺时恩邪！'帝怆然，遂舍之。"

②《史记》卷四十九《外戚世家》刘彻亲迎异父姊，下车泣曰："大姊，何藏之深也！"

③《汉书》卷八十八《儒林传》。

羊》，重齐学。①鲁学不擅长高谈阔论，而注重"行"。刘彻曾就
"治道"请教鲁《诗》学大师申培。申培说："为治者不在多言，
顾力行何如耳。"不多言是君道要诀，老子说得最精，韩非《解
老》《喻老》发挥了"势"和"术"的思想："势"即皇权，内为
心术，外为权术。皇权是"本—原"，"术"只是"末—用"。刘
彻平生无多言，对臣下大多是要言不烦地"讽""喻"，如讽田
蚡、汲黯，示杜周、江充、张汤，喻公孙弘、卫青、上官桀、霍
光等，皆于似不经意之语蕴以深意，包藏了重大决断。刘彻思想
体系的基本部分是政治思想，体现在他的政策、制度、决策之
中。刘彻的"德性"与其"行"——政治实践不全是一回事。两
方面并非无关，尤应看取二者在什么历史条件下发生怎样的作
用。这是与"道德史观"评价历史人物及思想的不同之处。

刘彻大一统皇权主义的核心问题是：在历史演变中，"我"
与有意志的天、他人三个方面是否存在某种神秘的关联，怎样体
现出来：

> 三代受命，其符安在？灾异之变，何缘而起？性命之
> 情，或夭或寿，或仁或鄙，习闻其号，未烛厥理。②

王权何以有盛衰？"先王之道"是否适用于"后王"？是"先

①《汉书·儒林传》："宣帝即位，闻卫太子好《穀梁春秋》，以问
丞相韦贤、长信少府夏侯胜及侍中乐陵侯史高，皆鲁人也，言：'穀梁
子本鲁学，公羊氏乃齐学也'。"

②《汉书》卷五十六《董仲舒传》。

王"的"治道"，还是"后王"的"操持"有问题？"天命"（治乱兴替）有无周期律？"天道"是否"非人力所及"？"天命"是否不可抗拒？如何按"治道"管理天下？"符瑞"是否天命归属的征兆？怎样呈现出来？夏商周是否各有"受命之符"？符命不同，"治道"是否各异？天命的变化与"灾异"是否相关？不同时代"治道"与该时代"人性"是否相关？……刘彻认为这些问题都涉及"大道之要，至论之极"，也是西汉学术界的"前沿课题"。司马迁把"刘彻问题"概括地称之为"究天人之际，通古今之变"。这个问题涉及刘彻的宇宙观、世界观、人生观、历史观。刘彻策问道：

> 圣王已没，钟鼓管弦之声未衰，而大道微缺，陵夷至乎桀、纣之行，王道大坏矣。夫五百年之间，守文之君，当途之士，欲则先王之法以戴翼其世者甚众，然犹不能反，日以仆灭，至后王而后止，岂其所持或背缪而失其统与？固天降命不可复反，必推之于大衰而后息与？①

"王道"有"先王"与"后王"之分，"法先王"与"法后王"是战国"百家争鸣"中不同派别政治理论的分水岭。刘彻认为，不仅"先王之道"与"后王之道"有区别，即使"先王之道"也并非"同条共贯"。他策问：

> 朕闻五帝不相复礼，三代不同法，所繇殊路而建德一

---

① 《汉书》卷五十六《董仲舒传》。

也。①

"法先王"何以行不通？欲行"先王之道"之国覆灭了，"后王"嬴政统一天下，也未维持多久。刘彻意识到天下治乱兴衰远非人的意志所能左右。登上帝位的刘彻叩问历史，是否有"天命"支配其运行？"天道"与"人道"、"天命"与"人性"有无关联？君主"力行"能否感应天命，维持天下恒常，达到"天下太平"？他期望把握"大道之要，至论之极"，创造一种行之有效、长治久安的政治体制。

2. "余一人"的主体意识

刘彻有复杂的人格特征。他不可避免地具有至高至尊者的自我意识。这种意识积淀形成，深存于文化基因之中，决定了刘彻的意识。

"先王"时代，"天子"自称"余一人"（或"予一人"）。这是放大了的第一人称——"大我"。这种观念起源很早，至迟可以上溯到商朝初年。除了殷商甲骨卜辞外，②《尚书》中也有多篇文字使用这个主体词：

> 尔尚辅予一人，致天之罚；（《汤誓》）
>
> 勉出乃力，听予一人之作猷……邦之不臧，惟予一人；
>
> （《盘庚上》）

---

① 《汉书》卷六《武帝纪》。

② 见《金璋所藏甲骨卜辞》一二四，《战后新获甲骨集》三、九四，《殷契佚存》七六等。

钦念以忱，动予一人……汝万民乃不生生，暨予一人猷同心；（《盘庚中》）

尔无共怒，协比谗言予一人；（《盘庚下》）

尔尚弼予一人；（《泰誓上》）

百姓有过，在予一人；（《泰誓中》）

尔其孜孜，奉予一人，恭行天罚；（《泰誓下》）

能念予一人；（《金縢》）

乃裕民曰，我惟有及，则予一人以怿；（《康诰》）

惟我一人弗恤；（《酒诰》）

予一人惟听用德，肆予敢求尔于天邑商。（《多士》）

"予一人"是代"天"统治民众的最高权威。秦始皇为了高于"先王"，改"余一人"为"朕"。此前，"朕"并非天子专用，自秦以后成为天子唯我独尊的第一人称。汉承秦制，"朕"也继承下来。不只称谓，还有一套制度与之配套。当了皇帝，就必须改变自己全部行为和思维方式，学习、适应这套制度。所以，刘彻的主体观念只能是唯一至上的"大我"。

3. "刘彻问题"——"内圣外王之道"

刘彻的认知结构是历史形成的，"刘彻问题"也是历史形成的，沿此线索可以走进刘彻的思想殿堂。战国晚期诸子都从事"大道"的综合，这个问题明确提出来，是综合诸子、集道家思想大成的《庄子·天下篇》：

天下大乱，贤圣不明，道德不一，天下多得一察焉以自

> 好……是故"内圣外王"之道暗而不明，郁而不发，天下之
> 人各为其所欲焉以自为方。悲夫，百家往而不反，必不合
> 矣！后世之学者，不幸不见天地之纯，古人之大体，道术将
> 为天下裂。

这正是对先秦政治思想史基本问题的全面概括。战国时代的学术分化，使"内圣外王"之"道术之大体"发生严重裂变，诸子百家仁者见仁，智者见智，争鸣不已，各派有各派的理论体系和解决问题的答案。而"刘彻问题"实际上则是《庄子·天下篇》问题的翻版，只是一则出自思想家，一则出自政治家而已。刘彻所亟欲知道的是：先王治理天下的"君道"，固然极好，但何以不再能适应后世治天下的需要呢？何以不再宜于"操持"了呢？究竟怎样才能真正掌握"大道之要，至论之极"呢？刘彻一再向天下士人们策问，全部问题的核心就在于寻找某种一劳永逸的解决方案。

超越"汉武帝时代"的话语结构，才可能对"刘彻问题"作出自己的理解，才可能作出符合时代需要的诠释，这对于全面系统地了解刘彻的皇权主义无疑是十分必要的。

二、先王与后王——两类王权的基础

刘彻欲就"先王之道"与"后王之道"作出判断和选择。历代君主欲取法乎"先王"的治道而不可得，必至乎"后王"而止的原因何在？那么，首先必须回答"先王"与"后王"各存在于什么样的社会经济基础之上。

1.从"先王"时代到"后王"时代

"先王"指夏、商、周三代之君；"后王"指战国以后的君主。夏代"早期王权"形成，王权私有化、世袭化，出现了"王臣公，公臣大夫，大夫臣士……"层层相食的"食物链"，君权与父权统一，"宗统"与"君统"结合，"王"成了"溥天之下，莫非王土，率土之滨，莫非王臣"的天下共主。氏族血缘关系以宗法制形式保存下来，转化为国家组织。在"井田制"基础上，家族社会组织的宗法制，国家结构的分封制，国家机构职能的世袭制，成为"先王"国家和社会的特点。唐人柳宗元的《封建论》对"先王"与"后王"的差别、属性和历史地位作出过著名的评价：

> 夫殷、周之不革者，是不得已也。盖以诸侯归殷者三千焉，资以黜夏，汤不得而废；归周者八百焉，资以胜殷，武王不得而易。徇之以为安，仍之以为俗，汤武之所不得已也。夫不得已，非公之大者也，私其力于己也，私其卫于子孙也，秦之所以革之者，其为制，公之大者也；其情私也，私其一己之威也，私其尽臣畜于我也。然而公天下之端自秦始。

皇权是政治权力私有化的高级阶段。柳宗元把夏、商、周王权政体归于"私其力于己也，私其卫于子孙也"的分封制。秦代皇权政体革除分封制，建立郡县制。尽管皇权世袭，但那只是"其情私也"，行政、司法、财政、军事和地方职务取消了世袭

制，"其为制，公之大者也"。从先王到后王，是君主政体由初级
阶段走向较高阶段的过渡。顾炎武《日知录·周末风俗》曰：

> 如春秋时犹尊礼重信，而七国则绝不言礼与信矣；春秋
> 时犹宗周王，而七国则绝不言〔周〕王矣……春秋时犹宴会
> 赋诗，而七国则不闻矣；春秋时犹有赴告、策书，而七国则
> 无有矣。邦无定交，士无定主，此皆变于一百三十三年之
> 间。史之阙文，而后人可以意推者也。不待始皇之并天下，
> 而文、武之道尽矣。

这一百三十三年指《春秋左传》终笔（前467）至齐魏"会
徐州相王"（前334）之间。周王室史官降在列国，周天子编年史
中断，所谓"史之阙文，考古者为之茫昧"。形成"先王"与
"后王"的历史分界线。生活在这一时期的墨子（前480—前
420），描述过这一时期"天下"混沌无序的状况：

> 昔三代圣王既没，天下失义，诸侯力正（政）。是以存
> 夫为人君臣上下者之不惠忠也，父子弟兄之不慈孝弟长贞良
> 也，正（政）长之不强于听治，贱人之不强于从事也。民之
> 为淫暴寇乱盗贼，以兵刃毒药水火，退无罪人乎道路率径，
> 夺人车马衣裘以自利者，并作由此始，是以天下乱。①

----

① 《墨子·明鬼下》。

战争规模越打越大，杀人盈城盈野，暴君污吏横行。所以，孟子认为五霸是三王的罪人，今王（后王）是五霸的罪人。儒家认为"先王"之政优于"后王"之政，就是基于对历史的这种认识作出的基本判断和推论。

那么，"先王之道"与"后王之道"有什么区别呢？

"先王之道"是按夏、商、周三代之礼执政。孔子的设想是先恢复"小康"时代的周礼，再争取回到"天下为公"的理想世界。先王之礼利用氏族血族组织的躯壳发育起来。宗法制、世袭制、分封制、血缘等级制同君主—贵族专制制度一道成长起来，处于宗主地位的父家长，谋求权力制衡中的优势地位，嫡长子谋求继承这种权力，这种趋势演变为"大宗维干，宗子维城"的国家联盟；"后王之道"是战国再度出现的王权，多以"明法令"为标志。"礼"变为"法"是区别"先王之道"与"后王之道"的基本点。

2. "先王"——血族组织基础上的君主政体

"先王"可以称为"早期王权"。古代两河流域、古印度、古希腊和古代中国普遍经历过"王政时代"[①]。最初的"王"来自部落联盟大会推举，后来才转化为世袭王权。由于生产力水平、发展速度、文化传统、经济状况、外部环境差异等因素的制约，氏族制度遗存的保留（或曰解体）的程度不同，王权可能会呈现出不同形态。

[①] 详施汉生、刘欣如主编：《古代王权与专制主义》，中国社会科学出版社，1993年版。

中国青铜时代是全世界古代史的典型范例。①中国的"王政时代"比古代希腊、罗马长得多。中国上古,"以血族关系为基础的社会结构"尚未消失,私有制、财产差别、阶级对立、商品交换等因素受血族关系制约发育滞缓,"古典"经济受到限制。中国青铜时代血族关系并未解体,血族组织(氏族→胞族→部落→部落联盟)躯壳代行国家职能,形成中国夏、商、周王权的基础。恩格斯论述血族组织蜕变为国家机器的过程:

> ……在以血族关系为基础的这种社会结构中,劳动生产率日益发展起来;与此同时,私有制和交换、财产差别、使用他人劳动力的可能性,从而阶级对立的基础等等新的社会成分,也日益发展起来;这些新的社会成分在几个世代中竭力使旧的社会制度适应新的条件,直到两者的不相容性最后导致一个彻底的变革为止。以血族团体为基础的旧社会,由于新形成的社会各阶级的冲突而被炸毁;组成为国家的新社会取而代之,而国家的基层单位已经不是血族团体,而是地区团体了。②

如果上述血族团体向地域组织的过渡不是几个世代,而是几

---

① 张光直认为:"中国古代所发现的青铜器的量,可能大于世界各地所发现的铜器的总和;在中国所发现的青铜器的种类,又可能多于世界其余各地所发现的青铜器的种类的总和。"《青铜时代·序》,生活·读书·新知三联书店,1999年第二版。

② 恩格斯:《家庭、私有制与国家的起源·序》。

十代、几千年的话，那么血族组织与地域组织就不得不相容，从而构成由氏族血缘组织脱胎转型而来的血缘+地域=国家组织。"周礼"不过是血族习惯法的延伸和扩张。文王、周公总结历史经验教训，完善宗法制，使之与分封制、世袭制结合起来，构成"周礼"的核心成分；而"法"则指成文法典。春秋战国各国改革变法运动的"明法令"，无不冲击、破坏、改造贵族宗法制的"礼"。春秋战国改革变法运动与古希腊从克里斯梯尼、梭伦到提修斯的一系列改革处于同一历史阶段，是性质相近的事件。这些事件是由铁器时代的到来，商品货币交换经济发展导致的，因而，程度不同地腐蚀、冲击、瓦解、削弱着宗法血缘组织，促进了地域性组织的形成。如秦自商鞅变法始，不断革除大家族的血缘纽带，用郡县制取代分封制，军功赐爵制和客卿制取代世卿制，编户什伍制度分大家族为个体家庭，按财产划分社会等级，确立刑徒奴隶制……"先王之道"废除得最彻底，"后王之道"推行得最成功。

3. "后王"——古典经济基础上的君主政体

用商品交换关系的发展为尺度衡量社会形态的变化，具体到古代社会，可以从"血缘共同体"开放的程度，能量、物质、信息的交换水平来衡量。譬如，原始群的群婚制，就不如"同姓不婚"的外婚制共同体遗传基因的开放性和流动性高；"同姓不婚"的族外婚血缘共同体，打破了封闭状态，扩大了异族间文化信息的交流，由母系制向父系制过渡，较早达到了"文明时代的门槛"；古代"亚细亚生产方式"是固定、封闭性的，"古典古代"

则是流动性、开放性的；早期封建社会的"中古自然经济"①状态是固定性、封闭性的，晚期封建社会如15世纪以后的欧洲、中唐、两宋则不同等等。我们不妨用这一方法来划分社会形态的"初级阶段"与"高级阶段"，为前资本主义社会的发展线索建立以下动态模式：

社会形态　　　发展阶段	初级阶段	高级阶段	进化趋势
原始社会	原始群	原始族外婚社会	奴隶社会
古代社会	古代亚细亚型社会	古典古代社会	封建社会
封建社会	中古封建社会	近古封建社会	资本主义社会

吾师赵俪生先生对中国前资本主义社会商品货币交换经济的"涨—落"进程与中国历史发展阶段的划分之关系作过以下概括："假如我们用宏观的眼光看我国历史上从公元前6世纪到公元后8世纪这1400年历史的话，它似乎恰好可以分为两段，每段700年：以公元后1、2世纪作为它们的分界点。前一段700年，是倾向和交换行为最初发展，逐渐泛滥以至收缩、停滞的年代；后一段700年，是自然经济发展，居社会主导地位并且最后又被货币交换所破坏，所瓦解的年代。"②

---

① 全汉昇：《中古自然经济》，《"中央研究院"历史语言研究所集刊》，第五卷第一分册。

② 赵俪生：《中国土地制度史论要》，《赵俪生史学论著自选集》，山东大学出版社，1996年版，第133页。

具体说，公元前524年周景王"铸大钱"，使"子母相权"，货币交换手段开始复杂化，经公元86年东汉章帝朝张林、朱晖争论"尽封钱""以布帛当租"，至东汉末，公元190年董卓"毁五铢钱"，谷斛万钱，"自是后钱货不行"，标志着古典古代类型商品货币交换经济的衰落，"中古自然经济"占主导地位。到了中唐，商品货币经济再度高涨。公元780年，唐德宗朝杨炎颁行"两税法"，刘晏形容货币经济发达，"如见钱流地上"，金融信用机构出现"柜坊"[①]，交换手段出现"飞钱券"，宋代出现了"交子"这种全世界最早的纸币。这标志着中国封建社会进入了"高级阶段"。

现在，我们把目光再转回到中国古代从"先王"向"后王"过渡的时代定位问题。恩格斯《起源》指出，"第三次社会大分工"是以铁器的使用推动的。铁器革命推动了社会经济结构发生重大改变，出现了以下特征：

（1）出现了金属货币，从而出现了货币资本、利息和高利贷；

（2）出现了生产与消费之间的中介——商业和商人阶级；

（3）出现了土地私有和抵押制；

（4）出现了占统治地位的生产形式——奴隶劳动；

（5）城市和乡村的对立作为整个社会分工的基础确立了；

（6）实行了财产所有者死后也能处理自己财产的遗嘱制度等

---

①　［日］加藤繁：《柜坊考》，《中国经济史考证》卷一，商务印书馆，1959年版；参阅郑克中：《论纸币》，台北《汉学研究》第十六卷第二期。

等。

这是对古代社会发展一般规律的概括。至于"刘彻时代"的定位，则应从中国古代社会的延续性、两重性的实际情况出发，作出实事求是的结论。

中国商人阶级出现于春秋战国时期，各国的"变法运动"是新的社会分工导致的社会结构调整的体现；固定性、封闭性的社会向流动性、开放性社会转变。"四民不徙"的宗族组织趋于破坏，宗法贵族统治走向解体，军功贵族、商人、官僚、豪强们成为历史舞台的主角。"十室之邑""百室之邑"，至多"千室之邑"的土围子，被"千丈之城，万家之邑相望"的城市—农村结构的社会取代；商品交换方式从"氓之蚩蚩，抱布贸丝"，"日中为市，致天下之民，聚天下之货，交易而退，各得其所"的简单市场交换经济，发展到"金玉其车，文错其服，能行诸侯之赂"，"结驷连骑，束帛之币以聘享诸侯，所至，国君无不分庭与之抗礼"，富"比封君"号称"素封"的豪商巨贾①；由"五口之家"，耕"百亩之田"的村社井田农民，变成"授田"制下的"编户齐民"，乃至既"无恒产"也"无恒心"、居"不地著"、行"如鸟兽"的无业游民。司马迁在《史记·货殖列传》里概括地描写了战国至西汉前期，按财富多寡划分等级形成的社会等级观念：

> 凡编户之民，富相什则卑下之，伯则畏惮之，千则役，万则仆，物之理也。夫用贫求富，农不如工，工不如商，刺

①《史记》卷一百二十九《货殖列传》："无秩禄之奉，爵邑之入，而乐与之比者，命曰'素封'。"

绣文不如倚市门。

春秋以前按血族等级划分，"贵者为上"；战国以后"富为上，贵次之"，社会等级以财富多寡为标准。平民经商致富，在社会分层中重新确立位置，这种现象成为社会演变的显著特征。各国政治舞台上出现"主卖官爵，臣卖智力"的现象，开始"布衣卿相之局"；战场上出现"赁市佣而战"的雇佣兵……总之，"古典古代"型经济成分有所增长，"亚细亚生产方式"型经济成分有所消退。这些变化构成中国古代"后王"政体的经济基础。

三、"皇帝"名号与"霸王道杂之"

皇权政体是沿着从"先王"到"后王"的方向渐变而形成的，不过刘汉与秦代的"皇帝"略有不同。若将"皇权主义"作为同一类思想看，"刘彻的皇权主义"不过是达、类、私中的"私名"，它自有特点。

1.皇帝名号与皇权政体

"皇帝"是秦始皇嬴政选择"帝"—"王"—"霸"三种关于君主的符号加以组合构成的。战国时，商鞅入秦，说秦孝公以各种君道政略，以供选择。起初"说〔孝〕公以帝道，其志不开悟矣"；次而"说公以王道而未入也"；进而"说公以霸道，其意欲用之矣"；最后，才"以强国之术说君，君大说之耳"。秦始皇创造"皇帝"的思想，源于孝公时代的商鞅。商鞅列举的帝、王、霸、强国之术这四种君主政体形式，各有其时代特点，而"强国之术"能够集历代君道的经验，集中反映了战国时代"后王之道"的基本精神。①秦始皇二十六年（前221）初并天下，向臣下征求天子名号称谓，丞相王绾、御史大夫冯劫、廷尉李斯为确定天子称谓进言：

> 昔者五帝，地方千里，其外侯服、夷服，诸侯或朝或否，天子不能制。今陛下兴义兵，诛残贼，平定天下，海内为郡县，法令由一统，自上古以来未尝有，五帝所不及。臣等谨与博士议曰："古有天皇，有地皇，有泰皇，泰皇最贵。"臣等昧死上尊号：王为"泰皇"，命为"制"，令为"诏"，天子自称曰"朕"。王曰："去'泰'著'皇'，采上古'帝'位号，号曰'皇帝'。他如议。"②

秦始皇嬴政的皇权主义，是总结了以往历代君主集权政治实践的全部经验而创造出来的一种新型政治体制。换言之，"皇帝"两个字实际上是嬴政高度"压缩"了千余年来历代君主政治的经验和理论，是集大成的创造物。

2."汉家自有制度，本以霸王道杂之"

虽然有"汉循秦制而未改""汉踵秦制"等说法，但汉制与秦代有同有异；刘彻的皇权主义与汉初也不尽相同，有所继承，也有所发展。从刘彻改革"汉家制度"的实践中可以解析刘彻思想体系的基本结构。"汉家制度"一语，始见于汉宣帝刘询告诫太子刘奭（汉元帝）之语：

---

① 详《史记》卷六十八《商君列传》。
② 《史记》卷六《秦始皇本纪》。

〔刘奭〕柔仁好儒。见宣帝所用多文法吏，以刑名绳下，大臣杨恽、盖宽饶等坐刺讥辞语为罪而诛，尝侍燕从容言："陛下持刑太深，宜用儒生。"宣帝作色曰："汉家自有制度，本以霸王道杂之，奈何纯任德教，用周政乎！且俗儒不达时宜，好是古非今，使人眩于名实，不知所守，何足委任！"乃叹曰："乱我家者，太子也！"①

宣帝太子刘奭欲"纯任德教，用周政"，独尊儒术，宣帝认为这是变乱"汉家制度"，动摇国"本"，欲废太子。宣帝朝的"治术"除了更加稳健外，大体上继承了刘彻的衣钵，恢复了昭帝朝一度变乱了的"汉家制度"。那么，"霸王道杂之"为什么被称为"汉家制度"之"本"呢？

"汉家制度"最初由汉高祖刘邦确立。陆贾曾以亡秦之鉴劝谏刘邦："马上得之，宁可以马上治乎？且汤、武逆取而以顺守之，文武并用，长久之术也。昔者吴王夫差、智伯极武而亡；秦任刑法不变，卒灭赵氏。乡使秦以并天下，行仁义，法先圣，陛下安得而有之？"②没有明确的政治目标和稳定的制度，刘邦至多只能当个草头王，旋起旋灭，如过眼烟云。刘邦恍悟治术之要，于高祖十一年（前196）二月颁布诏书，阐明"汉家制度"：

---

① 《汉书》卷九《元帝纪》。
② 《汉书》卷四十三《郦陆朱刘叔孙传·陆贾》。

> 盖闻王者莫高于周文，伯者莫高于齐桓，皆待贤人而成名。今天下贤者智能岂特古之人乎？患在人主不交故也，士奚由进！今吾以天之灵，贤士大夫定有天下，以为一家，欲其长久，世世奉宗庙亡绝也。贤人已与我共平之矣，而不与吾共安利之，可乎？贤士大夫有肯从我游者，吾能尊显之……其有意称明德者，必身劝，为之驾，遣诣相国府，署行、义、年。有而弗言，觉，免。①

文王是王者之尊，齐桓是霸者之首。"王道"乃文王、周公之政；"霸道"乃齐太公、桓、管之政。桑弘羊说汉武帝，"修太公、桓、管之术，总一盐铁，通山川之利而万物殖。是以县官用饶足，民不困乏，本末并利，上下俱足"②。桓、管霸术的基本精神是因民俗，简周礼。后人说："王者之法，莫备于周公，而善变周公之法者莫精于管子……古今递迁，道随时降，王霸迭兴，政由俗革……周公之经制大备，盖以成王者之终；管子能变其常而通其穷，亦所以基伯之始。夫亦势之所趋，有不得不然者乎！"③这些说法对准确全面地理解刘彻的思想是有益的。

汉家制度"杂霸王道"，文武互济。君主政体体现为"一国两制"：郡县制与分封制二重体制；世袭制与选任制双轨并行。"非刘氏不王，非有功不侯"，前者近乎周礼的分封制，后者近乎

---

① 《汉书》卷一下《高帝纪》。
② 《盐铁论·轻重》。
③ 赵用贤《管子序》。

齐桓、晋文的"尊贤尚功"。选官原则是"选贤任能，举贤尚功"，亦为桓公、管仲之政；"文武之道"可分阴阳、奇正、经权、常变。司马迁说文王"与吕尚阴谋修德以倾商政，其事多兵权与奇计，故后世之言兵及周之阴权皆宗太公为本谋"。宗周立国，封土建藩，亲亲尚恩，"文王孙子，本枝百世"，号为王者之尊；太公封齐，齐桓公时管仲为相，修旧族，选贤能，富国强兵，尊王攘夷，九合诸侯，一匡天下，号为伯（霸）者之首。儒家讲王道、周政，羞言五霸。孔子把"周礼""周政"作为天下致治臻"太平"的标准。春秋是霸国时代，诸侯形式上承认王权；战国连周天子的王权也不承认了，天下战乱不休。人民期望统一安定，故儒者们把恢复周礼作为政治理想。刘邦建国只是初步的统一，将"杂霸王道"立为"汉家制度"。刘彻在汉初之政的基础上"缘饰儒术"，建立新型"大一统"的皇权政体。沿着刘彻思想来源追溯上去，才能够深入了解他绝非纯任儒术，而是继承了"王霸之道"的哪些思想、思考过哪些问题，采用了哪些解决问题的思路。

四、君道观的来源和组成部分

刘彻改造"汉家制度"，发展"杂霸王道"思想。东汉桓谭《新论·识通》说，汉武帝刘彻能"崇先广统之规，故即位而开发大志，考合古今，模范前圣故事"。刘彻不满足因循前圣、先王、祖制的成例，他不仅继承、选择、综合了传统的君道观，还有所创新。

1.先秦"内圣—外王"范畴对汉代观念的影响

对"人性"的理解涉及君道观、历史观问题。孔子罕言"性命"，主张行"王道"，其后"儒分为八"，影响最大的是思孟和荀子两个学派。思孟学派认为人性本善，修养"内圣"之道，治道"法先王"；荀子则认为人性"伪"，要用"礼"来约束，提倡"外王"之道，治道"法后王"。

思孟学派诠释《世子传》"圣之思也轻。思也者，思天也。轻者，尚矣"句，认为"精气"有轻重之分，小人之思浊重、"圣之思轻"，能化为"君子道"，上升为"王言"，代表上天意志。君主发挥"内圣之道"，能成为"圣君"。《周礼》师氏注云："德行，内外之称，在心为德，施之为行。"仁、义、礼、智、信（圣）五行，图示了行为方式"隐"和"外显"模式。古文道、德、术皆从"行"，帛书《五行》篇曰："德之行五，和谓之德，四行合谓之善。善，人道也。德，天道也。"《郭店楚简·五行》篇言："圣之思也轻。轻则形，形则不忘，不忘则聪，聪则闻君子道，闻君子道则王言，王言则□，□（则）圣……能为一，然后能为君子，君子慎其独也。"孟子执人性善论，《孟子·尽心上》批评诸子之学的偏执："执中无权，犹执一也。所恶执一者，为其贼道也，举一而废百也。"权与经相对而言，指变通。这里说把君道的各种要素综合起来，权量轻重，使行为合于仁政。而"霸术"不过是"以力假仁"，君主行为偏执，背离了德，故称"贼道"。

与思孟学派不同，荀子认为人性有饰"欲"之"伪"的特点，批评思孟"略法先王而不知其统"。他认为不具备行王道的条件而欲行王政，必将遭致失败：故"闵王毁于五国，桓公劫于鲁庄，无它故焉，非其道而虑之以王也"①，这是对历史教训的总结；韩非从荀子基础上推论人性"恶"，故主张治道"一断于法"；董仲舒发挥"君子"—"小人"说，演绎"性三品"论，主张人有小人、君子、圣人三种不同等级的人性；司马迁不取此说，认为人性生而有"欲"，继承了荀子的人性论。《史记·礼书》论曰：

> 人生有欲，欲而不得则不能无忿，忿而无度量则争，争则乱。先王恶其乱，故制礼义以养人之欲，给人之求，使欲不穷于物，物不屈于欲。

刘彻对这些论点比较选择，将"外王之道"与"霸王道"统一起来，通过制度、政令"外化"为政治体制和社会规范。思孟学派强调君主主体的道德修养，进而成就"外王"事业，并不符合刘彻的需要。他把"内圣"之学引向造神的方向，使"造神主义"取代了孔子的人文主义（详本书第六章）。

"霸道"是在"王政"衰落的情况下，诸侯之强者代天子行政，"刑—德"并用，联合诸侯，维持天下秩序。一方面"德"古文初义包含征伐、刑杀、功利等武事；另一方面"霸政时代"也讲"德治"。春秋人论及霸术兼及文—武、刑—德两个方面。②孔子说"齐一变至于鲁，鲁一变至于道"，即所谓"道随时降"；

---

① 《荀子·王制》。
② ［日］小仓芳彦：《〈左传〉中的霸与德：德要领的形成与发展》，《日本学者研究中国史论著选译（七）》，中华书局，1993年版。

孟子说孔门"五尺童子羞言五霸","五霸"是三王的"罪人",
表示"霸道"较"王道"降了一格。战国人在"王道"上又加上
"帝道",齐学对帝—王—霸道都有论列。如《管子》记载,桓公
问政,管仲对曰:"君霸王,社稷定。君不霸王,社稷不定";桓
公欲封禅,管仲谏以礼。是说桓公之德不足以取代天子,不够封
禅的资格。春秋讲礼,霸主们毕竟还承认周天子;战国不讲礼,
列国之君根本不把周天子放在眼里,专用纵横法术兵农诈术,将
"霸道"发挥到极致,距离"王道"更远,这种君道就叫"强国
之术"。刘彻认为政策要从实际出发,更强调"权"(根据情况变
化制订政策)的作用。他针对《春秋公羊传》的事例评论说,
"孔子对定公以徕远,哀公以论臣,景公以节用,非期不同,所
急异务也"[①]。他特别指出,"今中国一统而北边未安",全部政
策一定要围绕此一基点来设计。

战国是皇权主义思想和体制的形成期。商鞅综合了当时的
"君道"观,认为"人性"的"自私化"是政体演变的原因,他
概述家庭、私有制和国家的起源和发展史,为帝、王、霸等国家
形式寻找理论根据。商鞅铲除分封制、世袭制,推行以编户齐民
什伍组织为基础的郡县制。田骈解释说:

> 故治之所以不立者,齐不得也。齐不得则治难行。故治
> 民之齐,不可不察也。圣人者,明于治乱之道,习于人事之
> 终始者也。其治人民也,期于利民而止。故其位齐也:不慕

---

① 《汉书》卷六《武帝纪》。

古，不留今，与时变，与俗化。①

　　法家主张彻底割断宗法关系。荀子弟子韩非综合法家学说，用道论综合刑、名、法、术、势，形成后期法家，"法家不别亲疏，不殊贵贱，一断于法，则亲亲尊尊之恩绝矣"②。有法才能"齐"，斩断血族关系。秦帝国刚刚统一六国，举措暴众，用刑太急，劳民过度，不能统一天下人心、妥善有效地调节缓和内外矛盾，故二世而亡。汉初黄老道家批判秦政之失，以道驭法，合先秦诸家学说："因阴阳之大顺，采儒墨之善，撮名法之要"，兼容刑名法术。汉初向宗法关系让步，部分搞分封制，暂时缓和了统治阶级内部矛盾，使过度紧张之弦松弛下来。汉初皇权孱弱，封国豪强过度债张，内乱不已。无为政治格局狭小，齐儒辕固生讥之为"家人言"。其义取自《管子·形势篇》："道之所言者一也，而用之者异：有闻道而好为家者，一家之人也；有闻道而好为乡者，一乡之人也；有闻道而好为国者，一国之人也；有闻道而好为天下者，天下之人也；有闻道而好定万物者，天地之配也。"在理论上，刘彻当然要选择"闻道而好为天下者"的方向，追求作"天下之人"，"配天地""定万物"（即《建元鼎》铭文），成一代圣君。亡秦独尊法家，用民太急，治道过于债张，失之过"左"；汉初用小国寡民无为之术，治道过于松弛，失之过"右"。刘彻受亡秦与汉初两方面治道得失启发，选择了尊儒路线。东汉人桓谭论帝王霸道符合汉代人对"王霸之辩"的理解：

① 《管子·正世》。《吕氏春秋·不二》言："田骈贵齐。"
② 《史记》卷一百三十《太史公自序》。

> 三皇以道治，而五帝用德化；三王由仁义，五伯以权智。其说之曰：无制令刑罚，谓之皇；有制令而无刑罚，谓之帝；赏善诛恶，诸侯朝事，谓之王；兴兵众，约盟誓，以信义矫世，谓之伯……五帝以上久远，经传无事，唯王、霸二盛之美，以定古今之理焉。夫王道之治，先除人害，而足其衣食，然后教以礼仪，而威以刑诛，使知好恶去就，是故大化四凑，天下安乐，此王者之术。霸功之大者，尊君卑臣，权统由一，政不二门，赏罚必信，法令著明，百官修理，威令必行，此霸者之术。王道纯粹，其德如彼；霸道驳杂，其功如此；俱有天下，而君万民，垂统子孙，其实一也。①

"三皇"是汉儒的杜撰姑且不论，"帝道"是君权的萌芽状态，"霸道"是君主政体有所发展的春秋时代的产物，依桓谭说；"后王"秦政应该算是"霸道"在战国时代的延伸——则"汉家制度"隐然存乎周秦之间了。

2.刘彻对"君道"范畴的选择与综合

经过汰选，刘彻认可齐学特色的"新儒家"。他根据齐太公"因俗简礼"的经验，主张不能死搬教条，一味遵从祖训，要根据民心国情改革，建立典制，调整政策，思想要有创造性。刘彻元光六年（前129）末诏曰：

---

① 《新论·王霸》。

> 盖受命而王，各有所由兴，殊路而同归，谓因民而作，追俗为制也。议者咸称太古，百姓何望？汉亦一家之事，典法不传，谓子孙何？化隆者闳博，治浅者褊狭，可不勉与？[①]

这段话是刘彻政治、经济、军事、民政体制改革思想的核心。"因民而作，追俗为制"就是要求政策要根据时势人心变化制定与调整。刘彻"援礼入法"，要为子孙万代建立一套完整的制度，灌输一套统一的思想。

汉初黄老学派受稷下学影响。稷下先生邹衍创"五德终始"说，推"五帝之德"撰《大圣篇》，受各国君主欢迎。帛书《黄帝四篇》论"黄帝"：

> 昔者黄宗（帝），质始好信，作自为象，方四面，傅一心，四达自中，前参后参，践位履参，是以能为天下宗。吾受命于天，定位于地，成名于人。唯余一人，德乃配天。乃立王三公，立国置君三卿。

西汉"黄帝"偶像化：黄帝曰："唯余一人，兼有天下"；"天下太平，正以明德，参之于天地，而兼覆载而无私也，故王天下"。"神道设教"是刘彻皇权主义的重要方面，黄帝四面象征

---

① 《史记》卷二十三《礼书》。

"余一人"对四方的统治,包含了宗教化成分。刘彻接受"百家言黄帝"造神运动的成果,他打算统一天(神)、地(鬼)、人三界,创造一个大一统的皇权—神权政体。

刘彻的"内圣外王"观以阴阳五行说为构架,是综合战国至西汉初多种君道观的产物:纳道、德、术、行、仁、义、礼、智、信,借用《洪范》九畴的模式,中心是"圣",按东、西、南、北、中五方构成五行结构,用以综合德、行,以德为内,以行为外;若用于国家天下,则分中与东、西、南、北分别为内、外。帛书《德行篇》"君子"据"四德","圣人"备五德:仁、义、礼、知、信。刘彻把文—武、刑—德、礼—法、王—霸等范畴统一起来,变成国家的体制、制度、政策、法令。汉初黄帝形象不够高大,刘彻欲让皇权之"势"高矗起来,居于天—地—人间至尊的地位。董仲舒对策特意说刘彻居"圣王之势",有条件创造"圣王"之业,诱使他舍弃霸道,独尊王道,宗儒学,以成"内圣外王"之德。刘彻对东方朔奏上的《泰阶六符》非常感兴趣,当日拜太中大夫给事中,赐黄金百斤。①

齐地的平原人东方朔按照刘彻的旨意,创造了"天下一家"学说,即所谓"圣帝在上,德流天下,诸侯宾服,威振四夷,连四海之外以为席,安于覆盂,天下平均,合为一家"。刘彻把这

---

① 《汉书》卷六十五《东方朔传》注引孟康曰:"泰阶,三台也。每台二星,凡六星。符,六星之符验也。"注引应劭曰:"《黄帝泰阶六符经》曰:'泰阶者,天之三阶也。上阶为天子,中阶为诸侯公卿大夫,下阶为士庶人。上阶上星为男主,下星为女主;中阶上星为诸侯三公,下星为卿大夫;下阶上星为元士,下星为庶人。三阶平则阴阳和,风雨时,社稷神祇咸获其宜,天下大安,是为太平。'"

种观念付诸实施。在政治操作的逻辑方法方面，刘彻有意地置换了"公—私"概念。他号召人们以天下为"公"，以小家服从刘汉的大家。他认同孔子，改造墨子，用墨子载负天下的"大我"观为思想武器，以反对老子的"小国寡民"和杨朱"拔一毛而利天下，不为也"的观念，把以天下为己任作为新道德理念提倡。刘彻继承了法家的"公—私"观，宣传"去私立公""大公无私"的思想，要求臣民们向国家"无私"奉献。"公"原指共同体公社、公田、公室等，武帝朝以后被引申为最高共同体——国家，和为其利益无私奉献的观念。墨子说："举公义，辟私怨"①，打破狭隘的血族关系。法家认为，"法者使去私就公"②；"自环者谓之私，背私谓之公"③；站在国家立场处理利益关系，"使民之恒度，去私而立公"；"天下大（太）平，正以明德，参之于天地，而兼复（覆）载而无私也，故王天下"；"霸主积甲士而征不服，诛禁当罪而不私其利"④。这时的"公私观"已经变成臣民为社稷、国家、君主"无私"奉献的"后王时代"的观念了。刘彻把后王时代的"公"引申为对刘汉家天下的无私奉献，把"家—国""忠—孝""公—忠"统一起来；接过新儒家董仲舒的纲常理论——综合先秦儒家伦理思想：把"君为臣纲""父为子纲""夫为妻纲"和"仁、义、礼、智、信"统一为"三纲五常"，构成一整套社会关系与道德标准体系，完成了一整套语义—逻辑转换。刘彻"援礼入法"，使之转化为政策法令，使民

①《墨子·尚贤上》。
②《鹖冠子·度万》。
③《韩非子·五蠹》。
④《经法·道法》《六分》。

众接受"教化"①。刘彻用"利出一孔"的财政赋税政策集中天下之利，使刘彻这个"余一人"的"大我"以代表天下"大公"的形象极大地膨胀起来。

五、大一统皇权主义的思维方式

刘彻的皇权主义有一套构建体系的思维框架，即"大一统"逻辑程式。他学习儒家经典，道德从《诗经》开始。《诗·小雅·北山》曰：

> 溥天之下，莫非王土。率土之滨，莫非王臣。

这种宏大的政治格局，从少年时代就激励着刘彻，成为他一生为之奋斗的理想。《易·师卦》也说："大君有命，开国承家"，把"君命"与"国—家"概念联系在一起，道理逐渐清晰起来。自然，这种天下观与"余一人"观念的契合是非常自然的。随着董仲舒用这一观念讲解《春秋公羊传》隐公元年的意义，"大一统"理论在刘彻心目中就进一步突出、清晰了。

刘彻还注意从汉初黄老之学基础上，融会诸子百家方法论。中国传统思维方式不仅强调"记性"和"知性"，更提倡"悟性"，让人们透过表象领会、把握、洞察思维的对象，使主体与

---

① 班固《白虎通义·三纲六纪》全面系统地发挥董仲舒的理论："三纲者，何谓也？谓君臣、父子、夫妇也。六纪者，谓诸父、兄弟、族人、诸舅、师长、朋友也……何谓纲纪？纲者，张也；纪者，理也。大者为纲，小者为纪。所以张理上下，整齐人道也。"

客体、客体与客体之间相互沟通、联系、渗透、转移和置换。刘彻善"悟"，他对秦代专用法家和汉初专用黄老道家以及早期儒学都不满意——"大一统"逻辑体系来自"百端之学"，刘彻主张对它们"穷微阐奥"，兼容并包。汉武帝时代方法论思想超越学术派别的畛域走向混一、融合。"本霸王道杂之"命题综合了传统方法论的主要范畴。

1.《易》学思维方式

《易》是古老的智慧，也是中国哲学思想的源头。《易》原是一种占筮方法，用卦爻的排列组合预测、判断事物运动变化。《易》最初是三爻，《周易》演变出六爻、重卦。《易》理体现在卦象和卦爻辞里，既有辩证思维，也保留了原始的整体形象思维的内容。在《周易》占筮的思维状态中，抽象与具象、理性与悟性、形象与意象、显意识与潜意识等精神活动，意识的流动、串联、跳跃、沟通非常活跃，《周易》占筮的思维形式称"直观抽象"，是中国式的"模糊数学"。从《周易》占筮中可以找到中国古代理性和抽象思维的独特轨迹——它尚未与原始思维彻底分离、脱胎、剥离出来，而又"特化"发展，走上了"东方神秘主义"的方向。[①]晁错从济南伏生学《尚书》，主张太子读经要结合诸子传说，弄懂"数术"。"数术"就是把君道范畴代入《周易》的逻辑程式中运筹演算，作"定量化"计算和思考，是中国古代的"政治数学"。譬如《管子》论君道的运算：

先王用一阴二阳者霸，尽以阳者王；以一阳二阴者削，

---

① 详拙作《〈周易〉与原始思维》，《齐鲁学刊》1991年第6期。

尽以阴者亡。①

这里"王霸道"运算的"筹",就是《周易》蓍中的阳爻和阴爻。把阴爻、阳爻代入"君道"运算:"礼—乐"属"阳","兵—刑"属"阴"。"王道"的特征是"尽阳","霸道"是"一阴二阳";主要靠诈力是"一阳二阴";完全依赖诈力是"尽阴"。阴盛阳衰,非危即亡。君道不同,权力形态就有所不同。数术思维也是"大一统"模式的基本方法论工具。

2.道家思维方式

汉初道家是"显学"。刘彻精读过《道德经》。道论通《易》,"道术"专讲阴阳《易》理:"明一者皇,察道者帝,通德者王,谋得兵胜者霸。故夫兵,虽非备道至德也,然而所以辅王成霸。"②"霸道"并非致治,"成霸"不过是"辅王",可以过渡到"王道"。反之,行"霸道"不当也会逆转而致危亡。"强兵"的前提是"富国"。《管子·重令》:"地大国富,人众兵强,此霸王之本也。然而与危亡为邻矣。"按照《周易》和"道"论思考,强弱、盛衰、兴亡可以转化。秦以暴力制天下是"尽阴"。稳定的治道不能用"尽阴"之数。"霸王道杂之"讲"义利"的均衡:

王霸之君,去其所以强求,废其所虑而请,故天下乐从也。利出于一孔者,其国无敌;出二孔者,其兵不诎;出三

---

①《管子·枢言》。

②《管子·兵法》。

孔者，不可以举兵；出四孔者，其国必亡。[1]

如此说来，礼乐兵刑赋税之数量、规模与国家的强弱兴衰有直接关系。

老子的方法是"守一·观复"，主张低姿态，保持潜在活力，执一守要，不离大道，静观物极而返，心里清楚，外表糊涂，不为外物表象迷惑等。"本霸王道杂之"的"本"，初文是指树木的根和主干，引申为本位、主体等观念，在君道观里是指君主自己，也引申为天下、国家、社稷。老子的"本"是主客体混沌未分的宇宙本体："天""自然""道""一""我""余一人"等。刘彻借用"泰一神"概念，把主体性观念统统归入"泰（太）一"范畴，创造了有为多欲的"大一统"理论。

3.儒家思维方式

"道生一，一生二，二生三，三生万物。万物负阴而抱阳，冲气以为和"，是老子读《易》领悟的大道运行轨迹，也展示了中国传统思维方式发展的轨迹。老子、孔子、墨子等学派都从《易》理出发，开拓研究问题的思想方法。《管子·乘马》专讲运用筹码计算，关于"君道"是这样计算的：

无为者帝；为而无以为者王；为而不贵者霸。

"无为"是譬若北辰的"帝道"，是道家政治；"为而无以为"与"知其不可而为之"相近，指儒家主张的"王道""德政"；

---

[1]《管子·国蓄》。

"为而不贵"的"不贵"与墨家"大简约而慢差等"相近，指代天子力政的"霸道"。

孔子的方法是"叩二·执中"。他说："吾有知乎哉？无知也……我叩其两端而竭焉。"①把握事物最准确的方法，就是认识它的两极。认识了它的两极，也就找到了把握该事物的均衡点。这就是所谓"允执其中"②。孔子关注人与人关系的稳定结构，注意人为的调节控制作用，保持事物运动的适度性、均衡性、稳定性，使之控制在"过—不及"两个极端之间的中间庸常的状态。他认为，"中庸之为德也，其至矣乎"③。孔子学说的"体"是内"仁"外"礼"。所谓"仁者，人也"，"仁"从"人"从"二"，就是维持人与人之间的适度关系。孔子"吾道一以贯之"，不同于道家的"一"，方法就是"叩二·执中"："体"分"本末"，"道"有大小，"道生德"，德分君臣、父子，"内"讲"仁"，"外"讲"礼"，有"质"有"文"，"内圣外王"。儒家"为而无以为"式的"有为"，甚至明"知其不可而为之"。"儒分为八"：思孟学派向"内"，发展"里仁"的心学；荀子转向"外"，发展了"隆礼重法"的"礼"学，开辟了通向后期法家的道路。刘彻的"有为""尚文"等受到儒家各派影响。

4.墨家思维方式

墨子的思维方式是"兼三尽用"。墨子把主体、工具、客体划分为"三"，主张穷尽全部知识。刘彻"本霸王道杂之"的综

---

① 《论语·子罕》。
② 《论语·尧曰》。
③ 《论语·雍也》。

合方式与这种思维方式有关。墨子认为"外王"不是空谈，而是分门别类的学问。墨子的"三表法"将哲学、科学、技术三方面，从思维功能上概括为"本·原·用"，从认知结构上分为"体·分·尽"。墨子视道家理论为"一"，儒家理论为"二"，墨学本身为"三"，其知识结构涵盖儒道。由分而合，重新向综合方向发展。譬如，"墨离为三"，《墨子·非命》上、中、下三篇对"三表法"的"本·原·用"三个逻辑项的理解就有所不同。①

"霸王道杂之"的"杂"，就来源于墨子的"兼"。什么是"杂"呢？杂的本义是许多鸟落于同一棵树的树枝上。引申为会集、集合、综合。《吕氏春秋·不二》说墨子"尚兼"。"兼异同"就是把不同的事物按照同一个心统一起来的综合思想方法。这是墨子从几何作圆的方法中抽象出来的。圆心相当于"体"（本），各个半径不同的圆相当于"分"，所有圆有一个共同点："一中（圆心）同长（半径）"。舍弃半径差别，就得到了所有圆的共性；保留圆的不同半径，就是道的"尽"和"用"。墨子由此抽象出了"兼异同"的思想——不包含"异"的同只是个别的"同"，而包含"异"和"同"的同具有普遍性，叫作"大同"。所以，"兼"是墨学兼同异的方法。用这种方法可以把各种不同的价值与方法综合于一个统一的思想体系之中。儒家《礼记·礼运》的"大同"说，就源于墨子的"尚同"说。公孙弘学《春秋杂说》的"杂"就来自墨辩逻辑体系的"尚兼"和"尚同"。刘彻"本霸王道杂之"的"杂"吸收了墨子"兼"的方法论思想。

---

① 详拙作《论墨子的"三表法"》，《齐鲁学刊》1998年第4期。

5. 阴阳—五行思维方式

邹衍发展了思孟学派的五行学说，把"道—阴阳"学说与"五行—五德"说结合为阴阳五行学说，把儒、道、墨三家的行为思想主体设计成"大圣"。原来阴阳说与五行说是两种学说。战国稷下学者环渊用老子的《道德经》的阴阳说解释《周易》，用这种哲学思想说明事物沿着时间轴往复变化的规律，创造了"道—阴阳"学说；邹衍先创造了"五行相生"说，又创造了"五行相胜"说，说明事物不仅具有结构有序性，还有过程的有序性。他把"道—阴阳"学说与"五行生—胜"说结合起来，说明事物的空间结构与变化过程两方面可以相互转化。邹衍把大道的运行与五行、五方、五德、五音、五味……的内在结构综合起来：天道运行有阴—阳、往—复、涨—落、消—息。邹衍受道—阴阳学说的启发并结合战国"天学"成就，创造了"天人感应"学说。①到了邹衍，中国古代思维方式已经完成了由分析到综合的完整过程，中国式的普遍联系思维体系也就到了应该总结的时代了。

6. "大一统"的综合思维方式

刘彻"究天人之际"的方法论吸收了从"阴阳五行"学说中引申出来的"天人感应"论，此说可以上溯至稷下学。稷下先生"谈天衍"邹衍是中国历史上第一个提出"一统"的思想家。《管子·五行篇》提出：

---

① 详拙作《环渊与道—阴阳学派的形成》，《管子学刊》1991年第2期。

一者，本也；二者，器也；三者，充也；治者，四也；
教者，五也；守者，六也；立者，七也；前者，八也；终
者，九也。十者，然后具五官于六府也，五声于六律也。六
月日至，是故人有六多，六多所以街天地也。天道以九制，
地理以八制，人道以六制。以天为父，以地为母，以开乎万
物，以总一统。通乎九制、六府、三充，而为明天子……

邹衍为构建无所不包的宇宙图式，制造了"天人合一"的逻
辑构架。刘彻的"内圣外王"观都是依傍着邹衍的"天人感应"
学说树立起来的，他的"大一统"思想也来源于"谈天衍"邹衍
的理论体系："充"即"统"，将宇宙视为囊括天、地、人在古往
今来运动过程中（即"终始"）的统一整体。他把老子的道生
一、二、三，阴阳生万物的"大道"合而为一，将"三充"总为
"一统"。天道为阳，地道为阴，天覆地载而生万物，父母构精而
生人。八、九为数术之终始，大道分裂"吾观其复"总归还得统
一："以总一统，通乎九制、六府、三充"，这正是《周礼》的模
式。董仲舒把"天道""地道""人道"（黄帝学派的人体理论）
统统附会进来。

《春秋公羊传》最重"书元年"，开章明义揭出本旨："何言
乎王正月？大一统也。"把上述"内圣外王"的各种"数术"尽
数囊括其中。总之，刘彻吸收诸子百家的方法论工具，是为了创
造他的"大一统"理论。

由于刘彻抛弃了荀子"天人相分"的观点，而采用了思孟派
邹衍的"天人合一"和"天人感应"学说构筑"大一统"宇宙图

式，结果导致西汉宗教化运动无法将"此岸世界"与"彼岸世界"划分开来。这是儒学终于未形成宗教的方法论方面的原因。

六、"大一统"与"子学时代"的终结

秦始皇焚书坑儒未能禁绝诸子百家学说，"子学时代"真正的终结者是刘彻。这里，人们不禁要提出一个问题：既然刘彻并未"罢黜百家，独尊儒术"，那么"子学时代"究竟怎样终结？汉武帝时代又是怎样完成思想"大一统"的呢？这是颇具"悖论"性质的问题。与世界其他文明一样，中国思想文化也有一个"宗教化"的进程。汉初"百家言黄帝"既是一种思想综合运动，也是属于宗教化进程的"造神现象"。尽管新儒学取代黄老道家成为正统思想，武帝前期黄帝仍然是造神的主要对象。但刘彻并不满足一个高居自己之上的神权，神化黄帝在汉武帝晚年"转轨"，未能完成树立黄帝为唯一至上神的运动。这并非刘彻不想"神道设教"，而是欲神化自己，但他的神仙梦却屡遭破产，终归失败（详本书第六章五）。新儒学本身尽管也存在宗教化倾向，但儒学的人文主义毕竟极大地抑制了宗教精神生长。

1. 刘彻的"大一统"是神化皇权的思想

刘彻的时代，正是古代罗马、古代伊朗、古代印度等各个古代文明中心宗教化运动发轫的时代，早期基督教、祆教、佛教等"世界性宗教"都在这个时期开始形成和发展。

战国至汉初，中国古代宗教化与皇权主义运动交织在一起。先秦诸子中，孔子认为"天道远，人道迩"，采取"敬鬼神而远之"的态度；墨子的《明鬼》、庄子的《大宗师》、邹衍的《大圣》篇里都有明显的"宗教化"成分。邹衍使道—阴阳学派与五

行学派说接轨，①把"天道""天命"凌驾于君权之上，诱使各国君主就范。邹衍用阴阳四季变化周期对应五行序列，把《管子·宙合》篇里的"大贤"置换为黄帝，将《大圣》篇与《终始》篇配套，合成五帝说，遂发生了战国后期（前288）的"帝制运动"②。"稷下黄老之学"成为"显学"，实际上是这一时期造神运动的主流。

西汉初到武帝前期，黄帝学说盛行，以至于司马迁特别说明："百家言黄帝，其文不雅驯，荐绅先生难言之。"③这说明，西汉的"百家"都走上了宗教化的道路，不过这时黄帝尚有"神性"与人间天子的双重品格，尚未达到宗教化成熟阶段"唯一的至上神"的水平；"今天子初即位，尤敬鬼神之祀"④。这说明，刘彻本人即位以后，由学《盘盂》书出身的田蚡先后任太尉、丞相，不仅没有终止"百家言黄帝"的势头，反而有所助长。直到田蚡死后，刘彻才用"泰一"神取代黄帝，亲自导演了"造神运动"。刘彻对邹衍《大圣》篇的历史观和天人观非常感兴趣，他热衷封禅，欲完成天、地、人合一的皇—神权金字塔。孔子罕言天道、力、命与神的人文主义态度，早期儒学君权"禅让"说、"汤武革命"说、"性善"说、"民贵君轻"说等，都不能适应刘

---

① 《管子·五行篇》是邹衍创造"五行相生"学说的第一篇论文，后来他又根据"国际"政治需要创造出了"五行相胜"说。详拙作《邹衍与阴阳五行学说的形成》，《齐文化纵论》，华龄出版社，1993年版。

② 详拙作《田齐失政论》（《管子学刊》1990年第1期）及拙作《〈侈靡〉篇新探》（《历史研究》1991年第6期）。

③ 《史记》卷一《五帝本纪》。

④ 《史记卷》二十八《封禅书》。

彻有为多欲的造神运动，所以他拒绝接受这类观念。他津津乐道的不仅是神化皇权，更欲神化自己。由于建元至元封已经有"六元"，为了规避"六七之厄"的谶言，用《易》数将"太初改历"后定为四年一元。刘彻一反向东方寻找成仙之途，转向西方，伐大宛，取天马，寻找"西王母"。终归失败，痛下"罪己之诏"，这才回归儒家的"富而教之"路线。

由此可知，"子学时代"的终结并非一纸禁令一蹴而就。先有"百家言黄帝"的造神运动，后因造神运动一再失败，自刘彻临终前至昭帝朝"盐铁会议"后，复归于儒家路线；宣帝一面恢复"霸王道杂之"路线，一面召开石渠阁会议，"讲五经异同"[①]；至元帝朝最终完成"独尊儒术"。

古代的宗教化运动，是把人们对世俗理想的关注转化为对彼岸世界的关注。刘彻欲把自己这个"大我"的暂时存在转变为永恒存在；把"余一人"相对权威变为天地人间的绝对权威；把自己有为多欲的此岸世俗存在变为彼岸世界的神圣存在。刘彻不可能放弃世俗欲望，也不可能创造超然物外的造物者——唯一的至上神。中国文化的宗教化运动要到东汉后期才由道教完成。[②]尽管如此，毕竟是汉武帝刘彻把儒学推上了正统地位。

2."兼综载籍，穷阐微奥"，综合"百端之学"

刘彻欲兼收并蓄、兼容并包，把利于中央集权的理论集中到自己思想体系中。"叩二·执中"不是拘守一家之言，而是纳诸

---

① 《汉书》卷八《宣帝纪》。

② 详拙作《从〈太平经〉看东汉社会危机和早期道教的产生》，《烟台大学学报》1990年第3期。

子之要，求百家之"大同"。"本霸王道杂之"是经选择之后，综合"一·二·三"："天（神）·地（鬼）·人""帝·王·霸""法·术·势""本·原·用"，兼"三充"成"一统"构成的"大一统"。墨子论"工具精神"：

> 我有天志，譬若轮人之有规，匠人之有矩。轮匠执其规矩以度天下之方圆，曰：中者是也，不中者非也。①

墨学综合百家，别是非，兼同异，把治天下的普遍规律称之为"天志"（大道），为天下立"法仪"。公孙弘把"德有六兴，义有七体，礼有八经，法有五务，权有三度"②综合为仁、义、礼、智（智为术之本）四端。公孙弘所学《春秋杂说》为"杂家之说，兼儒墨，合名法者也"③。"兼儒墨，合名法"正是墨家的尚"兼"、尚"同"。公孙弘对策仅百余字已把道儒墨法名轻重各家综合在统一体系之中了。董仲舒《春秋繁露》要在《十指》（详本书第二章）。"十指"是以儒家思想为本，打通群经，综合诸子，通过对《春秋公羊传》全面系统地考证研究，完成了对各家学说全面批判与综合，成为他"大一统"思想的理论根据。董学的优点是全面系统、博大精深，缺点是烦琐牵强、穿凿附会。《春秋繁露》推衍天道，把"终始五德之运"改为"三统"说，用春生、夏长、秋收、冬藏附会上天的喜怒哀乐，用圣人法天

---

① 《墨子·天志》。
② 《管子·五辅》。
③ 《汉书补注·公孙弘传》何焯注。

意、事天、畏天、知天的"天人感应"论神化君权，行兵刑钱谷
礼乐刑杀之政。"内圣外王"到了刘彻这里达到了"殊途同归"
的境地，重构"霸王道杂之"的"大一统"体系。刘彻接受了董
仲舒《公羊春秋》学的"大一统""内圣外王""尊君屈臣""讥
世卿""尊王攘夷""广教化美风俗"等理论，但对"法先王"
"复古"①"反质""天谴""讥刺"之论等观点持保留态度。"内
圣外王之道"出现综合趋势：

> 《易大传》："天下一致而百虑，同归而殊途。"夫阴阳、
> 儒、墨、名、法、道德，此务为治者也，直所从言之异路，
> 有省不省耳。②

刘彻对诸子百家学说的态度与之相似，"今上即位，博开艺
能之路，悉延百端之学"不是一句空话。

3."子学时代"的终结

刘彻为解决西汉政权面临的严重挑战，在吸取了前君主专制
制度的全部历史经验和教训的基础上，对"君道"理论作出全新
的综合和改造。若没有这种综合和改造，不可能建造起西汉大帝
国。用他本人的话说：

> 汉家庶事草创，加四夷侵陵中国，朕不变更制度，后世

---

① 《春秋繁露·楚庄王》："《春秋》之于世事也，善复古，讥易
常，欲其法先王也。"

② 《史记》卷一百三十《太史公自序》。

无法；不出师征伐，天下不安。为此者不得不劳民。若后世
又如朕所为，是袭亡秦之迹也。①

这是刘彻对自己毕生事业概括性的评价，既包含对历史负
责和向后人解释的意蕴，也包括千秋功罪任人评说的态度。刘
彻希望把自己的意志变成制度，成为天下人的思想和行为规范。
思想史可以从制度史中找到某种结构性诠释。"子学时代"思想
大潮经过汉武帝时代的扬弃，"耦合"为统一的思想文化体系。
刘彻的选择和重构对中国思想文化史造成了长久持续的影响，
不仅限于理性文化层面，还通过制度规范体系制约着汉民族的
行为方式，内化为社会文化心理的更深层次，重塑了中华民族
精神。

在语言符码和思维方式的"耦合"中，老子的"无名"论、
孔子的"正名"论吸收了部分名辩学派的思想和法家的刑名思
想，而墨子"名学"的大体则销声匿迹了；侧重于事物运动的过
程和状态的道家《易》—阴阳学派与侧重于事物内在系统结构关
系的阴阳—五行学派"耦合"成为中国传统思维方式的本体结
构；墨家"本·原·用"逻辑思想与"体·分·尽"系统思想部
分被吸收，而其形式逻辑作为一个体系则隐而不传了。

在价值体系中，道家自然主义价值体系、儒家人文主义价值
体系被改造、"异化"。而墨家的科学主义价值体系则被否定了。
墨家后学分裂：一派把墨学的"天志""明鬼"思想引向宗教化

---

① 《资治通鉴》卷二十二《汉纪十四》征和二年条追述卫青在世时
语，当早于元封五年。

的方向，在早期道教的教义（如《太平经》）中能看到某种痕迹；一派把"尚同""兼爱""尚义"等思想导向尚武的民间，所谓"侠以武犯禁"的"侠"最初指这一派所代表的社会思潮和风尚，"豪侠之徒"不过是其末流；一派把墨学"兼爱""尚同"学说导向儒家的"大一统""大同"说；墨学的科技精神被统治阶级视为"小道"，不被重视。墨家"尚俭"："其德行曰：'堂高三尺，土阶三等，茅茨不剪，采椽不刮。食土簋，啜土刑，粝粱之食，藜藿之羹。夏日葛衣，冬日鹿裘。'其送死，桐棺三寸，举音不尽其哀……尊卑无别也。夫世异时移，事业不必同，故曰'俭而难遵'。"①墨学在秦国影响较大。秦始皇每天处理公文百二十石，"不中程不得休息"，是厉行这种精神。墨家学的"俭而难遵"，"采椽茅茨，非先王之制也……农商交易，以利本末。山居泽处，蓬蒿墝埆，财物流通，有以均之。是以多者不独衍，少者不独馑。若各居其处，食其食，则是橘柚不鬻，胸卤之盐不出，旃罽不市，而吴唐之材不用也"②。这种学说肯定不能满足刘彻的需要。

战国时代的"百家争鸣"、秦始皇时代的儒法互黜、汉初的儒道互黜，这种争论的实质是随财产和"权力私有化"进程的深化必然出现的精神现象。古代王权从利用氏族组织躯壳为国家制度，将氏族组织改造为国家机器，利用氏族血缘纽带形成的宗法观念维系社会稳定。随着王纲解体，礼崩乐坏，"名实"关系急剧变化，"时异世移"，学术下移，古代文化信息大爆炸。秦汉帝

---

① 《史记》卷一百三十《太史公自序》。
② 《盐铁论·通有》。

国正是中国古代"轴心期"思想之花创造选择结出的政治之果。经过刘彻的批判选择，改造综合，春秋战国以来的"子学时代"进入了两汉的"经学时代"。

西汉帝国的皇权金字塔到武帝时代基本定型。中国传统文化的粘连性、延续性、稳定性特征体现在汉武帝用新儒家作为统治思想和国家哲学，在"先王之道"与"后王之道"之间保持了适度的张力。"时异世移"，人心不古，"民之趋利，如水走下"。"天下熙熙，皆为利来，天下攘攘，皆为利往"①。以鲁地民俗变迁为例："邹、鲁滨洙、泗，犹有周公遗风，俗好儒，备于礼，故其民龊龊……地小人众，俭啬，畏罪远邪。及其衰，好贾趋利，甚于周人。"②由于商品货币经济发展，最具周公之风的鲁地已是人心不古，恢复周道不可能了。秦制"一断于法"、汉初无为放纵都行不通。刘彻只能以刑罚禁防、利禄引导、教化规范等新的统治手段，"霸王道杂之"。

经过"汉武帝时代"，人们的人格和行为方式发生了显著变化。前此，人们质而无文，行直道；此后质直无文者大都吃不开，政治上得势者皆"屈己伸君"，"曲学阿世"之风、"乾没"韬晦之术。士人谋求进身莫不以君主是非为是非，丧失了独立的自我意识。文官政体若缺乏道德自律机制将迅速腐败。儒家思想通过读经入仕、纲常"教化"、法律专政内外两方面规范，得到稳定的获得性遗传模式，成为社会文化传统和精神人格。

在汉武帝时代的思想选择过程中，儒、道两家的核心精神都

---

① 《史记》卷一百二十九《货殖列传》。
② 《史记》卷一百二十九《货殖列传》。

得到了某种保存，而中华民族精神文化最严重的损失就是墨家科技精神的中绝。[①]

七、刘彻思想的特点及其影响

刘彻选择、综合各种理论、思想，思考了天人之辨、古今之辨、才性之辨、义利之辨、内外之辨、本末之辨、轻重之辨、夷夏之辨、王霸之辨……以及这个体系自我修复和再生机制的"汤武革命—改弦更张之辨"。只要能有效地解决面临的问题，就为我所用。

刘彻"究天人之际，通古今之变"，从古今百家学说中选择了"兼儒墨，合名法""杂霸王道"的"新儒学"为指导思想。他兴学重教，以儒家经典为教材，使读经入仕成为选择官员的渠道之一；"尊儒"而未"罢黜百家"，为儒学成为正统创造了条件；"援礼入法"，把儒家伦理作为社会秩序的"纲常"；建献书之策，保护整理学术文化遗产；"总赵代之音，撮齐楚之气"的汉赋文章盛于一时；"曼声协律"，"为变新声"，乐府艺术别开生面；武帝时代的科技把西汉物质文明推向更高水平；中国思想文化没有走上"宗教化"道路，与刘彻造神运动的失败和儒家"人文主义"精神的恢复有关（详本书第二章、第十章、第六章五）。

刘彻思考了"王霸之辨"问题，主张"五帝不相复礼，三代

---

① 详拙作《论中国传统思想文化"轴心期"与"原结构"》，《济南教育学院学报》1999年第4期。

不同法，所繇殊路而建德一也"①；"汤、文继衰，汉兴乘弊。一质一文，非苟易常也。俗弊更法，非务变古也，亦所以救失扶衰也。故教与俗改，弊与世易"；"而必随古不革，袭故不改，是文质不变……孔对三君殊意，晏子相三君异道，非苟相反，所务之时异也"②。刘彻"改弦更张"的历史观和政治思想是积极进取的。

刘彻懂得"才性之辨"，对"君臣之道"有独特的理解。他承认人性"趋利避害"，以赏罚为驭人之术；反对论资排辈、"拘文牵俗"，大胆起用"非常之人"，兴"非常之事"，立"非常之功"。他打破贵族世官制选官方式，建立不限出身、不拘门第的用人体制；主张举贤尚功，建立察举制度；广开选才用人之途，不拘一格选拔专家型人才，故"汉之得人，于兹为盛"（详本书第三章）。

刘彻能明"刑德之辨"，纠正了嬴政过苛和汉初"禁网疏阔"的偏颇，"援礼入法"，德法并重。"论定律令，明法以绳天下，诛奸猾，绝并兼之徒，而强不凌弱，众不暴寡"③。"前主所是著为律，后主所是疏为令"。刘彻以刑法为工具，将其作为推行改革、维护社会秩序、反对官僚腐败、控制社会暴力的主要手段（详本书第三章）。

刘彻懂"义利之辨"。否定儒家"罕言利"的态度，用"轻重学派"理论管理财政，统一货币，利出一孔，"建铁官以赡农

①《汉书》卷六《武帝纪》。

②《盐铁论·遵道》。

③《盐铁论·轻重》。

用，开均输以足民财"①。强化国家对煮盐、冶铁专卖政策，通过"均输""平准"和"权轻重"对市场集权化宏观调控，使一度陷于经济和财政危机的西汉帝国稳定下来。西汉在全国设铁官，普及铁器；"盐政"则在中国二千年中央集权财政体制下沿用了下来（详本书第五章、第八章）。

刘彻考虑过人性"善恶之辨"。他制定法令，推行政策，能够利用人们"趋利避害"的特性，把先王之道与后王之道结合起来，"法德""刑赏"并用，两种机制并行。

刘彻从两方面考虑"本末之辨"：改革政治体制讲"强本弱末""强干弱枝"，解决诸侯王国"尾大不掉"问题，完成郡县制取代分封制的行政体制改革，强化了中央集权帝国行政管理体制（详本书第三章）；改革财政经济体制讲"重本抑末""强本重农"，用政策性干预，限制大土地私有制恶性发展，打击地方豪强，维护户籍什伍制度，保护小农经济，治理水患，大兴水利，移民屯田；从域外引进多种新作物和牲畜良种，试种、饲养、推广；晚年推行"富民政策"，重用农业专家赵过，推行牛耕和新式铁犁，实行"代田法"，保护、恢复农业生产（详本书第五章、第八章）。

刘彻批驳汲黯用匈奴降族为奴的建议，接受董仲舒"去奴婢，除专杀之威"的主张，一定程度上放宽了种族奴隶制和家内奴隶制。前此，异族战俘要作奴隶，私奴婢可由主家擅自杀掉。家长若要杀掉家奴婢，要有合法理由，事先要"谒"请官府批准。这说明，奴隶主杀戮已经不那么"任意"了，儒家"仁学"

---

① 《盐铁论·本末》。

限制了奴隶制恶性发展。国家对奴隶这种私有财产有控制和限制的权力，使奴隶的地位有所改善。当然，这种权力并不限制国家奴隶，国有奴隶制在武帝朝还有明显发展。武帝朝以后奴隶制与封建农奴制所以能平行发展，中国奴隶制不甚严酷与儒家"仁政"思想有一定关系。

刘彻的"夷夏之辨"是以"亲近徕远"为宗旨，在边疆设置军屯和民屯制度，在少数民族地区设置"属国"，发展贸易，通婚缔约，保障中国安全，推动经济文化交流，促进了中国多民族国家的形成。打通"丝绸之路"，发展国际商路，推进了中西经济文化的传播和交流，对世界文明进步产生了积极而深远的影响。刘彻改革军事体制，逐匈奴于大漠以北，标志着古代中国农业文明对匈奴游牧民族冲击的积极回应，揭开历时数世纪之久的"民族大迁徙"之序幕，改变了世界历史的面貌（详本书第四章、第七章）。

刘彻的皇权主义思想体系包括了"百家争鸣"中各学派围绕"内圣外王之道之辨"的全部重要论题。汉武帝时代构成了中国传统思想文化发展的基本价值取向。吾师赵俪生先生针对中国传统思想文化的特点和偏颇指出："从孟子到王阳明，这自然是一种偏。偏向'内'而未曾专门去对付'外'。这与西方恰成对照。西方生产力发展不受阻，人们向'外'有广阔天地，所以自然科学、应用技术一日千里。可是他们对于'内'则不足。"①

中国传统思想文化经过"子学时代"至汉武帝时代进入"经

---

① 《赵俪生史学论著自选集·赵俪生学术自传》，山东大学出版社，1996年版。

学时代"。虽然儒学"独尊"在汉元帝时代才最后完成，但是，刘彻毕竟才是"子学时代"实际上的终结者。从此，儒家思想作为近代以前中国社会的正统意识形态，其核心地位不可动摇。

刘彻皇权主义外化为西汉帝国的辉煌。这是一个能由文化遗传基因的作用而不断复制再生出来的"超稳定系统"。黑格尔认为国家是全体精神"自由"的"现实"。如黑格尔所说，古代中国只有一个人的自由，但这个唯一的人也不自由。这种"余一人"式的"自由"仍处在"必然"的混沌躯壳之中：

> 中国人把自己看作是属于他们家庭的，而同时又是国家的儿女。在家庭之内，他们不是人格……乃是血统关系和天然义务。在国家之内，他们一样缺少独立的人格。因为国家内大家长的关系最为显著，皇帝犹如严父，为政府的基础，治理国家的一切部门……这种家族的基础也是宪法的基础。[1]

黑格尔这一思想接触到了中国社会文化和历史的某种本质特征，这种理解可以从刘彻的国家学说和他缔造的西汉帝国找到充分的和有力的证据。早在半个多世纪以前《资本论》翻译者王亚南先生就深刻地指出：

---

[1] 黑格尔：《历史哲学·东方世界·中国》，生活·读书·新知三联书店，1956年版，第165、167页。

中国的官僚政治……由它的发生形态到形成为一个完整的体制，以至在现在的变形，其间经过了种种变化……分别体现在它的以次三种性格中：

（1）延续性——那是指中国官僚政治延续期间的悠久。它几乎悠久到同中国传统文化史相始终。

（2）包容性——那是指中国官僚政治所包摄范围的广阔，即官僚政治的活动，同中国各种文化现象如伦理、宗教、法律、财产、艺术……等等方面，发生了异常密切而协调的关系。

（3）贯彻性——那是指中国官僚政治的支配作用有深入的影响，中国人的思想活动乃至他们的整个人生观，都拘囚锢蔽在官僚政治所设定的樊笼中。[1]

王亚南先生的这一结论，是每一位欲真正了解所谓"中国特色"的人必须深入思考的。用历史唯物主义的文化观看问题，必须考虑：若一种文化传统延续几十个世纪，其文化影响力之广大、之深远可想而知。这种持久的影响力绝不可能一朝一夕之间就消失殆尽！

从汉武帝刘彻"卓然尊儒"，到汉元帝"独尊儒术"，新儒家思想终于取得统治地位。在两千多年前的中国，"内圣外王之道"无疑占据了政治思想的核心和支配地位。刘彻的皇权主义在当

---

[1] 王亚南：《中国官僚政治研究》，中国社会科学出版社，1981年版，第38~39页。

时，是顺应和推动时代潮流的产物，对中国历史和世界历史都产生了很大的推动和影响。但是，它对中国当时以及后来历史发展的负面影响也是不可忽略的。

诠释刘彻的思想，给我们开启了许多新的思考领域，譬如：儒家思想对中国历史长期影响问题；中国人最终没有完成宗教化进程问题；"天人合一"观念所揭示的人与自然的关系问题；农耕与游牧民族的关系问题；中国传统文化的封闭性与开放性的关系问题；中国王朝的治—乱周期性问题……刘彻创造的大一统的皇权主义与这些问题有什么样的关联？这类问题在今天还有没有反思的价值？也就是说，它们有什么近代、现代、当代或未来价值？这些都不能由刘彻本人来负责，恐怕不是一本书所能解决，也不是一种答案所能全部回答的问题。

附录

刘彻年谱

公元前157年　汉文帝后元七年

六月　文帝死。太子启继位，是为景帝。尊皇太后薄氏曰太皇太后。母窦皇后曰皇太后。

七月　刘彻出生，乳名"彘"，母王夫人。

公元前156年　汉景帝元年　刘彻一岁

十月　以高帝庙为祖庙，文帝庙为宗庙，以彰功德，立孝道。

正月　听民徙居拓荒。

四月　赦天下，赐民爵一级。遣御史大夫陶青与匈奴和亲。

五月　复收民田半租，三十而税一。

是年　文帝以加笞代肉刑，多死。本年减笞数。

公元前155年　汉景帝二年　刘彻二岁

十二月　令天下男子二十始傅（旧制二十三岁）。

三月　立皇子德为河间王、阏为临江王、余为淮阳王、非为汝南王、彭祖为广川王、发为长沙王。

四月　太皇太后薄氏死。

六月　丞相申屠嘉死。

八月　以陶青为丞相，晁错为御史大夫。错曾任太子家令，号为"智囊"，建言"削藩"。

公元前154年　汉景帝三年　刘彻三岁

是年　晁错更令立法以削诸侯王。

正月　诏削楚东海郡、吴豫章郡、会稽郡。吴王濞、楚王戊与赵、胶东、胶西、淄川、济南诸王，以"清君侧"杀晁错为名，举兵叛乱。吴兵攻梁，汉以周亚夫为太尉，击吴、楚。景帝听信袁盎言，杀晁错。吴、楚国不罢兵。

二月　中尉周亚夫破吴、楚军。吴、楚叛三月而败。楚王戊自杀，吴王濞逃至东越被杀。诸王自杀或被杀。史称"七国之乱"。汉置太尉官。

是年　长安列侯封君从军，借款治装，子钱家（高利贷者）以成败未定，多束手，唯毋盐氏以十倍取息，事平成巨富。

公元前153年　汉景帝四年　刘彻四岁

四月　己巳，立刘荣为太子。刘彻幼而聪颖，景帝异而立为胶东王。继续徙封诸侯王。

是年　复置关，用"传"，备非常。

公元前152年　汉景帝五年　刘彻五岁

正月　作阳陵邑，募民徙阳陵。

是年　遣公主嫁单于。

公元前151年　汉景帝六年　刘彻六岁

九月　废皇后薄氏。

是年　景帝姊长公主嫖欲以女阿娇嫁太子荣，荣母栗姬不许；欲与刘彻，王夫人许之。长公主日谗栗姬于景帝。梁孝王来朝，留，未就国。

公元前150年　景帝七年　刘彻七岁

正月　废皇太子荣为临江王。窦婴、周亚夫谏之。栗姬死。窦太后欲以景帝弟梁孝王为帝嗣，袁盎、窦婴等止之。

二月　丞相陶青免。太尉周亚夫迁为丞相，罢太尉官。

四月　乙巳，立胶东王夫人为皇后。丁巳，立胶东王刘彻为皇太子。以王臧为太子少傅。

公元前149年　景帝中元元年　刘彻八岁

四月　赦天下，赐民爵一级。除禁锢。

公元前148年　景帝中元二年　刘彻九岁

二月　匈奴攻扰燕地。

三月　临江王刘荣因侵太宗庙，被征赴中尉府对簿。荣自杀。窦太后恨中尉郅都。都免官（后终为太后所杀）。

梁孝王遣刺客杀袁盎等。旋以杀梁臣羊胜、公孙诡结案。孝王使邹阳游说毋竟梁事，田叔焚梁案簿。景帝益疏之。

七月　改郡守为太守，郡尉为都尉。

是年　辕固生与黄生争论"汤武革命"。窦太后召辕固生问《老子》。辕固生与胡毋生、董仲舒皆景帝时博士。

公元前147年　景帝中元三年　刘彻十岁

十一月　罢诸侯御史大夫官。

三月　周亚夫免相。以桃侯刘舍为丞相，卫绾为御史大夫。

是年　禁民酤酒。

公元前146年　景帝中元四年　刘彻十一岁

是年　禁止高五尺九寸以上、齿未平马出关。

公元前145年　景帝中元五年　刘彻十二岁

九月　诏疑狱人心不服者，得平议之。太子刘彻随景帝出入朝廷。刘彻奏对防年杀母案。

是年　诸侯丞相改称为相，由天子选任。

公元前144年　景帝中元六年　刘彻十三岁

十二月　梁孝王来朝，上疏欲留。不许。

改廷尉、将作等官，廷尉为大理、将作少府为大匠、奉常为太常、典客为大行等，长信詹事为长信少府、将行为大长秋、主爵中尉为都尉。定私铸钱、伪造黄金弃市罪。

四月　梁孝王死，梁分五国，子五人为王。再减笞法，当笞者笞臀。匈奴入雁门，至武泉，入上郡，取苑马。李广巧计退敌。

七月　郅都死后，长安贵戚多犯法，以宁成为中尉。

公元前143年　景帝后元元年　刘彻十四岁

正月　诏治狱者务先宽。

是年　夏，除禁民酤酒令。

七月　桃侯刘舍免相。

八月　御史大夫卫绾迁为丞相，卫尉直不疑为御史大夫。舒人文翁景帝末为蜀郡守，兴学立教。

公元前142年　景帝后元二年　刘彻十五岁

是年　春以岁不登，禁内郡以粟饲马，违者马入官。

三月　匈奴入雁门，太守冯敬战死。屯军于雁门备之。

四月　诏令二千石不尽职者丞相奏论其罪。劝农务本。

五月　原制，限资十算得为官，是年改为四算。

公元前141年　景帝后元三年　刘彻十六岁

正月　令郡国劝农桑，多种树；禁止官吏征发人民采黄金珠玉。甲寅，皇太子刘彻行冠礼。甲子，景帝死。

太子刘彻即位，是为武帝。尊太后窦氏为太皇太后，皇后王氏为皇太后。

二月　葬景帝于阳陵。大赦。行三铢钱。

三月　封田蚡为武安侯，弟胜为周阳侯。

四月　颁布《受鬻法》，复高年子孙。

五月　诏修山川祠。赦吴楚七国帑在官者。

六月　丞相卫绾、御史大夫直不疑免官。魏其侯窦婴为丞相，武安侯田蚡为太尉，儒者赵绾任御史大夫、王臧任郎中令。

七月　诏省轮值卫士万人。罢苑马以赐贫民。许民刍牧樵采。

公元前140年　武帝建元元年　刘彻十七岁

十月　铸建元鼎。

十一月　赵绾、王臧请立明堂朝诸侯，征其师鲁申公议明堂事。御史大夫赵绾请毋奏事太后。窦太后怒，赵绾、王臧下狱，抵罪。遂废明堂诸事。窦婴、田蚡免官家居。申公亦免归。

二月　以太常柏至侯许昌为丞相，罢太尉官。"万石君"石奋长子建为郎中令、少子庆为内史。

公元前139年　武帝建元二年　刘彻十八岁

是年　淮南王刘安来朝，刘彻慕其才学。

三月　以许昌为丞相。

刘彻在姊平阳公主家得歌者卫子夫，入宫有宠。以子夫弟卫青为太中大夫。欲疏远陈皇后，王太后喻止之。

是年　初置茂陵邑。

公元前138年　武帝建元三年　刘彻十九岁

十月　中山王刘胜等朝汉，求武帝稍宽诸侯之禁。

是年　春赐徙茂陵者户钱二十万，田二顷。作便民桥。

公元前137年　武帝建元四年　刘彻二十岁

是年　南越王赵佗死，孙胡立。

公元前136年　武帝建元五年　刘彻二十一岁

是年　罢三铢钱，行新铸半两钱。

诏选天下文学才智之士，待以不次之位。刘彻读司马相如《子虚赋》，任为郎。时除严助先入外，还有朱买臣、吾丘寿王、司马相如、东方朔、枚皋等先后并在左右，给事禁中。郎吏张骞应募使西域，欲招大月氏以断匈奴右臂。

刘彻常微行游猎，为民所患。司马相如上书、东方朔上言谏之。命太中大夫吾丘寿王扩大上林苑，周围二百余里。始有期门郎之设。复置太尉官，整顿北军，设北军诸营校尉官。

公元前135年　武帝建元六年　刘彻二十二岁

五月　窦太皇太后死。

六月　丞相周昌免。武安侯田蚡任丞相，骄侈，武帝斥责之。

八月　闽越王郢攻南越。南越告汉。汉命王恢、韩安国击闽越。淮南王上书谏阻伐越事。命严助作书《谕淮南王》。闽越王弟余杀王郢降。南越遣太子婴齐入宿卫。以严助为会稽太守。唐蒙至南越，蒙见蜀枸酱，因知水道可通番禺。以汲黯为主爵都尉。刘彻称黯为"社稷之臣"。匈奴求和，大行王恢以匈奴屡背和约，上《匈奴和亲论》，主战。御史大夫韩安国主张罢屯兵许和亲，群臣多附安国，从之。

公元前134年　武帝元光元年　刘彻二十三岁

十一月　初令郡、国举孝、廉各一人。公孙弘首次应举，使匈奴不果，免归。

卫尉李广为骁骑将军，屯云中；中尉程不识为车骑将军，屯雁门，均备匈奴。匈奴畏之。

公元前133年　武帝元光二年　刘彻二十四岁

十月　方士谬忌奏议，立太一祠。武帝先信方士李少君，谓祠灶可招致鬼物，化丹砂为黄金。时少君已死，武帝以为化去。

是年　春，颁《欲伐匈奴诏》。再次讨论对匈奴方略，分战、和两派。

六月　雁门马邑人聂壹建言诱匈奴入边，伏兵袭之。王恢赞成，韩安国反对。武帝从恢议，命韩安国、李广等五将军率三十万人匿马邑旁谷中。谋泄，单于遁。罢王恢、韩安国兵。史称"马邑之谋"。王恢下狱自杀。匈奴袭扰益甚。

公元前132年　武帝元光三年　刘彻二十五岁

是年　春，河决顿丘。

是年　夏，河又决濮阳瓠子，注巨野，通淮、泗，泛滥十六郡，汲黯、郑当时治河，发卒塞之。田蚡因封邑在北，以河道南移为利，上书勿塞决河，谓"塞之未必应天"，乃久不复塞。灌夫因田产之争忤田蚡，蚡奏捕灌氏族人。窦婴上书讼其事，与田蚡相攻讦。刘彻因王太后之故，族灌夫，窦婴弃市。

公元前131年　武帝元光四年　刘彻二十六岁

田蚡病死。

五月　平棘侯薛泽为丞相。

公元前130年　武帝元光五年　刘彻二十七岁

十月　河间献王刘德来朝。策问三十余事，文约旨明。德献《周官》《尚书》《礼记》《孟子》《老子》等先秦古籍。

正月　刘德死。颁《献书令》。

是年　征贤良文学。颁《策贤良制》，征吏民明当时之务、习先圣之术者。

公孙弘对策第居下，对策称旨，擢为第一，拜为博士，一年中迁至左内史；董仲舒对《天人三策》，刘彻颇"异之"；杨何征为中大夫。严安、徐乐皆上书对策，拜郎中。

始置五经博士。杨何传《易》，欧阳生传《尚书》，辕固生、韩婴传《诗》，高堂生传《礼》，董仲舒、胡毋生传《春秋》。雨雹，董仲舒作《雨雹对》。刘彻使出任江都相。

是年　夏，发卒万人治雁门道，以备击匈奴。

陈皇后以巫蛊罪被废，居长门宫。御史大夫张汤治此案，杀女巫楚服等三百余人。司马相如作《长门赋》。张汤为御史大夫，与赵禹共定律令，用法刻深。

公元前129年　武帝元光六年　刘彻二十八岁

唐蒙上书请通夜郎，遣司马相如作《喻巴蜀檄》，慰蜀人。严助为会稽太守，数年不闻问。武帝制书责之，命"具以《春秋》对，毋以苏秦纵横"。

是年　司马相如作《蜀都赋》，喻武帝拓边，以建非常之功。

邛、筰君长请内属。司马相如为中郎将，建节为使，置县十余，遂置犍为郡，通巴蜀道。

用桑弘羊之策，始税商贾车船，令出"算"。

大司农郑当时建议，发卒数万人，由水工徐伯率开凿漕渠三百余里，三年成。漕运省时一半，溉田万余顷。

匈奴攻扰上谷，杀掠吏民。命车骑将军卫青等四将军分道出击。始设列将军名号。诸军不利，唯卫青小胜，诏封关内侯。制《赦雁门代郡军士诏》。匈奴数入边，遣将军韩安国屯戍。

辽东高庙、高园便殿相继失火。董仲舒作《庙殿火灾对》，以天灾示警，当杀不法近臣，未及奏。后主父偃告发董作《庙殿火灾对》，董免官。此后三年不窥园，作《春秋繁露》。

公元前128年　武帝元朔元年　刘彻二十九岁

十一月　制《议不举孝廉者罪诏》；二千石不举孝，以不敬论；不察廉，免官。

是年　春，卫夫人生皇子据（戾太子），遂立为皇后。主父偃颇预其事。

三月　制《与民更始诏》《赦诏》，宣布"更化"，与民更始。

匈奴入辽西、渔阳、雁门，杀掠甚众。以李广为右北平太守，匈奴称为"飞将军"，避之。狄山、徐乐等谏伐匈奴，不用。卫青、李息分道击匈奴，卫青部获胜。

鲁共王余（景帝子）死，传共王在孔壁中得古文经籍。

赐吾丘寿王书，责其不称守职。

公元前127年　武帝元朔二年　刘彻三十岁

是年　主父偃建言八事著为法律令，岁中四迁。

正月　用主父偃策，下《推恩令》，令诸侯得分地给弟子为侯。藩国益分，势力益削。

匈奴扰上谷、渔阳。遣卫青、李息出击，逐走白羊、楼烦王，取河南地。诏益封卫青，封长平侯。书报李广以督责之。主父偃建议城河南地，遂立朔方郡，修缮秦蒙恬所筑要塞。募民徙朔方十万口。

西南夷数反，击之耗费无功，使公孙弘往视，言击之不便。

主父偃建议，徙郡国豪杰及资三百万以上于茂陵。议郭解罪。

主父偃为齐相，治齐王淫乱事、发燕王罪，齐、燕王自杀。齐、燕辖地入为汉郡。主父偃亦因积怨甚众，后被族诛。

公元前126年　武帝元朔三年　刘彻三十一岁

三月　制《赦诏》，赦天下。

冬，匈奴军臣单于死，其弟左谷蠡王伊稚斜自立为单于。军臣子於单降汉，封陟安侯。

以公孙弘为御史大夫。汲黯责弘伪诈，武帝益厚之。

夏，匈奴攻扰代郡，杀太守，又扰雁门。

春，罢苍海郡。

六月　王太后死。

是年　秋，罢西南夷，独置南夷夜郎两县一都尉，专力筑朔方城。

是年　张汤为廷尉。汤用兒宽为掾，事董仲舒、公孙弘等，引经义决狱，而窥探武帝之意，轻重诸案。汲黯责张汤。

公元前125年　武帝元朔四年　刘彻三十二岁

是年　夏匈奴攻扰代、定襄、上郡，各三万骑，杀掠数千人。诏《策问治道》，公孙弘对策。

是年　董仲舒为胶西相。

削梁王地。

公元前124年　武帝元朔五年　刘彻三十三岁

十一月　薛泽免相。

三月　以公孙弘为丞相，制《封公孙弘平津侯诏》，封弘平津侯。弘开东阁延贤人。刘彻常以内臣与之论难，弘不肯面折廷争，议事顺武帝意；习文法吏事，缘饰以儒术，故为武帝信任。

是年　春，大旱。

张骞通西域归。骞曾被匈奴扣留十余年，逃脱至大宛，经康居到大月氏。返回时又被匈奴俘获，乘匈奴内乱逃归。前后十三年。骞上书具言西域虚实，拜大中大夫。

命卫青等出朔方，李息等出右北平，攻匈奴右贤王，大胜。拜卫青为大将军，诸将皆受其节制，再益其封，并封青子三人为侯。

六月　董仲舒作《诣丞相公孙弘记室书》，建议选贤务本，整饬吏治。公孙弘上《请为博士置弟子员议》，奏可，下《劝学诏》，为博士官置弟子五十人，复其身。建藏书之策，置写书之官。

孔安国传授孔氏所藏《古文尚书》，开创古文尚书学派。司马迁从孔安国学古文经学。

淮南王安以过失削二县。

匈奴袭代郡，杀掠千余人。

是年　公孙弘上言，以汲黯为右内史，以董仲舒为江都相。

公元前123年　武帝元朔六年　刘彻三十四岁

二月　大将军卫青率六将军兵出定襄击匈奴，斩数千级而还。

四月　卫青再出定襄，俘斩首虏万余人；将军苏建尽亡其军，逃回；将军赵信败降匈奴。卫青申人臣不专杀之义，上武帝裁决。骠骑校尉霍去病功高，封冠军侯。吾丘寿王作《骠骑论功议》，诏封霍去病等。张骞以知水草处，使军得不乏，封博望侯。

王夫人得幸，卫青请为其寿。

六月　制《议置武功驰赏官诏》，以军费不足，置武功爵十七级，级二万钱，使民得买爵及赎罪。

公元前122年　武帝元狩元年　刘彻三十五岁

淮南王安、衡山王赐谋反案发，二王自杀，诏议淮南王案，赵王彭祖、胶西王端上书议其罪。列侯、二千石、豪杰因此案被杀者数万人，严助亦在其中。

四月　制《遣谒者巡行天下诏》，派内臣出巡。

五月　匈奴入上谷。

立刘据为皇太子，年七岁。以石庆至孝为太子太傅。诏太子受《公羊春秋》。

重开西南夷。张骞建言《通大夏宜从蜀策》，令张骞派使者分道访身毒，至滇国。

邹长清遗书公孙弘，喻将有朴满之败。公孙弘上书乞骸骨。
刘彻制书报公孙弘，使安心养病。

公元前121年　武帝元狩二年　刘彻三十六岁

十月　行幸雍，祠五畤。获白麟，终军对以祥瑞。

三月　丞相公孙弘死。李蔡为丞相，廷尉张汤为御史大夫。
汤以儿宽为掾。武帝问儿宽经学，问《尚书》。擢宽为中大夫，
迁左内史。

骠骑将军霍去病出陇西，深入击匈奴，大胜，俘获浑邪王子
孙等，得休屠王祭天金人。制诏《益封霍去病》。霍去病、公孙
贺分道出击北地，张骞、李广分道出右北平。去病逾居延，至祁
连山，大捷。刘彻诏《益封霍去病》。李广与十倍之敌力战，伤
亡多，无赏。公孙敖、张骞以留迟误期当斩，赎为庶人。

是年　秋，匈奴浑邪王杀休屠王降汉。汉尽有金城至盐泽之
地。匈奴曰："失我祁连山，使我六畜不蕃息。"诏《浑邪王降又
益封霍去病》。

是年　江都王建淫暴多过，得罪自杀，国除。董仲舒以胶西
王端凶残，惧祸辞官，从此专以修学著书为事。朝廷每有大事，
派人咨询。

公元前120年　武帝元狩三年　刘彻三十七岁

是年　山东大水，迁贫民于关以西及朔方以南七十余万口。
作昆明池教习水战。

立乐府官，李延年为协律都尉，掌制乐谱、训乐工、采民
歌。

匈奴攻扰右北平、定襄。因得浑邪王地，陇西、北地、上郡无事，减戌卒之半，以宽天下之徭。

张汤议改革币制。用白鹿皮造皮币，值四十万；用银、锡造"白金"三品，分别值三千、五百、三百。销半两钱，铸三铢钱。

汲黯谏毋滥诛贤才。

公元前119年　武帝元狩四年　刘彻三十八岁

是年　造新钱白鹿皮币、白金三品，销半两钱，更铸三铢钱，禁盗铸。

南阳大冶孔仅上书言盐铁。以盐商东郭咸阳、孔仅为大农丞，领盐铁事，专卖盐铁，禁止私营。颁行告缗令。其法多出自张汤。

河南人卜式捐资供击匈奴军费，拜为中郎。

大破匈奴。大将军卫青、骠骑将军霍去病出兵击匈奴，卫青渡漠，破单于兵，单于遁。汉军出塞二千余里，封狼居胥山。从此漠南无王庭。汉士卒死者数万人，马出塞十四万匹，还者不满三万。对匈奴战争取得关键性胜利。诏《益封霍去病》。前将军李广迷失道，被责令受审讯，李广自杀。

匈奴和亲，汉欲使为外臣，遣任敞报。单于大怒，留之不遣。

张骞奉使赴乌孙，是为第二次出使西域。

汲黯对时政多持异议，免官。义纵为右内使，王温舒为中尉。

方士文成将军少翁作伪事泄，被杀。司马相如以刘彻好神仙，作《大人赋》。

公元前118年　武帝元狩五年　刘彻三十九岁

三月　丞相李蔡有罪，自杀。

平牡马价，每匹二十万，劝民养马。

以汲黯为淮阳太守。

四月　以太子少傅庄青翟为丞相。

武帝幸鼎湖，病甚，用巫医。祠甘泉神君。病愈。徙天下奸猾吏民于边。诛王温舒。

罢三铢钱，铸五铢钱。民多盗铸，楚地尤甚。

是年　司马相如死。武帝派人取遗作《论封禅》，与儿宽议其事。

公元前117年　武帝元狩六年　刘彻四十岁

三月　霍去病、庄青翟、张汤等上《请立皇子为诸侯王疏》，重申"推恩"之法。诏册封皇子弘等为齐、燕、广陵三王。

六月　制《遣褚大等循行天下诏》，治益铸钱者，并检举兼并之徒及守相为吏有罪者。

杨可主"告缗"。杀义纵、大农令颜异。立"腹诽"之法。

霍去病死。

公元前116年　武帝元鼎元年　刘彻四十一岁

是年　济东王彭离常与亡命少年行劫杀人，被废。

元鼎中，博士徐偃使行风俗，矫制于郡国鼓铸盐铁，张汤、终军议其罪。

公元前115年　武帝元鼎二年　刘彻四十二岁

是年　丞相庄青翟等谋陷张汤，汤自杀。事泄，青翟、朱买臣等死。汤子张安世任为郎。

造柏梁台、承露盘。武帝召群臣作《柏梁诗》。修宫室日盛。

二月　以赵周为丞相，石庆为御史大夫。

是年　夏，大水，关东民多饿死者。

孔仅为大农令，桑弘羊为大农丞，置均输官于郡国。废"白金"；禁郡、国铸钱，专令上官三林铸钱，非三官钱不准流通。

张骞从乌孙还汉，拜为大行。骞在乌孙时，分遣副使到于阗、大宛、康居、大月氏、安息、身毒等国，打通"丝绸之路"。

置酒泉郡，后又置武威、张掖、敦煌三郡。

武帝欲得大宛汗血马，名之曰"天马"，遣使者求之。

九月　制《封周子南君诏》，以存亡继绝。

制《遣博士循行赈饥诏》。

公元前114年　武帝元鼎三年　刘彻四十三岁

是年　移函谷关于新安，以旧关为弘农县。

十一月行告缗令，给以被告者资产之半，得民财物以亿计，奴婢以千万数，田大县数百顷，小县百余顷，宅亦如之。

商贾中家以上大多破产。

四月　关东十余郡国饥荒，人相食。

是年　初定年号。唯元鼎仍称五元。

匈奴伊稚斜单于死，子乌维单于立。

公元前113年　武帝元鼎四年　刘彻四十四岁

是年　武帝始巡行郡国，至荥阳而还。至汾阴立后土祠。制《封栾大为乐通侯诏》，言治河。以栾大为五利将军，封乐通侯，妻以卫长公主。

六月　汾阳巫锦言得大鼎，迎至甘泉宫。方士公孙卿谓黄帝得宝鼎后，骑龙升天。拜公孙卿为郎。作《得宝鼎文》《天马歌》《秋风辞》。改五元年号为元鼎。

召南越王兴入朝内属。比内诸侯王，用汉法。

是年　中山靖王刘胜死。

自该年大兴水利。朔方、西河、酒泉、汝南、九江、泰山引河川溉田。关中亦开龙首、灵轵、成国、韦渠溉田。

公元前112年　武帝元鼎五年　刘彻四十五岁

十月　西巡至空同，出萧关，猎新秦中，以千里无亭徼而诛北地太守以下。幸甘泉，立太一祠，制《郊祠泰壹诏》。

十一月　始郊太一。

六月　制《封常山王二子诏》，论封王制度。

南越相吕嘉起兵反，杀王、王太后及汉使者终军等。

制《征南粤诏》，申大一统之义。制诏《封韩千秋子等》以励将士。遣路博德、杨仆等击南越。

西羌应匈奴，围枹罕。匈奴入五原，杀太守。

九月　列侯奉命献金祭宗庙。以分量、成色不足被劾夺爵者百六人。丞相赵周因知列侯所献金轻，下狱自杀。

制《以石庆为丞相诏》，石庆为丞相，封侯，言汉以孝治天下。

五利将军栾大虚妄事败露，腰斩。

公元前111年　武帝元鼎六年　刘彻四十六岁

十月　李息、徐自为以十万众击西羌。

杨仆出豫章，下沛水；路博德出桂阳，下湟水。两军至番禺，俘吕嘉等。杨仆苛酷，下《敕责杨仆书》。以南越地置九郡：南海、苍梧、郁林、合浦、交趾、九真、日南、珠崖、儋耳。东越王余善叛，遣杨仆等击之。

平定西南、西北，置郡。且兰君杀汉使及犍为太守反。汉发巴、蜀罪人击之。夜郎侯入朝，封夜郎王。以邛都为越嶲郡，笮为沈黎郡，冉駹为汶山郡，白马为武都郡，南夷为牂柯郡。置张掖、敦煌郡。徙民实之。

卜式为御史大夫。式言盐铁专卖后，盐味苦，铁器脆恶，价贵；船轺有算后，商人少而物贵。武帝自此不喜卜式。

兒宽为右内史，请穿六辅渠。诏减内史田租，申农本之义。

公孙卿谓在缑氏城上见仙人迹。议封禅。

是年　山东被河灾，制《赈流民诏》，令民就食江淮，以巴蜀豪杰赈之。丞相石庆引咎上疏乞骸骨。

公元前110年　武帝元封元年　刘彻四十七岁

十月　颁《巡边诏》，申边疆政策。作《临北河遣使者告单于书》。亲率十八万骑巡行北边，出长城以威慑匈奴。匈奴迁至北海。

兒宽上书《议封禅》《改正朔议》。以卜式为太子太傅，以兒宽为御史大夫。

余善为部下所杀。移东越民于江淮间。制《迁东越民诏》，申明移民政策。

正月　巡华山，登嵩高，祠太室，作《增太室祠诏》。东至海上，求神人，北至碣石，自辽西历北边至九原，回甘泉。

三月　制《祀首山祠后土诏》。

四月　封泰山，禅肃然。兒宽等上《明堂议》。下《改元大赦诏》，以十月为元封元年。奉车子侯与武帝登岱顶封禅，暴死。作《奉车子侯歌》《与奉车子侯家诏》。

五月　以桑弘羊为治粟都尉，爵左庶长，领大农，掌盐铁。在地方置均输，使远方各以所产如商人所为，互相转贩；在京师置平准，贵则卖之，贱则收购，使商人不得谋暴利。弘羊请吏得入粟补官罪人赎罪。山东漕粟六百余万石，均输收入帛五百万匹。所谓"民不益赋而天下用饶"。

是年　齐王闳死，国除。

太史令司马谈作《史记》未成，死。子司马迁继其事。

公元前109年　武帝元封二年　刘彻四十八岁

正月　武帝至东莱海滨，待公孙卿等所言"神人"，无所视。复遣方士求神仙采芝药者千数。作《芝房之歌》、制《产芝赐诏》。

四月　塞瓠子黄河决口。河决二十三年，至此复故道。后又北决于馆陶，分为屯氏河，由章武北入海。作《瓠子之歌》。

公孙卿言仙人喜楼居。大修宫观楼台以待神人。

滇主降汉，置益州郡，赐滇王印，复长其民。

经略朝鲜，遣杨仆、荀彘分水陆击朝鲜。

以酷吏杜周为廷尉。用法刻深，京师狱囚十万余。

公元前108年　武帝元封三年　刘彻四十九岁

十二月　将军赵破奴虏楼兰王，遂破车师。汉亭障列至玉门。

是年　夏朝鲜降汉。置乐浪、临屯、玄菟、真番四郡。

是年　秋武都氐人反，旋败。分徙酒泉郡。

是年　司马迁为太史令。

公元前107年　武帝元封四年　刘彻五十岁

十月　北巡。

是年　夏大旱，民多热死。关东流民二百万口。武帝书《报石庆》责之，赐丞相石庆告归。庆上书乞骸骨。

秋汉与匈奴和亲，未果。匈奴屡出袭汉边。遣军屯朔方备之。

是年　幸不其，祠神人于交门宫，作《交门之歌》。

公元前106年　武帝元封五年　刘彻五十一岁

是年　冬武帝南巡，望祀虞舜于九嶷山，从寻阳渡江；又北至琅邪。

三月　还至泰山，增封。

设十三部刺史，巡行郡国，以六条问事。

大将军卫青死。

四月　颁《求贤诏》，令州郡察吏、民有茂才异等可为将相及使绝国者。

公元前105年　武帝元封六年　刘彻五十二岁

三月　击昆明。

与乌孙和亲，以江都王建之女细君嫁乌孙"昆莫"猎骄靡。

安息使者以大鸟卵与犁轩善眩人来汉。

汉使从大宛带回葡萄、苜蓿等。

匈奴乌维单于死，子乌师庐立，号"儿单于"。

孔安国至迟卒于本年。

公元前104年　武帝太初元年　刘彻五十三岁

十月　武帝东巡至海滨，派入海求仙的方士均无所获，仍续派多人。

柏梁台失火。大造建章宫。

初设建章宫骑，后更名羽林郎。

五月　公孙卿、壶遂、司马迁请改正朔。

制诏令兒宽议改正朔、服色，制《定正朔改元太初诏》《定礼仪诏》，易服色，上黄。定官名、百官之仪，改元太初。命公孙卿、壶遂、司马迁共造《太初历》，用夏正，以正月为岁首。天文学家邓平、唐都、落下闳等参与其事。

命将军公孙敖筑受降城于塞外，以招匈奴降人。

是年　左、右内史、主爵都尉改为京兆尹、左冯翊、右扶风，称三辅。

大宛不献善马，武帝以李广利为贰师将军击大宛。

董仲舒死。

司马迁续作《史记》。

公元前103年　武帝太初二年　刘彻五十四岁

是年　石庆死，以公孙贺为丞相。时丞相多坐事死，贺惧之。

正月　李广利军进军至大宛东的郁成，大败，退还敦煌，士卒仅存十之一二。赵破奴击匈奴，出朔方西北二千余里而还，中途败没。

三月　制《改铸黄金诏》。

四月　制《幸河东诏》。

御史大夫兒宽死。

公元前102年　武帝太初三年　刘彻五十五岁

正月　武帝东巡海上，求神仙，均无验。

四月　封泰山、禅石闾。

匈奴儿单于死，其叔父右贤王句黎湖为单于。

遣徐自为出五原塞数百里，筑城、障、列亭，又入酒泉、张掖。

是年　秋，匈奴大举入定襄、云中、酒泉、张掖。

发"七科適"再击大宛；并赦囚徒，发恶少年及边骑。年余出敦煌军六万，牛十万，马三万，驴、骆驼以万计，隶李广利。汉军至大宛，宛贵人杀其王毋寡降。汉立昧蔡为王，得善马数十匹、中马以下三千匹。

是年　列侯存者仅余四人。

公元前101年　武帝太初四年　刘彻五十六岁

是年　春，颁《击匈奴诏》，申《春秋》大复仇之义。

伍久捕楼兰王，遣归国，伺匈奴。

李广利军还入玉门者万余人、马千余匹。诏封李广利海西侯。从此从敦煌西至盐泽起亭，轮台、渠犁有田卒，置使者、校尉。

武帝见大宛"汗血马"，作《西极天马之歌》。

公元前100年　武帝天汉元年　刘彻五十七岁

是年　因连年苦旱，改元天汉，以祈甘雨。

三月　命中郎将苏武送被扣匈奴使者北还。副使张胜与在匈奴的汉人谋杀卫律，事败。苏武拒降。居北海牧羊，羁留匈奴十九年。

公元前99年　武帝天汉二年　刘彻五十八岁

是年　春，东巡。

五月　李广利出酒泉击匈奴右贤王，被围，赖赵充国力战得脱。制《诏李陵》。李陵自请击匈奴，因马匹均归贰师，率步兵五千人出居延三十日，被围，败降匈奴。制诏路博德，使迎李陵。司马迁言陵力战，降非本意。武帝以迁为欲沮贰师，下迁腐刑。

关东民变纷起，大者数千人，小者百数。历数年。遣直指使者暴胜之等赴各地镇压。暴胜之奏杀二千石、诛千石以下，及与义军交通、饮食连及者，大郡至万人。作《沉命法》。严惩镇压民变不力官吏。王贺不杀人，以奉使不称职免官。

制书报胡建，整饬北军军纪。制《诏关都尉》严防乱民。

是年　以匈奴降王成娩为开陵侯，将楼兰兵击车师，为匈奴所败。

公元前98年　武帝天汉三年　刘彻五十九岁

二月　初榷酒酤。

三月　巡行泰山，修封；还祠常山。

是年　秋，匈奴入雁门。

是年　杜周任御史大夫。

公元前97年　武帝天汉四年　刘彻六十岁

正月　发"七科適"与勇敢士，遣李广利、韩说、公孙敖分道击匈奴。李广利至余吾水，遇单于兵战数日，兵败而还。族诛李陵家族。

九月　令死罪入赎钱五十万减死一等。

立皇子髆为昌邑王，武帝为其选夏侯始昌为太傅。

公元前96年　武帝太始元年　刘彻六十一岁

正月　徙郡国豪杰至茂陵。

公元前95年　武帝太始二年　刘彻六十二岁

正月　巡回中。

中大夫白公奏穿渠引泾水，溉田四千五百余顷，名"白渠"。齐人延年建言开大河出胡中。武帝壮其言，作《报齐人延年》。

是年　御史大夫杜周死。

公元前94年　武帝太始三年　刘彻六十三岁

二月　武帝东巡，至成山拜日，登芝罘，浮海而还。

是年　赵婕妤（钩弋夫人）生皇子弗陵。刘彻命其门为"尧母门"。赵人江充因告密得召见，拜直指绣衣使者，督察近臣贵戚，举劾无所避。是年升任水衡都尉。

公元前93年　武帝太始四年　刘彻六十四岁

三月　东巡，封禅泰山。铸泰山鼎，作《泰山刻石文》。
十二月　西巡，至安定、北地。

公元前92年　武帝征和元年　刘彻六十五岁

是年　制《报楼兰王靖立质子》，申明民族政策。

武帝在建章宫"见"一人带剑入宫，大索，无所得。

十一月　方士巫师聚京师惑众，往来宫中，埋木人祭祀，更相告讦。

丞相公孙贺捕获阳陵"大侠"朱安世。安世上书，告贺子敬声与阳石公主私通，使巫埋木偶诅上。"巫蛊"案起。

是年　孔安国为古文《尚书》五十八篇作传，私学传授。

公元前91年　武帝征和二年　刘彻六十六岁

正月　杀公孙贺父子，灭族。阳石公主与长平侯卫伉均以巫蛊事被杀。

制《以刘屈氂为左丞相诏》。

七月　武帝病于甘泉宫。江充诈谓病在巫蛊。京师及郡国株连冤杀者数万人。充指使胡巫言宫中有蛊气，太子宫得木人最多。太子杀江充及巫，发卫卒。武帝还建章宫，诏《赐丞相刘屈氂书》发兵击卫太子。太子兵败自杀。废卫皇后，后自杀。护北军使者任安不从太子命发兵，后被诬为"坐观成败有二心"，腰斩。御史大夫暴胜之阻丞相擅斩有关官吏，被责，自杀。史称"巫蛊之祸"。

制诏《封莽通等》《封李寿、张富昌诏》《责问暴胜之》《以刘去为广川王》等，处理该案。

令狐茂上书理太子，发江充之奸。

商丘成为御史大夫。

楚王延寿遗广陵王胥书，示"毋后人有天下"。燕王刘旦上书请入宫宿卫、为丁外人求侯、请立武帝庙。

是年　匈奴入上谷、五原，杀掠吏民。

公元前90年　武帝征和三年　刘彻六十七岁

正月　西巡，至安定、北地。

匈奴入五原、酒泉。

三月　命李广利等击匈奴，大败。广利报《初征大宛还至敦煌止书》。

六月　内者令郭穰诬告：丞相诅咒上，与李广利共祷祠，欲立昌邑王为帝。武帝杀刘屈氂，捕广利妻子。李广利降匈奴。

九月　"巫蛊"案真相渐明。车千秋上书讼太子冤。更王彭祖亦上书讼太子冤。千秋为大鸿胪，族灭江充。作"思子宫"。

是年　冬，书《报车千秋》痛悔巫蛊之事。

公元前89年　武帝征和四年　刘彻六十八岁

正月　武帝至东莱，欲浮海求神山，因风浪而止。

三月　武帝封禅泰山、深悔已往之非。车千秋请罢斥遣散方士，从之。

六月　以千秋为丞相，封富民侯。

桑弘羊等曾与刘屈氂请增加轮台之戍。至此，乃下《报桑弘羊请屯轮台之诏》悔过，绝其所请。从此不再出兵。

下《劝农诏》，赵过为搜粟都尉，倡"代田法"，改善农具。

八月　李广利在匈奴为卫律所谮，被杀。

公元前88年　武帝后元元年　刘彻六十九岁

正月　西巡，至安定。

武帝欲立弗陵为嗣，以吕后为鉴，杀其母钩弋夫人。

江充余党莽何罗谋刺武帝，被金日磾擒杀。

公元前87年　武帝后元二年　刘彻七十岁

二月　幸五柞宫，病重。托孤。制《敕诏》，大赦天下。

刘彻死。子弗陵立，年八岁，是为昭帝。大司马、大将军霍光与车骑将军金日磾、左将军上官桀受遗诏辅政，御史大夫桑弘羊与三人同受顾命。

三月　葬于茂陵。

续传（刘彻身后的政治变故）

公元前86年　昭帝始元元年

八月　以隽不疑为京兆尹。

公元前84年　昭帝始元三年

二月　募民徙云陵。

公元前82年　昭帝始元五年

正月　夏阳卜者成方遂（一称张延年）诈称卫太子，隽不疑捕斩之。

公元前81年　昭帝始元六年

二月　盐铁会议召开。

公元前80年　昭帝元凤元年

九月　燕王旦、盖长公主与左将军上官桀、桀子骠骑将军安、御史大夫桑弘羊等谋反。事觉。燕王及公主自杀，上官桀等皆被族诛。

公元前77年　昭帝元凤四年

正月　昭帝加冠。
丞相车千秋死。政事决于大将军霍光。

公元前74年　昭帝元平元年

四月　昭帝死，无嗣。大将军霍光承皇后诏，迎昌邑王刘贺诣长安。

六月　即位。二十七日即为霍光等废。

七月　霍光立刘病已（刘询），是为汉宣帝。

公元前68年　宣帝地节二年

三月　大司马、大将军霍光死。

四月　以张安世为大司马、车骑将军，同领尚书事。

公元前66年　宣帝地节四年

七月　大司马霍禹与母霍显及霍云、霍山及光婿范明友、邓广汉等谋诛丞相魏相、平恩侯许广汉，废宣帝而立禹。事发，霍云、霍山自杀，霍禹腰斩，霍显及诸姊妹皆弃市；与霍氏谋反一案相连坐而诛灭数十家。

至此大权重归刘氏。宣帝以此号为"中宗"——刘氏中兴之主。

武帝朝建年号表

公元前140年　建元元年（六年）

公元前134年　元光元年（六年）

公元前128年　元朔元年（六年）

公元前122年　元狩元年（六年）

公元前116年　元鼎元年（六年）

公元前110年　元封元年（六年）

公元前104年　太初元年（四年）

公元前100年　天汉元年（四年）

公元前96年　太始元年（四年）

公元前92年　征和元年（四年）

公元前88年　后元元年（汉武帝卒于后元二年）

主要参考论著

《史记》 〔西汉〕司马迁　中华书局标点本

《史记会注考证附校补》　〔日〕泷川资言考证　水泽利忠校补　上海古籍出版社影印本

《汉书》 〔东汉〕班固　中华书局标点本

《汉书补注》 〔清〕王先谦　中华书局影印本

《前汉纪》 〔东汉〕荀悦　中国书店影印《龙溪精舍》本

《汉书新证》 陈直　天津古籍出版社1979年版

《后汉书》 〔宋〕范晔　中华书局标点本

《资治通鉴》 〔北宋〕司马光　中华书局标点本

《二十五史补编》　第一册(《史记》《汉书》分册)　中华书局1955年版

《经法》 马王堆汉墓帛书　文物出版社1976年版

《汉武故事》《太平广记》引　中华书局1961年版

《说苑》 〔西汉〕刘向　华东师范大学出版社1985年版

《西京杂记》 〔西汉〕刘歆　中国书店影印《龙溪精舍》本

《汉武故事》 〔明〕陶宗仪等编　《说郛三种》引　上海古籍出版社1988年影印

《汉武帝内传》 〔明〕陶宗仪等编　《说郛三种》引　上海古籍

出版社1988年影印

《春秋繁露》 〔西汉〕董仲舒　中华书局1975年版

《春秋董氏学》 〔清〕康有为　中华书局1990年版

《白虎通疏证》 〔东汉〕班固撰　〔清〕陈立疏证　中华书局
1994年版

《西汉会要》 〔宋〕徐天麟　上海古籍出版社1977年版

《汉官六种》 〔清〕孙星衍辑　中华书局1990年版

《三辅黄图校证》 陈直校证　陕西人民出版社1980年版

《郭店楚墓竹简》 荆门市博物馆　文物出版社1998年版

《汉魏丛书》 〔明〕程荣纂辑　吉林大学出版社影印明万历本
1992年版

《汉魏六朝百三家集》 〔明〕张溥编　江苏广陵古籍影印社影印

《全上古三代秦汉三国六朝文》 〔清〕严可均辑校　中华书局
影印本

《先秦汉魏晋南北朝诗》 逯钦立辑校　中华书局1983年版

《乐府诗集》 〔宋〕郭茂倩　中华书局1970年版

《两汉博闻》 〔宋〕杨侃撰　黑龙江人民出版社1990年版

《太平御览》 〔宋〕李昉等编　中华书局1960年版

《太平广记》 〔宋〕李昉等编　中华书局1981年版

《容斋随笔》 〔宋〕洪迈　吉林文史出版社1994年版

《读通鉴论》 〔清〕王夫之　中华书局1975年版

《廿二史札记校证》 〔清〕赵翼　王树民校证　中华书局1984
年版

《廿二史考异》 〔清〕钱大昕　商务印书馆万有文库本

《日知录》 〔清〕顾炎武　上海古籍出版社影印本

《十七史商榷》 ［清］王鸣盛 中国书店影印本

《新序疏证》 ［西汉］刘向 杨善诒疏证 华东师范大学出版社 1989 年版

《盐铁论校注》 ［西汉］桓宽 王利器校注 天津古籍出版社 1983 年版

《管子》 赵守正释注 北京经济学院出版社 1983 年版

《风俗通义校注》 ［东汉］应劭 王利器校注 中华书局 1981 年版

《风俗通义校释》 ［东汉］应劭 吴树平校释 天津人民出版社 1980 年版

《西京博士考》 ［清］胡秉虔 商务印书馆万有文库本

《汉史论集》 张维华 齐鲁书社 1980 年版

《司马迁之人格与风格》 李长之 生活·读书·新知三联书店 1984 年再版

《两汉与西域关系史》 安作璋 齐鲁书社 1979 年版

《两汉经济史料论丛》 陈直 陕西人民出版社 1980 年版

《两汉魏晋南北朝与西域关系史研究》 余太山 中国社会科学出版社 1995 年版

《西域文化史》 余太山主编 中国友谊出版公司 1995 年版

《中西关系史年表》 黄时鉴主编 浙江人民出版社 1994 年版

《秦汉官制史稿》 安作璋 熊铁基 齐鲁书社 1985 年版

《秦汉官吏法研究》 安作璋 齐鲁书社 1993 年版

《文史考古论丛》 陈直 天津古籍出版社 1988 年版

《汉魏制度丛考》 杨鸿年 武汉大学出版社 1985 年版

《匈奴史论文选集》(1919—1979) 林幹编 中华书局 1983 年版

《突厥史》 薛宗正 中国社会科学出版社1992年版

《中国思想通史》 侯外庐等 人民出版社1957年版

《中国古代思想史论》 李泽厚 人民出版社1988年版

《周秦道论发微》 张舜徽 中华书局1982年版

《赵俪生史学论著自选集》 赵俪生 山东大学出版社1996年版

《西汉财政官制史稿》 罗庆康 河南大学出版社1989年版

《祆教史》 龚方震 晏可佳 上海社会科学院出版社1998年版

《西汉政区地理》 周振鹤 人民出版社1987年版

《西汉人口地理》 葛剑雄 人民出版社1986年版

《中韩古代关系史论》 杨通芳 中国出版社1996年版

《中国科学技术史稿》 杜石然等编著 科学出版社1982年版

《汉赋研究》 龚克昌 山东文艺出版社1984年版

《汉赋通论》 姜书阁 齐鲁书社1988年版

《中国音乐史纲要》 沈之白 上海文艺出版社1982年版

《〈日知录〉导读》 赵俪生 巴蜀书社1992年版

《古代王权与专制主义》 施汉生 刘钦如主编 中国社会科学出版社1993年版

《中国传统政治哲学与社会整合》 刘泽华主编 中国社会科学出版社2000年版

《中国官僚政治研究》 王亚南 中国社会科学出版社1981年版

《罗马与中国》 [美]弗里德里克.J.梯加特 人民交通出版社1994年版

《历史哲学》 ［德］G.W.F.黑格尔　生活·读书·新知三联书店1956年版

《历史的起源与目标》 ［德］卡尔·雅斯贝斯　华夏出版社1989年版

《秦汉法制史研究》 ［日］大庭脩　林剑鸣等译　上海人民出版社1991年版

《历史》 ［古希腊］希罗多德　商务印书馆1959年版

《论汉武帝》 张维华　《汉史论集》 齐鲁书社1980年版

《汉武帝与董仲舒》 杨向奎　《绎史斋学术文集》 上海人民出版社1983年版

《董仲舒对策年岁考》 施之勉　《东方杂志》1944年7月,第十三期

《董仲舒天人三策不作于武帝元光元年辨》 史念海　《天津民国日报》1947年9月1日

《汉武帝罢黜百家非发自董仲舒考》 戴君仁　《孔孟学报》1968年第16期

《董仲舒天人三策作于元光元年辨——兼谈董仲舒不是"罢黜百家,独尊儒术"的创始人》 施丁　《社会科学辑刊》1980年第3期

《董仲舒天人三策应作于建元元年》 张大可　《兰州大学学报》1987年第4期

《董仲舒对策在元朔五年议》 苏诚鉴　《中国史研究》1984年第3期

《董仲舒对策年代辨》 岳庆平　《北京大学学报》1986年第3期

《汉武帝"罢黜百家,独尊儒术"子虚乌有:中国近代儒学反思的一个基点性错误》 孙景坛 《南京社会科学》1993年第6期

《汉武帝"罢黜百家,独尊儒术"确有其事:与孙景坛同志商榷》 管怀伦 《南京社会科学》1994年第6期

《西汉的兵制》 孙毓棠 《中国社会经济史集刊》1936年

《汉武帝伐大宛与方士思想》 张维华 《汉史论集》 齐鲁书社1980年版

《汉武伐大宛为改良马政考》 余嘉锡 《余嘉锡文史论集》岳麓书社1997年版

《试评茂陵东侧出土的西汉鎏金铜马——兼论天马和现代中亚马种的关系》 常洪、王仁波 《农业考古》1987年第2期

《中古自然经济》 全汉昇 《历史语言研究所集刊》第五卷第一分册

《两汉军费问题研究》 胡宏起 《中国史研究》1996年第4期

《〈管子〉与齐国历史的关系》 赵俪生 《历史研究》1988年第4期

《西汉货币职能研究》 张南 《安徽师大学报》1985年第2期

《西汉的盐铁专卖制》 〔日〕景山刚 《日本学者研究中国史论著选译(三)》 中华书局1993年版

《秦律中"隶臣妾"问题探讨》 高恒 《文物》1977年第7期

《秦汉奴价考辨》 于琨奇 《中国经济史研究》1987年第1期

《五德终始说下的政治和历史》 顾颉刚 《古史辨》第五册,上海古籍出版社1982年再版

《秦汉时期气候变迁的历史学考察》 王子今 《历史研究》1995年第2期

《新疆古代居民的种族人类学研究和维吾尔族的体质特点》
韩康信 《西域研究》1991年第2期

《塔里木地区羌人初探》 赵丛苍 何利群 《中国史研究》
1996年第2期

《桑蚕丝帛起源的探讨》 高汉玉 黄盛璋主编 《亚洲文
明》 四川人民出版社1986年版

《新疆阿拉沟竖穴木椁发掘简报》《文物》1991第2期

《西汉以前新疆和中原地区历史关系考索》 王炳华 《考古
学报》1957年第2期

《论中国与阿尔泰部落的古代关系》 〔苏〕G·N·鲁金科 《文
物》1991年第2期

《中国丝绢的输出与西方的"野蚕丝"》 戴禾 张英莉 《西
北史地》1986年第1期

《关于月氏西迁年代问题》 莫任南 《湖南师院学报》1985年
第2期

《从〈穆天子传〉和希罗多德〈历史〉看春秋战国时期的中西交
通》 莫任南 《西北史地》1984年第4期

《古代新疆塞人历史钩沉》 王炳华 《新疆社会科学》1986年
第1期

《大夏和大月氏综考》 余太山 《中亚学刊》第三辑 1990年

《西胡考》 王国维 《观堂集林》卷十三

《古西王母国考》 黄盛璋 《西北史地研究》 上海人民出版
社1981年版

《"汉人"考》 贾敬颜 《中国社会科学》1985年第6期

《论轮台诏》 田余庆 《历史研究》1985年第1期

《两汉大铁犁研究》 张传玺 《北京大学学报》1985年第1期

《满城汉墓金缕玉衣的清理和复原》《考古》1972年第2期

《定县40号汉墓出土的金缕玉衣》《文物》1976年第7期

《武帝之死》 ［日］西嶋定生 《日本学者研究中国史论著选译(三)》 中华书局1993年版

《渑池发现的窖藏铁器》《文物》1976年第8期

《初论战国秦汉两次水利建设高潮》 彭曦 《农业考古》1986年第1期

《汉武帝对古代科技的重大影响》 彭曦 中国秦汉史研究会编 《秦汉史论丛》第五辑 法律出版社1992年版

《"蔡伦造纸"刍议》 彭曦 《历史教学》1984年第9期

《柜坊考》 ［日］加藤繁 《中国经济史考证》卷一 商务印书馆1959年版

《论纸币》 郑克中 台北《汉学研究》第十六卷第二期

《〈左传〉中的霸与德:德要领的形成与发展》 ［日］小仓芳彦《日本学者研究中国史论著选译(七)》 中华书局1993年版

原版后记

遵南京大学中国思想家研究中心蒋广学先生嘱，为《汉武帝评传》一书写个后记，几次提笔，不知从何说起。

夫君春波为著《汉武帝评传》，几年来，呕心沥血，废寝忘食。2001年6月底，书稿已杀青，仅有些微技术性工作需再处理。就在我们怀着喜悦等待胜利的时候，他突然倒下了。在医院抢救的9天9夜里，我寸步不敢离开，紧紧拉着他的手守在他的身边，但还是没能留住他，无奈地看着他无音无息地离我而去——我肝肠寸断，悲痛地不能自已。

我与春波在书海中相挽着走过了18年。18年的生活再简单不过，仅求温饱而已，但春波对知识的渴求却是"贪婪无比"倾尽全力（透支财力，也透支生命）。我们的生活中没有休假的记载，在7天的婚假中，他修改我誊写，竟也码出了4万多字的稿子。当时还没有微机，他戏称我就像台"打字机"，望着他充满爱意的憨憨的笑脸，我感到一生给他当台"打字机"足矣。

史学之于春波是生命的重要部分，我曾笑他是为"秦皇汉武们"活着。

春波一踏上治史之路就搞先秦两汉。赵俪生先生在看到他的不足之外，更看到了他的勇气和卓识，评价他"思路纵横绵密，如抉缇之马"，认为春波"思维的幅度广，思维力敏锐，别人想不到的那些问题他会一个一个去想"，如此做下去，"有朝一日会如垂天之云……"春波也曾自信地告诉我："我要把先秦两汉的难题一个一个解决。"他发表在省级以上正式刊物上的 60 余篇论文，每一篇都是心血之作，每一篇都有新的发现，或解决了前人没有解决的问题，如《华夏东西说》(载《新华文摘》)、《〈侈靡〉篇新探》(载《历史研究》)、《关于史学"模式"的思考》(载《中国史研究》)等等。我知道，春波是一座冰山，他的价值的绝大部分沉潜于水下不为人知，我在期待着与他共同分享解开一个个历史之谜的愉悦，他却乘鹤西去，云儿一般飘走了……

没有了春波，我对生活更是无欲无求，但面对他留下的那么多没有做完的、那么有价值的课题束手无策，我真真感到了无助和绝望。

春波是我生命中的高山。我陶醉于山的沉稳、厚重与永恒，却没有想到还会有雪崩。在山崩地陷中，我的心被炸成了碎片，掉进了深不可测的宇宙黑洞之中。春波追求真理有勇气，做人有骨气，写文章有灵气，是我眼中人品学识俱佳的顶天立地的男子汉，他的离去是我心中一道永不愈合的伤痛，这血一直会滴到我生命的尽头。

在我痛不欲生之时，除了家人给我的亲情之外，山东大学历史系七八级的同学给了我难得的友情。亲情和友情的关爱，把我从心理休克状态中唤醒。送走春波的第二天，我流着泪开始为春波的遗作《汉武帝评传》核对原文，张丛军、翁惠明、李岫、徐根娣等同学帮助完成了校对工作。几年来，蒋广学先生以及审稿人王文清先生给了春波多方面的指导与帮助，春波一直是铭记在心的。在此谨致诚挚的谢意。

今天书稿将要问世了，恳请各位师长及专家学者予以匡正，并将对书稿的批评告之于我。我企盼有一天科技发展到能与天国联网，我希冀春波能收到我发给他的 E-mail，我将告诉他，专家学者们对他的书稿有一大堆的意见，告诉他我对他的痛彻肺腑的永久的思念。

刘春明

2001 年 8 月 28 日

于春波的书房

寄往天国的邮件
——代再版后记

春波亲爱的：

癸卯年最后一个月，突然接到山西人民出版社崔人杰先生的电话，告知一个令人不敢相信的消息——再版你的《汉武帝评传》！万万没有想到，在你离开我们22年零6个月的漫长岁月之后，会有这样一个天大的惊喜。收到出版合同时，我泪流满面，恍若梦中。

作为妻子，我深知汉武帝于你而言是怎样的存在，你是用生命感知平行空间中传主的所思所为，用灵魂与传主对话交流，突破了传统帝王传记的单一叙事模式，为汉武帝研究注入了崭新的学术生命。而在这块土地上越深耕越有料，你曾信心满满地欲将新课题一个一个攻克。孰料你的猝然离世，终止了你的学术生涯，也击碎了我对未来生活的憧憬。

谁承想，二十多年后，喜从天降。不！准确地说应该是"喜从山西降"。史学著作的受众相对小众，再版就更加不易，但山西人民出版社以卓越的学术眼光，再版优质学术著作，抢救学术遗产，延续学术薪火，推动学术创新，填补研究空白，这份对学术的担当，着实令人肃然起敬。

《汉武帝评传》的再版，激活了你的学术生命，让我感觉你从未走远。对为本书再版付出努力的编辑、设计师、校对老师们的感激感恩之情，致最崇高的敬意和最诚挚的谢意也难表一二。他们的工作超越了出版的范畴，让一个认真写作的灵魂得到永恒。特别感谢黄朴民先生的举荐与推介。你有长项也有短板，他们是你学术生涯中的良师益友，一路走来给了你诸多帮助，这份情谊我会永远铭记的。

拿到样书后，我会第一时间带到墓前与你分享。让我们共同期盼吧。

春　明

2025年3月31日